明文化丛书

# 明十三陵史話

北京市昌平区明十三陵管理中心　主编
胡汉生　执笔

學苑出版社

## 本书编委会

主　编：崔宙鹏

副主编：王　琳　袁江玉　姚　巍

编　委：张春秋　聂　蕊　许　岩　郝小志

明成祖朱棣画像

明人绘《出警图》中的天寿山明陵

月生皇陵（杨江摄）

长陵神功圣德碑（杨金枝摄）

长陵陵宫全景

长陵祾恩殿

长陵祾恩殿楠木柱（魏嘉澍摄）

明孝宗朱祐樘画像

泰陵无字碑

明世宗朱厚熜画像

永陵雪景（杨金枝摄）

明神宗朱翊钧画像

雨后定陵（李浩摄）

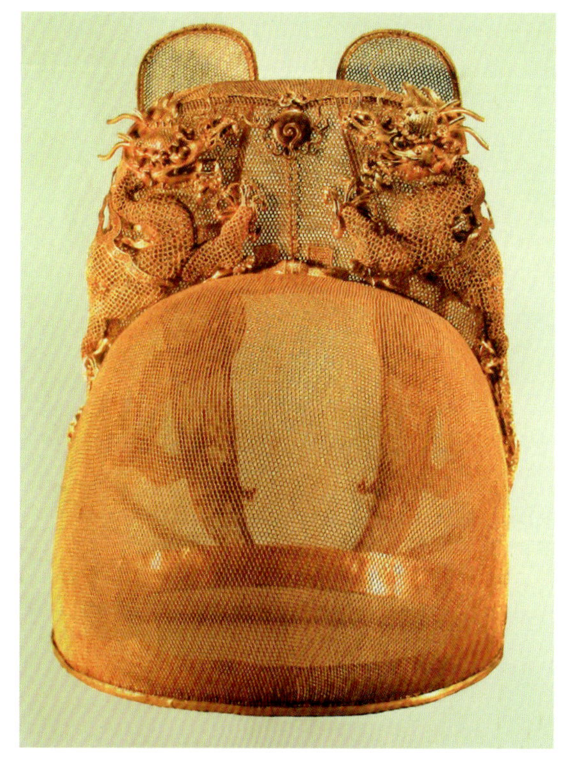

定陵出土的神宗皇帝金丝翼善冠

定陵出土的孝端皇后六龙三凤冠

定陵出土的玉兔耳坠

定陵出土的金镶宝石玉龙绦环

明熹宗朱由校画像

德陵圣号碑

# 目 录

# 前言

明十三陵南距首都北京城市中心位置约50公里，是明朝十三位皇帝的陵墓所在地。陵域面积达80余平方公里。巍巍燕山山脉自西北逶迤而来，在陵域周围形成天然屏障。环山之内，是洪水冲刷而成的小盆地，山壑中的水流在平原中部交汇后曲折东去。绿树浓荫之中，一座座红墙黄瓦的陵园建筑，檐牙高啄，金碧辉煌，坐落在东、西、北三面的山麓上。其中，明成祖朱棣的长陵是十三陵中第一座陵，营建时间最早，位于北面天寿山下正中位置。其余各陵分别左右，整体布局庄严和谐，宾主分明，在青山碧水的掩映下，显得格外肃穆幽雅。

长陵之后的各陵，依营建时间的先后依次为：明仁宗朱高炽的献陵，位于长陵的西侧天寿山西峰之下；明宣宗朱瞻基的景陵，位于长陵的东侧天寿山东峰之下；明英宗朱祁镇的裕陵，位于献陵的西侧石门山下；明宪宗朱见濡的茂陵，位于裕陵的西侧的聚宝山下；明孝宗朱祐樘的泰陵，位于茂陵的西侧笔架山下；明武宗朱厚照的康陵，位于泰陵的南面金岭山下；明世宗朱厚熜的永陵，位于景陵的东侧阳翠岭山下；明穆宗朱载坖的昭陵，位于茂陵的南面大峪山下；明神宗朱翊钧的定陵，位于昭陵的北面大峪山（原称小峪山）下；明光宗朱常洛的庆陵，位于献、裕二陵之间的黄山寺二岭山下；明熹宗朱由校的德陵，位于永陵的东面潭峪岭山下；崇祯皇帝朱由检的思陵，位于陵区的西南侧鹿马山下。这13座皇帝陵的地宫内除葬有13位皇帝外，还葬有皇后23人、皇贵妃1人，以及数十名殉葬宫人。（图0.1）

此外，天寿山陵区内还建有7座妃坟园寝和1座太监墓，以及为帝后谒陵服务的行宫、园林等各式建筑。陵域周围则因山设险，在10个天然山口修筑了城垣、拦马墙等军事防御工事。

众所周知，明朝的皇帝一共有16位，为什么只有13位葬在这里，其余3位皇帝为什么没有葬在这里？

灰岭口
贤庄口
锥石口
泰陵
康陵
茂陵
裕陵
雁子口
老君堂口
庆陵
献陵
长陵
德胜口
景陵
定陵
西井
昭陵
永陵
德陵
九龙池
东井
万贵妃坟
神宗妃坟
行宫
贤妃坟
世宗妃坟
太子坟
工部厂
悼陵
思陵
十
三
陵
水
库
西山口
龙凤门
榨子口
长陵神功圣德碑亭
圣迹亭
大红门
东山口
中山口
石牌坊
北
昌平城
0 500 1000 M

图 0.1 十三陵分布图

这是因为，明朝的开国皇帝明太祖朱元璋（图 0.2）开创明朝后，定鼎南京，以南京为京师（首都），所以，他的陵墓孝陵也就建在了南京城外的钟山脚下。第二位皇帝建文帝朱允炆，是朱元璋的孙子。因为他的父亲皇太子朱标在洪武二十五年（1392）时去世，所以朱元璋只好立皇太子朱标的儿子朱允炆为皇太孙。朱元璋驾崩后，朱允炆继承了皇位。但是这位小皇帝缺乏执政的能力，结果被他的四叔，当时封地在北平的燕王朱棣，也就是后来的永乐皇帝，以“清君侧”和“靖难”为由，赶下了皇帝宝座。他因此下落不明，因此没有陵墓。

图 0.2 明太祖朱元璋画像

还有一位皇帝是景泰皇帝朱祁钰，他是明朝第六位皇帝明英宗朱祁镇的弟弟。他本来没有当皇帝的份儿，但是由于朱祁镇在正统十四年（1449）秋的“土木之变”中，被蒙古的瓦剌军俘虏，扣押在漠北，所以在群臣的建议下，经皇太后孙氏同意，朱祁钰继承了皇位，是为景泰皇帝，明英宗朱祁镇则被景泰皇帝遥尊为太上皇帝。后来，朱祁镇被瓦剌放回，幽居在南宫。景泰八年（1457）正月，景泰皇帝病重，在石亨、徐有贞等官员的策划下，英宗重新登上了皇位。景泰皇帝因此被废为郕王，死后以王礼葬在京西的金山。（图 0.3）后来，明宪宗即位，虽然恢复了他的皇帝身份，但也并没有再把他葬入天寿山陵区之内。

图 0.3 清梁份《帝陵图说》中的《金山图》

明十三陵作为中国历史上的一代帝陵墓葬建筑群有着自己的鲜明特色。

首先，陵区建筑的整体性达到了历史上的空前水平。

我国古代帝王陵寝的陵区设置，早

在战国中期随着陵墓的建造就已出现，其制导源于我国古代以宗族为单位，按贵族的等级和宗法礼制关系布葬的“公墓”（见《周礼·春官·冢人》）制度。各个时代陵区规模的大小及建筑的设置各不相同，但总起来说，宋朝以前历朝历代的帝王陵寝建筑虽然彼此声势相连，形成了布局相对集中的陵寝区域，但各陵相互的独立性都很强。以唐及北宋诸陵为例，每座陵园都有各自的门阙、神道和石刻群，均自成体系。它们虽然在地理位置上形成了一个整体，但在建筑的设置上却彼此互不统属，缺乏有机的整体联系。明十三陵则不同，各陵虽然各有自己的享殿、明楼、宝城，自成独立单位，但陵区之内，长陵神道作为各陵公共的“总神道”出现，公用的牌坊、石刻群，使陵区建筑紧密相连，形成了一个整体。

其次，天寿山的陵寝制度集前代帝陵建筑之大成，并加以变革，将明朝的陵寝制度发展到了最为完善的程度。

明朝的陵寝制度以明太祖朱元璋在南京钟山脚下的孝陵为转折点，变更古制，创新为前方（方形院落）后圆（圆形宝城），宝顶、明楼、享殿沿中轴线纵向排列的崭新的陵寝布局形式。明天寿山诸陵的陵宫建筑虽基本沿用孝陵制度，但更趋完善，形成了自己的面貌。如，宝城马道之设较之孝陵更便于陵园的巡守；明楼内圣号碑的设置使该建筑的标示作用更为明确；方城前石供器及二柱牌楼门的设置，则增加了陵寝的纪念气氛，并给空旷的方城前院补充了点缀物。

明长陵幽深曲折的神道上排列陵寝兆域门（大红门）、神功圣德碑亭、石像生、龙凤门等墓仪设施也源自孝陵制度。但兆域门前石牌坊的设置，石望柱改置石像生之前，像生中增加功臣像等，其制度较之孝陵又更臻完备，更能体现封建社会的礼制特点。

明十三陵的墓室形制也很有特色，它既不同于秦汉时期黄肠题凑的木椁墓室制度，也与唐代凿山为穴的做法有别，而是深埋地下的有琉璃瓦、琉璃檐的真正的宫殿建筑。

当然，十三陵的规模大小和奢俭程度并不完全相同。其中，长、永、定三陵因系墓主生前所建，墓主在各自不同的特殊历史环境中，都想通过陵寝规模的宏大壮阔，展示皇权的威慑力和自己功业的盛隆，所以建筑规模都非常大，装饰也极为奢华。相反，献、景、裕、茂、泰、康、昭、庆、德这九座由嗣帝组织建造的陵园则规模都比较小。这是因为上述诸陵的墓主均是皇室中理所当然的皇位继承人，有着可靠的权力基础，在位期间也没有因受他方势力的控制而不得不竭尽全力进行权力角逐的经历，因此他们没有必要利用陵事展示自己的权威和不凡，故此，他们活着的时候都没有为自己营建陵园。嗣帝为先帝建造陵园，受葬期、国力的影响，他们不可能也没必要投入过长的时间和过大的人力财力，因此，这些陵都比长、永、定三陵规模小。而思陵因系清初所建，故此规模更小。明十三陵这一规制并不完全划一的情况，又构成了其丰富多彩的历史文化内容。

特别是明十三陵的建筑景观，更是在世界上堪称奇迹。每个陵在选址上都极为讲究：陵园四面群山环抱，拱揖有情，陵园左右两面和前面则水流潺潺，屈曲抱合而来，构成了一幅天然的风景图卷。它是古人“天人合一”的哲学理念的体现，也是古人在建筑景观方面的经典杰作。

再次，历史文化遗存丰富。明十三陵从创建至今，远者有六百余年历史，近者也历三百余年之久。其间虽然经历过改朝换代时的战争摧毁，和因年久失修，而造成了陵园建筑残坏的情况，但由于明清两朝及国民政府均对明陵奉行保护政策，设有相应的陵园保护机构，因而，十三陵与其前代历朝帝陵相比，保存的完好程度仍居首位，其历史文化遗存也最为丰富。

鉴于上述原因，明十三陵受到了国家各级政府的高度重视。新中国成立后，首先对长、景、永三陵进行了修缮。1956 年 5 月，对定陵进行了考古发掘，经过整理，就原址建立了定陵博物馆。1957 年，北京市政府公布十三陵为北京市第一批重点古建文物保护单位。1958 年，在陵区东南部修建了十三陵水库，使陵区水光山色风景更加妖娆。1961 年，十三陵被公布为全国重点文物保护单位。1982 年，十三陵和八达岭作为一个完整的风景区，被列为国家重点风景名胜保护区之一。2003 年 7 月 3 日，经联合国教科文组织世界遗产委员会审议通过，十三陵作为“明清皇家陵寝”的扩展项目，列入“世界遗产名录”，成为全人类的宝贵财富——世界文化遗产中的组成部分。目前，已有长陵、定陵、昭陵、神道四处旅游景点对外开放，每年都有数以百万计的中外游人慕名参观。明十三陵作为中华民族古老文化的一部分，就像一颗璀璨的明珠镶嵌在首都北京的北面，昔日神圣不可侵犯的皇陵禁区，今日已成为驰名中外的旅游胜地。

为使读者能够对明十三陵的历史有较全面的了解，本书对各陵的墓主、陵寝选址、陵寝营建以及建筑特点一一进行了介绍，力图做到史料翔实，叙述精准到位。但明十三陵的形成毕竟有二百余年的历史，从营建长陵开始，距今则有六百多年的历史。漫长的历史，使许多历史事实被湮没。再加上笔者学识浅薄，书中所述难免有不妥和错误之处，衷心地希望读者不吝赐教。

胡汉生

2022 年 10 月

# 第一篇
# 气势宏伟的皇陵建筑群

# 第一章
# 长陵

明长陵位于天寿山主峰南麓，是明朝第三位皇帝成祖朱棣和皇后徐氏的合葬陵寝。在十三陵中建筑规模最大，营建时间最早，地面建筑也保存得最为完好。它是十三陵中的祖陵，也是陵区内最主要的旅游景点之一。

---

## 第一节 墓主生平

### 一、雄才大略的永乐皇帝——明成祖朱棣

明成祖朱棣（图 1.1.1），是明太祖朱元璋的第四个儿子，生于元至正二十年（1360）四月十七日。明洪武三年（1370）四月七日封燕王，十三年三月十一日，就藩北平。建文四年（1402）六月十七日即皇帝位，次年改元永乐。永乐二十二年（1424）七月征漠北，十八日病逝于榆木川，谥“体天弘道高明广运圣武神功纯仁至孝文皇帝”，庙号“太宗”。十二月十九日葬长陵。嘉靖十七年（1538）九月改谥为“启天弘道高明肇运圣武神功纯仁至孝文皇帝”，庙号“成祖”。

图 1.1.1 明成祖朱棣画像

朱棣在明代是个颇有作为的皇帝。文献记载，他“貌奇伟，美髭髯，智勇有大略”。早在当燕王时，就曾屡率诸将出征，并节制沿边士马。

洪武三十一年（1398）闰五月，太祖朱元璋去世，因皇太子朱标早逝，皇太孙朱允炆继承皇位，是为建文帝。朱允炆是个优柔寡断、缺少从政经验的年轻皇帝。朱元璋在世时，为了监视各地的将官，把军政大权牢靠地掌握在自己手中，曾先后三次封建诸子，把 23 个亲儿子分封为亲王，驻全国各战略要地，并赋予了极大的军事指挥权。这些亲王在太祖死后，自恃尊属，多拥重兵而不法，不把年轻的侄皇帝放在眼里。为此，建文帝采纳兵部尚书齐泰、太常寺卿黄子澄的意见，采取了“削藩”措施。

从洪武三十一年（1398）八月到建文元年（1399）六月，建文帝先后削除了周、湘、齐、代、岷五个亲王的爵位。朱棣见削藩就要轮到自己头上，就一面称病，一面在北平招募武士，训练军马，准备起事。后来，燕山百户倪谅告发了朱棣的阴谋。建文帝下令削夺燕王爵位，拘捕燕王府所有官员。北平布政使张昺和都指挥使谢贵出动了驻扎在北平的所有军队，将燕王府团团围住。朱棣利用官兵不敢轻易伤害自己的弱点，用诈降的计谋，把张、谢二人骗进王府杀死，遂率 800 守卫亲军杀出王府大门，以闪电战的方式迅速攻克九门，占领了北平城。并上书建文帝，说齐泰、黄子澄都是奸臣，他要遵照朱元璋所定的《祖训》中“朝无正臣，内有奸道，必举兵诛讨，以清君侧”的话，为朝廷铲除奸臣。又自称其师为“靖难”，意思是为皇帝解除危难。经过四年的激战，朱棣打败了建文帝，攻克了当时的都城南京。当朱棣率兵进城时，皇宫起火，建文帝不知所终。有人说他在宫中与后妃自焚身死，也有人说他从地道跑出，出家当了和尚，远游滇、黔、巴、蜀。至今仍是明史的一桩疑案。

燕王朱棣在群臣的拥戴下，登上了皇帝宝座。第二年，改元“永乐”。朱棣即位后，为了避免藩王为争夺皇位而发动战乱，继续采取了削藩措施。先后把封在北方的诸王迁徙南方，并解除诸王军权，使军政大权完全归于皇帝。永乐十九年（1421），他毅然将京师由南京迁至北京，使北京成为全国政治、经济、文化的中心，同时也使明王朝北部边塞的军事防御力量得到了有力的加强。

他还先后五次率兵出塞，亲征漠北，打击蒙古贵族的侵扰活动，使长城以内环境安定，百姓安居乐业。

在他统治时期，国家的经济、文化、外交等方面均取得了一定治绩。

在经济方面，他继续贯彻了洪武以来奖励农桑的政策，多次从南方移民到北方，开垦荒地，对战争中破坏较为严重的地方，还发给部分耕牛和农具，使生产迅速发展，出现了国库充实的繁荣局面。

在文化事业方面，他先后在永乐元年（1403）和永乐二年（1404），委派翰林学士解缙和姚广孝等人编辑《永乐大典》。该书汇编了大量文献资料，经、史、子、集，百家之书，天文、地理、阴阳、医学、占卜、僧道、技艺、戏剧、小说等，几乎是无所不包。这部书共分 22877 卷，册数有 11095 本之多，可以说是我国历史上卷帙最为浩繁，内容最为广博的综合性大类书之一。这部古代的百科全书，它排列顺序，是以字为纲，按音韵排

列同韵的字，在每个字的下面，再抄录原书。所以，书的部头虽然很大，但检索起来却很方便。（图 1.1.2）

在发展对外交往和贸易上，他派遣“三保太监”郑和率领庞大的船队，满载金银绸缎和瓷器等珍贵货物，远航西洋各国，换取海外奇珍，发展了中国与西洋各国人民的友好关系，也提高了明王朝在世界的声望。

图 1.1.2《永乐大典》

郑和奉命下西洋共有七次，而其中六次都是在永乐朝。第一次是在永乐三年（1405）至永乐五年（1407），第二次是在永乐五年（1407）至七年（1409），第三次在永乐七年（1409）至九年（1411），第四次在永乐十一年（1413）至十三年（1415），第五次在永乐十五年（1417）至十七年（1419），第六次在永乐十九年（1421）至二十年（1422）。

郑和率领的船队规模很大，可以说是 15 世纪世界上最大的船队。这支船队拥有大海船（也称宝船）60 多艘，包括中小船只在内，多到 200 多艘。最大的海船，长 44 丈 4 尺，宽 18 丈；中号海船长 37 丈，宽 15 丈。每只船都有名号，例如，清和、惠康、长宁、安济、清远等等。郑和率领的船队人数多达 27000 人左右。其中，有官校、旗军、火长等军事人员，也有航海技术人员，翻译、医生和管理人员等。其中，大号宝船配有 9 桅 12 帆，可以巧妙地利用来自不同方向的风力在海上航行。船上还配有旗帜、灯笼、锣鼓，用以保持船队之间的联系。其联系的方式是白天认旗帜，夜行认灯笼，视线不佳时，用锣鼓。

郑和的船队出航，或者从南京出发，或者从长江口的太仓刘家港出发，每次都要顺海南下，进驻到闽江下游长乐城西的太平港。等冬、春东北季风强劲时，再拔锚扬帆，出闽江口五虎门，转舵南下，乘风破浪，远下西洋。船队所到的国家多达 30 多个。到过南洋群岛，到过印度洋，到过波斯湾，到过红海，最远的地方还到过赤道以南的非洲东海岸一带。如果按现在各个国家的地域划分，则是既有非洲的肯尼亚、索马里，也有亚洲的阿曼、也门、沙特阿拉伯、伊朗、印度、斯里兰卡、新加坡、马来西亚、印度尼西亚、菲律宾、文莱、泰国、越南等。

郑和船队在航海时，不仅使用了带有指南针的罗盘进行导航，同时还使用了被称为“过洋牵星术”的导航方法。

所谓的“过洋牵星术”，就是使用尺寸不同的方形的“牵星板”，测量北辰、华盖、灯笼、织女等星座距离海平面的高度，由此确定船只的地理位置和航向。明朝人茅元仪写了《武备志》一书，里面有图 40 幅，名为《自宝船厂开船从龙江关出水直抵外国诸番

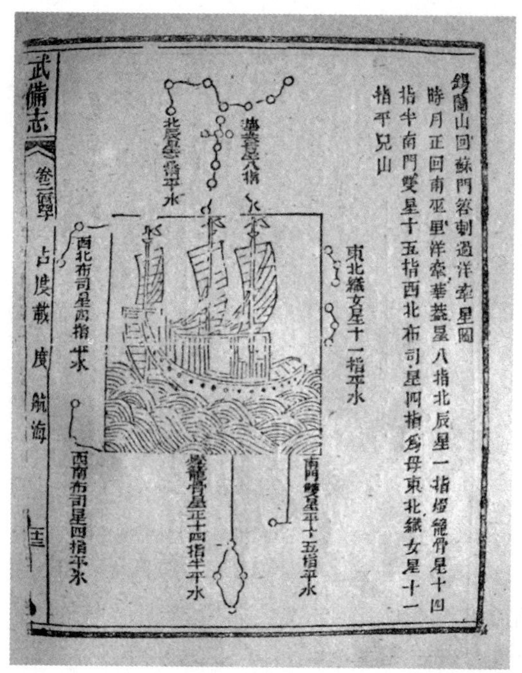

图 1.1.3《武备志》中的郑和下西洋《过洋牵星图》

图》。后人也称它为《郑和航海图》。该图以南京为起点，顺江出海南下，用中国传统的白描山水画标注出航海路线及所过地方的山岳、岛屿、城市等物标。航线的旁边都标注了用罗盘方位表示的航向和用漏沙计程法计算的航程。《郑和航海图》后面附有四幅《过洋牵星图》，上面又准确地标注了海船的位置以及星辰的高度。这说明郑和船队在航海中不仅使用罗盘导航技术，在夜间还使用了“过洋牵星”的天文导航术作为辅助手段。（图 1.1.3）

另外，永乐四年（1406）哈密卫和永乐七年（1409）奴儿干都指挥使司的设置，使朝廷对西北和东北地区实施了有效的控制，也使多民族的文化和经济交流有了进一步的发展。

正因为永乐皇帝文治武功的盖世奇功，《明史》对他评价非常高。称他“威德遐被，四方宾服，受朝命而入贡者殆三十国。幅员之广，远迈汉唐”。

## 二、协赞治平的功臣之女——仁孝文皇后徐氏

仁孝文皇后徐氏，洪武九年（1376）册封为燕王妃，朱棣称帝后册封为皇后。永乐五年（1407）七月四日去世，享年 46 岁。谥“仁孝慈懿诚明庄献配天齐圣文皇后”，永乐十一年（1413）二月，长陵玄宫落成，葬入陵园。

徐氏的父亲是明代开国元勋徐达。朱元璋当了皇帝后，听说徐达的大女儿从小贞静好读书，有“女诸生”之称，又十分贤淑，就令聘为燕王妃。

徐氏被册立为燕王妃后，深受朱元璋皇后马氏的喜爱，但心情却常沉郁不快。马皇后觉得奇怪，就让徐达的妻子谢夫人前去探问，才知道是朱棣嫌她长得不漂亮。太祖知道后大怒，把朱棣痛责一顿，夫妻关系才趋密切，徐氏也成了朱棣的一个贤明内助。（图 1.1.4）

成祖当了皇帝后，徐氏曾多次对他说，南北累年战争，民力疲敝，应该休养生息。内外贤才，多是先帝旧臣，不应另眼相待。成祖勤政，有时视朝到很晚，徐氏每次一定要等成祖散朝后一同进餐。《明史・后妃传》记载，她曾经问成祖，陛下治理国家靠哪些人？成祖告诉她：“六卿理政务，翰林职论思。”她就征得成祖同意，召见这些官员的命妇，

赐冠服钞币，并对她们说："妇之事，奚止馈食衣服而已，必有助焉。朋友之言，有从有违，夫妇之言，婉顺易入。吾旦夕事上，惟以生民为念，汝曹勉之。"她还先后作《内训》20篇，又类编古人嘉言善行，作《劝善》书，颁行天下。

徐氏生子三人。长子朱高炽，后来当了皇帝，是为仁宗。次子高煦，初封汉王，宣德元年（1426年）谋反，废为庶人。后宣宗皇帝至囚室，他用脚将宣宗绊倒，宣宗大怒，命人把铜缸扣在他身上，上燃木炭，活活烧死。三子高燧被封赵王。她还生有永安、永平、安成、咸宁、常宁五位公主。

徐氏死后，因其生前贤惠，成祖始终没有再续立皇后。

图 1.1.4 仁孝文皇后徐氏画像

## 三、殉葬妃子

人殉制度，是一种极为野蛮落后的丧葬礼俗。其表现形式有妻妾殉夫，侍从、奴隶殉主，以及人臣殉君等。其起源可以追溯到原始社会。其中，妻妾殉夫的习俗，始于母系氏族制向父系氏族制转化，或父系氏族制已经确立的时期，它反映了男人从本质上支配女人的婚姻形态。

以妻妾殉夫为主要形式的人殉制度，在奴隶制社会最为盛行，但到了西汉初年即被废除。汉宣帝时，赵缪王刘元，因逼迫为乐奴婢16人自杀从死，遭到了撤销封国的处罚。明朝的宫人殉葬制度正是古代妻妾殉夫习俗的死灰复燃。它始于明太祖朱元璋，而行于成祖和仁、宣二宗。

其中成祖的殉葬妃嫔人数，文献记载不一。《大明会典》记载："长陵十六妃俱从葬。"朝鲜《李朝实录》则载为三十余人。虽人数记载多少不一，但妃嫔从葬惨状，却在《李朝实录》中有所披露。

据《李朝实录·世宗庄宪大王实录》记载，成祖死后，被确定为成祖殉葬的宫人有三十多人。

到了殉葬那天，殉葬宫人先被送到一个庭院内赴宴。宴毕，引进殿堂。殿堂内事先放好一个个小木床，殿梁上系好绳套，宫人们进入殿内，自知死期已到，"哭声震殿阁"，但迫于圣旨，只好一个个登上木床，把头伸进绳套，太监们去掉木床后，便一个个被活活吊死。在宫人们进殿之前，嗣皇帝仁宗朱高炽还惺惺作态地与宫人辞诀。

其中，有个姓韩的宫人。哭着对仁宗说：我母（乳母）年老，希望能送她回本国去。仁宗连连应允。韩氏把头伸进绳套后，对她的奶母金黑说："娘，吾去！娘，吾去……"

话没说完，旁边的太监已将木床撤去。

这位殉葬的韩氏宫人，系朝鲜韩永矴的大女儿，是永乐十五年（1417），朝鲜国进献给永乐皇帝的。永乐皇帝特别宠爱韩氏，封她为妃。还曾经对朝鲜国的使臣说："难得国王至诚，送来韩氏女儿，好生聪俐。"

这位韩氏女的哥哥韩确，因此而受到永乐皇帝的器重，被授鸿胪寺少卿官职。

但是，韩氏后来却在宫中被称为"鱼吕之乱"的宫闱事件所牵连。

"鱼吕之乱"，指的是永乐后期宫中所发生的一场因妃嫔之间矛盾而引起的一起宫闱大案：

永乐皇帝有一位特别宠爱的妃子，就是恭献贤妃权氏。她是永乐时朝鲜向明朝宫廷进献年轻女子之一。因为长得貌美，又擅长吹玉箫，所以，永乐七年（1409）被封为贤妃。永乐八年随驾北征，凯旋回师时，在山东临城路去世，葬于山东峄县。

但是由于宫廷内妃嫔之间的矛盾，权氏死后，围绕其死因，却引发了一起宫廷惨案。当时皇宫里有位吕姓的女子，是商人的女儿。她诬陷朝鲜来的吕美人在茶里放毒药，毒死了权贤妃。永乐皇帝听说后大怒。下令将朝鲜的吕美人以及和她关系比较好的妃嫔、宦官几百人处死。

后来，中国的这位吕姓女子和另一位女子鱼氏，虽然都是永乐皇帝宠爱的女人，但是她们却与年轻的宦官私通。这件事情被永乐皇帝知道了，永乐皇帝并没有责怪她们。但这两个人却因心虚害怕，都自缢而死。

吕姓女子死后，她诬陷朝鲜吕美人的事情被人揭发出来。永乐皇帝晚年丧心病狂，用刑残酷，因此在宫内大开杀戒。当时，受牵连的人多达2800人，都被凌迟处死了。永乐皇帝还亲自到现场观看行刑。这还不算完事儿，永乐皇帝还下令让画工画出吕姓女子与小宦官拥抱在一起的样子，羞辱死去的吕姓女子。由于这起宫廷惨案的起因与鱼氏和吕氏有关，所以被称为"鱼吕之乱"。

前面提到的这位殉葬妃子韩氏，在这次事件中，虽然没有被处死，但是也被关进了冷宫，几天都不给她吃的。幸亏守门的宦官可怜她，偷偷地放些吃的在门口，她才没有被饿死。但她的婢女都被杀了。韩氏的乳母金黑也被关进了大狱。

这位韩氏妃子，在"鱼吕之乱"中逃过一死，但没有逃过殉葬一劫。

韩氏的乳母金黑，仁宗本已答应送回朝鲜。但由于永乐帝在位时，皇宫内曾发生过"鱼吕之乱"，为了不使事情的真相传到朝鲜，于是，封金黑为恭人，不遣回国。直到宣德十年（1435）四月，金黑等53名朝鲜女婢才被放回本国。宫人殉葬的惨状也因此而被朝鲜的官方文献记录下来。

## 第二节 天寿山吉壤的卜定

永乐五年（1407）七月，皇后徐氏在南京病故，按照常理，朱棣应该在南京附近营建陵园，以便于朝廷对陵园的管理，同时也为子孙后代的嗣帝们拜谒祖先提供便利的条件。但是，由于成祖早有迁都北京的设想，北京的皇宫已在营建之中，所以，他随即派人前往北京一带卜选陵地，以便自己百年之后与皇后合葬在自己行将确定的京师——北京附近。

皇帝选陵地也迷信风水。他派人选了好多地方，包括京西燕台驿、玉泉山、潭柘寺等地，均未获吉。直到永乐七年（1409），才选定现在十三陵这块地方。

### 一、神秘的选址传说

是谁为成祖卜选的这块风水宝地？历史上传说很多，有的还带有神秘的传奇色彩。

佚名评书《大明兴隆传》，在第十回《祭财神三牲定礼，探地穴得获天书》中是这样说的：

> 却说当日那燕王千岁展开画图一看，见上面乃是一山川地图。后面一座高山，前面一带大河，山环水抱，穿帐过峡，日月五星俱全，贵人禄马得位，迎送周密，四维藏风，诚王气之佳域，皇帝之陵墓。千岁道："仙师，此地何处？"道人道："就在面前那古松山地面。"千岁道："烦先生领小王前去一一指点。"道人道："那是自然，说话就去。"那君臣数人同了铁冠道人牵马步行，指点陵地，顺龙母庄向河北而来。那山周围八十余里，越了一日才踏遍。就在那古松山前面有一黄土山，乃是结穴之处。将古松山改为天寿山，起龙过峡，无不尽善。正是那太行山分下来的支脉，天造地设的佳地，安成癸山丁向，将来千岁在此作为归宿之地，子孙绵盛，富贵无极……那道人献了陵图，按图全有说明书，日后可按图修造……

这是铁冠道人卜地之说。

民国年间，刘仁甫所撰《前明十三陵始末记》又有姚光孝卜地之说。该书认为，明成祖的长陵是龙母庄贤士姚光孝所卜，姚光孝因卜陵有功被封为寻陵侯。该书记载明成祖朱棣卜选陵地的过程如下：

> 拟采选陵地，巡幸北至永安城（今昌平县）驻跸。闻城北龙母庄有贤士姚光孝者，博学诗书，精通地理。时有大臣刚丙等随驾，并至龙母庄。
>
> 正值庄内刘某娶妇下轿。帝告主人曰："是日乃凶煞，当执五鬼在位。大凶。"因问是日何人所择。主人答以姚某。帝召问之。光孝曰："此日有紫微星相遇，下轿

时有龙虎冲去凶煞，无相碍矣。”帝曰：“先生之才，吾不及也。既有此才，何不出仕？”光孝曰：“无由而进。”帝曰：“我即大明天子永乐也。”光孝跪伏。帝曰：“勿惊。朕今欲采陵地，封先生为寻陵侯。着先生同往。”光孝叩头。遂驻跸于刘某焉。

次早，君臣寻至汤山及潭柘寺等处。看其山象稍好，水法不利。复返驾至龙母庄河北天寿山。看其前、后、左、右、远、近，由起祖至结穴，中有太祖、少祖，穿帐起伏、过峡束气等处，并有日月五星、禄马、贵人、贵器迎送，层层护卫；又观其四维、八干，罗城周密，聚气藏风，山环水抱，龙虎龟蛇诸般灵瑞无所不有，此诚王气所钟，天造地设大地也。

光孝奏明，帝审顾，喜问曰：“生旺若此，葬后可绵荫几世？”光孝对曰：“万子崇孙葬于河南之地。”即龙母庄之河南也。帝又问曰：“祖陵修在何处？”光孝对曰：“此天寿山为少祖，是龙气过峡之处。天寿山中峰之前黄土山下乃龙气结穴之地，即为穴星，可修于此。”帝复审视，又与从臣王贤、廖均卿共卜之吉。由是择定点穴之处，并周围山圈地谱八十余里，皆命为此中地界毕，起跸回朝。至永乐七年五月乃于昌平县城北二十里天寿山中峰之前黄土山下修陵，名长陵。坐癸山丁向。命寻陵侯姚光孝、武义伯王通督工。在龙母庄河北立工部厂，备运工料。先从德胜口东北乾、亥方，源头活水处修龙王庙一座，即于此处修水池九座、龙口九间，名九龙池。

当地村民中则流传着许多姚广孝卜选长陵陵地的故事。说姚广孝所选的长陵陵地位置非常好，位处康家庄，旁有泔水河。皇帝姓朱，谐音“猪”。猪有糠吃，又有泔水喝，饿不着，因此是好地方。

又说，开始的时候，曾经选过塞外的屠家营，但是“屠”有屠杀之意，皇帝的姓谐音“猪”，被屠杀，岂不是不吉？所以，地形虽好，也没有选用。

还曾选过门头沟的燕家台，但是，燕家与“晏驾”谐音，晏驾是说皇帝死了，所以，也不吉利，因此也没有选中。

还有一说，天寿山的龙穴之下有一条蛰龙。术士王贤在龙穴之处埋一铜钱，姚广孝奉命点穴，用箭插入铜钱，刺伤了蛰龙。刹那间，风雨大作，蛰龙飞腾而起，冲向姚广孝。但姚广孝早有准备，事先向永乐皇帝求赐了一匹龙驹。所以，蛰龙一扑过来，姚广孝早已飞身上马，往南飞奔而去。蛰龙在姚广孝身后紧追不舍，就是追不到。本来蛰龙追过六十里，就不会再追了。可惜，姚广孝算错了里程，在快到六十里的地方，放慢了速度，还回头想看一看蛰龙是否追上来。结果，被蛰龙一爪抓掉了脑袋。后来，永乐皇帝为了纪念姚广孝，特地在那个地方修了玄福观。老百姓则因为姚广孝曾经在那里回头看蛰龙，而叫它“回龙观”。

另外还传说，营建长陵时，附近的坟茔都要迁走。在迁移北宋易学家邵雍墓时，墓穴中发现了一块石碑。碑上刻着一首诗：“尧夫死后三百年，永乐在位重见天。感谢山东顾知县，将吾移葬影山前。”诗中所说的尧夫就是邵雍的字。当时的昌平知县顾亮，参与迁坟事，于是把邵雍坟迁到了影山（今十三陵水库大坝东面的小山，因状似影壁，故称影山）前。

以上传说流传很广，十三陵一带几乎家喻户晓，妇孺皆知。但实际上，铁冠道人不过是文学作品中虚构的人物。姚光孝（《明史》作姚广孝）也不是龙母庄人，而是江苏长洲（今苏州）人，僧名道衍，因辅佐成祖有功，被封为资善大夫、太子少师。他虽然是永乐十六年（1418）时去世的，修长陵时还在，但他只是永乐皇帝的谋士，并不以风水地理之术见长，所以并没有参与长陵的卜选，也没有寻陵侯的封号。而邵雍移葬影山之前，也没有实物佐证。况且，北宋时，北京一带属于辽国境界，邵雍不可能在这里生活，葬在这里。永乐时虽有顾亮担任过昌平知县，但并无史料证实顾亮参与陵区迁坟。

所以，这些传说故事并不是史实，但确实生动有趣。这也从一个侧面反映出了明代帝王陵寝的选址过程的确是非常复杂的。

由于长陵营建的年代比较早，早在明朝中期时，就有人误认为长陵的卜选早在成祖当燕王时就开始了。例如，在嘉靖年间担任过都察院都御史、刑部尚书、兵部尚书等要职的胡世宁，在他所上的《重陵寝斥邪佞以安宗社疏》中就曾经说：

> 至于天造地设，山川大聚，完美可为帝王兆宅者，举天下盖不多也。故我太祖初定国都，聚天下术士而议者数百。太宗（即成祖）下藏天寿山，盖自始封燕国，至于绍极，征讨往来，阅历山川，数十年而后得。[1]

## 二、文献记载的史实

那么，天寿山的风水吉地，究竟是何人、何时选定的呢？卜选的过程又是如何呢？

根据《明太宗实录》和《赣州府志》记载，真正在卜选长陵过程中起主要作用的，应该是礼部尚书赵羾（hóng）和他率领的廖均卿、曾从政等风水术士。

《明太宗实录》有关长陵卜吉人的记载有两处。卷九二记：

> 永乐七年五月……己卯，营山陵于昌平县。时仁孝皇后来（当是“未”字之误）葬，上命礼部尚书赵羾以明地理者廖均卿等择地，得吉于昌平县东黄土山。车驾临视，遂封其山为天寿山。

卷一四〇记：

1《明经世文编》卷一三三《胡端敏公奏议一》。

永乐十一年五月……壬寅……复论初卜吉之功。升知县王侃州同知，赏彩币三表里；升给事中马文素太常寺博士，阴阳训术曾从政、阴阳人刘玉渊皆钦天监漏刻博士，食禄不视事；五官灵台郎吴永，始以僧授，改升僧录司右阐教，各赏彩币一表里、钞百六十锭。

据此，参与长陵卜选的有赵玒、廖均卿、曾从政、王侃、马文素、刘玉渊、吴永等人。另外，明蒋一葵《长安客话·郊垧（jiōng）记》又有王贤卜地之说。该书记：

国初，有宁阳人王贤，少遇异人。相之，当官三品。乃授以《青囊书》，遂精其术。永乐七年，成祖卜寿陵，遍访名术，有司以贤应。贤奉命于昌平州东北十八里得兹吉壤。旧名东祚子山[1]，陵成封天寿。贤累官至顺天府尹。

清查继佐《罪惟录》卷十六《陵志》也记载：

又，王府尹志，尝梦人授以书曰："读吾书，衣绯；不读吾书，止衣绿。"后偶道得册，为青乌家言，精之，长陵其所定也。陵对有小阜，请去之。曰："存此，代非正宫所出。"存考。

然而，清朱孔阳《历代陵寝备考》引《两京求旧录》对王贤卜地之说表示怀疑："《实录》暨《兖州府志》皆未言其精青乌之术，所闻异词，难以悬定。"

《古今图书集成》引《江南通志》还有游朝宗参与卜地之说。该书记：

朝宗，婺源人，地理独精。永乐卜建天寿山，朝宗尤见褒赏。

明天启《衢州府志》卷十五《翼教志》又有非幻和尚参与卜地的说法。该书记，非幻和尚系宝陀庵住持僧。他"谙儒书，精地理，尝应召相地天寿山，赐以金紫"。

在上述这些风水术士中，廖均卿（图 1.1.5）应是在长陵卜选中所起作用最大一人。

廖焕楼先生家藏的清光绪二十七年（1901）重刊的《兴邑衣锦三廖氏族谱》（图 1.1.6）记载，廖均卿，字兆保，号玉峰。生于元顺帝至正十年（1350），明江西赣州府兴国县衣

1 东祚子山，又有人作"榨子山"。《历代陵寝备考》引叶盛《水东日记》："宁阳人王贤，少遇异人。相之，当官三品。乃授以《青囊书》，遂精其术。永乐七年，成祖卜寿陵，有司以贤应命。于昌平东北十八里，选得吉壤。旧名榨子山，陵成，封曰天寿。贤累官至顺天府尹。"

图 1.1.5 传世廖均卿画像

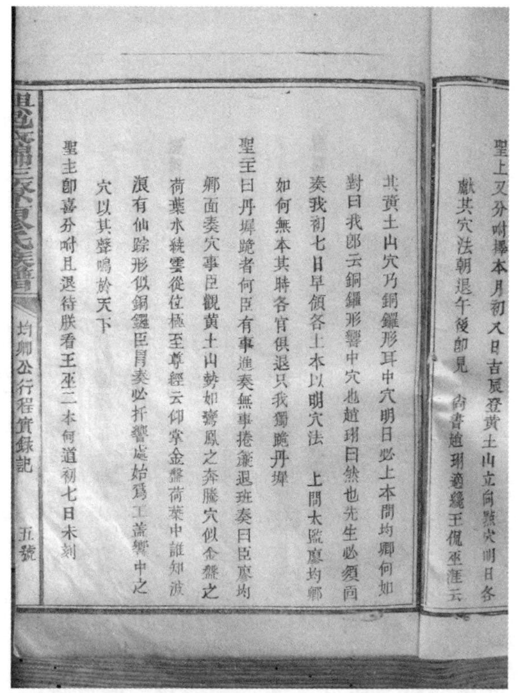

聖上又分咐擇本月初八日吉辰登黃土山立向點穴明日各
獻其穴法朝退午後卽見 尚書趙玕適纔王偑巫漼云

其黃土山穴乃銅鑼形耳中穴明日必上本問均卿何如
對曰我郎云銅鑼形響中穴也趙玕曰然也先生必須同
奏我初七日早領各上本以明穴法 上問太監廖均卿
如何無本其時各官俱退只我獨跪丹墀
聖王曰丹墀跪者何臣有事進奏無事捲簾退班奏曰臣廖均
卿面奏穴事臣觀黃土山勢如鸞鳳之奔騰穴似金盤之
荷葉水繞雲從位極至尊經云仰掌金盤荷葉中誰知波
浪有仙踪形似銅鑼臣冒奏必折響處始爲工蕭響中之
穴以其聲鳴於天下
聖主卽喜分咐且退待朕看王巫二本何道初七日未刻

均卿公行程實錄記 五號

图 1.1.6《兴邑衣锦三僚廖氏族谱》(清光绪二十七年重刊)

锦六十三都(今江西省赣州市兴国县梅窖镇三僚村)人，为唐代风水大师廖三传的后人。[1] 族谱中所辑廖均卿第五子廖信厚撰写的《均卿太翁钦奉行取扦卜皇陵及行程回奏实录》记载了廖均卿卜吉天寿山的详细过程：

徐皇后死后，礼部尚书赵玥(当为“玨”字之误：作者注)奉成祖之命选取精通风水地理的人选择陵地。他通过查阅书籍得知，唐朝时的杨筠松、廖瑀(yǔ)、曾文辿(chān)“精通地理，有仙道之机”，都是江西人。遂行文至江西各府、州、县，寻找精通风水术的人。

廖均卿当时还在福建大田县。接到官府的通知后，马上邀会同村的曾从政，于永乐五年(1407)十二月十一日早，来到兴国县的县衙门。知县对他们说：“奉上取用你们甚急。我当起送，毋得违误。”紧接着，在十三日那天又拜见了赣州府知府，二十一日拜见了江西布政使。随即起程赴北京卜选陵地。这时，奉命参与卜选陵地的廖均卿、曾从政等风水术士都是以钦天监阴阳人的身份前往的。

1 清魏瀛等修《赣州府志》卷五八《人物志·艺术》及《古今图书集成》卷六七九《堪舆部名流列传》中的“廖均卿”条均记载，廖均卿为廖瑀后裔。但据廖焕仕先生家藏光绪二十七年(1901)孟冬月胡志仁撰序的《兴邑衣锦三僚廖氏族谱》所记，廖均卿系廖瑀之弟廖克谦的后人。廖瑀为廖三传长子廖通的次子。笔者认为，家谱的记载，谱系清楚，较为可信。

因路途遥远，且道经徐州时突然天降大雪，雪深难行，所以到了次年（1408）正月二十四日这些人才到达北京。他们先后查看了京西的燕台驿（今属北京市门头沟区）、西湖景玉泉山（今属北京市海淀区）等地。三月下旬，返回南京。

二十一日刚刚到南京，廖均卿等人就接到皇帝要召见他们的通知。当天下午，在皇宫的武英殿里，永乐皇帝召见了他们。永乐皇帝问他们："众地理，各有秘传乎？"廖均卿上奏说："阴阳人画有京畿形图，并龙、穴、砂、水四论，共计三本献上。"这其实就是所选吉地的图样和说明。永乐皇帝看了，非常高兴，吩咐赐给他们酒饭。

二十四日，永乐皇帝在武英殿门询问南京的风水如何。廖均卿回答："好是好，只是水口的石头向外。"永乐皇帝说："朕亦嫌之。均卿之言是也。"

二十五日，廖均卿等人奉命看明太祖孝陵风水。他们从左砂一直看到后龙来脉。看完之后，入武英殿，向永乐皇帝做了汇报。永乐皇帝又对他们进行了赏赐，还让礼部官员带他们进武英殿戊子库，赐给一本青绫皮的内容为天相的书。并且告诫他们，子孙后代都不要对外泄露。

二十六日，廖均卿等奉旨第二次前往北京。五月一日到达北京。廖均卿遍览京郊之后，于六月一日来到了北京昌平黄土山（即天寿山）一带。十日，他登上山顶，四面察看，见该地风水绝妙，遂绘制山图，次日将图绘好。十二日，与众人登上黄土山后龙，查看来脉结于何处。

七月十二日，廖均卿等人动身返回南京。八月一日上朝时，将山图献给成祖，并上《朝献山图表章》一道。表章对黄土山风水大加赞美：

> 臣受杨师秘术，谬参造化玄机。兹奉我皇圣旨，卜取御陵，臣与礼部尚书赵玥（作者注：当是"羾"字之误）相视营陵，敢不披肝吐胆以尽忠言！详察各处山川，堪建陵基者惟昌平州东黄土山一十八道岭峰美丽，真堪陵室根基。
>
> 其脉天皇出势，天市降形，贪狼木火以为宗，势若鸾翔而起主。太乙双降，屹立于斗牛之间；天乙呈祥，奋迅于奎娄之位。三台、华盖，拱帝座以弥高。四辅紫微，面坎宫而作极。东黄土景堂堂乎三阳开泰，十八岭峰巍巍乎四势呈祥。形肖铜锣，穴居中央。礼部尚书赵玥（作者注：当是"羾"字之误），相六秀皆足、八景（作者注：疑为"贵"字之误）堪评。天门山拱震垣，地户水流囚谢。凤阁龙楼，卓列罗城。捍门华表，镇塞星河。山如万马奔趋，水似黄龙踊跃。内有圣人登殿之水，世产明君；外有公侯拜舞之山，永来朝贡。四维趋伏，八极森罗。青龙奇特，白虎恭降。太微天马，尊于银潢之南；少府紫微，起于天河之北。维皇作极，俾世其昌。发龙气旺，帝业最胜。山河巩固，地势宽平。艮亥脉作癸山丁向，卦例相合；五星聚会，主大臣股肱协力。木火得局，玉叶庆、衍藩昌，悉合仙经，宜任陵室。

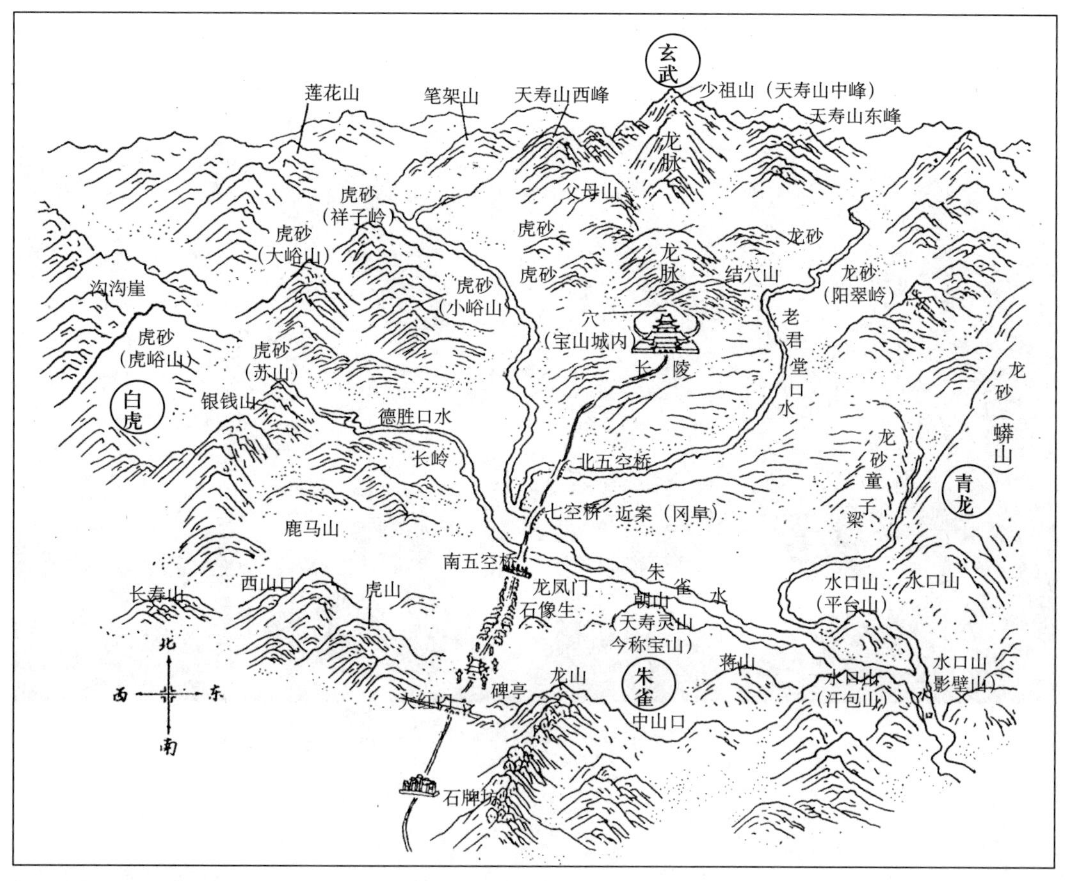


图 1.1.7 长陵龙、穴、砂、水分布图

从长陵的位置、坐向，以及天寿山陵区的山水地形看，确实与廖均卿所描述的非常一致。

从天寿山的地形地貌看，的确是一处非常难得的万年吉地。这里旧名黄土山，也叫康家庄楼子营。四面青山环抱，碧水长流，林木葱郁。正是古人所讲究的龙、穴、砂、水俱妙的帝王墓葬吉地。（图 1.1.7）

其中，长陵北面，天寿山主峰三峰并峙，中峰高海拔 750 余米，是陵域最高的山峰。从西峰延伸至陵后则有一座山圆如倒扣的铁锅。这种山形地貌正是风水术所讲的三台和华盖的峰峦形势。因为，《永乐大典》引唐李淳风《小卷》是这样解释三台和华盖的："三峰耸壑为紫气……若中峰尤高，则为'三台'。""华盖，圆如覆釜。"正因为如此，廖均卿在《朝献山图表章》中形容长陵后面的山是"三台、华盖，拱帝座以弥高"。（图 1.1.8）

古代人称墓葬后面的山为"玄武"，要求它必须由连绵不断的许多山峰组成。其中，远处的山要特别高大，往前延伸，则山势一座一座逐渐低矮。这叫"玄武垂头"。并且，

图 1.1.8 长陵背后龙脉呈“三台”“华盖”之形

图 1.1.9 长陵背后龙脉起伏连绵，分出少祖、父母、胎息诸山层次

将目力所及的最高山峰称为“少祖山”；再往前，称处于墓葬之后的比较高大的山峰为“父母山”；称处于墓葬之后的小山为“胎息”“孕育”。长陵后面的山像连珠一样一座接一座，由前及后，山势越来越高，正符合这种要求。（图 1.1.9）

古人认为理想的吉地必须四面环山，就像天上的紫微垣周围环绕有二十八宿星官那样，所谓“在天成象，在地成形”。其中，后面的山是“玄武”已如前述。左面的山，被

图 1.1.10 长陵东有蟒山为“青龙”

图 1.1.11 长陵西有虎峪山为“白虎”

图 1.1.12 长陵前有天寿灵山为“朱雀”

称为“青龙”或“龙砂”，其形态须呈“蜿蜒”之势；右面的山称为“白虎”或“虎砂”，其形态须呈“驯頫”之态，即要蹲踞有力；前面的山，称为“朱雀”，要呈“翔舞”之态。这四面的山合起来又称为“四势”。长陵东面有蟒山，其蜿蜒的走势，确有龙蛇游动之态；西面的虎峪山，高大敦厚，有如蹲踞之虎；前面的天寿灵山以及昌平后山，秀丽而圆浑，正符合“朱雀翔舞”之说。所以，廖均卿形容长陵周围的山势是“巍巍乎四势呈祥”，又说是“青龙奇特，白虎恭降”，“四维趋伏”。（图1.1.10—1.1.12）

另外，古人还认为好的墓葬地，左右和前面都要有水流环抱，诸水汇合一处后流出墓葬区，被称为“水口”。水口处要有山如“捍门华表”拦挡水流，使人们看不见水流的最后出处。

长陵的水口就在现在十三陵水库大坝的位置。长陵东有老君堂水，西有上下口、锥石口水、德胜口水数条水流，左右抱合，汇合后流经陵前，最后从十三陵水库大坝处（古称东山口）转折南流。这里因为蟒山在北，汗包山在南，平台山在西，影山在东，对水流进

图 1.1.13　长陵东南面的十三陵水库大坝所在地为其“水口”

行拦挡，所以，廖均卿有“捍门华表，镇塞星河”的称赞。也就是说，这四面的山就像水口大门的华表一样。

又由于长陵的水口在陵区的东南方，风水术称西北乾卦方为“天门”，东南方的巽卦方为“地户”。《青囊海角经·四》说：“天门水来处也，地户水去处也。”长陵西北方的水流来自锥石口、上下口，正属西北的乾卦“天门”方；水口方正处在东南的巽卦“地户”方，也正是水去之处。另外，长陵的水流，一开始是源自小的支流，汇聚到陵园前方时水势正旺，东南流至水口处，由于四面山势的拦挡，水势停蓄下来，然后曲折流出陵区之外。这也就是古人所说的“盈而后溢”，也就是“囚谢”。所以，廖均卿对长陵有“天门山拱震垣，地户水流囚谢”的赞美之辞。（图 1.1.13）

廖均卿说“东黄土景堂堂乎，三阳开泰”，也是根据天寿山地形描述的。因为天寿山原称黄土山，是位于当时的昌平县治（今旧县）的东北方。而且，古人对“三阳”的描述，分别是内阳、中阳和外阳。明王圻、王思义《三才图会》卷十六《地理》有《三阳罗城图》，明长陵陵前的地貌正于此相合。其中，陵南（北五空桥南）有一道小土岗，横亘陵前，即长陵案山，案山之北是为“内阳”范围；小土岗之南，十三陵水库南岸有天寿灵山（今俗称“大宝山”），即长陵朝山，其北是为“中阳”范围；天寿灵山之南，有昌平城后的汗包山和龙山等山脉，两者之间为“外阳”的范围。这三重山脉构成了长陵的“三阳罗城”。而再往南的西山（香山一带的山峦）则为长陵的“远朝”，即远处的朝山。因为“三阳”俱全，所以廖均卿称之为“三阳开泰”。（图 1.1.14）

廖均卿所定长陵的坐向“癸山丁向”也是很有讲究的。所谓的“癸山丁向”，也就是说，长陵的方位，背靠的是癸方，也就是北偏东的方位；长陵的朝向，是丁的方位，也就是南偏西的方位。

古人对方位的表述，是用罗盘上“二十四山”（也称“二十四龙”）来表示的。其诠释方位的方法，是将周圈 360° 的方位划分为二十四个等份，每个等份为 15°，用子、丑、寅、卯、辰、巳、午、未、申、酉、戌、亥十二地支的名称，和八卦中的乾、坤、艮、巽四个卦名，以及十天干中的甲、乙、丙、丁、庚、辛、壬、癸八个天干名称按照一定的方位顺序进行标示。其中，子为北，午为南，卯为东，酉为西；乾为西北，坤为西南，

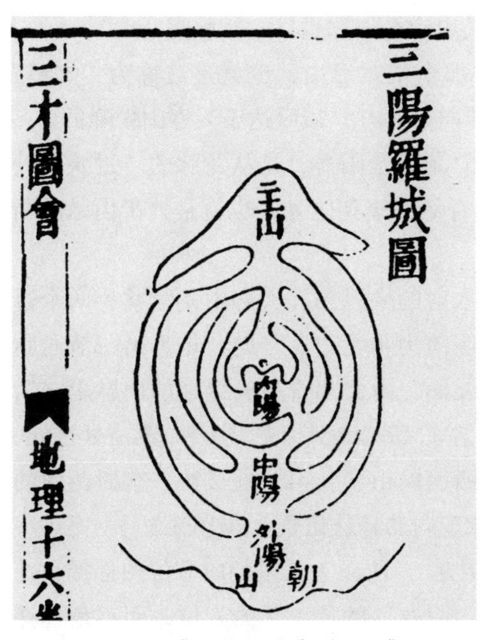


图 1.1.14《三才图会》中的《三阳罗城图》

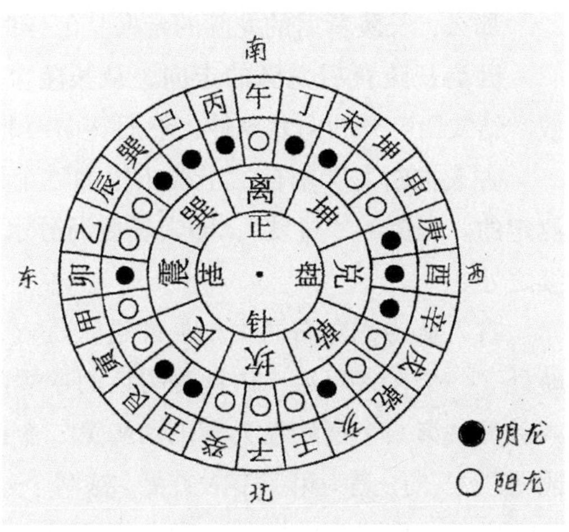


图 1.1.15 罗盘中的二十四山阴阳龙

艮为东北，巽为东南；癸、丑在子、艮之间，寅、甲在艮、卯之间，乙、辰在卯、巽之间，巳、丙在巽、午之间，丁、未在午、坤之间，申、庚在坤、酉之间，辛、戌在酉、乾之间，亥、壬在乾、子之间。长陵背对的方位是癸，因此称为“癸山”；长陵的朝向是丁，所以称为“丁向”。合起来，长陵的方位就是“癸山丁向”。

那么，廖均卿为什么要将长陵规划成“癸山丁向”呢？按照廖均卿的解释，就是因为长陵后面的龙脉是“艮、亥脉”。

为什么“艮、亥脉”，就应该定为“癸山丁向”的坐向呢？

这是因为古人在墓葬方位的确定上，特别强调“阴山阴向，阳山阳向”。例如，《九天玄女青囊海角经》就说：“净阴净阳，吉龙乃彰；贵阴贱阳，天星主张。”“阴山阴向，阳山阳向”，又称“阴龙阴向，阳龙阳向”。也就是说，墓葬后面龙脉的走向，如果以“阳”龙的方位为主，则墓葬的朝向应该选择“阳”的方位；如果以“阴”的方位为主，则应该选择“阴”的方位。但是，其中最为尊贵的方向选择是阴山阴向。

古人对二十四山方位，分别赋予不同的阴阳属性，并且标示在罗盘上。其中，壬、子、癸、寅、甲、乙、辰、午、坤、申、戌、乾十二个方位为阳，其余十二个方位震、巽、艮、兑、庚、亥、未、辛、丙、丁、巳、丑则为阴。（图 1.1.15）

长陵背后的龙脉分为艮、亥两节，艮、亥都是阴龙（也称为“阴山”），所以就选择了丁向。因为丁也是阴龙（阴山）。

那么，长陵背后的龙脉的走向是怎样的呢？又为什么说它是艮、亥脉呢？

因为长陵背后龙脉的走向，从长陵宝城后的那个华盖形山，也就是被称为“穴星”或“结穴山”开始向北延伸，然后转向西北，再转向东北方，最后达于天寿山中峰的。

古人推断龙脉来自二十四山中的哪个山，是阴龙还是阳龙，是从龙脉的“过峡”处测定的。所谓的“过峡”，即穴星后面分水脊处山脊低凹窄狭之处，也就是处于山脉的断续之处。

古人认为，左右两山相夹的过峡是吉，风吹水射的峡是凶。天寿山龙脉共有两个过峡处。一个在穴星后，由此测得后面接续的山脉走向为阴龙“亥”向，是为第一节龙脉入首处；第二个过峡在天寿山西峰第二个山头的北面，由此测得后面接续的山脉走向为阴龙“艮”向，是为第二节入首处。这两个过峡处，左右都有山峦相夹。其中，第一处过峡，西面是献、庆二陵的陵后山峦，东面是少年水库西面的山峦。第二处过峡，东西两面的也各有山峦分布。因此这两处过峡是古人测定龙脉走向的最佳位置。（图 1.1.16）

正是由于长陵后的龙脉分别为艮、亥两节“阴龙”，所以，长陵朝向方位的选择，在满足前面与天寿灵山相对的前提下，选择了属于“阴龙”的“丁”的方位，而不是选择阳龙的“午”向，也就是说长陵并不是正南正北的“子午向”。

而且，由于“癸”为阳龙，“丁”为阴龙，这种阳穴阴朝的方向，也是古人认为非常吉祥的方位选择。例如，清胡国桢《罗经解定》就说“阳穴，必用阴朝”，又说“阴阳相见，福禄永贞”。后来营建的献陵、裕陵、茂陵、庆陵四陵，因为都是用的长陵的龙脉，所以，陵园的方位也都是“癸山丁向”。

另外，廖均卿在给永乐皇帝的表章中，还讲了许多“天星”的内容，也都与天寿山的山峦分布相吻合。天星，是指的前面所说的二十四山，每个山的方位都对应一个天星。

其中，亥对应的是天皇，又称紫微；艮对应的是天市，又称阳枢。都是非常尊贵的天星。古人对于这样的龙脉是非常推崇的。例如宋赖文俊《催官篇》在其中的《评龙篇》中就说：“天皇行龙入天市，富贵兼美芝兰芳。”所以，廖均卿也有“其脉天皇出世，天市降形”的赞美之词。

又如，丙对应的是太微，午对应的是天马，酉对应的是少微，也就是少府。而在天寿山陵区，丙、午两个方向正是昌平后山，都处在陵前大河（廖均卿称之为“银潢”“天河”）的南面；而酉是西方，有大峪山，则在大河之北。所以，廖均卿有“太微、天马，尊于银潢之南；少府、紫微，起于天河之北”的说法。

廖均卿还建议明成祖亲临其地察看，“高张慧目，广迈皇风”。他认为如果是那样的话，则“玉烛清明，并三辰而永耀；金符浩荡，亘万古以长存；国祚无疆，邦家有庆”。成祖见图非常高兴，下令赐酒，并赏钱三百，夏衣一套，白米三石，酒五缸，鱼、肉各五十斤。初七那天，廖均卿本来要再去北京，因船遇风阻未行。

永乐七年（1409）正月，廖均卿再至北京。十三日至十五日去黄土山查看，当时天

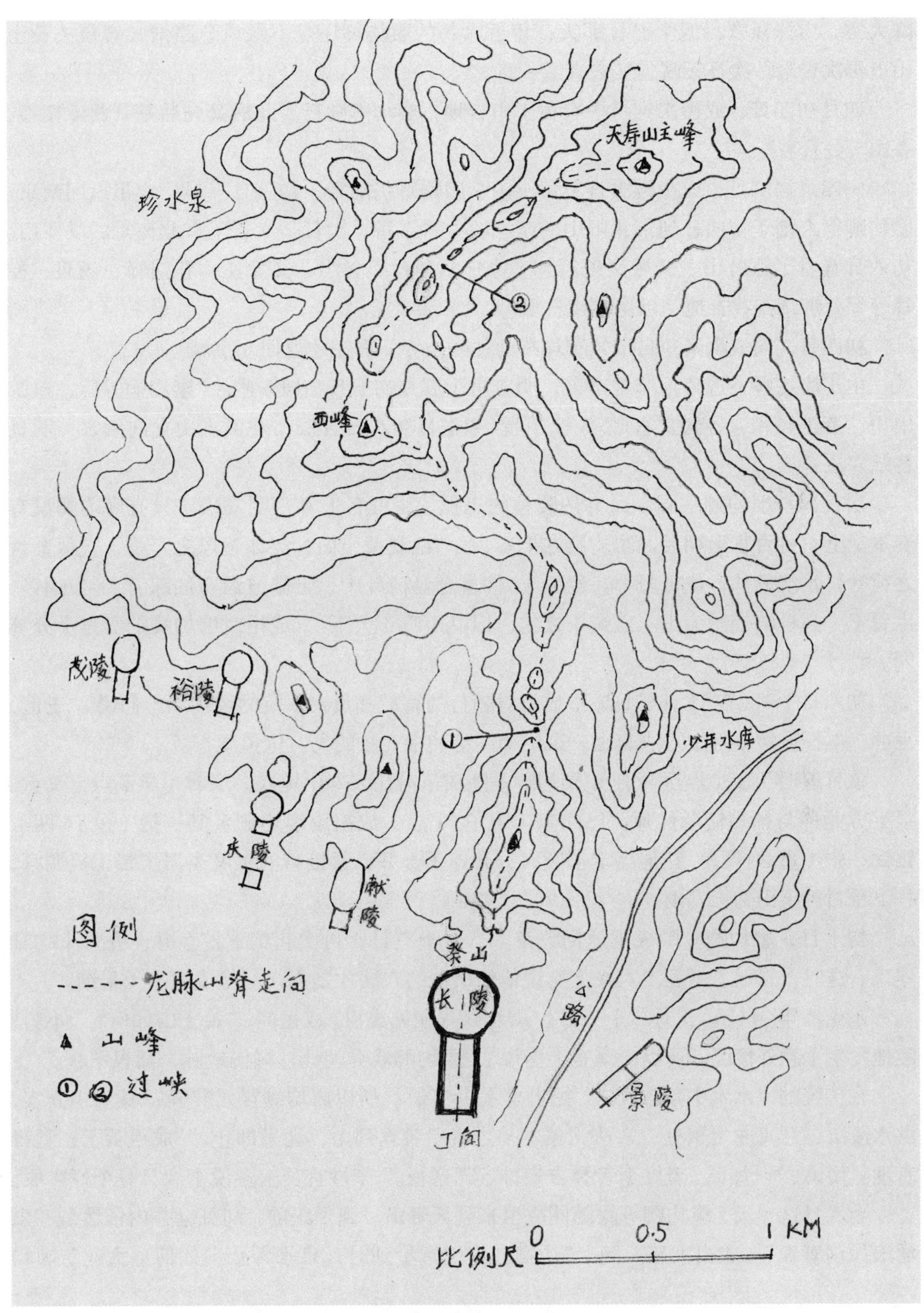


图 1.1.16 长陵龙脉艮、亥脉入首图

降大雪，雪深风寒，但十七日那天，年近六旬的廖均卿还是不顾风急路滑，冒雪去黄土山上再次查看。次日天晴，又去查看一番。

四月初四日，成祖来到昌平看黄土山吉地，廖均卿随行。此后又先后赴京西潭柘寺、香山等处查看。

闰四月初二日，成祖再次查看黄土山，廖均卿仍随行。初三日一早，成祖返回南京。廖均卿等人则于初四日到京北阳山的茶湖岭查看一番。次日，又看了京北怀柔的洪罗山。初六日查看了百叶山。此后又先后到辛家庄、斧口、谷山、文家庄、石门驿、汤泉、禅峰寺等处继续查找吉地，以供成祖选取。

初四日，明成祖又独自带领廖均卿前往峰山寺，看完才返回北京城。

由于廖均卿卜选陵地非常辛苦，明成祖于五月初五日当殿吩咐："廖均卿等臣，遍游山川，劳苦风霜，各封赏官职。"又下旨："本月初八日吉辰，登黄土山立向点穴，明日各献穴法。"

次日，与廖均卿一同奉命卜选陵地的王侃、巫涯各上本写明穴法。只有廖均卿没有奏本呈上。待百官退朝后，廖均卿才上奏说："臣观黄土山，势如鸾凤之奔腾，穴似金盘之荷叶，水绕云从，位极至尊。经云：'仰掌金盘荷叶中，谁知波浪有仙踪。'形似铜锣。臣冒奏：必扦响处始为工。盖响中之穴，以其声鸣于天下。"成祖对廖均卿的奏言十分赞同。

初八日子时(夜11点至1点)，成祖对随行的官员和负责卜陵的风水术士们说："王侃、巫涯二本扦铜锣形判中穴法非也。廖均卿回奏响中穴法的矣。依拟便行。"

该日丑时（夜1点至3点），廖均卿等随成祖前往天寿山定穴。辰时（早7点至9点）祭五方龙神与杨筠松老仙师。巳时末（上午11点）成祖赐廖均卿金剑一把（重14两）、银锄一张（重20两），让他点定了陵穴，开挖了金井。紧接着成祖又委派了督工提调官，并下旨封黄土山为天寿山。

初十日，廖均卿等随成祖返回北京。八月十三日，再次起工下挖金井。九月十二日停工。这时，王侃、巫涯二人又上奏说他们所上的穴法才是真穴。但成祖未予采纳。

永乐八年(1410)正月二十一日[1]，廖均卿等朝见成祖。成祖问："黄土山如何？"不料，陵地发生了意外情况。所以，众官上奏说："廖均卿戏弄朝廷，掘伤地脉，涌泉不止。"

在传统的风水术中陵寝开穴，挖出泉水主"凶"。所以廖均卿冒死辩解："黄土山其穴，洪水滚滚，乃真龙之聚处，穴法无偏。圣主帝星銮驾到山，涌泉即止。"成祖听了，觉得有理。便说："既如此，着姓李者择吉安排銮驾亲视。"李姓官员上奏说十八日是个好吉辰。

十八日这一天，廖均卿等人随同成祖来到天寿山。到了跟前，却见金井内依然是"泉涌滚如锅煮饭"。成祖大怒。问："均卿，你说帝星到时，泉水即止，如何愈大？"廖均

1 原文只有日，没有年月，但从廖氏家谱在此前已述及永乐七年十二月廿二日的情况看，推之当是永乐八年正月。

卿奏答："容臣喝山，罗经下地一照，涌泉即止。"成祖说："容你奏。稍若不止，命在悬丝！"廖均卿遂对山喝道："山家二十四向，土地、龙神、天星、地曜，二十八宿，祖师杨筠松、曾文辿、廖瑀公，今均卿为永乐圣主立万年之基业、千载之皇陵，兹金井之中凿出洪水，涌泉数日不止。万里山河皆归属圣主，谁敢不遵？今圣主銮驾亲至此地，洪水该止。如敢违，罪逆天也。"经他对山大喝一阵，并将罗经下地一照，泉水果然止住。

接着，他又上奏建议将金井再下挖三尺。成祖问其原因，廖均卿回答说："下有石盆一个、石鲤一对。"结果，下挖三尺后，果然又挖出石盆一个、石鲤鱼一对。成祖见了，龙颜大悦。他对廖均卿非常佩服，当即对大家说："均卿非凡间子，诚有仙风道骨，喝山皆应，呼水即止，真朕之奇遇也。"下令实授廖均卿钦天监五官灵台郎（博士品）。后来，在修建长陵地宫时，根据廖均卿的建议，将石盆盖在了金井之下。

但廖均卿不想做官。他以年迈、上有老母在堂下有五子未婚为由，请求恩准回家。成祖舍不得他走，百般挽留，许以赏赐金银、升授官职。但廖均卿并不为所动。成祖只好同意。为了表示怀念，特送扇子一把，并御赐诗云：

江西一老叟，腹内藏星斗。
断下金石鲤，果中神仙口。
赐官官不要，赐金金不受。
赐尔一清风，任卿天下走。

廖均卿临行，成祖又赐诗一首：

忆昔当年杨救贫，此仙之后有谁人？
出去寻龙一身雨，回来跨鹤两袖云。
地理图中观地理，天文机中会天文。
一杯饯别顺天府，同昌山河乐太平。

成祖赐完诗，告诉他："卿荣旋归家，可架造一敕书阁。匾云：'诰敕褒荣'。"但廖均卿才到北京城东南的通州，就又被成祖派人星夜追回。回京后，成祖对他说："均卿离朕数日，心甚不快。宣卿回京，同享叙话。"下令赐四品职衔供养在钦天监衙门。自此，每隔两三天，成祖就宣廖均卿进入内殿说话、下棋，御赐旁坐。

永乐十一年（1413）四月，廖均卿应邀到密云看衙门风水得了病。经太医院诊治无效，于五月二日病故。成祖下令由其第五子廖信厚护送回乡安葬。廖均卿去世后，成祖非常想念他，命画像官为他画遗像。因为画得不像，先后有四人被杀。只有一位蒋姓画师画得宛如活人。成祖一见，不觉泪下，下诏将其中一幅送回廖家。廖信厚则遵从父亲的遗

图 1.1.17 三僚村西北虎形山中的廖均卿墓碑

言，将父亲安葬在村北约七华里的虎形山（今地属黄岭村）那里。现在，该处有墓碑仍完好保存。碑的正面刻“钦天监博士墓”；背面刻“敕封灵台郎玉峰公墓”，以及“廖均卿永乐十三年腊月二十四日葬”“万历四十三年重修，朝廷侍讲临川金幼孜题”等字。该墓因不起坟，故虽有墓碑，但人们却至今不知道墓葬的具体位置。（图 1.1.17）

上述有关廖均卿卜选长陵的记载，出自永乐十二年（1414）四月廖均卿之子廖信厚所录《均卿太翁钦奉行取扦卜皇陵及行程回奏实录》。该《实录》明显带有神化其父、贬低他人的倾向。例如，在这篇《实录》中，王侃、巫涯（作者注：疑为“吴永”之转音）都是在沙河行宫因所上穴法不对遭到成祖面斥后，被“发落锦衣卫斩首”的，但《明太宗实录》的记载，则是二人均于永乐十一年（1413）因卜吉功而升授官职，可见，廖氏族谱的记载不符合史实。但尽管如此，其所记卜选的详细过程大多还是真实可信的。特别是廖均卿的《朝献山图表章》所阐释的内容，与天寿山的地理环境高度契合，其真实性的确不容置疑，是非常有价值的历史资料。

另据乾隆二十年（1755）重镌《武城曾氏重修族谱》记载，曾从政在永乐五年（1407）闰四月也有一份表章上奏给朝廷。其文如下：

> 钦天监博士臣曾从政奏为茔陵万世永昌帝业事。诚惶诚恐，稽首顿首，具表奏闻：
>
> 臣尘埃微质、草野贱流，依栖尧舜之风，歌咏唐虞之德。窃闻仰观俯察，神圣不遗；卜吉允藏，古今同道。钦惟我皇上经天纬地、偃武修文，仁孝格于皇天，千百国来贡、来朝，创垂定于此，系亿万年不骞不崩、天命永孚、地灵以应。兹皇太后未卜陵园，臣敬奉礼部尚书赵玥（作者注：当是“羾”字之误）等奉旨该行，荷蒙圣眷，召卜陵园。臣学愧青囊，术惭玄妙。随与武毅侯（作者注：应作“武义伯”）王通等督视陵宫，敢不披肝吐胆以尽忠言！
>
> 详察等处之山，皆不堪于陵室，惟昌平县东黄土坡十八道岭，峰峦美丽，真堪陵室根基。其脉天皇出势、天市降形。贪狼木火以为宗，龙跃鸾翔而起。天柱、天乙双柱屹立于斗牛之间，太乙耸拔于奎娄之位。三台、华盖拱帝座以弥（疑脱“高”字），四辅紫微面坎宫而作极。三吉完成，天门环恍，若拱辰之象。地户水聚，正合鬼仞之乡。凤阁、龙楼，正当地位；捍门、华表，恰在星河。如驷马而当冲，似金车之拥护。内有圣人登殿之水，世产明君；外有出类朝贡之山，永受夷献。四维趋伏，八极驱迎，青龙排班，白虎列卫。太微天马尊于银汉之南，少府紫微起于关河之北。

惟星作极，俾世其昌。卦例合途，主大臣股肱协力；火木得地，育玉叶、金枝长荣。悉协仙经，伍堪陵室。臣敬绘图奏献。伏乞御驾亲临，高张圣鉴，广迈皇风。玉烛清明，并三辰而永耀；金符浩荡，亘万古以长存。行地无缰，普天有庆。臣谨以表闻。

永乐五年闰四月 日表奏

该族谱还录有明成祖赠给曾从政的一首《南归诗》：

江西一老叟，腹中藏星斗。
断出金狮子，定是神仙口。
授官官不要，奉金金不受。
出自一清风，任君天下走。
逢官官要接，遇府府要迎。
有人来问我，永乐是故友。

曾氏族谱这些记载的真实性，则颇值得怀疑。因为，无论是曾从政的奏章，还是明成祖的赠诗，在措辞上太像廖均卿的情况了。甚至连人名的错字都一模一样，况且，廖均卿上奏章时，又不是两人联合署名所上的奏章，如此雷同的奏文，是不可能出现的。此其一。

其二，时间也不吻合。曾从政的奏章签署的时间是永乐五年（1407）闰四月，而皇后徐氏的去世时间是永乐五年七月乙卯。从多方面文献资料的印证，成祖下令卜选陵地是在徐皇后死后。况且，即便是成祖在徐皇后没去世时就派曾从政去预先选择陵地，但也不可能出现曾从政奏章所说的与武义伯王通共同督视陵宫的情况。因为，据《明太宗实录》卷九二记载，武义伯王通奉命建造长陵的时间是永乐七年（1409）五月己卯。这一天，成祖亲赴天寿山确定了陵址后，才于当天“遣武安侯郑亨祭告兴工，命武义伯王通董役事”。曾从政怎能在永乐五年预先知道永乐七年的事。

其三是称谓不对。曾从政的奏文称徐皇后为皇太后，而实际上，当时徐皇后并不是皇太后。永乐皇帝的赠诗也不符合当时的习惯。首先，皇帝对臣下，通常只称“卿”，没有称“君”的。其次，皇帝自称只用“朕”，从来没有以年号自称的情况。

所以，曾从政的奏文和永乐皇帝的赠诗，很有可能是清朝时曾氏家谱编修者，因为曾从政在世时没有把当时的情况记录下来，所以就参考廖家族谱进行编写。但曾从政参加长陵卜吉，并且也起到了比较大的作用，同样受到永乐皇帝的重视，则是不容置疑的史实。

长陵陵址确定后，永乐皇帝下令改黄土山为天寿山。又命武安侯郑亨祭告兴工，武义伯王通率军民工匠动工营建，陵园的设计规划以及工程技术和质量等方面的事宜则由工部尚书吴中负责办理。

按成祖之命陵区内的坟茔均应迁到陵区之外，只有康老一坟在长陵宝城东侧未迁。康老葬于元代，系当地土著，当发墓次及康老坟时，成祖忽生善念，说："安死者，人之同情也"，恩准勿迁。并命每年赐给祭品，春秋两季祀以少牢[1]。陵园所在地的右后方，旧有黄山宝泉寺（位于今十三陵镇黄泉寺村），该年六月十二日成祖命"移出山外"，迁建在陵区东南的南邵村，即后来的"法云寺"。此后，群山之内遂尽属陵寝兆域。

## 三、天造地设的景观奇迹

明长陵作为十三陵中的第一座陵园，选址考究精到，是中国古代帝陵建筑景观艺术中的杰出代表。其所取得的辉煌的建筑景观艺术成就堪称举世瞩目。尽管廖均卿所断言的"内有圣人登殿之水，世产明君；外有公侯拜舞之山，永来朝贡"之类的言语，只是术士的凭空断言，并无科学根据，但天寿山陵区壮丽的山川景观，的确给人以美的享受。

英国的科技史专家李约瑟曾称赞北京的明皇陵是建筑艺术史上"最伟大的杰作"，他说："皇陵在中国建筑形制上是一个重大的成就……它整个图案的内容也许就是整个建筑部分与风景艺术相结合的最伟大的例子。"而长陵的建筑景观艺术则正是这一伟大杰作中最精彩的篇章，因此我们说它是天造地设的景观奇迹一点都不为过。

概括起来，长陵的建筑景观艺术的精彩之处主要是体现在如下几个方面：

1. 群山拱揖，主题突出。

任何一件成功的艺术品，都应有明确的主题思想。在长陵的景观环境设计中，着意强调"帝王真宅"的"紫微垣"式的风水地形，借以达到推崇皇权的目的，是长陵景观设计的核心。

在古人看来，皇帝是人间的最高统治者，是天帝的儿子，是天帝派来执掌人间事物的，也就是说他们是奉天承运的"真龙天子"。因此，他们的宫殿、陵寝都应该仿照天帝居住的紫微星垣来设计，也就是《易经》所说的"在天成象，在地成形"，天上有什么样的星宿布局，皇帝的陵寝的山水景观布局也应该是什么样子。而这种观念，其实就是古人"天人合一"的哲学理念。

那么，天上的紫微垣星宿布局是什么样子呢？

约成书于汉末的佚名古籍《三辅黄图》曾经这样说过："苍龙、白虎、朱雀、玄武，天之四灵，以正四方。王者制宫阙殿阁取法焉。"也就是说，在天上的星宿布局中，拱卫紫微垣的有苍龙、白虎、朱雀、玄武等被称为"天之四灵"的四方星宿。其中，苍龙，又称青龙，位于紫微垣的东方；朱雀，位于紫微垣的南方；白虎，位于紫微垣的西方；玄武，位于紫微垣的北方。

---

1 古称用豕（猪）和羊祭祀为少牢。

正因为如此，长陵东有蟒山为青龙，西有虎峪为白虎，南有天寿灵山为朱雀，北有天寿山龙脉为玄武，形成了对长陵的四面拱卫之势。而其中的天寿山龙脉，作为陵寝的主要山脉，其主峰又是天寿山陵峪中最高的山峰，就好比一幅山水画中的主山一样，起着整个画卷中的引领和主导作用，而其他的青龙、白虎、朱雀等山脉，则相对略为低矮，恰如众星拱辰一样对主峰形成拱揖之势。

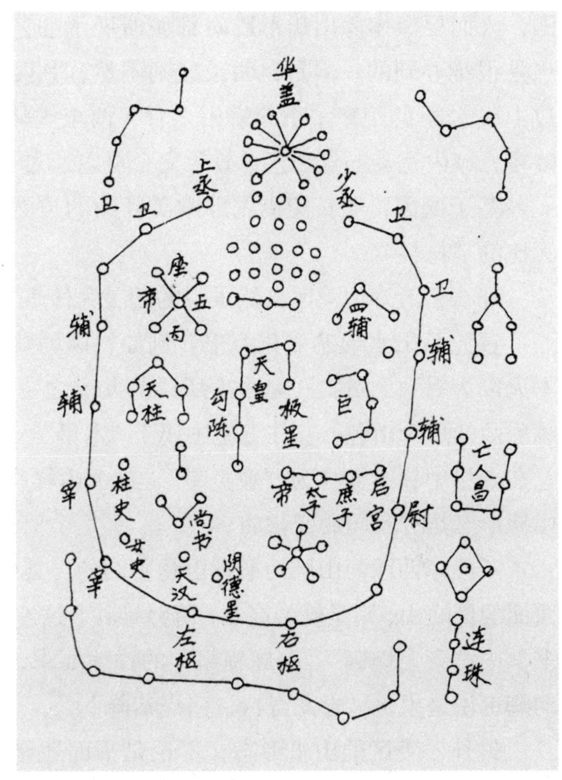


图 1.1.18《永乐大典·相地》中的《紫微垣星局图》

唐朝的杨筠松在《撼龙经》里也说："北辰一星中天尊，上相、上将居四垣。天乙、太乙明堂照，华盖、三台相后先。此星万里不得一，此星不许时人识。识得之时不用藏，留与皇朝镇家国。"这里所说的"北辰"，也就是北极星，是紫微垣中最尊贵的星宿，象征着天帝尊贵地位，因此也被称为"帝星"。而这种紫微垣式的山水形胜，在古代只有皇帝才有资格享受。（图 1.1.18）

因此，天寿山陵区的这种"紫微垣"式的景观环境，给人的感觉，主题是非常突出的，是具有气势磅礴的强大的震撼力的。这也突出了长陵龙脉的高大形象，自然也衬托出了天寿山陵区第一座皇陵长陵的崇高地位。

2. 景观选择，突出视觉之美。

在古代，极力吸吮自然风景之美，以大自然气势磅礴的地理环境烘托建筑的做法，是存在于中国古代各类建筑中的。以古代都城的营建为例，可以说都是毫无例外地对周围的山川大势与都城之间的关系进行了审慎的考虑。如，《析津志》记载元世祖忽必烈营建元大都时，就是"先取地理之形势，生王脉络"进行规划的。历代前贤对北京的风水地理也都屡加褒扬。例如，宋儒朱熹就这样称赞过北京一带的地理形势："冀都（指今北京一带地方），天地间好个大风水。山脉从云中发来，前面黄河环绕，泰山耸左为龙，华山耸右为虎，嵩山为前案，淮南诸山为第二重案，江南五岭为第三重案，故古建都之地莫过于冀都。"

然而，由于都城的范围较大，周围的山川大势一般都超出了人们视觉可以感知的范围，人们要想体验山川形胜对都城所展示的艺术效果，事实上不通过文人的著述加以联想是很难办到的。但是，明长陵则不然，其陵寝兆域南起石牌坊，北至天寿山主峰，不过 10.4 公里的距离；东起蟒山之脊，西至虎峪之巅，也只是 12 公里左右的距离。所以，陵寝兆域内完美的景观艺术效果完全可以通过人们的视觉清晰地感受到。

基于此因，明长陵周围那幽美壮丽的自然景观都成了陵园建筑艺术不可缺少的绝妙无比的“材料”。

那么，天寿山陵区自然景观的壮美又体现在哪里呢？

首先是山水形态变化万千。例如，廖均卿曾经说，长陵背后的天寿山龙脉是“贪狼木火以为宗”。“贪狼”是古人所说的九星之一，其山峰的形势是“形如卧蚕”，指的是长陵后面的那个山包。它在五星中属于“木星”。而“火星”则是指的“尖而秀出”山峰形态，它在九星中，又被称为“廉贞星”，这个山峰指的就是天寿山主峰。所以，天寿山龙脉的山峰形态是有不同的变化的。

长陵东西两面山脉的形态也是不同的。其中，长陵东面的蟒山，蜿蜒曲折，形似蛟龙；西面的虎峪山，则是峰峦高耸，落势雄壮。这左右两侧山势的变化，不仅妙合了晋郭璞《葬书》中“青龙蜿蜒”“白虎驯頫”的择地要求，也使陵区景观更显得妙趣横生。所以，廖均卿也说这里是“青龙奇特，白虎恭降”。

另外，陵区的山水形态，不论是平面还是立面形态，都呈现的是曲线的形态。从山水的平面形态看，长陵后面的龙脉走势左旋右转，如龙戏水；东蟒山、西虎峪山，则对长陵呈屈曲环抱之形的；从立面看，各山山势高低起伏，不断变化，同样是呈“动”势之感。所以，英国的城市规划专家爱德蒙·培根在评价十三陵的艺术成就时说：“建筑上最宏伟的关于‘动’的例子就是北京明代皇帝的陵墓。”还说：“它们的气势是多么壮丽，整个山谷之内的体积都用来作为纪念死去的君王。”

然而，古人对于建筑环境的“美”，欣赏的内容是不同的。例如，有庙堂气之美，有书卷气之美，又有小桥流水人家的小巧之美。而长陵景观之美，则是一种巍巍荡荡的磅礴壮丽之美。

为什么这么说呢？我们看看古人是怎么评价长陵及十三陵景观的。

例如，廖均卿曾说：“详察各处山川，堪建陵基者惟昌平州东黄土山一十八道岭峰美丽。”那么，为什么说这里美丽呢？廖均卿对长陵山水做了这样的描述，这就是：“山如万马奔趋，水似黄龙踊跃。”清朝的乾隆皇帝在《哀明陵三十韵》中也说这里是“太行龙脉西南来，金堂玉户中天开。左环右拱实佳域，千峰后护高崔巍”。在这里，我们不仅看到了山水的形态之美，更看到了层峦叠嶂的空间的层次之美，这是一种何等壮观的景象啊！

3. 陵景交融，巧于因借。

巧妙地利用周围的环境景观，使之纳入陵园建筑的视觉之中，也是长陵建筑景观艺术的一大特点。在古代园林建筑中非常讲究“精而合宜”和“巧而得体”的“因借”效果，而长陵在这方面有着最佳的彰显。

例如，长陵神道上的石牌坊、大红门、神功圣德碑亭、龙凤门这些建筑，都是建筑在左右两山之间。如果站在这些建筑的左侧或右侧，就会看到这些建筑或远或近都有山峦成为其背景。而石牌坊、大红门，则中门门洞是正对着天寿山主峰的。如果以中门门洞为景框，透视远方，则能清晰地看到天寿山主峰恰巧处在这个景框的中间。

又如，长陵的陵宫建筑建在天寿山前的山麓之间。远远望去，天寿山恰好在陵宫建筑的后面，形成了一个景观丰富的背景。进入陵园之后，站在高高的宝城之上，环顾四方，前面是烟雾缥缈中，远山美如金屏，与陵宫建筑融为一体；东望，阳翠岭、蟒山尽收眼底；西望，则大峪山、虎峪山与陵宫的苍松翠柏融为一体。因此说，长陵的陵寝建筑在“借景”方面的成就，与古代的经典园林建筑是有着异曲同工之妙的。

## 第三节 气势宏伟的陵园建筑

自永乐七年（1409）五月八日，廖均卿等人奉命定陵址于黄土山下，明成祖亲临现场，下令改黄土山为天寿山，并委派武义伯王通督率军民工匠开始营建陵寝。在陵园的营建过程中，明成祖曾于永乐八年（1410）九月驾幸天寿山，亲自察看山陵的修建情况，其后又多次对陵园的建设和工匠等情况给予关注。永乐十一年（1413）正月，工程浩大的玄宫建成，皇后徐氏的棺椁从南京宫殿运来正式安葬，并命陵名为“长陵”。

永乐十四年（1416）三月初一，长陵祾恩殿建成，赵王朱高燧奉命将徐皇后的神位安奉殿内。宣德二年（1427）三月，陵园殿宇工程大体告竣。前后用了近 18 年的时间，陵宫的主体建筑才基本告成。此后，正统初年（1436—1438）又陆续修建陵园神道墓仪设施，总计历时近 30 年的时间，陵园建置才基本完备。但嘉靖年间又增建了神道大石牌楼（石牌坊）及陵宫内的龙趺碑亭。如果算上这两座建筑，长陵的营建跨时已长达 130 余年。

在我国古代，陵寝建筑和帝王宫室等其他各种礼制性建筑一样，除了一般的实用意义外，还都具有强化皇权、巩固封建王朝统治的政治渲染意义。明成祖朱棣通过“靖难”之役篡权得帝，虽然进行了百般掩饰，但这种有悖于封建伦理道德规范的行径，毕竟会受到朝野上下的指责和反对。朱棣为了巩固自己的统治，必然要充分运用陵寝建筑这一礼制性建筑的宏伟壮丽来体现皇权的崇高伟大，从而达到“正名分、辨尊卑、别上下”的礼制渲染和震慑臣民的政治目的。基于此因，长陵的建筑规模特别宏大，十分有气势。其陵寝制度虽沿袭明太祖朱元璋的孝陵制度，但又进行了改革和完善，其陵寝制度更臻完美，且殿宇建筑的规模及华丽程度也毫不逊色于明孝陵，甚至胜过了孝陵。

## 一、曲折幽深的陵园神道

长陵的陵寝建筑和朱元璋孝陵一样，也由神道前导建筑和陵宫建筑两部分组成。

长陵的神道总长约 7.3 公里，明朝时由南而北（北达于陵门）依次建有石牌坊、三空石桥、大红门、长陵神功圣德碑亭、石像生、龙凤门、南五空桥、七空桥、北五空桥等一系列神道墓仪设施及桥涵建筑。现除三空桥、七空桥已残坏外，其余建筑均保存较好。

石牌坊，位于神道的最南端。建于嘉靖十九年（1540），是目前所见我国营建时间最早和建筑等级最高的大型仿木结构石牌楼。因此坊系明世宗朱厚熜为旌表祖先的丰功伟绩而建造的功德牌坊，故明朝时谒陵官员到此都要下舆改乘马前行，以示对祖先的尊崇。

坊体以白石及青白石料雕琢组装而成。面阔为五间（通阔 28.86 米。其中明间阔 6.46 米，次间各阔 5.94 米，梢间各阔 5.26 米）。顶部有主楼五座、夹楼四座、边楼两座。各楼均作庑殿顶形制，兽、吻、勾、滴均雕刻精细（五座主楼各雕正吻一对、垂兽四只、走兽十二只，夹楼及边楼正吻、垂兽数同主楼，走兽各雕八只）。其中明间主楼最高，其正脊顶部至地面高约 12 米，次梢间主楼高度则依次递减。各楼勾滴之下依木构件形状分雕檐椽、飞子、檐檩、斗拱、平板枋等构件。其中，明间主楼除雕有角科斗拱外，还雕有六攒单翘重昂七踩品字式平身科斗拱；次间、梢间主楼除雕角科斗拱外，分别雕有与明间主楼样式相同的平身科斗拱五攒；夹楼左右各雕双重博缝板组成的坠山花，博缝板之内则分雕各为两攒的重翘五踩品字式平身科斗拱；边楼内侧各雕坠山花，外侧雕角科斗拱，其平身科斗拱各雕一攒，作重昂五踩品字式。

支撑楼体的石柱计有六根，均作四角内凹的梅花柱形式。柱的下端前后各有夹柱石。夹柱石四面的雕饰图案极为精美：中间两柱夹柱石四面各雕云龙，顶部前后各雕麒麟，两侧各雕宝山图案；侧面两柱四面雕草龙，再侧两柱四面分雕双狮滚绣球图案，四柱夹柱石的顶部前后各雕卧狮，左右亦雕宝山。各柱及夹柱石之下承以雕饰莲瓣的础盘。柱的内侧各雕梓框，梓框的上端雕为云墩，上雕雀替，并贯以三幅云雕饰。再上则依次安置额枋、花板、龙门枋。其中花板雕如意云，额枋与龙门枋则各雕一整二破旋子彩画，枋心素面。龙门枋之上架有左右高拱柱，柱间有雕饰云纹的龙凤板及雕饰旋子彩画的单额枋。其中明间的龙凤板上雕有匾额，额上无字。牌坊的各部位在明朝时曾有油漆彩画，现其凹陷部位仍有残迹遗存。（图 1.1.19—1.1.20）

这座牌坊不但形体高大、雕琢精细，各部位比例协调适度，堪称是我国石构牌坊中的杰作，而且位置经营也极为合理。其北，牌坊的中门门洞正对天寿山的主峰，其东西两侧又有龙虎二山的余脉左右蜿蜒映衬，形成了极佳的景观效果。然而，此牌坊设置的初意，却是出于风水上的考虑。所以，清初学者梁份在《帝陵图说》中曾做这样解释："天寿山势层叠环抱，其第一重东西龙砂欲连未连，坊建其中以联络之，以青乌家言，非直壮美也。"

石牌坊北 1.25 公里处为陵区的总门户——大红门。（图 1.1.21）此门坐落在陵区的

图 1.1.19 石牌坊

图 1.1.20 石牌坊夹柱石升龙图案

图 1.1.21 大红门

南面龙山和虎山之间的一个高岗地上。其制为单檐庑殿顶，黄琉璃瓦，下承石雕冰盘檐。檐下门垛面宽 37.85 米，进深 11.75 米，红墙，下辟券门三洞。根据文献的记载，这三个券门各有不同功用：中门为帝后梓宫（棺椁）、随葬物等经由之门，左门（东门）为皇帝谒陵所经之门，右门（西门）则为大臣们谒陵时进入陵区所经之门。这是明孝陵及天寿山陵区共同奉行的礼制规定，它体现了我国古代“居中而尊”以及“尚左”的礼制观念。但在明朝，却并非所有人都对这一礼制十分清楚，因此，也曾出现过守陵内臣因此而向皇帝状告谒陵官员的事情。

《明孝宗实录》记载，弘治八年（1495）九月，南京守备司礼监太监陈祖生曾上奏说："魏国公徐俌每承命孝陵致祭，皆由红券门并金门、陵门之右门入殿内行礼，事属僭逾，宜令改正。"而徐俌则据礼上章辩解。他说："入必由红券门者，所以重祖宗之祭，尊皇上之命；出则由旁小门者，所以守臣下之分。循守故事，几及百年，岂敢擅易？"礼部奉命议处，也认为："今长陵等陵及太庙每遣官致祭，所由之门并行礼殿内，与孝陵事体大略相同，宜令俌如礼行之。"孝宗皇帝认为礼部所言有理，遂下旨从礼部所议。

大红门的两侧，明朝时曾设有红墙，随岗地的坡度分三次递减高度，并与龙虎二山连成一体。红墙之下设有左右掖门以通人行。

在我国的封建社会，帝王的尊严至高无上，陵区被视为神圣的禁地，不仅老百姓不能随便出入，即使是朝廷命官到此谒陵，也要下马步入陵区。故门前左右至今矗立着明代石雕的"下马牌"（俗称"下马碑"）。两牌各高5.32米，正反两面刻"官员人等至此下马"八个大字。（图1.1.22）

图1.1.22 大红门前石雕下马牌

明人张循占有诗写道："华表双标白玉栏，红门下马驻银鞍。朝霞照耀青袍色，翠滴松楸碧殿寒。"正是昔日陵区神圣威严的真实写照。明代中期以后，每遇陵园祭祀，还有昌平镇守总兵官身着戎服，率兵12000人在大红门前跪迎神帛、祭物及谒陵官员。大红门之左还设有径约五尺的大锣，敲击时，声震山谷。

大红门内，路东是时陟殿（俗称"拂尘殿"）遗址。《历代陵寝备考》记载，这组建筑有正寝二殿，围房60余间，是帝、后、诸妃谒陵时的更衣之所。围房四周栽有500余棵槐树。

大红门北约0.6公里的地方，有一座重檐歇山顶的碑亭，这就是长陵的"神功圣德碑亭"。此亭平面为正方形，台基边宽23.1米，亭高25.14米，四面各辟券门。明朝时，碑亭的上顶曾是木质梁架结构。乾隆五十年（1785）清廷修缮明十三陵时，督理此项工程的协办大学士吏部尚书刘墉、工部尚书金简等人，鉴于该碑亭"已坍塌不堪，仅有墙基"的情况，初拟"将所存墙框拆去，周围砌石栏"。后来他们发现永、定二陵明楼为石券顶（实际为砖券顶，其勘查情况有误）"至今并未倾圮"，遂决定将此碑亭的里面上顶部分亦改为石券顶结构，以便持久。现亭内乾隆年间所构石券顶保存完好，的确对碑亭的持久

延续起到了良好作用。（图 1.1.23）

图 1.1.23 长陵神功圣德碑亭

碑亭之内树有长陵神功圣德碑。碑为白石雕成，通高 7.91 米。碑首有 6 条高浮雕首尾交盘、头部下垂的蛟龙。碑趺是一个昂首远眺的大龟。龟下有长方形的石台，上刻水波漩流。这种碑式，唐代以后，历代都有遗存。《大明会典》称其形制为“龟趺螭首”。螭，又名螭虎，是传说中的动物。明陆容《菽园杂记》卷二曾有“螭虎，其形似龙，性好文彩，故立碑文上”的说法。但在古代文人著述或营造书籍中还有其他说法。

如，明李东阳《怀麓堂集》、谈迁《枣林杂俎》、谢肇淛《五杂俎》又有“龙生九子”之说。认为，龙有九个没有成龙的儿子，分别名为囚牛、睚眦、嘲风、蒲牢、狻猊、霸下、狴犴、赑屃、螭吻，由于它们各有所好，所以成为不同物品上的偶像。

图 1.1.24. 长陵神功圣德碑

其中，囚牛好音乐，所以胡琴上的刻兽是其遗像；睚眦好杀，所以刀柄上的龙吞口是其遗像；嘲风好险，所以殿角走兽是其遗像；蒲牢好鸣，所以钟上的兽钮是其遗像；狻猊好坐，所以佛座的狮子是其遗像；霸下好负重，所以碑座石龟是其遗像；狴犴好讼，所以监狱门上的狮子头是其遗像；赑屃好文，所以石碑上两旁的文龙是其遗像；螭吻好吞，所以殿脊兽头是其遗像。

很显然，按照这个说法，碑下面的石龟是霸下，而碑首上雕刻的六条龙则是赑屃了。（图 1.1.24）

但李时珍《本草纲目》、阮葵生《茶余客话》则说碑下的石龟是赑屃。古代的营造书籍又称碑上的龙为赑屃，碑下的龟为鳌。宋李诫《营造法式・石作制度》言：“赑屃鳌坐碑之制，其首为赑屃盘龙，下施鳌坐。”鳌是传说中海里的大龟，有翻江倒海的本领，用它驮碑，不成问题。清《营造算例》称刻龙的碑首为屃头，龟形碑座为龟蝠。这些基于神话传说的说法尽管彼此不同，但都显示了这种碑式的高贵等级，同时也为这种石碑增添了神秘的色彩。

碑首的正面，中心部位有篆额天宫，刻“大明长陵神功圣德碑”。碑身刻明仁宗朱高炽为其父成祖朱棣撰写的碑文（图 1.1.25）：

大明长陵神功圣德碑

上天眷佑，我国家隆景运于万年。笃生皇考皇帝，以至仁大圣安宗社于濒危，启太平于再造，武功文德之盛，巍巍乎，荡荡乎。既合群臣言，奉册宝上尊谥。惟先陵咸有功德之碑，谨循彝章，叙述大概，刻于贞石，树之长陵，用昭示无穷。

叙曰：皇考太宗体天弘道高明广运圣武神功纯仁至孝文皇帝，讳棣。太祖高皇帝第四子也。母，孝慈高皇后。皇考初生有光气，五色满室，久而不散。及长，姿貌奇伟，举止不凡。有善相者见之曰：“龙颜凤姿，天章日表，他日太平天子也。”睿智聪明，孝友仁厚，一本于天性。勤学问，书一览终身不忘。该贯经史，旁通天文、地志、百家之书，得其要领。日引辅臣讲析论辩，未尝厌倦。精识卓见，出众意表，而虚己纳善，意豁如也。兼文武才，度量恢廓，规模广远，宽仁爱人，好贤礼士，英杰智勇，咸乐为用。下暨厮卒，悉归心焉。

洪武三年，高皇帝封建诸子曰：“元之旧都，地广民众，且密迩北胡，非有大器量不足以镇之。”封皇考为燕王。十三年就国。访民疾苦，劳来抚绥。躬行节俭，秋毫无取。德威并施，民用辑和。年谷屡登，商贾四集。俗无争讼，国中晏然。两奉命征胡虏，逾漠北万里外，斩其名王以下不可数计。所得部众、驼、马悉归朝廷。自是功名日盛，而谦下愈至。

会懿文太子薨。术者言：“燕地有天子气。”高皇帝上宾，建文君嗣位，左右以望气之言，屡进削夺之计。时诸王多以罪削，于是奸臣造诬饰诈，言皇考之过。责过之书数下，王府群臣惴慄。皇考谕之曰：“省己不愆，奚恤外言哉！”凡四上章自白。奸臣皆匿不奏，而布置其党于北平三司，继调八府兵围王城。护卫群臣言：“事急矣，宁当俯伏作机上肉乎！”皇考曰：“此非上意，奸臣所为耳。”众曰：“朝有奸臣，亲王请诛之，此祖训也。奈何不率而坐受生絷？”既而，围城兵增三匝，众忿趋出斗，皇考不能止也。遄闻赴斗者咸奋死力，一当百，围城兵稍却。皇考泣曰：“汝辈成吾罪矣。”犹上章自白，冀朝廷之开悟也。又为奸臣所格，不达。而京师数十万兵奄薄城下。于是，皇考誓天曰：“臣不敢负朝廷，然奸臣之志不但在臣也。臣不往请诛之，将坏及朝廷。”遂以护卫将士朝京师，冀陛见谢罪，且面陈奸臣之罪，请诛之，即归奉藩。

时朝廷召四方兵皆至。道途所遇，倒戈迓降。皇考抚而散遣之，而多愿留侍卫不去。既临大江，护江之帅，具舟迎济。守城亲王，开门豫待。皇考虑惊乘舆，驻金川门。遣人奉章具陈所以不得已来朝之故。奸臣苍黄，知罪不宥，闭皇城门不内，

图 1.1.25 长陵神功圣德碑拓文

而胁建文君自焚。皇考闻之大惊，发众驰救，至已不及。皇考仰天恸哭曰："臣之来，固将清君侧之恶，用宁邦家。何意竟蔽于奸？"回不寤，遂备天子礼敛葬。释亲王囚。执奸臣数人，数其罪，斩于市。告谢祖宗，将北归。京师诸王及文武群臣合辞上请："今国家无主，愿留以主宗社臣民。"皇考固让亲贤。众曰："今日嫡长与德咸属殿下，愿早正大位。"恳辞弗获，乃告天地、宗庙、社稷，即皇帝位。

凡建文奸臣所削诸王封爵，所变乱洪武制度，所废黜洪武臣僚，非其罪者咸复之。中外文武之臣无改。大赦天下。改明年永乐元年。弘敷仁政，绥抚彫弊，申戒百司，振举纲纪。早晚临朝，率漏尽十刻乃罢。若议大政，定大策，恒至忘食。有奏边警急务，虽夜必兴。召群臣定议行之，不稽顷刻。致严祀事，秉诚对越。惇恩九族，防范以礼。加励学校，恭视太学，释奠先师。命儒臣讲经，敬老尚德。间与儒者讨论，志意孚洽。广求贤能，尤重科目。苟得其人，不次擢用。爱惜人才，寸善不弃。严核考课，务崇实效。深体下人之艰，凡有役作，抚恤周备。四方上水旱灾伤，必遣人巡视赈济。广开言路，虽疏贱咸得自达。苟有可采，欣然内用。不当者不罪。总揽权纲，知人善使。所任之贤，委以心腹，始终不疑。信赏必罚，爱重名爵。武臣必论军功，一资半级不轻畀。鉴前代之失，保全功臣，数赐训戒。有过不为曲蔽，必谕之使改。弗改或斥闲居，或谪立功，无几即复之。臣下有过能改，待之加厚，未尝宿怒。死刑至四五复奏，疑狱多从宽贷。近寺有过，虽小必惩。与廷臣言议，左右侍卫悉引避。浸润之谮不行，谄谀之人终见弃斥。矜过误略，小罪不以一眚掩众善，不以私爱蔽大恶。听言不待其尽，洞烛底里。临几刚果，裁制大事，数语而决。与下人言，开心写诚，表里洞达。惜物俭用，常服浣濯之衣，未尝妄费。却封禅之请，群臣有上祥瑞，必降玺书戒警。修葺典礼，表章正学，自制《圣学心法》及《务本》之书，以训子孙。命儒臣集"五经四书"，《性理大全》，以开来学。类集大典，囊括古今，包罗天地，浩浩穰穰，自有载集以来，莫斯为盛。又作《孝顺事实》《为善阴骘》等书，无非以淑人心、致化理。

时虽盛治，武备修饬，良帅精卒，所在足用。屯戍有法，廪庾充牣，边境清肃焉。念旧封国，受之先帝，升为北京。备两都之制，举时巡之典。所至礼高年，访遗逸，亲过农家问其疾苦，指示子孙群臣，使知稼穑之艰。怀抚四裔，德泽广被，无间小大。朝觐贡献，日聚阙下。西南海外新受封爵者三十余国。亦有遣子入学诏。使至锡兰山国，其王不奉命，使者执以归。赦之遣还，而改建其族人。东逾辽海鞑靼、野人女直之境，立行都司卫所，设官统理者几三百所。直西部落数百种，皆重译来归，而请建官府者三之二。西南羌夷建宣慰、宣抚、安抚司及军卫，郡县视旧加倍。安南拒命，一举削平之，而郡县其地。独北虏反复，数为边患。皆率师亲征，驱诸绝漠之外。尝曰："非吾志究武，诚不忍边人无辜，且不以虏患遗后人。"用兵善以少击众，料敌审势，开阖应变，机智如神。至偏裨小校，悉识其能否勇怯。临阵指使，各当其用。所获敌将，察其才勇悉赦之。而寘诸左右，任用不疑。后率得其死力。命将出师，指授方略，所向成功。征伐以不杀为主，有法所难宥者诛之，犹累日不怿。

永乐十九年迁都北京，二十二年七月，亲征漠北，凯旋，次榆木川，不豫。辛卯，上宾。呜呼哀哉！皇考寿六十有五年，在位二十有三年。

皇妣仁孝慈懿诚明庄献配天齐圣文皇后徐氏，中山武宁王达之长子，贞静诚一，上佐皇考，孝德彰闻，亲睦族姻，表正宫闱，内笃王化之本，协赞治平之道，功德之茂，追配任姒。永乐五年七月乙卯崩，寿四十有六年，合葬长陵。

陵预作于天寿山。皇考遗命："山陵悉遵洪武俭制，不藏金玉宝器。"皇子三：长，予小子高炽；次，汉王高煦；次，赵王高燧。皇女五：永安公主、永平公主、安成公主、咸宁公主、常宁公主。孙男二十有三：皇太子瞻基、郑王瞻埈、越王瞻墉、蕲献王瞻垠、襄王瞻墡、荆王瞻堈、淮王瞻墺、滕王瞻垲、梁王瞻垍、卫王瞻埏、汉懿庄世子瞻壑、庶人瞻圻、世子瞻坦、济阳王瞻垐、临淄王瞻域、昌乐王瞻埣、淄川王瞻墿、齐东王瞻坪、任城王瞻堾、海丰王瞻坴、新泰王瞻埱、赵世子瞻坺、安阳王瞻塙。

呜呼！惟我皇考祇奉北蕃二十余年，恭谨一心，及迫于危，殆不获已。以一城羸弱，当四方全盛之众。其志固在保国家、卫社稷，惟天惟祖宗实监佑之，此岂人力所能为哉。惟皇考靖难之绩，实配皇祖开创之功。而守文致理，充拓疆宇，才略之大，条理之密，又本之以尧舜文武之心。故勋业甚盛，视汉、唐、宋以来英君明主，轶而过之远矣。谨拜手稽首而陈颂曰：

天眷中夏，肇启皇明。巍巍太祖，受命龙兴。深仁弘义，诞抚万方。六合一统，熙如春阳。嗣兴无何，谗慝旁起。变易经常，纪堕纲阤。如伐巨木，先摧附枝。咸刘亲蕃，宗社其危。盈庭之言，蜚讪腾毁。皇考曰："噫！修予在己。"饰罪加师，霆轰雷搬。国人惶惶，命不觊活。皇考曰："噫！帝尚明哉。"陈词再三，谗慝格之。皇考曰："噫！天其可诬！臣不负君，惟天鉴予。"谗慝厥志，匪直予祸。祖训昭明，予敢遗堕！惟天亮予，祇朝京师。庶其达诚，谗人底诛。桓桓敌旅，四面来赴。倒戈迎降，皇考是附。长江天亘，武夫云聚。联舰迎济，如迎父母。城门大开，欢迓圣明。皇考曰："止，予钦予行。"谗人失措，胁主自焚。皇考惊恸："曷自绝天？"笃君于礼，敬厝陵土。乃戮谗慝，以谢天下。恭谒祖考，归奉北蕃。宗王臣民，叩马踞言："神器孰主？生灵孰依？"天序攸属，必止无归。万众同情，坚不可拒。齐洁致告，天地宗社。乃御大宝，乃诏庶邦。寰宇一新，如晦复明。德恩汪濊，施由亲始。起仆濡枯，不间遐迩。直枉疏滞，剔瑕濯汙。惠流率土，歌呼载途。文武列辟，不易厥位。有秩典常，咸复旧制。鸡鸣以兴，俨乎衣裳。心与道谋，周爰四方。昧爽视朝，至日中昃。文王康功，允念弗释。总揽政纲，惟断与明。刚健中正，体乾之行。恒察迩言，简用厥中。大舜好善，古今攸同。肃肃泰坛，穆穆清庙。躬秉圭瓒，致敬隆孝。一食在前，念彼耕农。一衣不忘，蚕女之功。八政所纪，曰时先务。恤之优之，谆谆弗舍。增崇庠序，培敦教育。讲学化导，人用咸服。躬视辟雍，修谒先师。翼翼其敬，秩秩其仪。四方率承，表端影从。弦歌洋洋，蔼然休风。成德达材，布于中外。一其诚恭，熙帝之载。既惇五典，既叙九功。百度咸贞，帝载之隆。如海之涵，如天之覆。小善必录，小过恒宥。大赉之行，靡遗疏贱。有奸于宪，贵近弗逭。刑罚之施，如不获已。钦哉恤哉！复奏四五。宗室戚畹，仁涵礼饬。图全悠久，不苟姑息。近寺之患，古昔是监。杜渐防微，申令有严。边围一清，虽安弗逸。峙兵崇备，峥嵘铁壁。庆云醴泉，麟凤驺虞。称祥献瑞，帝吁咈哉。恒谓群臣："汝罔面从。汝勤汝绩，汝笃汝恭。以绥惸嫠，以弭瘝痌。庶于朕翼，以谐治功。"间承旱潦，般王自责。驰赈以恤，靡遑寝食。致中与和，昭受多福。屡锡丰年，户给人足。爰建北京，如周两都。巡游省观，膏泽是敷。海内海外，究于四裔。慕义归诚，奉琛献贽。或锡之封，或命之官。怀章绾绶，累百逾千。雨露所坠，日月所照。凡厥有生，咸被声教。南交弗驯，翦为郡邑。北虏或梗，驱走荒域。功德所加，寰宇用宁。礼具乐备，丕昭皇明。文谟武烈，超汉轶唐。中兴邦家，皇祖之光。允仁皇妣，圣德作配。协相之隆，乾覆坤载。奕奕长陵，扶舆翕聚。山川盘回，龙翔凤翥。刻辞贞珉，永示子孙。皇图天齐，千万亿年。

洪熙元年四月十七日孝子嗣皇帝高炽谨述

碑文书丹者，系正统初著名书法家程南云。文献记载，他是江西南城人，"颇读书，精篆、隶、行书"，"四方求其书者无虚日"。因善书，参与《永乐大典》的纂修。授中书舍人，后升吏部稽勋司郎中，兼翰林侍书，供职内阁。历官至太常卿，天顺二年（1458）去世。所书此碑结构谨严，笔力遒健，确系一件难得的书法佳作。

碑的其余三面原无文字，清代又添刻了一些碑文。背面，刻清高宗御制诗《哀明陵三十韵》（图 1.1.26）：

哀明陵三十韵

北过清河桥，遥见天寿山。

胜朝十三陵，错落兆其间。

太行龙脉西南来，金堂玉户中天开。

左环右拱实佳域，千峰后护高崔巍。

昌平（州名）黄土（山名）诚福地，永乐曾以亲临视（叶）。

英雄具眼自非常，岂待王（贤）廖（均卿）陈其艺（《日下旧闻》载，永乐初卜陵，众议欲用潭柘寺。永乐独锐意用黄土山。即此天寿山也。又《西京求旧录》称明陵择地，或云山东王贤，或云江西廖均卿，所闻异辞，难以悬定。据此则永乐考卜之说较为可信）。

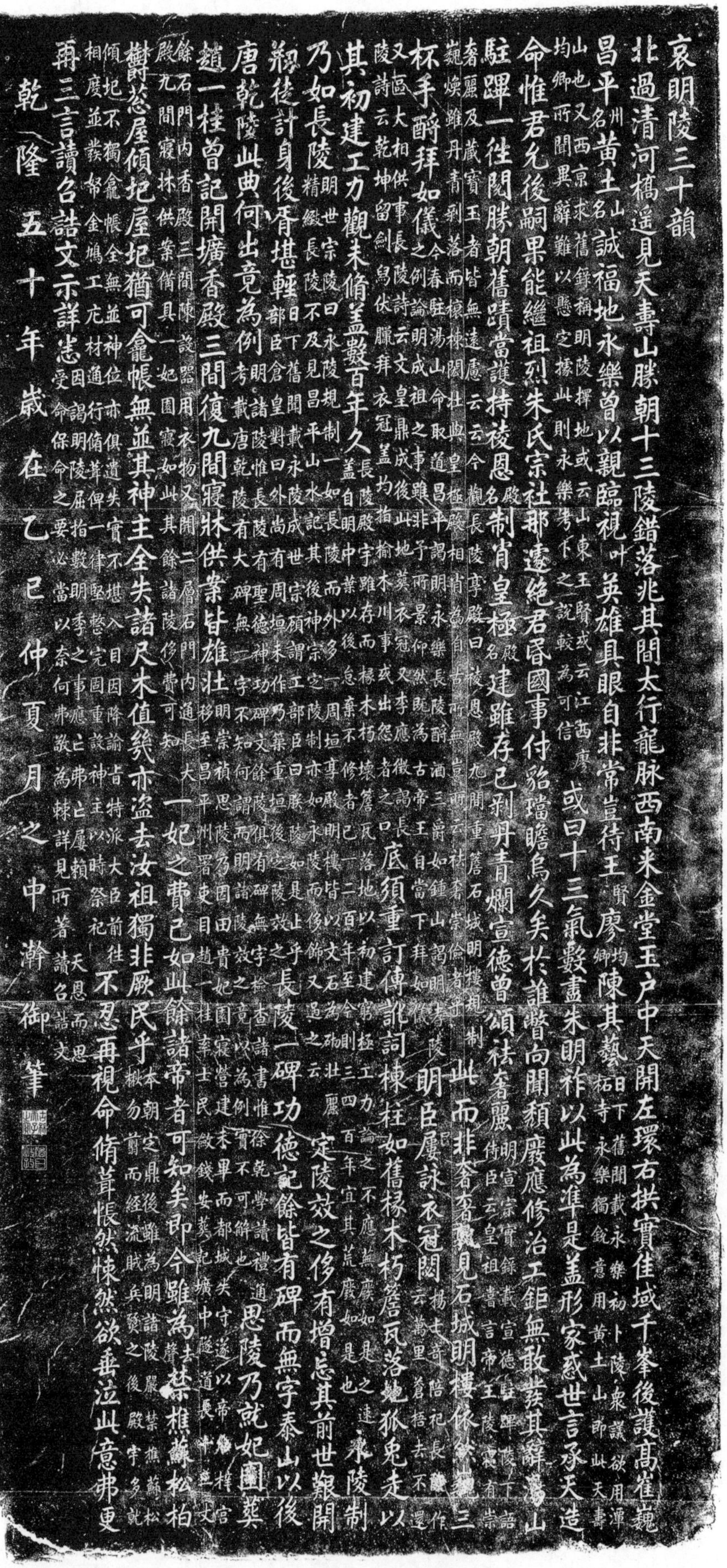

哀明陵三十韻

北過清河橋遥見天壽山勝朝十三陵錯落兆其間太行龍脉西南来金堂玉户中天開左環右拱實佳域千峯後護高崔巍

昌平（州名）黃土（山名）誠福地永樂曾以親臨視（叶）英雄具眼自非常豈待王（賢）廖（均卿）陳其藝（日下舊聞載永樂初卜陵衆議欲用潭柘寺永樂獨銳意用黃土山即天壽山也又西京求舊錄稱明陵擇地或云山東王賢或云江西廖均卿所聞異辭難以懸定據此則永樂考卜之說較為可信）或曰十三氣數盡朱明祚以此為準是蓋形家惑世言承天造

命惟君允後嗣果能繼祖烈朱氏宗社那遽絕君昏國事付貂璫瞻烏久矣於誰譽向聞頹廢應修治工鉅無敢發其辭湯山

駐蹕一往閱勝朝舊蹟當護持祾恩（殿名）制肖皇極（殿名）建雖存已剝丹青爛宣德曾頌祛奢麗（明宣宗實錄載宣德駐蹕陵下語侍臣云皇祖書言帝王陵寢有崇奢麗及藏寶玉者皆無遠慮云云今觀長陵享殿曰祾恩殿九間重簷石城明樓規制巍煥雖丹青剝落而榱棟閎壯與皇極殿相肖為自古所無豈所云祛奢崇儉者乎）此而非奢奢[illegible]見石城明樓依然巍三

杯手酹拜如儀（今春駐湯山命取道昌平謁明永樂長陵酹酒三爵如鍾山謁明孝陵之例論明成祖之事雖非予所景仰然既為古帝王自當下拜如儀）明臣屢詠衣冠閟（楊士奇陪祀長陵作云萬里蒼梧去不還又區大相供事長陵詩云文皇鼎成後此地奠衣冠又李應徵謁長陵詩云乾坤留劍舄伏臘拜衣冠蓋均指榆木川事或出怨者之口）底須重訂傳訛詞棟柱如舊椽木朽簷瓦落魅狐兔走以

其初建工力觀未脩蓋數百年久（長陵殿宇雖存而椽木朽壞簷瓦落地以初建窮極工力論之不應蕪廢如是之速蓋自明中葉以後怠棄不修者已二百年至今則三四百年宜其荒廢如是也）泰陵制

乃如長陵（明世宗陵曰永陵規制一如長陵而外多一周垣享殿明樓皆以文石為砌壯麗精緻長陵不及見昌平山水記其後神宗定陵制亦如永陵而侈飾又過之云）定陵效之侈有增忘其前世艱開

剏後計身後昏堪輕（日下舊聞載永陵成世宗顧謂工部臣曰朕陵如是止乎部臣倉皇對曰外尚有周垣未作乃築重垣後之陵效之）長陵一碑功德記餘皆有碑而無字泰山以後

唐乾陵此典何出竟為例（明諸陵惟長陵有聖德神功碑文餘陵俱有碑無字檢查諸書惟徐乾學讀禮通考載唐乾陵有大碑無一字不知何謂而明諸陵效之竟以為例實不可解也）思陵乃就妃園葬

趙一桂曾記開壙香殿三間復九間寢牀供案皆雄壯（明崇禎思陵乃因田貴妃園寢營建未畢而都城失守遂以帝后梓宮移至昌平州署吏目趙一桂率士民斂錢安葬記壙中隧道長[illegible][illegible]丈餘石門內香殿三間陳設器用衣物又開二層石門內通長大殿九間寢牀供案備具一妃園寢如此其餘諸陵侈費可知）一妃之費已如此餘諸帝者可知矣即今雖為（去聲）禁樵蘇松柏

鬱葱屋傾圮屋圮猶可龕帳無並其神主全失諸尺木值幾亦盜去汝祖獨非厥民乎（本朝定鼎後雖為明諸陵嚴禁樵蘇松楸勿翦而經流賊兵燹之後殿宇多就傾圮不獨龕帳全無並神位亦俱遺失實不堪入目因降諭旨特派大臣前往相度並發帑金鳩工庀材通行脩葺俾一律堅整完固重設神主以時祭祀）不忍再視命脩葺悵然悚然欲垂泣此意弗更

再三言讀名諡文示詳悉（因謁明陵之屆指數明季之事應亡弗亡屢賴天恩而思受命保命之要必當以奈何弗敬為棘詳見所著讀名諡文）

乾隆五十年歲在乙巳仲夏月之中澣御筆

图 1.1.26《哀明陵三十韵》拓文

或曰十三气数尽，朱明祚以此为准。

是盖形家惑世言，承天造命惟君允。

后嗣果能继祖烈，朱氏宗社那遽绝！

君昏国事付貂珰，瞻乌久矣于谁瞥。

向闻颓废应修治，工巨无敢发其辞。

汤山驻跸一往阅，胜朝旧迹当护持。

祾恩（殿名）制肖皇极（殿名）建，虽存已剥丹青烂。

宣德曾颂祛奢丽（《明宣宗实录》载，宣宗驻跸陵下，语侍臣云：皇祖尝言，帝王陵寝有崇奢丽及藏宝玉者，皆无远虑云云。今观长陵，享殿曰祾恩殿，九间重檐，石城明楼，规制巍焕。虽丹青剥落，而榱栋闳壮，与皇极殿相肖，为自古所无。岂所云祛奢崇俭者乎！），此而非奢奢孰见。

石城明楼依然巍，三杯手酹拜如仪（今春驻汤山，命取道昌平，谒明永乐长陵。酹酒三爵，如钟山谒明孝陵之例。论明成祖之事，虽非予所景仰，然既为古帝王，自当下拜如仪）。

明臣屡咏衣冠闷（杨士奇《陪祀长陵》作云："万里苍梧去不还。"又区大相《供事长陵》诗云："文皇鼎成后，此地葬衣冠。"又李应征《谒长陵》诗云："乾坤留剑舄，伏腊拜衣冠。"盖均指榆木川事，或出怨者之口），底须重订传讹词。

栋柱如旧椽木朽，檐瓦落地狐兔走。

以其初建工力观，未修盖数百年久（长陵殿宇虽存，而椽木朽坏，檐瓦落地。以初建穷极工力，论之不应芜废如是之速。盖自明中叶以后，怠弃不修者已一二百年，则今三四百年，宜其荒废如是也）。

永陵制乃如长陵（明世宗陵曰永陵，规制一如长陵，而外多一周垣。享殿、明楼皆以文石为砌，壮丽精致，长陵不及，见《昌平山水记》。其后神宗定陵，制亦如永陵，而侈饰又过之云），定陵效之侈有增。

忘其前世艰开创，徒计身后胥堪轻（《日下旧闻》载，永陵成，世宗顾谓工部臣曰：朕陵如是止乎？部臣仓皇对曰：外尚有周垣未作。乃筑重垣，后定陵效之）。长陵一碑功德记，余皆有碑而无字。泰山以后唐乾陵，此典何出竟为例（明诸陵，惟长陵有圣德神功碑文，余陵俱有碑无字。检查诸书，惟徐乾学《读礼通考》载，唐乾陵有大碑，无一字，不知何谓？而明诸陵效之，竟以为例，实不可解也）。

思陵乃就妃园葬，赵一桂曾记开圹。

香殿三间复九间，寝床供案皆雄壮（明崇祯思陵，乃因田贵妃园寝。营建未毕，而都城失守。遂以帝后梓宫移至昌平。州署吏目赵一桂，率士民敛钱安葬。记圹中隧道长十三丈余。石门内香殿三间，陈设器用衣物。又开二层石门，内通长大殿九间，寝床供案备具。一妃园寝如此，其余诸陵侈费可知）。

一妃之费已如此，余诸帝者可知矣。

即今虽为（去声）禁樵苏，松柏郁葱屋倾圮。

屋圮犹可龛帐无，并其神主全失诸。

尺木值几亦盗去，汝祖独非厥民乎！（本朝定鼎后，虽为明诸陵严禁樵苏，松揪勿剪，而经流贼兵燹之后，殿宇多就倾圮。不独龛帐全无，并神位亦俱遗失，实不堪入目。因降谕旨，特派大臣前往相度，并发帑金鸠工庀材，通行修葺。俾一律坚整完固，重设神主，以时祭祀）

不忍再视命修葺，怅然悚然欲垂泣。

此意弗更再三言，《读召诰文》示详悉（因谒明陵，屈指数明季之事，应亡弗亡，屡赖天恩，而思受命保命之要，必当以奈何弗敬为棘。详见所著《读召诰文》）。

乾隆五十年，岁在乙巳，仲夏月之中浣，御笔。

款下刻有乾隆御宝二方。上宝朱文，篆刻“古稀天子之宝”六字。下宝白文，篆刻“犹日孜孜”四字。

碑身左侧刻乾隆五十二年（1787年）御制诗：

前王闷寝自成古，后世葺陵原赖今。

本有十三丘壑列，不无颓废岁年深。

乙之春命重修饰，丙至冬成此视临。

榱桷焕然已盈目，凭依复矣为（去声）惊心（明崇祯末，昌平诸陵为李自成残毁。不独龛帐全无，神主亦不知何时被人窃去。今既为修葺，并令重立神主以妥享祀）。

可知世主违天眷，乃致苍生叹陆沉。

构筑教抡虞部吏，庸赁那惜地官金（前岁亲诣明陵，见其檐瓦落地，榱桷倾圮，盖自明中叶以后怠弃不修者已一二百年。既又经流贼兵燹，至今则三四百年，是以残废若此。因特派大臣等董其事，派司员通行修葺，一律坚整。计用帑金二十八万六千余两，其支取户部之颜料、工部之木植不与焉）。

斯来庆落慨兴废，言返回看远壑林。

一再留吟匪夸藻，难谌畏志励恒谌。

修明陵成，遂因临视，用乙巳诗韵。

乾隆丁未季春月上浣，御笔

款下也刻有御宝二方，篆文同《哀明陵三十韵》。

碑右侧刻清仁宗嘉庆九年（1804年）御制文：

明十三陵在昌平天寿山，我朝定鼎后，代为保护。申禁樵采，恩礼之隆，自古未有。皇考特发帑金，一律修葺。朕缵承遗志，亲来叩奠，遍瞻榱桷式焕，松柏舒荣，益钦圣德之高深，弥凛守成之不易。殷鉴不远，天命靡常，惟日孜孜，犹恐有失。勤政实为君之大本，怠荒实亡国之病源，可不慎其几欤！夫明代诸君，洪武、永乐皆大有为之主。中叶以后，荒淫失德者鲜，亦无暴虐放恣诸弊。然其大病，则在于不勤政、耽晏安。夫不勤，则上不敬天，下不爱民。人君为天之子，不敬则不孝。不孝之子，天必降罚。人君为民之父，不爱则不慈。不慈之父，民必背之。天罚民背，国事尚有为乎？前明亡于宦官，固不待言。然深信宦官之故，亦由于怠惰偷安，不亲朝政，使此辈乘机弄权。而外廷臣工，君门万里。抱忠者，徒上弹章。佥壬者，竟图富贵。上下不交，遂成倾否，不可救药矣。呜呼！明之亡不亡于崇祯之失德，而亡于神宗之怠惰、天启之愚呆。虽系流贼作乱，而亡于宦寺之蒙蔽。蒙蔽之来，总由于君心不正。耽逸厌劳之君，始则明知蒙蔽而甘受，继则入其术中而不觉矣。欲免臣下之蒙蔽，必先克勤政事，不自暇逸，宵小焉能施其伎俩哉！丹书曰：敬胜怠者吉。周公曰：君子所其无逸。古圣先贤孰不以是为亟！敬怠之几，系于治乱。勤惰之别，验于安危。兹谒明陵，思及明亡之由，由于君心之怠忽。以致群小乘机，内外蒙蔽，遂沦于败。予敬守慈训，曷敢稍忽！万几之繁，宵旰治理。庶几常承天眷，永保天命，以巩固我大清亿万年丕之基。时以怠忽之戒为戒，勤敬之心为心，则政无阙失，民隐上达。予深信此理之不爽。书之自警，永绥我皇祚，可期郅隆之世，无疆之庥，敢不勉诸。

嘉庆九年，岁次甲子，季春月之中旬，谒明陵纪事，御笔

款后刻嘉庆御宝二方，上宝朱文，篆刻“嘉庆御笔”四字，下宝白文，刻“心传基命”四字。

碑亭前后各有一对高大的白石华表。这四座华表各高 10.81 米，对称而设。它们既是陵墓前的标志之一，又是碑亭前后的石雕装饰物。四华表的形制相同，基座均为平面呈八边形的须弥座。其上下枋、束腰部位均雕有精致的云龙图案。其座上的华表柱亦为八角形，但棱角处较为圆浑，四柱各雕有萦绕柱身盘旋而上的升龙及云朵。柱的上部各穿有一块云形石板，顶部则雕圆盘，盘上各雕一昂首长嘶的神兽——蹲龙。四柱上的蹲龙，朝向分为南北两个方向。其中，南面两柱上的蹲龙朝南，民间称之为“望君出”，其寓意是企盼君王走出深宫，体察民情，关心百姓的疾苦；北面两柱上的蹲龙朝北，民间呼之为“望君归”，意思是希望君王及早回朝理政。民间的这些说法，表达了人们对圣明贤君的渴望。除此而外，华表的蹲龙因呈引颈嘶鸣之态，故而又有人称之为“望天犼”。（图 1.1.27—1.1.29）

四华表的周围，明朝时曾各设有白石栏（石栏望柱顶部雕刻坐狮），后毁坏，1994 年

图 1.1.27 石华表

图 1.1.28 石华表座细部雕刻

图 1.1.29 石华表顶部蹲龙

修葺神路时始重新配置。

这四座华表在明朝文献中还被称为“擎天柱”。据考这种石雕物的起源可以追溯到传说中的尧舜时代。据说，尧舜时期，曾于交通要道设置“诽谤之木”，让人们在上面写谏言，以供王者采纳。《淮南子·主术训》有“尧置敢谏之鼓，舜立诽谤之木”的说法。《后汉书·杨震传》也记载：“臣闻尧舜之时，谏鼓谤木，立之于朝。”而这种“诽谤木”恰是华表造型的雏形。西晋崔豹《古今注问答释义》曾这样描述“诽谤木”的具体样式：“程雅问曰：‘尧设诽谤之木何也？’答曰：‘今之华表木也。以横木交柱头，状如花也，形似桔槔，大路交衢悉施焉。’”这里所说的桔槔，为古代一种原始的提水工具。其样式为一横木支在一根竖立的木柱上，横木的一端用绳吊水桶，另一端系重物，利用杠杆的原理，通过横木两端的上下运动汲取井水。碑亭四隅的四座华表，虽然已非木制，且无昔日“诽谤之木”的功用，但其样式却与“诽谤之木”十分相似，其中，石柱相当于竖立的木柱，石刻的云板则相当于交于柱头上的横木。

另外，华表的起源还与古代的亭邮饰物——桓表有关。早在唐朝时，颜师古注《汉书》就曾提出古代的“桓表”（简作“桓”）即华表。而华表四柱对称而置恰与古人所说的“四植谓之桓”，“双植谓之桓”，“亭邮立木为表……表双立为桓”的说法相一致。

由此可见，华表实际上就是经过艺术加工、美化了的“诽谤之木”的造型与亭邮桓表分布方式相结合的一种建筑点缀物。

如果把它置于宫室之前（如天安门华表），则为宫室建筑的标志物；如果把它置于陵墓之前，则为陵墓的标志物。故放陵墓之前的又有“墓表”之称。

那么，长陵神功圣德碑亭内的石碑和亭外四座高大的石华表，在古代没有现代化的起重设备的情况下，是怎么立起来的呢?

古代一些文献曾记载有“土屯”之法。如万历时的谢肇淛《文海披沙》就记载说，永乐皇帝为孝陵建造神功圣德碑非常高大。凿刻好之后，因为龟座太高，石碑竖不上去，管工官员非常着急，但又没有办法。一天夜里，他做了一个梦。有位神人对他说：“欲竖此碑，当令龟不见碑，碑不见龟。”醒了之后，反复思考，觉得这是神仙提示自己用土屯之法来立碑。于是，他下令工匠筑土与石龟一平，然后，顺着土坡把石碑拖到龟座上立起来。

那么，明朝的石碑、华表等巨大石料，真的是这样竖起来的吗？这其实只是个传说，因为这个方法费工、费料，太原始了。笔者认为，当时很有可能是采用杠杆原理，将这些巨大的石材吊起来安装的。

因为，清朝修建光绪皇帝崇陵时，有一本工程记录档案，叫《崇陵工程做法册》。里面记载竖立两根高大的石刻望柱时，采用的是一种叫“天秤”起重方法吊起来的。当时，两根望柱各重达35867斤，每一杆天秤可以起重800斤，所以每安装一根望柱，就须同时使用44杆天秤合力起吊。因为天秤每次起重的幅度有限，必须有两套天秤轮番起吊，所以总共使用了88杆天秤，才安装好。

那么，天秤的使用方法又是怎样的呢？据井庆升《清式大木作操作工艺》介绍，需要在起重物的四面搭好起重架，上面拴横木，横木上再把一杆杆天秤拴挂好，就可以利用杠杆原理，把重物吊起来了。当时，崇陵操作天秤的人，总共才用了6个人。其中，摭绳叫号搭彩匠2人，坠后手壮夫4个人。

明清时期，工程做法大体一致，因此我们认为这种“天秤”的起重方法，应该在明朝或者更早的时候就已经使用了，只是没有人把它记录在文献中罢了。

碑亭的北面是排列长达800米的石望柱和石人石兽。这些石雕装饰，古代又名之为“石像生”，其设置的目的是用以表饰坟垅，象征死者生前仪卫，同时又有“保护”陵园的象征意义。

陵前置石像生，据说早在秦汉时代已经开始，此后历代帝王、重臣沿用不衰。只是数量和取象不尽相同。据唐人封演《封氏闻见记》记，秦汉时期及其以后，帝王陵前有石麒麟、石辟邪、石象、石马等，大臣墓前有石羊、石虎、石人、石柱等。另外，成书于晋代的《西京杂记》记：“玉柞宫西有青梧观，观前有三梧桐，树下有石麒麟二只，头高一丈三尺，刊其胁为文字，是秦始皇骊山墓上物也。”可见，石像生的设置历史十分悠久。明长陵的石像生设置，基本上沿用孝陵制度，但又增置了四尊功臣像。

长陵的石像生，排在最前面的是一对石望柱，其高度为7.16米，柱身、基座截面均作六边形。其中，基座作须弥座式，柱身雕云纹，顶部雕云龙纹柱帽。我国自汉代以来，盛行于神道上树立石柱作为标记，故明代帝陵仍沿袭此制。

石望柱之后，依序排列石兽 12 对，石人 6 对。

石兽，共有 6 种。由前而后依次为狮、獬豸、骆驼、象、麒麟、马。每种各为两对，均为前者坐（或卧），后者立，相对排列于神道两侧。

其中，石狮，坐者高 1.88 米，身长 2.1 米；立者高 1.93 米，身长 2.5 米。项部各雕有缨、铃、带饰等物。狮为世间猛兽，唐虞世南《狮子赋》有"瞋目电曜，发声雷响"的形容。（图 1.1.30）

图 1.1.30 石狮子

石獬豸，坐者高 1.9 米，身长 2.15 米；立者高 1.9 米，长 2.5 米。獬豸，为古传说中象征正义与公平的神兽。古代文献中又作"解廌"。《前汉书 · 司马相如传》注曾记载："解廌似鹿而一角，人君刑罚得中，则生于朝廷。"王充《论衡》也说："解廌者，一角羊，性知有罪。皋陶治狱，其罪疑者令羊触之。"《异物志》则记载，獬豸为东北荒野之兽，"一角，性忠，触不直者"。由于獬豸"能别曲直"，所以，汉朝时法冠即作獬豸冠。明朝时，都察院御史的常服也作獬豸补。此外，古代的"法"字写作"灋"，就含有"廌"，也说明獬豸在古代的传说中，是具有执法的功能的一种神兽。獬豸看在古代还有"独角兽"之称。古时陵前列此石兽，当有取驱除鬼怪护卫陵园之意。（图 1.1.31）

图 1.1.31 石獬豸

石骆驼，卧者高 2.5 米，身长 3.65 米；立者高 2.9 米，身长 3.9 米。将骆驼列为神

图 1.1.32 石骆驼

道石像生内容之一，最早见于东汉灵帝时太尉桥玄之墓。但为帝陵所用，则始自洪武年间修建的明孝陵，所以，长陵神道仍列有此兽。（图 1.1.32）

图 1.1.33 石象

石象，卧者高 2.6 米，身长 4.4 米；立者高 3.25 米，身长 4.3 米。文献记载，早在东汉时期。石象已是帝陵神道像生内容之一。明朝继续沿用，当是因为它有象征祥瑞之意（可寓意“太平有象”“万象更新”）。（图 1.1.33）

石麒麟，坐者高 1.95 米，身长 2.2 米；立者高 2 米，身长 2.63 米。麒麟，为传说中的太平、祥瑞之兽。明金幼孜《麒麟赞》中说：“麒麟，天下之大瑞也。帝王之德上及太清，下及太宁，中及万灵，则麒麟见……是则麒麟之出，必圣人在位，当天下文明之日。”但是，在古代文献记载中，麒麟是应该一个角的。例如，许慎《说文》就说：“麒麟，仁兽也。麋身、牛尾、一角。”明皇陵、明祖陵、明孝陵中的石麒麟，也都是雕作一角。而长陵神道的石麒麟则雕为双角，说明古人对麒麟的认识也是不尽相同的。陵前置此神兽有粉饰太平，为帝王歌功颂德之意。（图 1.1.34—1.1.35）

图 1.1.34 石麒麟

石马，卧者高 1.9 米，身长 2.8 米；立者高 2.2 米，身长 2.9 米。与獬豸、骆驼、象、麒麟一样，均未在身上雕任何其他装饰物。马是古代时主要的坐骑，行军打仗都离不开它。其中良马也称为骏马。相传周穆王游昆仑山时驾车的骏马就有八匹。为此，古人还画有《八骏图》流传于世。唐太宗昭陵北司马门内也曾置有纪念唐太宗李世民征战疆场的六匹战马雕像，名为“昭陵六骏图”。明朝黄瑜《双槐岁抄》有《长陵

图 .1.1.35 孝陵石麒麟

八骏》一篇，说永乐皇帝在“靖难之役”中每战必身先士卒，御马皆伤。其中有八匹战马都曾经中箭，拔箭后再战，取得大捷。这八匹战马分别是龙驹、赤兔、乌兔、飞兔、飞黄、银褐、枣骝、黄马。但是，《长陵八骏》只是图画，并不是石雕。《明神宗实录》记载，万历四年（1576）五月，神宗皇帝曾经拿出一幅《成祖文皇帝四骏图》，让首辅大学士张居正题诗。图中四骏分别是龙驹、黄马、枣骝、赤兔。其中，龙驹，是郑村坝之战时中箭，都指挥丑丑拔箭；黄马，在灵璧之战时中箭，指挥鸡儿拔箭；枣骝，战于小河中箭，安顺侯脱火赤拔箭；赤兔，战于白沟河中箭，都指挥亚失帖木儿拔箭。另外，明朝的朝会仪式，专设有“典牧官，陈仗马、犀、象于文武楼南”，是皇帝仪卫队伍中的一部分，由此可见马在古代确实非常重要。由于历代帝陵墓前多设有此兽，因此，明陵石像生亦设此兽。（图1.1.36）

图 1.1.36 石马

石兽之后为石人。

石人，古时又称“翁仲”。相传秦代有位大将，名叫阮翁仲，此人身高力大，曾驻守临洮（今甘肃岷山县），因防范匈奴有功，死后，秦始皇为纪念他，在咸阳宫的司马门外，给他铸了铜像。后来，人们便将铜像、石像统称为“翁仲”。

长陵石像生的石人，均作立像，高 2.2 米。其装束、姿势各不相同。

前面的四尊石人像，均作御前侍卫将军（锦衣卫大汉将军）形象。头戴凤翅盔，身着铠甲。其中，前面的两尊，怒目虬须，左手握剑柄，右手执短柄金瓜（锤）；后面的两尊则年轻俊秀，佩剑，双手交叉前置，作叉手礼姿势。（图 1.1.37—1.1.39）

再后四尊石人像，均雕作头戴七梁冠，身着上衣下裳式的祭服，双手执笏的恭立姿势。为明朝一品官形象。（图 1.1.40）

最后四尊石人像，也作身着祭服的官员形象，但其头上戴的七梁冠上雕有笼巾貂蝉（笼巾，是一种方形的帽子，罩在梁冠的外面。貂蝉为笼巾上的两种装饰物：貂，即貂尾，原笼巾上挂有此物，明朝时均以雉尾代替，插在笼巾的左额角处；蝉，为蝉形饰物，装饰在笼巾前后作为帽花），另外，笼巾之上还雕有立笔。立笔的笔杆从前额帽花的上端伸出，笔毫呈圆形位于笼巾顶部。

这种梁冠外罩笼巾貂蝉的服装在明代属于功臣的形象。那么，功臣的朝服、祭服中的冠戴，为什么要有貂、蝉和立笔的装饰呢？

这是因为，貂和蝉都有令人称道的品质。唐末马缟在《中华古今注》中说：“貂者，

图 1.1.37 石雕持瓜将军像

图 1.1.38 石雕佩剑将军像

图 1.1.39 石雕佩剑将军像细部

图 1.1.40 石雕一品官像

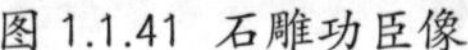

图 1.1.41 石雕功臣像

图 1.1.42 石雕功臣像细部

须其文而焕炳，外易柔而内刚劲也；蝉者，清虚识变也。在位者，有文而不自耀，有武而不示人，清虚自牧，识时而动也。”意思是说，貂毛非常漂亮好看，而且虽然表面看起来它很柔软，但却内含刚劲之力；蝉，因为静处树梢上，位置高，看得远，所以能够对周围的变化看得很清楚。因此在职的高级官员，应该具有像貂蝉那样的品质，虽然有文才，但是并不自满炫耀；虽然有武略，但并不在人前张扬显示。冷静地独立思考问题，根据情况的变化，妥善处理好政务。

至于笼巾上立笔的设置，则源于古代的簪笔制度。唐颜师古注《汉书》说：“近臣负橐簪笔，从备顾问，或有所纪也。”又说：“簪笔，插笔于首也。”意思是说，皇帝的近臣身上背着袋子（类似现在装公文用的公文包），帽子上插着毛笔，以备皇帝问询，并且进行记录。

一品官像和功臣像，都双手持笏。笏在古代原本是用来记事用的。明王圻、王思义《三才图会》说：“笏者，忽也。君有教命及启白，则书其上，备忽忘也。”意思是说，如果皇帝有什么指示，或者官员们有什么需要向皇帝汇报的，就写在笏上，以防止忽略忘记。制作笏的材料，按照《礼记·玉藻》的记载，是天子用球玉，诸侯用象牙，大夫用鱼须文竹。但是在明代，皇帝已经不用笏，臣子的笏，五品以上官员用象牙制作，六品以下用槐木。而且，笏也仅是一种礼仪用品，并不真的用来记事。（图 1.1.41—1.1.42）

在古代，人们对这三组石人的称谓并不一致。如，顾炎武《昌平山水记》和梁份《帝

图 1.1.43 明朝早期身着祭服的官员

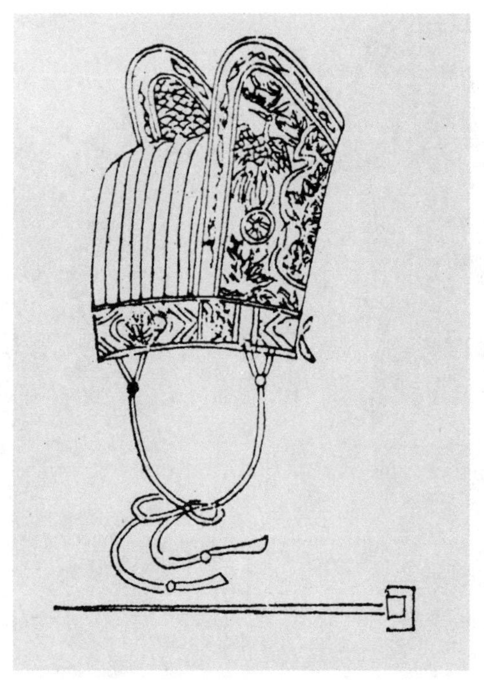
图 1.1.44.《大明会典》中的梁冠图

陵图说》将三者由前而后分别记为武臣、文臣、勋臣，而《大明会典》则又分别记为带刀执瓜将军、朝衣冠文像和朝衣冠武像。

笔者认为，前述的说法都不够准确。因为从雕像的服饰上看，这三组石人像分别名之为将军像、品官像、功臣像更为妥帖。

首先，就身着盔甲的将军像而言，石像生队伍在一定程度上是模拟帝王生前仪卫场面设计的。在服用祭服的场合中，只有负责御前侍卫的锦衣卫大汉将军、神枢营红盔将军等才能身着整齐的盔甲，并佩刀、执瓜或斧钺，侍卫在皇帝周围。他们虽然盔甲整洁，非常威武，但只是皇帝驾前的侍卫，而不是那种统兵打仗的高级武官。所以这些身着盔甲的石人像应作将军像，而不应该名之为“武臣”。

其次，身着一品官祭服的石像名之为文臣像也不确切。因为在祭祀天地或者宗庙的场合中，无论文臣、武臣，均依品级服用祭服，其服制按《大明会典》所记，与朝服大致相同，亦为上衣、下裳式的服装。不同的是，上衣为青罗衣（朝服上衣、下裳均用赤罗），项部挂有方心曲领（嘉靖八年下令去除）。头戴梁冠，梁冠只按梁数区别官员等级，无文武之别。其制度是，一品官为七梁冠，二品为六梁冠，三品为五梁冠，四品为四梁冠，五品为三梁冠，六品、七品为二梁冠，八品、九品为一梁冠。他们只有品级的不同，没有文武的区别。所以以服饰论，名为一品官更为妥当，说它是文臣则不够准确，因为武

臣一品官和文臣是一样的。（图 1.1.43—1.1.44）

再次，七梁冠加笼巾、立笔、雉尾的石人像，名之为勋臣、武臣像则不如名之为功臣像更为贴切。因为在明朝，公、侯、伯三个等级的功臣，虽亦可名之为勋臣，但勋臣只是俗称，非正式名称。另外，功臣中虽然大多是为朝廷立下汗马功劳的武臣，但也有的是文臣（如洪武时的韩国公李善长、诚意伯刘基等），并非全系武臣。另外，按《大明会典》卷六一记载，文武官员朝服、祭服制度："公冠八梁，加笼巾貂蝉，立笔五折，四柱，香草五段，前后用玉为蝉；侯冠七梁，加笼巾貂蝉，立笔四折，四柱，香草四段，前后用金为蝉；伯冠七梁，加笼巾貂蝉，立笔二折，四柱，香草二段，前后玳瑁为蝉。俱左插雉尾。驸马冠与侯同，不用雉尾。"据此，因此四尊功臣像，都是七梁冠外罩笼巾貂蝉的，所以，只能是侯或伯等级的功臣。从立笔的折数看，从帽花往上为一折，在至笼巾顶部为又一折，共为二折，因此似也可视之为"伯"一级的功臣。

另外，《大明会典》说这些雕像属于朝服像，也是不对的。《大明会典》之所以将这些雕像说成朝服像，应当是因为嘉靖之后，大臣的朝服、祭服除了色彩有区别外，在样式上已经相同了，都是没有方心曲领的。但是这些雕像是正统初年所刻，在嘉靖以前，只有祭服有方心曲领装饰，朝服是没有的。所以，这些雕像无疑是身着祭服的雕像。

总的来看，这组石像生有两大特点。

一是体积大。其中最大的石象包括基座，体积近 30 立方米。如此之大的石料，包括神功圣德碑等石料，根据明英宗时礼部尚书胡濙为内官监太监倪忠墓所作《寿藏记》记载，均为正统元年（1436）至正统三年（1438）由倪忠奉命从房山县独树石场督采而来的。在当时技术落后的条件下，这些石料多是采用"旱船拽运"的方法运输而来。旱船均以木制造，运输前先要铺垫道路，沿途以井水浇路，乘严冬结冰时，载石旱船中，然后挽行至陵区。用这种方法运石，虽因冰面光滑，减小了石块运行中的阻力，但毕竟石料巨大，所用人力物力仍十分惊人。如，嘉靖三十六年（1557）修建皇宫三大殿，从房山大石窝运送一块长三丈、宽一丈、厚五尺的中道阶石，就用了顺天等八府民夫 2 万人，28 天方运至京，计用白银 11 万余两。不难想象，这些石雕物所耗费的人力、物力是难以数计的。

二是雕工精细，具有高超的艺术水平。其中，狮、獬豸、麒麟，张口露齿，肢爪强健有力，颇具威仪；象、骆驼、马则神态安详，雍容驯服。石人也各具姿态，将军顶盔贯甲、持瓜佩剑，一派虎威；品官与功臣，袍笏肃肃，玉佩璀璨，似乎在恭候大行皇帝灵驾的到来。雕刻之精细，乃至须眉脉络、衣纹飘转都一丝不苟。

石像生的尽端是一座玲珑别致的棂星门。棂星门，又作"灵星门"（古代"灵"与"棂"通用）或"乌头门"。建筑形制起源于古代的"乌头染"。《史记》："正门阀阅一丈二尺，二柱相去一丈，柱端安瓦筒，墨染，号乌头染。"后来，这种柱出头式牌坊门被封建统治阶级名为"棂星门"，成为象征王制的尊者之门。《永乐大典》载古赋题句："灵星名门，王者之制也。灵星垂象，王制之本也。欲知王者所法之制，当识灵星所垂之象。"（图 1.1.45）

图 1.1.45 棂星门（龙凤门）

按《后汉书·祭祀志》载，龙星（二十八宿中的青龙七宿）左角的星名为天田星，“号曰灵星”，则灵星为角星之宿。因“角星为天门之象’，所以，灵星所垂之象就是天门。由于封建统治阶级把皇宫比作天宫，这种以灵星命名的门便被广泛地运用于宫室、坛庙的街衢之中，成为一种象征王制、点缀意义极强的标志性建筑。古人曾说过：“圣殿之有棂星门，盖尊圣门如天门也。”毫无疑问，宫室、坛庙、陵寝中的棂星门之设，也是尊天子之门如天门了。

这座棂星门设门三道，每道门有门枕石两块，可安门两扇，又与《永乐大典》所记载的“灵星垂三门之象”“设六扉而开阖”的意思相合。又由于三门大额枋的中央部位上端各饰有宝珠火焰的石雕装饰物，所以人们又称之为火焰牌坊。此外，此门又有“龙凤门”之称，这是因为帝后入葬山陵，此门为必经之处。三门之间的短垣在明朝时曾甃黄绿琉璃饰件，清代修葺改成红墙形制，1994 年修葺建为红墙式照壁形式。

穿过棂星门，北行约 0.8 公里公路西侧有南高北低的大土坡，古代曾名为芦殿坡，是谒陵时搭盖席殿，停放帝后神帛、祭物，并栖息谒陵随行百工的地方，又是帝后梓宫入葬山陵前的停放之处。

再北 0.8 公里处为明朝时陵区内主要的桥梁——七空桥的故址。据《帝陵图说》记载，此桥未毁时，“桥下之水，东北则老君堂口，西北则贤张、灰岭、锥石三口，西则德胜口皆径于桥。天寿诸山水会为一川，东流出东山口，经巩华城合朝宗河入白水，汇为潞河，流于直沽，达于海”。万历三十五年（1607）闰六月，该桥北面两空被大水冲毁。天启六年（1626）七月，桥身再次受到洪水的摧毁。民国十五年（1926）仅存的南面两空又被山洪冲毁。现在，新建七空桥东侧仍有残坏的桥墩保存。

图 1.1.46 南五空桥

其南不远的地方有明朝时建造的南五空桥。（图 1.1.46）其北约 1.6 公里处又存有明代所建的北五空桥，再北约 1.2 公里处就是长陵的陵宫建筑了。

长陵的这条神道，自北五空桥以北，明嘉靖十五年（1536）时曾甃砌石条，路面宽 4.7 米。至今仍有大部分保存。

神路的两侧，明朝时曾栽植松柏树各六行，明朝灭亡后被砍伐殆尽。

神路的走向，不取笔直形态，而是随着地形的变化呈“曲路”之形。其之所以做如此设计，一方面是地形使然，另一方面也有风水方面的原因。例如，成书于宋元之际的风水著作《大汉原陵秘葬经》就曾记有“四折曲路”之说。明人蒋平阶所著的《地理古镜歌》也有“路能界气亦能迎，当与零神一样评。大路弯环玄字体，阳神三折穴前萦。直来直去无生意，乙字弯身最有情”的说法。注者谓“路亦大关风水，生旺而弯环则吉，衰死而硬直则凶……如若直死射来，名为土箭。亦当躲避始为全美”。陵寝建筑的设计者，在主观上虽然是为了附会风水之说，但弯转曲折的神道布局，在客观上确实起到了与大自然山川风貌相和谐，收敛视野，避免陵园建筑一览无余，从而造成了“曲径通幽”的艺术效果。

此外，由于陵区内其他各陵的神道都是从长陵的这条神道分出，故此，这条神道在清朝的文献中又记为“总神道”。其中，长陵神功圣德碑亭至龙凤门之间布列的墓仪建筑设施最为集中，且系神道建筑的精华所在。为此，十三陵特区办事处经过绿化美化和环境治理，于 1990 年 9 月 1 日正式将其开辟为旅游景点。

## 二、肃穆庄严的陵宫建筑

长陵的陵宫建筑，朝向为南偏西 10°—11° 之间，占地约 12 万平方米。平面布局呈前方后圆形状。（图 1.1.47）

如前所述，按照廖均卿的说法，长陵由于陵后的龙脉是艮、亥脉，所以，陵园坐向是坐癸向丁。古代的方位标示中，周圈360°，分为24个方位（二十四山）后，每个方位有15°的范围。其中，丁的方位15°的范围是南偏西7.5°至22.5°之间，其中心点在南偏西15°上。那么，长陵的朝向既然选择在丁向上，为什么不取丁向的正中方位，也就是南偏西15°呢？

原来，这与古代讲究“分金”之说有关。在古人看来，把二十四山每山的15°分成若干份后，并不是每份范围内都是吉祥的，而是有吉有凶，这也就是所谓的“分金”。为了趋吉避凶，陵墓方位都必须选在吉祥的位置上。

古代的“分金”有多种，如穿山七十二龙分金（每山分为3等份，二十四山，计有72等份）、透地六十龙分金（每山分成2.5份，二十四山计有60份）、一百二十分金（每山分成5等份，二十四山共有120份）、二百四十分金（平均每山有10份，二十四山共有240份）等。其中，二百四十分金是最基本的，也是在明代运用最广泛的，被人们称为“分金之源”。

二百四十分金的分格特点是，平均每山有10等份。每个等份为1.5°。其中，每山正中的等份，为10分，左右各份，按9、8、7、6、5、4、3、2、1、0的顺序递减排序，当排到5分时，其一半在本山，另一半以及4、3、2、1、0则处在左右相邻的山中。其中，0则处在相邻山的正

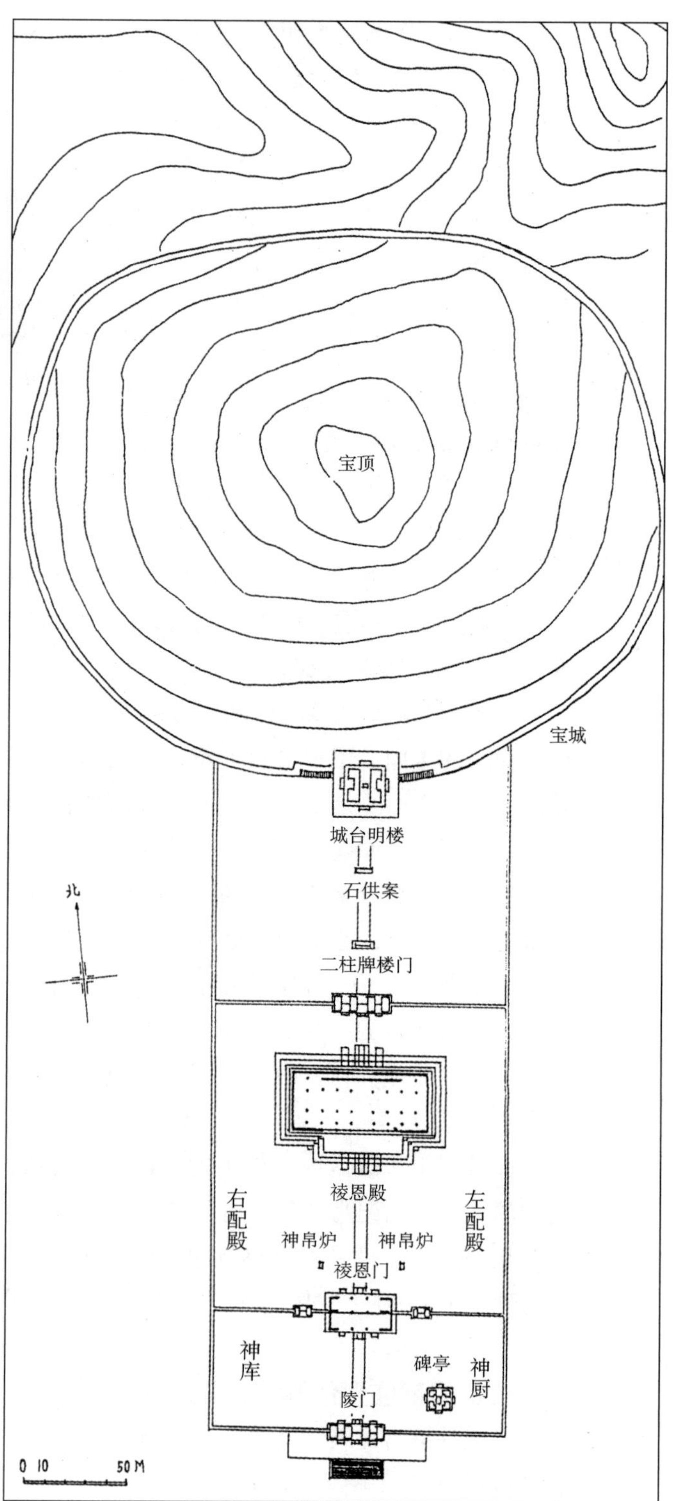


图 1.1.47 长陵平面图

中位置。例如，“丁”向，其左面一山是“午”，右面一山是“未”。那么，“丁”的正中一份是 10 分，称为“正丁（丁 10 分，午、未 0 分）”，其左面第一份为九丁一午（丁 9 分、午 1 分），其左面第二份为八丁二午（丁 8 分、午 2 分），其左面第三份为七丁三午（丁 7 分、午 3 分）……其右面第一份为九丁一未（丁 9 分、未 1 分），第二份为八丁二未（丁 8 分、未 2 分），第三份为七丁三未（丁 7 分、未 3 分）……

在这“丁”的 10 份分金格当中，正中一格（正丁），以及九丁一午、九丁一未、六丁四午、六丁四未、五丁五午、五丁五未都不能用，只有七丁三午、七丁三未，八丁二午、八丁二未四向吉祥可用。这四个分金格也可以简称为“三七、二八”。宋朝人厉伯韶有《分金》诗说：“先将子午定山岗，却将中针来较量。更加三七与二八，莫与时师道短长。”讲的就是这个意思。

长陵的朝向在 10° 至 11° 之间，正好是处在“丁”向内的丁七午三的“三七”分金格内。这一取向选择，不仅符合厉伯韶的分金诗要求，而且与《九天玄女青囊海角经·四·理气篇》所说的“中气当避，乘气故取三七放棺。旺气宜乘，分金亦取三七加向”一致。（图 1.1.48）

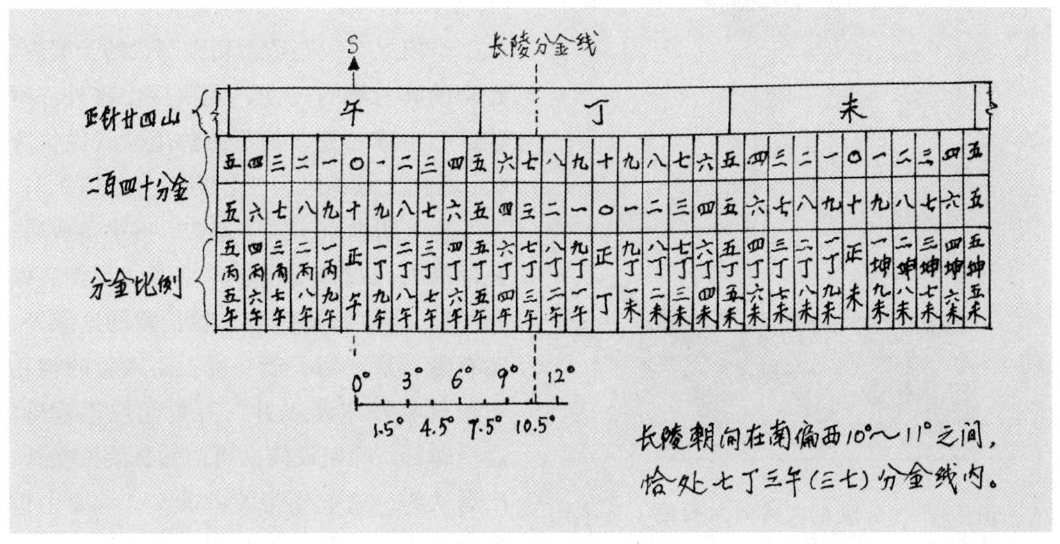


图 1.1.48 长陵朝向分金图

陵园的前面是前后相连的三进院落。

第一进院落，前面设有陵门一座。（图 1.1.49）其形制为单檐歇山顶的宫门式建筑，面阔显五间，檐下额枋、飞子、檐椽及单昂三踩式斗拱均系琉璃构件；其下辟有三个红券门。陵门之前建有月台，左右两侧在明朝时建有随墙式角门（清乾隆时拆除并封塞）。院内，明朝时建有神厨（居左）、神库（居右）各五间，神厨之前建有碑亭一座。神厨、神库均毁于清代乾隆时期，碑亭则保存至今。

图 1.1.49 长陵陵门

图 1.1.50 长陵第一进院落内的龙趺碑亭

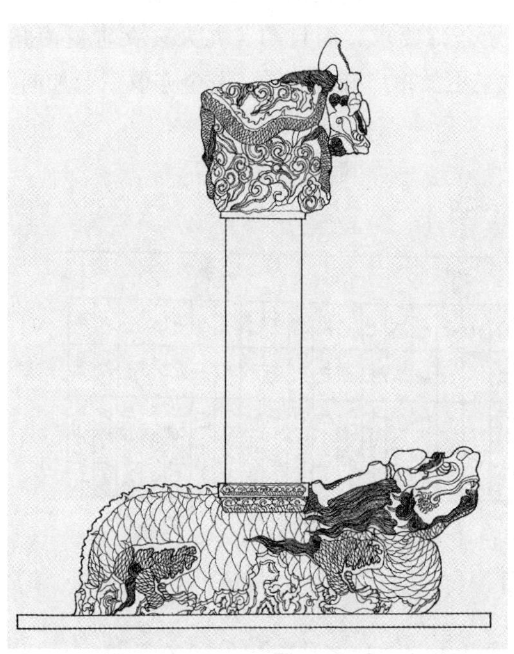
图 1.1.51 长陵龙趺碑侧立面图（天津大学建筑系测绘）

这座碑亭，落成于嘉靖二十一年（1542）五月。南向。形制为重檐歇山顶，四面各设红券门，内为木构梁架，天花顶。（图 1.1.50）

亭内立有一座造型新颖别致的圣绩碑。石碑的碑首雕有一龙，龙头探出碑外。碑趺造型也作一龙，但形态仿龟趺式做伏卧状。清代文献称之为“龙趺碑”。（图 1.1.51）

据《明世宗实录》记载，碑亭落成后，礼部尚书严嵩曾奏请世宗皇帝“亲御宸翰制文”。当时所建碑亭，除长陵的这座外，还有献、景、裕、茂、泰、康六陵的神功圣德碑亭及东西二井、万贵妃坟等墓碑。这些碑石，除妃坟碑文可由翰林院撰文外，严嵩认为，这七座帝陵碑碑文，都要由世宗皇帝亲自撰写。这是因为明太祖朱元璋在洪武年间撰写皇陵碑文时就说过：“儒臣粉饰之文，不足为子孙后世戒。”所以，他废掉了洪武二年（1369）翰林学士危素撰写的皇陵碑文，于洪武十一年（1378）四月，亲自制文，并命江阴侯吴良督工镌刻。此后诸帝以此为定制，成祖朱棣撰写了孝陵神功圣德碑文，仁宗朱高炽撰写了长陵神功圣德碑文，帝陵功德碑文出自嗣帝之笔便成了明朝后世帝王遵守的定则。基于这个原因，世宗将父亲朱祐杬的兴献王坟升格为显陵，在显陵陵前建造睿功圣德碑亭，其睿功圣德碑的碑文名义上也是世宗亲自撰写的。

世宗皇帝既然为父陵已经撰写了睿功圣德碑文，则新建的长、献、景、裕、茂、泰、康七陵碑文自然也应该由世宗撰写了。但奇怪的是，碑文一事却始终不见下文，各碑竟都成了“无字碑”。

有人推测，这是因为碑上无字，可以表示祖先功德无量。也有人认为，世宗迷信道教，庄老之学的“无为而治”导致了世宗认为无字之碑较之有字之碑在等级上更高一等，是更高、更伟大的意境表现。

这些推理是站不住脚的。因为，世宗如果那样认为，为什么不在显陵前面的睿功圣德碑亭内也立一通无字碑呢？又何必劳心费力撰写碑文，而使父陵石碑降下一等呢？

那么，会不会世宗原来就想在七陵分别立个无字碑，无字碑的竖立，只是取“彰显功德”的象征意义呢？这种可能性也不存在。因为，如果是这样，严嵩就不会奏请世宗撰写七陵碑文了。而且，这种“彰显功德”的方式，如果说对长陵以外其余六陵尚可敷衍的话，那么，对长陵来说便是毫无意义了。因为，长陵早已立有神功圣德碑，而且碑上是有文字的。

显然，七陵碑没有文字的结果并不符合世宗立碑的初衷。那么，合理的解释只能是世宗立碑本意是要刻字的，但后因为某种原因，才搁笔不写。

那么，这个原因是什么呢？

首先，是仁宗撰写的长陵神功圣德碑文早已赫然镌刻在长陵神道上的神功圣德碑上。且文长 3000 余字，将成祖一生的“功德”推崇到了极点。世宗要撰写出在颂词的水平上超出仁宗的碑文来确实不太容易，且对献、景、裕、茂等陵的墓主情况缺少生动而有感受的资料。无论是朱元璋撰写的皇陵碑文，还是朱棣撰写的孝陵碑文、仁宗撰写的长陵碑文，有一个共同的特点，这就是文字内容并不都是空洞无实的褒扬文字，而是既有概括评价，又有具体过程的描述，有血有肉、内容丰富的生平记录性文字。但对世宗来讲，武宗是其堂兄，属于同一代人，孝宗是其伯父，情况也可通过老臣的追忆进行了解。因此，写出泰、康二陵碑文对于世宗来说大概并不难。然而，仁、宣、英、宪诸帝的情况，对于世宗来说就比较陌生了。诚然，宫中有诸帝的《实录》，也有章奏档案材料，但这要在堆积如山的案卷中查阅，毕竟是耗时耗力的一件事。

但是，这些问题在当时并不可以解决的。世宗完全可以通过儒臣帮助“润色”加以解决。因为，除了皇陵碑文确实是朱元璋用不文不白、似通非通的韵语写成的外，孝陵、长陵的神功圣德碑碑文，应该都是有儒臣参与撰写的。世宗撰写显陵睿功圣德碑的碑文，经过大臣代写润色的情况，《明世宗实录》还有清楚的记载。[1]

---

1《明世宗实录》卷八二：“嘉靖六年十一月……初，上亲制显陵文成。召见大学士杨一清、张璁、翟銮于文华内殿。谕曰：‘朕述皇考显陵碑文，赖卿等藻润，特兹酬劳卿等用心辅导。’赐一清蟒衣、麒麟衣各三袭，玉带一；璁麒麟服、玉带如一清，銮云鹤衣三、金花带一。一清等各疏谢。上手答曰：‘览卿等奏谢，称颂甚过。阅之再三，朕深自愧。比因念先德，粗述数语，又赖卿等赞成，特酬劳绩耳。’”

据此，世宗没有为列圣撰文，肯定是另有原因的。笔者认为，其根本的原因还是当时宫廷政治斗争，在他的心理上形成了难以抹去的阴影。使他虽然可以为成祖及仁、宣、英、宪诸帝撰写碑文，但却不愿为孝宗和武宗撰写碑文。

详而言之，其原因则是，世宗以兴王世子入承大统后，其母蒋氏随后入京，但孝宗的皇后张氏却居高临下，以藩王妃之礼相待。当时朝中大臣也大多站在张氏一边，非要世宗称孝宗为皇考，称自己的父母为皇叔父母。世宗由此与张氏及廷臣发生了矛盾，并引发了一场斗争，史称其事为“大议礼”。世宗在“议礼”中虽然获胜，但却因此对孝宗皇后张氏非常憎恶，甚至称她是“宫中久恶之妇”[1]。显然，如果世宗为孝宗写下赞美的碑文，对张氏又应如何评价呢？以世宗的个性，是绝不会对张氏加以赞颂的。但是，从礼制的角度看，又不能在碑文中写皇帝不写皇后，更不能只写长、献、景、裕、茂五陵碑文，而空下泰、康二陵碑文不写，很可能是这个原因，导致了七陵石碑虽立，世宗却始终未能提笔撰写碑文。这座石碑以及献、景、裕、茂、泰、康六陵陵前的神功圣德碑便因此而都成了“无字碑”。

现在这座石碑上的文字都是清朝时才陆续镌刻的。碑阳用满汉两种文字刻了清世祖顺治十六年（1659）谕旨：

> 顺治十六年，岁在己亥，十一月十七日，上谕工部：前代陵寝，神灵所栖，理应严为守护。朕巡幸畿辅，道经昌平，见明朝诸陵殿宇墙垣倾圮已甚。近陵树木，多被斫伐。向来守护未周，殊不合理。尔部即将残毁诸处尽行修葺。现存树木，永禁樵采。添设陵户，令其小心看守。责令昌平道官，不时严加巡察。尔部仍酌量每年或一次，或二次，差官察阅，勿致疏虞。特谕，钦此。（图 1.1.52）

碑阴，刻乾隆五十年（1785）清高宗的《谒明陵八韵》诗：

> 《明陵八韵》。有序：望钟阜之松楸，巡途必诣。指昌平之表碣，跸路兹临。维十三陵之兆域相依，经百余年，而德怨久泯。况得之贼手，立统正，而仇复前朝。且优以侯封，布泽深，而仁钦祖德。虽采樵禁于令甲，而阅岁致或颓初。值此亲瞻，恻然眷念。忍听丹陟粉剥，无继体以销沉。依然隧闼堂深，发重帑而贲饰。彼何示人以不广，毁及金源？我惟凛天之难谌，假兹殷鉴。摛八韵而成斯诗什，等百世则具在鉴评：
>
> 驱除本是藉余闯（顺治元年四月，我世祖命睿亲王多尔衮代统大军，入定中原。行六日，明平西伯吴三桂遣将出山海关，迎谒致书。以流寇攻破京城，九庙灰烬，

1《明世宗实录》卷九四。

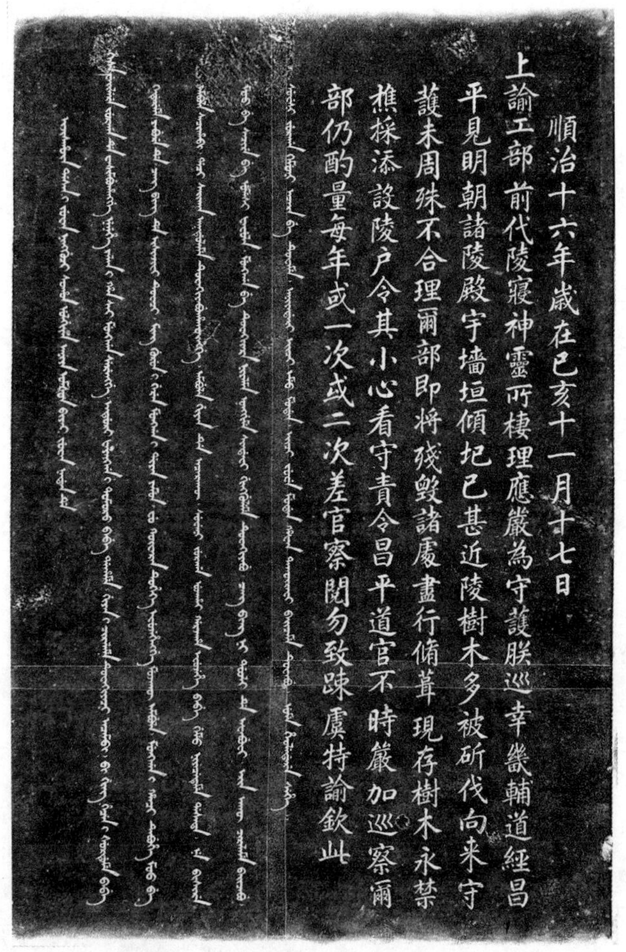
順治十六年歳在己亥十一月十七日
上諭工部前代陵寢神靈所棲理應嚴為守護朕巡幸畿輔道經昌
平見明朝諸陵殿宇墻垣傾圮已甚近陵樹木多被斫伐向来守
護未周殊不合理爾部即将殘毁諸處畫行脩葺現存樹木永禁
樵採添設陵户令其小心看守責令昌平道官不時嚴加巡察爾
部仍酌量每年或一次或二次差官察閲勿致踈虞特諭欽此

图 1.1.52. 龙跃碑清顺治皇帝谕旨拓文

明帝已殉社稷，贼首李自成僭称尊号，掳掠逞残，神人共愤，乞师除暴等语。王得书，即星夜前进，直薄山海关。大败贼众，追杀四十里。贼众遁走。五月，至燕京。故明文武官出迎。睿亲王等定议都燕，即具疏恭迎世祖。定鼎安民，出诸水火。统一海宇，亿兆欢迎。从古得统之光明正大，未有如我朝者也），表正由来超古今。

广运钦承一统大，胜朝消隔百年深。

山陵念以北邻近，车驾因之此日临。

德怨久哉幻时世（天命三年，我太祖以七大恨告天，亲统师征明抚顺，招降守城官兵，徙城中人口以归。寻攻克清河，是为太祖兴师征明之始。详见所制全韵诗及盛京诸什），兴亡昭矣惕予心。

虽云樵采勤禁护，亦惜殿堂逮圮沉。

应悟有成那无废，当忘彼惁毁其金（我朝修复金太祖、世宗陵，圣祖御制碑文，以前者我师克取辽东，故明惑于形家之说，疑与本朝王气相关。天启初，折毁金陵，劚断地脉，又建关庙，为压胜之术。不思修德勤民，而移咎于异代陵寝，尤为舛谬）。

地官漫靳费帑项，冬部爰教饰鼎林。
即故寝园示明监，靡常天命凛难谌。
乾隆五十年，岁次乙巳，季春月上浣，御笔

碑文款下刻乾隆御宝二方。篆文同《哀明陵三十韵》。

碑的左侧刻清仁宗嘉庆九年（1804）御制《谒明陵八韵》诗：

请兵雪恨逐流贼，正位中华大统彰。
代谢应天泯德怨，敬勤御极鉴兴亡。
封侯布惠祖恩浩，发帑修陵考泽洋。
严禁采樵仍守护，重新闳殿免残荒。
至今未绝春秋祀，稽古孰存典籍详。
钟阜曾瞻龙虎踞，寿山始睹桧松苍。
漫论形胜皆陈迹，益感废成饬大防。
酹奠阶前衷倍凛，求安图治念苞桑。
嘉庆九年，岁次甲子，季春月中旬，《谒明陵八韵》。御笔

碑文款下刻嘉庆御宝二方，上宝为白文，篆刻“嘉庆御笔”；下宝朱文，篆刻“所宝惟贤”。

图 1.1.53 长陵祾恩门

第二进院落，前面设殿门一座，名为祾恩门。而嘉靖前这座殿门则应该名为“长陵门”。据《太常续考》等文献记载，天寿山诸陵陵殿名为“祾恩殿”，殿门名之为“祾恩门”，始于嘉靖十七年（1538），是世宗朱厚熜亲易佳名。其中，“祾”字取“祭而受福”之意，“恩”字取“罔极之恩”意。（图 1.1.53）

长陵祾恩门，为单檐歇山顶形制，面阔五间（通阔 31.44 米），进深二间（通深 14.37 米），正脊顶部距地面高 14.57 米。檐下斗拱为单翘重昂七踩式，其平身科斗拱耍头的后尾作斜起的杆状，与宋、清两朝做法俱不相同。室内明间、次间各设板门一道，稍间封以墙体。其中明间板门之上安有华带式榜额，书“稜恩门”三金字。“稜”字系后世修葺时误写。因为，“稜”字的含意是指物体上呈条状的突起部分，与“祭而受福”的意思毫

不相关。(图 1.1.54)

图 1.1.54 长陵祾恩门榜额

祾恩门的下面，承以汉白玉栏杆围绕的须弥座式台基。其栏杆形制，为龙凤雕饰的望柱，和宝瓶、三幅云式的栏板。台基四角及各栏杆望柱之下，各设有排水用的石雕螭首(龙头)。台基前后则各设有三出踏跺式台阶。其中路台阶间的御路石上雕刻的浅浮雕图案十分精美：下面是海水江牙云腾浪涌，海水中宝山矗立，两匹海马跃出水面凌波奔驰；上面是两条矫健的巨龙在云海中升降飞腾，呈现出一派波澜壮阔的雄伟景象。(图 1.1.55)

图 1.1.55 长陵祾恩门御路石雕

这些精美的石雕究竟出自何人之手，现在已无法查考。但北京市大兴区老君堂东曾出土明朝一位工部营缮所所副父亲的墓志。墓志中记载，墓主毛贵二有三个儿子。其第二子名叫毛荣，继承父业，擅长石雕技艺，在兄弟三人中“尤有能名”，而且其技艺精湛，“超其朋侪。永乐十一年随驾来北京，咸推其琢造精坚，俾之把总众役。十九年擢为工部营缮所丞。洪熙元年承命从事长陵，进授所副”。据墓志文可看出，毛荣不仅是个技艺超群的石雕艺人，而且因从事长陵营建有功而进授为工部营缮所所副。长陵精美的石雕刻或许与他有着直接或间接的关系。

祾恩门两侧各有掖门一座，均作随墙式琉璃花门，门上的斗拱、额枋，门顶的瓦饰、椽飞均为黄绿琉璃件组装，在红墙的映衬下格外分明。

院内，北面正中位置建有高大巍峨的祾恩殿。这座大殿在明清两代，是用于供奉帝后神牌(牌位)和举行上陵祭祀活动的地方。(图 1.1.56)

我国古代的陵园祭祀，西汉时陵中设有寝殿和便殿，陵旁设庙。时有“日祭于寝，月祭于庙，时祭于便殿”之说。唐宋二代，陵园设有上、下二宫。上宫设寝殿(又称献殿)，用于举行隆重祭献仪式。下宫，即寝宫，是供奉墓主灵魂日常饮食起居的场所。

图 1.1.56 从长陵祾恩门透视祾恩殿

在文献记载中，明朝从孝陵以后，陵寝祭殿有享殿、陵殿、献殿、寝殿、香殿等不同称呼，但真正落在榜额上的名字应该是“长陵殿”。殿内日常陈设有皇帝皇后的神榻（灵座、龛帐）、帝后神牌、册宝、衣冠、御座、香案，以及各种乐器。朝廷致祭时，殿内再增置陈设祭品用的正案、从案、三牲案匣等。

这些陈设说明，明朝陵殿具有供上陵祭拜举行大规模祭祀活动，和平时司香火、四时供献、朔望朝陵等日常祭祀的双重功能。它兼有西汉陵寝寝殿、便殿或唐宋陵寝上、下二宫祭祀用殿的功用。

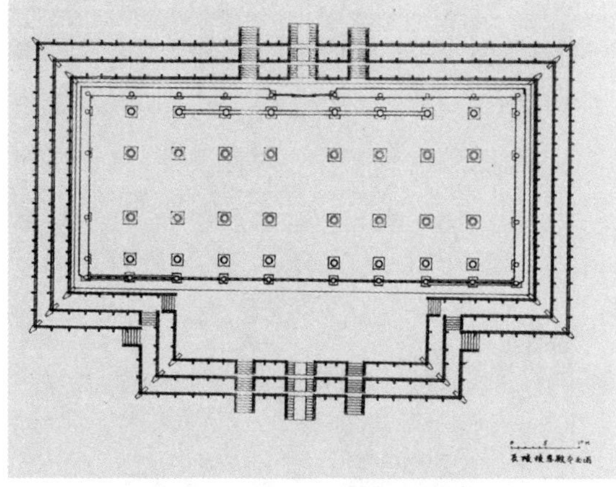
图 1.1.57 长陵祾恩殿平面图

长陵的这座祾恩殿，是明代帝陵中唯一保存至今的陵殿，堪称我国古代木构建筑中的珍贵遗物。（图 1.1.57—1.1.58）

其珍贵之处主要表现在如下三方面：

一是规模大，等级高。此殿制仿明代皇宫金銮殿（明代先后称奉天殿、皇极殿）修建，面阔 9 间（66.56 米），进深 5 间（29.12 米），柱网总面积达 1938 平方米，是国内罕见的大型殿宇之一。

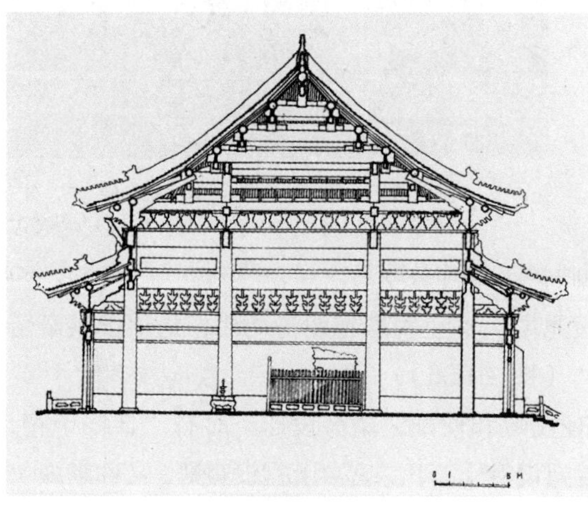
图 1.1.58 长陵祾恩殿侧立面剖视图

殿顶为古建中等级最高的重檐庑殿式，覆以黄色琉璃瓦饰。正脊至台基地面高 25.1 米。上檐饰重翘重昂九踩斗拱，下檐饰单翘重昂七踩鎏金斗拱。六排柱前后廊式的柱网排列方式规整大方。殿内“金砖”铺地，殿下有 3 层汉白玉石栏杆围绕的须弥座式台基和一层小台基，总高 3.215 米。台基前出三

图 1.1.59 长陵祾恩殿雕龙望柱头

图 1.1.60 长陵祾恩殿雕凤望柱头

层月台。每层月台前各设三出踏跺，古称“三出陛”。其中，中间一出踏跺的御路石雕由上、中、下三块组成：最下面的一块与祾恩门图案相同，上面的两块分别雕刻升降龙图案。台基上三层汉白玉石栏杆形制也与祾恩门相同，雕刻着精美的龙凤图案。此外，月台两侧还设有祭陵时供执事人员上下的旁出踏跺。台基之后也设有三出踏跺，其形制同月台前踏跺。（图 1.1.59—1.1.60）

这座大殿之所以采用的是面阔九间、进深五间的“九五”间数，是因为“九五”代表的是天子之位。这是因为，《易经》有“九五，飞龙在天”之说。唐孔颖达对此解释说：“言‘九五’，阳气盛至于天，故飞龙在天 ……犹若圣人有龙德，飞腾而居天位。”[1] 意思

1“乾”卦中的六爻：初九，“潜龙勿用”，象征阳气初起，力量微弱，还不能过早地施展才能。九二，“见龙在田，利见大人”，意思是说，这一爻居于下卦之中，虽无君位，而有君德，就像龙出现在田野上，虽然还没有飞上天空，但就像有才德的人刚刚露出头角，会受到欢迎。九三，“君子终日乾乾，夕惕若厉。无咎”，意思是说，九三这一爻，居于下卦极位，其位多危，但就好比君子刚强健进，加上忧惕戒惧，不仅终日勤奋，即使晚上也在保持警觉，因而善于弥补过失，终能免除祸害。九四，“或跃在渊，无咎”，意思是说，九四这一爻，为近君多惧之位，一切要小心谨慎，要审时度势，可进则进，如龙之“跃”；不可进则停住，如龙之“在渊”。又一说认为，游龙在深谷之中，正处在跃起飞腾上升之势，故而没有祸害。九五，“飞龙在天，利见大人”，见前述。上九，“亢龙有悔”，意思是说，上九这一爻，居于上卦的顶点，到了极点，就像龙飞到极高的程度，稍不留意，就会招致灾祸，因而“有悔”。

是说，“乾”卦中的“九五”这一爻，以阳爻居于上卦之中，恰得君位，象征事物发展到最为完美的阶段。就像圣人有龙德，飞腾起来居于天位。长陵为十三陵中的祖陵，所以，其殿宇规制自然要居于诸陵之首，像皇宫的金銮殿那样，采用“九五”的间数，以象征“事死如事生”的礼制。

大殿采用三层汉白玉栏杆围绕的台基，同样颇有讲究。古人为什么把三层台基的台基形式，用在金銮殿和长陵大殿这样的最高等级建筑的建筑呢？原来三层台基，象征的是天上的“三台”星。《晋书·天文志》记载：“三台为天阶，太一蹑以上下。”意思是说，天上的最高神仙太一神，是踩着三台这个象征天阶的星座上下的。天阶，就是天宫里大殿的台阶，它是由三台组成的。所以在人间，皇帝的殿宇也就采用了三层台基。

二是用材考究。此殿梁、柱、枋、檩、鎏金斗拱等大小木构件，均为名贵的优质楠木加工而成。楠木，是我国古代优质的建筑材料。万历《四川总志》卷二十《木政》说：“蜀木惟楠为贵，然品不一也。真楠有四：香楠，色如茶褐，细腻极香；杉楠，其色微黄，条直无节。斯二者，栋梁之选也。斗栢楠，其色如褐，如满架葡萄，千百中仅一二也；铁头楠，一名拐子楠，其色黑黄，极坚而沉水，材大而难为用者也。”清谷应泰《博物要览》卷十则记载，楠木有三种，分别是香楠、金丝楠、水楠。香楠“木微紫，而清香纹美”；金丝楠“木纹有金丝，向明视之，的烁可爱，楠木之至美者”；水楠“色青，而木质甚松，如水杨之类，惟可作桌凳之类”。由此可见，长陵祾恩殿所用的楠木，应该就是文献所记载的香楠、杉楠、金丝楠这些最优质的楠木。

其中最为巨大的楠木构件，就是支撑殿宇的 60 根楠木大柱。这些楠木大柱，用材粗壮，堪称是世上不可多得的奇材佳木。特别是林立殿内的 32 根重檐金柱，高 12.58 米，底径均在一米上下。其中，明间中间的 4 根金柱最为粗壮。左一缝前金柱底径达 1.124 米，两人合抱，不能交手。（图 1.1.61）

图 1.1.61 长陵祾恩殿内的楠木大柱

文献记载，天寿山各陵及北京宫殿所用楠木，均采自四川、湖广一带的深山密林之中。那里人迹不到，“毒蛇鸷兽出入山中，蜘蛛大如车轮，垂丝如组，罥虎豹食之。采者以天子之命，谕祭山神，纵火焚林，然后敢入”。伐倒的楠木，也往往是“一木初卧，千夫难移”。明万历年间，四川一带有“入山一千（人），出山五百（人）”的谚语。清孙承泽《春明梦余录》卷四十六记明代运图，自蜀运木有“山川险恶”“跋踄艰危”“蛇虎纵横”“采运困顿”“飞桥度险”“悬木吊崖”“天车越涧”“巨浸飘流”等险恶经历。而结筏水运时，每筏运木 604 根要用竹 4405 根，此外，还配有运夫四十人，自蜀至京，不下万里，其运送周期通常都在三年左右。由此可知，明朝时采伐楠木确实十分艰难。而一木至京，费银竟达万两。

三是重要的历史、文物价值。我国的古建技术，宋代有《营造法式》，清代有《工部工程做法则例》，都是官修的建筑工程用书。但处于宋、清两代之间的元、明两代却都没有官修建筑用书。因此，元、明两代遗留下来的古建筑，就成为建筑史学界研究元、明两代建筑法式、特点的基本素材。特别是像长陵祾恩殿这样的高等级的明代官式建筑，更是不可多得的珍贵实物。

这座大殿从结构上看，属叠梁式构架体系，不推山。宋、元时期的叉手、托脚等构件已不采用，宋、元时期的襻间斗拱也按照“檀、垫、枋”的组合方式由垫板代替。整体结构更趋简化，节点更趋牢固。由于梁的外端做成巨大的要头伸出斗口之外，柱头科斗拱的机能发生了变化。但如果挑檐檩因受力向下弯曲，平身科斗拱仍能起到悬挑的作用。平身科斗拱的形制采用了宋、元两代都没有的落金式鎏金斗拱。斗拱后尾部分均呈 30° 角斜向上伸，真假昂并用（上层昂为真昂，下层昂为假昂。假昂的昂头，从交互斗斗口处斜向下伸，没有“假华头子”雕饰，很有特色），下檐斗拱上层昂昂尾等构件挑起的斜杆直伸至博脊枋下，并有三幅云、麻叶头、菊花头等装饰构件。它既不同于宋式真昂形式的斗拱，也与清《工部工程作法则例》的假昂式鎏金斗拱有别。此外，斗欹有䫜，角科斗拱鸳鸯交首拱的继续采用，以及斗拱比例的减小，平身科斗拱排列的相对丛密，而各间攒档在尺度上又大小不等等特点，都体现了由宋到清在法式特点上的过渡。（图 1.1.62—1.1.63）

当然，此殿历经 500 余年的漫长岁月，在此期间，殿宇的彩画及殿内的装饰情况都曾发生过变化。

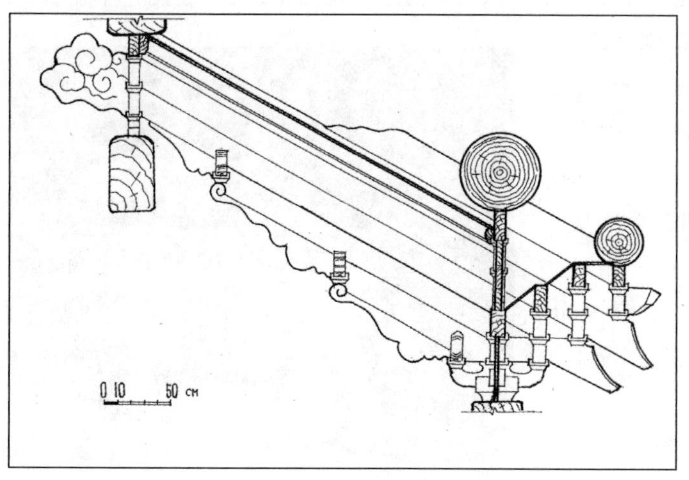


图 1.1.62 长陵祾恩殿下檐鎏金斗拱结构图

图 1.1.63 长陵祾恩殿榜额

按《帝陵图说》所记康熙年间长陵祾恩殿的殿内情况是："梁柱雕镂盘交龙，藻井、花釁、地屏、黼扆，金碧丹漆之制一如宸居。"《昌平山水记》对清初殿内的情况，也有"中四柱饰以金莲，余皆髹漆"的记载。但到了清代中叶，由于多年来陵园看护不力，殿内的神牌、供案等物先后被盗窃一空。彩画脱落情况也十分严重。为此，清高宗于乾隆五十年（1785）下旨修葺明十三陵时，特命为长陵等陵"增设龛位"。工部尚书金简等人在对明陵实地勘查后也上奏说："其各陵暖阁地平、龛案、神牌现俱遗失无存，亦应一体添造，俾臻完备。"

至于殿宇彩画，经钦派督办修理明陵工程协办大学士吏部尚书刘墉及工部尚书金简等人在查勘之后也提出了具体处理意见："内里木植所有油什处所，年久全行脱落，露身俱系楠木，似可毋庸重加油饰，竟露楠木质地，似觉古雅。至外檐上架斗科，拟改用雅五墨。天花见色过色。下架用红土垫光油。"

现在，人们所见到的祾恩殿外檐彩画，是乾隆修缮之后又屡经重新油饰的彩画，故已非乾隆时旧貌。殿内的彩画，由于乾隆时清除得不够彻底，故至今人们仍可在斗拱的凹陷部位及部分挑尖梁梁身上隐约看到明朝彩画的痕迹。清乾隆时增设的雕龙大龛、供案、神牌等物则在尔后动荡的时局中先后被破坏。其中，供案毁于解放战争时期，雕龙大龛则毁于十年动乱之中。

祾恩殿的左右两翼，明朝时曾建有左右配殿（又作"廊庑"）各十五间。这十五的间数，同样是有讲究的。因为，在古人的心目中，"十五"这个数字非常神秘。它是阴阳数字的合数。古人认为，阴阳数字有老少之分，但阴阳数字之合都是十五。其中，老阳数为九，老阴数为六，两者之合为十五；少阳数为七，少阴数为八，两者相合也是十五。阳动而进，所以，少阳七动而进为老阳数九；阴动而退，所以，少阴数八动而退为老阴数六。因此，西汉佚名《易纬乾凿度》说："易，一阴一阳，合而为十五之谓道。"也就是说，"十五"这个数反映的是一阴一阳合起来是十五，这个天地间阴阳消长的大道。故此，不仅长陵的左右配殿是各十五间，明太祖朱元璋的孝陵也是这样。可惜的是长陵的左右配殿，在清代乾隆五十至五十二年修缮时被拆除。

配殿之前各建有神帛炉一座，至今保存完好。其制均由黄、绿琉璃件组装而成，小巧玲珑。炉顶为单檐歇山式，炉身正面为四扇假棱花槅扇，正中辟券门，门内为小室，用于焚烧祭祀所用的神帛和祝版。（图 1.1.64）

图 1.1.64 长陵神帛炉

第三进院落，前设红券门制如陵门，为陵寝第三重门。（图 1.1.65）院内沿中轴

图 1.1.65 长陵内红门

图 1.1.66 长陵两柱牌楼门

图 1.1.67. 长陵石五供

线方向建有两柱牌楼门和石几筵。

二柱牌楼门，为柱出头式牌坊，属柱出头式的棂星门形制。其两石柱，截面作方形，顶部各雕蹲麒麟（两者相对），前后戗抱鼓石。柱间木构部分为民国二十四年（1935）修缮陵寝时仿景陵制增构。其制，单檐一间，黄琉璃瓦顶，两山面各置博缝板，檩枋之下置重翘五踩品字斗拱六攒，其里外拽的拱头、耍头均作三幅云形式。斗拱之下依次安装有平板枋、大额枋、花板、小额枋、门框、上槛（安装门簪四枚）、余塞等构件。（图 1.1.66）

二柱牌楼门后为石几筵。它由石供案和五件雕刻精致的石供器组成。石供案，须弥座形制。其上下枋均浮雕串枝花卉，上下袅刻仰俯莲瓣，束腰部分刻椀花结带图案，四角雕刻玛瑙柱之形。案体规整大方，基本完好。

案上五供器俱全。中间的石香炉，作三足鼎形，炉身和炉盖各用一整石雕成。炉身部分腹部圆浑，三足外侧各雕云纹饕餮。炉耳、炉沿则分雕回纹图案；炉盖，底径大小同炉沿，顶圆，下雕一周海水江牙图案，上雕云纹及一头部前探的盘龙。烛台，形状略似古祭器中的“豆”，烛盘下雕仰莲瓣一周，下雕云纹。明朝原制，烛台之上还有石雕的蜡烛，早已遗失不存。花瓶，小口大腹，两耳各雕衔环。原来上面也安装有石刻的花卉，亦早已丢失不存。（图 1.1.67）

陵园的宝城建筑构成了平面上的“后圆”部分。其前部与第三进院落相接，形成一个整体的城堡形状。

宝城，明代文献中又作“宝山城”，因

城内覆盖玄宫（墓室）的封土称为“宝山”。从外观上看，它就像一个圆形的城堡，城高7.3米，外侧雉堞（垛口）林立，内侧置宇墙，中为马道，宽1.9米。宝城周长约2华里。宝城之内是埋葬帝后的玄宫（墓室）建筑，上面堆满封土，中央部分隆起，像一座小山陵，故称“宝山”。我国古代的陵冢，秦、汉以来，多作覆斗形状，其周围的陵墙平面也作方形，而明朝的帝陵，自南京孝陵始，则创制为圆形的陵冢，外护以圆形宝城墙的制度。这座宝城，在天寿山明陵中是最大的一座。据《大明会典》记载，其直径达一百零一丈八尺。（图1.1.68）

那么，长陵宝城的尺度，为什么不取整数，有那么多的零头呢？原来，这是我国古代建筑的一种习惯做法，不论是皇家建筑，还是民间建筑都有这个讲究。古人把从一到九的九个数字，分别赋予一定颜色，并加上吉凶的含义。具体的颜色划分是：一白、二黑、三碧、四绿、五黄、六白、七赤、八白、九紫。把它们分布在洛书九宫上，又称为“九宫紫白”。其中，最吉祥的尺度是“白”，也就是一、六、八三个数字，其次是“紫”，也就是九。古人在建筑数据的取用上，都是将尾数压在“白”或“紫”上，因此称之为“压白”。长陵宝城直径的尾数，八尺称为“尺白”，一丈称为“丈白”。像殿宇中的建筑构件，在压白时，还有“寸白”。

宝城的前部，沿轴线方向建有方城和明楼。方城高12.95米，下设平面走向呈“T”字形的券洞。该券洞，《大明会典》中又作“灵寝门”，其实际作用相当于进出宝城的城门洞。券洞内原建有随墙式黄琉璃屏和前、左、右三道对开的门扇（现黄琉璃屏和门扇均已不存）。从琉璃屏前东西分驶，可出方城而达于宝城内。

图1.1.68　长陵宝城

方城之上，建有一座重檐歇山顶的明楼。（图 1.1.69）

图 1.1.69 长陵明楼及城台

这座明楼，明朝及清初时曾在前、后、左、右四面对称设置红券门，不仅楼体外檐斗拱系木结构，内部也都是木质的梁架结构，因此《帝陵图说》有“栋梁楠梗”的记载。但因多年失修，到了清朝中期，明十三陵的明楼凡“搁架木植者皆糟朽坍卸”，所以，乾隆五十年（1785）修缮各陵明楼时，管工的大臣们特向乾隆皇帝上奏说：“今若就其形势仍用木植修换，恐难持久”，并提出各陵明楼的修复，应按照永、定二陵明楼的起券方式，“一律改发石券”。长陵明楼在该次修缮中，因此改变了结构。首先，明楼内砌起了石券顶，楼顶因此变成了砖砌的实心顶结构；其次，左右两个红券门亦用砖封死。故此，现在只有前后券门通畅如故，而明楼的外观则形制基本如旧。其中，上下檐四面均各显三间，上檐饰单翘重昂七踩斗拱，下檐饰重昂五踩斗拱，斗拱后尾均砌于砖体内。明楼的上下两檐之间，在南面一侧有华带式木榜额，书“长陵”两金字，亦仍如明朝旧制。（图 1.1.70）

图 1.1.70 长陵明楼斗拱、榜额

楼内正中立有“圣号碑”。碑制为龙首方趺，篆额“大明”，下刻“成祖文皇帝之陵”七个径尺楷书大字。其中，“成祖”，是朱棣的庙号；“文”，是朱棣的谥号。其中，成祖的“成”字，按照先秦古籍《逸周书·谥法解》的解释，是“安民立政”的意思。意思是说，朱棣当了皇帝后，勤于朝政，百姓安居乐业。“文”字则有“经纬天地”的意思。意思是说，朱棣是个雄才大略的皇帝，有经天纬地之才。文字旧时泥金，碑身用朱漆阑画云气，所以，民间又有“朱石碑”的俗称。（图 1.1.71）

据《明实录》记载，长陵的这座明楼和圣号碑，并不是长陵初建时的原物，而是万历三十三年（1605）重新建造的。这是因为，朱棣死后，仁宗皇帝定其庙号为“太宗”。

图 1.1.71　长陵圣号碑

嘉靖十七年（1538），世宗对礼部大臣说："我国家之兴，始皇祖高皇帝（朱元璋）也，中定艰难，则我皇祖文皇帝也。二圣同创大业，功德并焉，宜称祖号。"遂改朱棣庙号为"成祖"。但当时明楼内圣号碑上已刻有"太宗文皇帝之陵"数字，世宗不忍琢伤旧号，命制木套刻新庙号嵌于碑上。当时有个武定侯名叫郭勋，上疏建议"尽砻旧字，更书之，可以垂永久"。世宗见疏很不高兴，命礼部及翰林院官复议。于是礼部顺承世宗的意愿上疏说："长陵碑，昭皇帝（仁宗）所建，千万年所当崇宝，皇上追念文皇帝功烈，尊称祖号，不忍琢伤，令今日之鸿号有加，先朝之旧题无改，圣见出寻常万万。"于是，在旧碑上镶嵌了刻有新庙号的木套。万历三十二年（1604）五月二十三日夜，天降大雨，雷火烧毁了明楼和碑石，木石俱毁。大学士沈一贯遂上疏说：过去世宗改庙号而没有更立新碑，今雷神奋威，乃天意示更新之象。于是，根据钦天监所定日期，于次年兴工鼎建，重新建造了这座明楼和碑石。

在这前方后圆的陵宫范围之内，明朝时曾栽植有许多松树、柏树。现在也依然是古木参天，郁郁葱葱。自 1955 年陵宫作为北京的一处园林景点开放后，陵内又相继种植了各种花卉和灌木，使古老的帝陵建筑融入了现代公园的园林气息。

陵宫之外，明朝时曾建有一些为陵园祭祀服务及陵园管理而建的建筑设施。

陵宫的左前方，曾建有祭陵时宰杀三牲（牛、羊、豕）的宰牲亭，亭内设有放血的血池。

陵宫的右前方，曾建有供帝后谒陵更换服装或临时休息的殿室——具服殿，该殿面阔五间，东向，周围筑有围墙。墙南有五座长方形的白石槽，名为"雀池"，内贮水供麻雀饮用。

宰牲亭东约一华里处曾建有守陵内官的居处——神宫监。神宫监之左，曾建有祠祭署官的衙署——祠祭署。此外，陵园附近还曾建有供祭祀官员歇宿的朝房（又作斋宿房），位置不详。

上述陵园附属建筑目前均已不存，其原制除具服殿、宰牲亭和陵宫建筑一样，覆以黄色琉璃瓦顶，其余建筑均为灰色布瓦形制。

## 三、陵寝建筑特点

明长陵作为明十三陵中的祖陵，其陵寝建筑特点非常鲜明。

1. 规模宏大，尊居天寿山诸陵之首。

这点，从《大明会典》的记载可以清楚地看出。该书卷二〇三《工部·山陵》记："宝城，惟长陵最大，径一百一丈八尺；次则永陵，径八十一丈；各陵深广丈尺不等。"又记："殿惟长陵重檐九间，左右配殿各十五间；永陵重檐七间，配殿各九间；各陵俱殿五间，配殿各五间。"《大明会典》所记虽然只是万历时期以前诸陵情况，但事实上，以后营建的定、庆、德三陵规模同样比长陵要小。这说明，对陵寝规模的确定，明朝的帝王中虽然有世、神二宗因皇权膨胀心态的作用而越制将陵寝规模扩大，但毕竟在宗法礼制关系的制约下，均对长陵的规制有所逊避。

2. 典制完备，在继承孝陵制度的基础上又有了新的发展。

就陵寝建筑的总体布局及单体建筑设置而言，长陵的陵寝建筑制度是基本沿用孝陵制度的，这是从宏观的角度讲。但具体言之，长陵的陵寝建筑制度在孝陵制度的基础上又不乏鼎新变革之处：

第一，神道之前增建了一座孝陵所没有的大石牌楼，大大增加了陵寝的纪念气氛；

第二，以左右下马牌的方式取代孝陵的下马坊，更有利于衬托陵寝兆域大门——大红门的宏伟气势；

第三，变孝陵石像生中的石望柱居于石人、石兽之间的布局方式为石望柱居于石像生的最前端，恢复唐宋古制，更与"墓前于道建石柱以为标，谓之神道"的古义相合；

第四，石像生中增置四尊功臣像，不但使陵前的像生队伍更显得浩浩荡荡，而且更恰当地反映了明代的职官制度；

第五，以陵门之外，左建宰牲亭，右建具服殿，陵宫第一进院落内左建神厨，右建神库的布局方式，取代孝陵于陵宫第一进院落内左建宰牲亭，右建具服殿，并于院内建御厨两座的做法，使陵宫院内的建筑布局更为谨严庄重；

第六，方城之前增置石几筵（石五供）及二柱牌楼门，不仅丰富了陵寝建筑的种类，而且给空旷的方城前院补充了点缀物；

第七，长陵的方城、明楼虽然体量小于孝陵，且在平面上易长方形为正方形，但方城下的瓮道以平面呈"T"字形的走向取代孝陵前后直通的方式，并于瓮道内构筑黄琉璃屏一座，明楼内增构雕有墓主庙谥号的"圣号碑"一座，则不仅增加了方城瓮道的神秘色彩，而且使明楼的陵墓标识作用更为明显；

第八，长陵宝城采用实战的城堡方式，墙体宽厚，不仅设有垛墙，还有可供人巡视，甚而凭城战守的马道、宇墙，显然比孝陵只设垛墙的单面墙式宝城墙，更适合陵区"切近边关"的地理形势；

第九，宝城内封土填满的方式，在宝城面积小于孝陵的情况下，无疑更有利于显示陵园宝山那巍巍的山陵气势。

总之，长陵的陵寝制度与孝陵相比较，显得更臻完备，并进而奠定了明清两代帝陵的基本制度。

3. 陵寝建筑布局疏密有致、高低错落，有力地烘托出了陵寝肃穆庄严的气氛。

人们常说 ：“建筑是凝固的音乐。”就是说，成功的建筑设计，必须在建筑的群体空间组合上，亦即建筑的布局上，富有音韵的舒展跌宕之美。长陵的陵寝建筑就是这样的成功范例。

其建筑的群组安排，前有神道长段的铺陈导引，后有陵宫宝城建筑作为气势的收束，从整体上看已构成了符合建筑美学原理的有机的生动整体。如果再对其陵宫及神道建筑的疏密和高低变化做进一步分析，就还会发现，随着对该建筑群体步移景迁的欣赏过程，人们还能从中体验到更为微妙的抑扬顿挫变化。

从疏密变化情况看，长陵的陵寝建筑共有四个变化节奏 ：从石牌坊到大红门 1.253 公里的距离，中间只隔一道三空石桥，因此表现为“疏”；从大红门至龙凤门 1.658 公里的距离，分布有神功圣德碑亭及多达 36 尊的石像生，因此表现为“密”；从龙凤门到陵宫门前长达 4.393 公里的神道，继而又只分布有 3 座石桥，再度表现为“疏”；到了陵宫，楼殿参差、廊庑辐辏，又再度表现为“密”。从高低错落的情况看，神道中段的神功圣德碑亭最高，其前大红门、石牌坊略低，其后的石像生、龙凤门又低。陵宫建筑中，陵门较低，其内祾恩门稍高，祾恩殿又高，殿后陵门较低，二柱牌楼门又低，石几筵最低 ；最后则明楼、宝山突兀而起，成为陵园建筑的最高者。

长陵陵寝建筑的这种以疏衬密、以低衬高的空间构成序列，不仅在艺术形象上给人以美的享受，而且通过不同功用建筑的有序安排，产生了震撼人心的强烈的艺术感染力。

当年那些奉命谒陵的官员，来到陵区之前，一座旌表帝王功德的石牌坊矗立在他们的面前，首先会触发起他们对已故君王的怀念之情。穿过大红门，来到神功圣德碑前，穹碑上记载着的已故君王那巍巍荡荡的武功文德，以及碑亭后出现的那整齐排列的石像生群，又会将谒陵者的追念之情进而推向高潮，同时也会在帝王仪卫的威仪面前产生对皇权的敬畏心理。过了龙凤门，空间骤然疏朗，谒陵者那种睹物生情、业已升华的情感随着纪念物的消失而稍有淡化。但前行大约 800 米的距离，就到了历史上曾设有席殿，停放帝后神帛、祭物及栖息谒陵随行百工的芦殿坡，站在坡上凝视前方，苍松翠柏之中，红墙黄瓦的陵寝建筑隐约出现，谒陵者的情感因之回升，直到入陵宫进享殿，在帝后的神牌、衣冠前跪拜行礼而达于顶峰。于是，陵园建筑的艺术感染力得到了充分发挥。

4. 陵寝建筑与周围山水环境巧妙结合，达到了人文景观与自然景观融为一体的神奇妙境。

长陵神道建筑的规划设计就是最好的例证。我国古代的风水理论有“外藏八风，内秘五行”之说，意思是说，好的葬地要四正四维八方都有山峦回护，形成完密的形局，只有这样，行于地中的五行之气（生气）才会缄秘地中，凝结于穴。长陵的风水堂局，北有天寿山，东有蟒山，西有大峪山、虎峪山，南有汗包山、昌平城后山、龙山和虎山，东北有潭峪岭，西北有架笔山，东南有平台山和影山，西南有长寿山，已备八方山势，形局基本完密。但南面稍西一侧龙虎二山之间却有一个天然的山口，山口内外都没有山峦障护。可是陵寝设计者却正好利用这一山口规划了出入陵区的门户——大红门。大红门内外还有石牌坊、长陵神功圣德碑亭、石像生、龙凤门等一系列墓仪建筑。这样一来，这一山口不仅不觉空旷，反而愈觉充实严密。

长陵神道上石牌坊、大红门、长陵神功圣德碑亭和龙凤门位置的拟定尤颇具深意。在风水术中，“龙喜出身长远，砂喜左右回旋”，龙虎砂山重重包裹，才更富有吉意。可是由于天寿山陵区范围较大，有些地方左右砂回旋包裹的幅度却不那么明显。为此，长陵的设计者特在长陵神道上规划了石牌坊、大红门、神功圣德碑亭和龙凤门四座建筑，并使这四座建筑分处陵前四重砂山之间。其中，龙凤门在汗包山、蒋山与长岭山之间，神功圣德碑亭在康陵园村南及南新村南的两座小山之间，大红门在龙山和虎山之间，石牌坊在龙虎二山前伸的山脉之间。这四座建筑与左右的山脉虽然都有一定的距离，但在意向上却与长陵前的四重砂山连成一体，产生了联络左右的实际效应，同时也获得了极佳的景观效应。

5. 陵寝中轴线上的建筑，远近大小尺度合宜，充分利用了“框景”“夹景”的透视效果，由前及后依次突出了陵墓主体建筑正立面的完整形象。

明长陵的建筑，由于中轴线上前后相邻的每两幢建筑大小远近的尺度均设计得十分合理，因此产生了极有吸引力的视觉效应：当我们站在前一座建筑的中轴线上通过明间两柱及柱间额枋、雀替、台明所形成的景框透视后一幢建筑时，所看到的后一幢建筑形象十分完整，其顶部还有一线天空进入画面。这种以近景建筑的中透部位吸收远景建筑或中景建筑完整形象的艺术处理方式，曾被人们称为“过白”。它在观赏效果上可以起到排除周边景物对视线的干扰，使视线方向的前景画面以“框景”或“夹景”的方式映入眼帘的作用。因此，形成了远景建筑与近景建筑之间在视觉感受上的对比，使景框之内的画面臻于完美。

在长陵，我们可以看到几处这样成功的例子。例如，当我们站在长陵祾恩门的中部，以明间两根后檐柱及额枋、雀替、台明为景框，透视祾恩殿时，会看到景框内祾恩殿的形象十分完整，其舒展对称的外轮廓使画面显得极为庄重典雅，而殿宇上空的蓝天白云又给景框之内的画面带来了几分灵动气息。

此外，当我们站在陵门中门门洞中，以门洞为景框，透视祾恩门，或站在第三道院陵寝门中门门洞内透视明楼、城台等建筑时，都能看到类似的效果。由此可见，古代的陵寝建筑设计者在处理建筑物的大小及远近距离的关系上，是充分地考虑了景观效果的。

6. 陵宫布局方圆结合，动静相生，符合美学原理。

我国唐宋及其以前各代帝陵，在总平面的布局上多作对称的四方形状，形成了所谓的“方陵”体制。明朝初年，朱元璋为其父母营建皇陵，仍沿用这种方陵体制。但孝陵和以长陵为首的天寿山诸陵则均取“前方后圆”的平面形状。此种布局方式较之前代帝陵在建筑艺术形象上显得更富于变化。因为“方”给人的视觉感受是“静”，“圆”则给人以“动”的感觉。方圆结合的布局，自然会给人以动静相生、阴阳互补的艺术感受。

# 第二章
# 献陵

明献陵，位于长陵西面的天寿山西峰之下，是明十三陵中的第二座陵，安葬着明朝第四位皇帝仁宗朱高炽和皇后张氏。

---

## 第一节 墓主生平

### 一、仁厚爱民的洪熙皇帝——明仁宗朱高炽

明仁宗朱高炽，成祖长子，洪武十一年（1378）七月初一日生于安徽凤阳；洪武二十八年（1395）闰九月二十一日，册立为燕王世子。永乐二年（1404）四月四日，立为皇太子；永乐二十二年（1424）八月十五日即皇帝位，次年改元洪熙。洪熙元年（1425）五月十二日，逝于钦安殿，享年48岁。谥"敬天体道纯诚至德弘文钦武章圣达孝昭皇帝"。九月六日葬献陵。（图1.2.1）

图1.2.1 明仁宗朱高炽画像

仁宗皇帝虽然在位仅有9个月左右的时间，但是却较能体恤民情，处事也较为宽和。

他被册立为燕王世子不久，朱元璋命他与秦、晋、周三世子，分阅武士。其他三位世子很快检阅完毕，只有他回来最晚。太祖问他晚归的原因。他说：早晨冷得很，士兵们还没有吃完饭，我让他们吃饱饭才检阅，所以回来晚了。后来，朱元璋命几位世子分阅大臣奏章，仁宗向朱元璋禀报

的都是与军民利益相关的大事，奏章中的错字从不挑剔。朱元璋拿着奏章对他说："孩子，你疏忽了，这几处毛病你没看出来。"他说："孙儿没有疏忽，这不过是小毛病，不足以渎天听。"朱元璋又问他："尧、汤时水旱严重，老百姓靠什么生活？"他回答说："靠圣明天子的恤民之政。"太祖听了高兴地说："孙儿有君人之识矣。"

永乐皇帝登极后，仁宗被立为太子。但是他的皇太子之位的得来，却是充满了曲折。因为，他的父亲明成祖喜欢的是他的弟弟朱高煦。朱高煦，作战勇猛，在靖难之役中，多次使父亲转危为安，所以，成祖有意立朱高煦为太子。但是，明朝的立储之制，是立嫡立长，仁宗是嫡长子，成祖没有理由废长立幼。况且，靖难之役中，朱高炽留守北平，率领一万多的守城军队及百姓抵御了李景隆所率领的50万朝廷军队，使朱棣有了可靠的根据地，功劳也不小。

所以，朱棣有些为难了。他曾经多次征求大臣们的意见，希望支持他立高煦为太子。但是，这时大臣们形成了两派意见。当时，只有淇国公丘福、驸马都尉王宁等一些武将赞成立高煦为太子。而绝大部分官员都是主张立朱高炽为太子的。特别是兵部尚书金忠、翰林学士解缙、隆平侯张信等人，态度都非常明确。当丘福极力推举高煦为太子时，金忠向朱棣讲述了古代家族嫡系和旁支的事例，用来说明不能立次子的原因。隆平侯张信听到成祖打算立朱高煦为太子的想法，也对成祖进行劝谏，成祖一气之下，竟让武士砍伤了张信的牙齿。成祖去问解缙。解缙说："皇长子仁孝，天下归心。"成祖低头不语。解缙又说："好圣孙！"就是说，您的孙子朱瞻基多好啊！看在他的分上，也应该立朱高炽为太子呀。成祖虽然不喜欢朱高炽，却最疼爱孙子朱瞻基，不禁点了点头。

据说还有一次，成祖让大臣们为一幅《虎彪图》题诗。这幅《虎彪图》画的是一个大老虎和一群小老虎在一起。解缙提笔写了一首诗："虎为百兽尊，谁敢撄其怒？惟有父子情，一步一回顾。"意思是说，虎虽然是兽中之王，没人敢惹他，但是，父子之间却是感情深厚，你看这只老虎，每走一步都回头看看小虎崽。成祖看了解缙的题诗，很受感动。

由于大多数大臣都主张立朱高炽为太子，成祖最后才决定立仁宗为皇太子。

仁宗当了皇帝以后，任用贤臣，虚心纳谏。曾先后赐吏部尚书蹇义、户部尚书夏元吉，以及大学士杨士奇、杨荣、金幼孜等人刻有"绳愆纠缪"（意思是纠正过错）的银章，让他们同心协力，赞襄政务，凡朝廷处事失当，可写好奏章，密封后加盖此章，转达皇上。当时，有一个大理寺卿，名叫戈谦，上疏仁宗时，言辞激烈，仁宗颇有些恼火。许多官员也说他诬罔圣上。仁宗虽然没有降罪于他，但每当他言事时，都对他怒目而视。于是，杨士奇对仁宗说：戈谦是根据您的号召陈言的，如果这样对待他，今后谁还敢说话？仁宗觉得有理，马上改变了对戈谦的态度。不久，因为将近一个月的时间，大臣们很少言事，仁宗越发后悔对戈谦的态度不好，又下诏自责过错。后来，有个太监在四川采办木料扰害百姓，仁宗特命戈谦为副都御史前往查办。

仁宗对百姓的疾苦也很关心。《明太宗实录》记载，永乐十八年（1420）十一月，仁宗当时还是太子，在经过山东邹县时，见男男女女一群人，手持筐篮，里面装着各种草的草籽。他下马问做什么用。这些人跪下来说，因为灾情，用来充饥。仁宗心里非常伤感，就进了这些人的家里。见他们都是衣不遮体，家里没有一点儿粮食。仁宗叹息说："民间的隐情不知上报给皇上没有！"然后让随行的内官赐给他们一些钱钞。又召来当地老人询问，老人们把实际情况对仁宗讲了。当时山东布政使石执中来迎接仁宗。仁宗责备他说："你是父母官，老百姓这样穷苦，你难道无动于衷吗？"石执中说："我已经上报朝廷，凡是受灾的地方，都免除今年的秋税。"仁宗说："百姓都快饿死了，你难道还想着征税吗？"他要求石执中马上查清灾情，近的地方在三天之内，远的地方在五天之内，开官仓赈济，不许拖延。石执中请示每人给粮三斗，仁宗说，每人给六斗吧。你不用担心朝廷责怪你擅自开仓，这事有我亲自对父皇说。

仁宗御极后，有一次，通政使曾向仁宗提议，将四方雨泽奏章送给事中收贮。仁宗不同意，说："祖宗令天下奏雨泽，是想得知水旱情况，以便对受灾地区进行救济，奏章积压在通政司已经不对了，怎能再收贮到给事中那里呢？"他还规定，受灾地区的官员如不为受灾百姓申请赈济，就要治罪。有一次，他听说山东及淮、徐一带遇灾，老百姓没有吃的，地方官却照常催征夏税，就召大学士杨士奇草诏，免去当年夏税及秋粮的一半。杨士奇提出先让户、工两部知道。仁宗说："救民之穷，就像救人于水火之中一样，不能迟疑。如再让户、工两部商议，他们顾虑国用不足，一定会议论不决。说着，赶快让太监拿来文房四宝，让杨士奇就地草诏，盖上玺印，付诸实行。

由于仁宗在位期间推行了较为开明的政策，史书评论他："在位一载，用人行政，善不胜书。"又说，如果他能多年在位，政绩可与汉代的文、景二帝相比。

## 二、一代贤后——诚孝昭皇后张氏

诚孝昭皇后张氏，仁宗元配，河南永城人，指挥使赠彭城侯张麒之女。（图 1.2.2）洪武二十八年（1395）封燕王世子妃，永乐二年（1404）封皇太子妃。仁宗即位，册立为皇后。宣宗即位，尊为皇太后。英宗即位，尊为太皇太后。正统七年（1442）十月十八日去世，谥"诚孝恭肃明德弘仁顺天启圣昭皇后"。

张皇后，在明代诸后中颇为精明能干。文献记载，她平时对中外政事、群臣才能及品行都格外留意。仁宗死后，每遇军国大事，宣宗都禀明母后再决定。张氏也常询问宣宗处理朝政的情况，并经常提示宣宗，注意体恤百姓疾苦。

宣宗死后，9 岁的英宗朱祁镇即位。有的大臣认为皇帝年幼，请太皇太后垂帘听政，她却说："以我寡妇，坏祖宗家法，不可。"遂委政于仁、宣时杨士奇、杨荣、杨溥三位老臣，而自己从中主之。当时掌管司礼监的太监王振，是个善于玩弄权术、擅作威福的家伙。该监掌管皇城内一应礼仪，替皇帝管理章奏文牍，有时还代皇上批答大臣的奏章。皇帝的口述圣旨，也由该监用朱笔记录，然后交内阁撰拟诏谕正式颁发。为了防止这些

图 1.2.2 诚孝昭皇后张氏画像

人欺蒙皇上，胡作非为，张皇后特别申令，无论什么事，都要先由内阁大臣议定，才能施行。她常派中官去司礼监检验，如果没有照她说的去做，就把王振叫来责问。

正统二年（1437）的一天，张氏御便殿，召英国公张辅及三杨、胡濙等五位大臣入内，女官各佩刀剑侍立左右。英宗站在东侧，五位大臣站在西侧。张氏对英宗说：这五位大臣都是先朝留下的忠正大臣，今后遇事一定要与他们商量才能去办。过了一会儿，又派人把太监王振叫来，王振跪在地上，太后突然脸色一变，厉声喝道：你侍候皇上不循规矩，应当赐死！女官们应声而起，将刀放在王振的脖子上，吓得王振浑身乱抖。这时，英宗和五大臣都跪下为王振讲情，太后才饶了他。太后接着警告他说：你们这种人，自古多误人国，皇帝年幼，哪里知道！现在因为皇帝和大臣为你讲情，且饶过你这一次，今后再犯，一定治罪不饶。

由于张氏在朝廷政务的处理上倚重忠实正派的大臣，协调君臣之间关系，限制内官对朝廷政事的干预，正统初年，王振虽有宠于英宗皇帝，却没有达到专权擅政的程度。再加上仁、宣旧臣的协力辅政，朝廷政局大体稳定。

## 三、殉葬五妃

仁宗去世后有五妃殉葬。按《明宣宗实录》所记计有：贵妃郭氏，谥恭肃；淑妃王氏，谥贞惠；丽妃王氏，谥惠安；顺妃谭氏，谥恭僖；充妃黄氏，谥恭靖。

其中，贵妃郭氏身份颇为特殊。明沈德符《万历野获编》补遗卷一《宫闱》“仁庙殉葬诸妃”条记：“贵妃（指郭氏）所出有滕怀王、梁庄王、卫恭王三朱邸，在例不当殉。岂衔上恩，自裁以从天上耶！”当然，说贵妃郭氏是心甘情愿为仁宗殉葬。按照常理来说，可能性不大。因为她生有三个皇子，怎能舍得离开自己的孩子去为皇帝殉葬呢？然而，据明祝允明《九朝野记》记载，贵妃郭氏的死与后妃间的矛盾有关。张皇后生日那天，贵妃郭氏为张皇后上寿，仁宗也在场。郭氏端起酒杯向张皇后敬酒，张皇后不肯喝。仁宗对张皇后说：“难道你还有什么怀疑吗！”说着，拿起郭氏给张皇后的酒杯一饮而尽。郭贵妃见了，大惊失色，但是已经来不及阻止了。一会儿，仁宗驾崩，郭氏也自缢而死。这段记载的真实性虽然难以确定，但郭贵妃因后妃之间的矛盾，被迫殉葬而死还是极有可能的。

另外，仁宗去世前两个月，曾经封英国公张辅的女儿为敬妃。仁宗去世后，张皇后考虑到敬妃的祖父和父亲都是功勋卓著的功臣而特恩免殉。这说明，即使是殉葬制度存在时，也不是所有妃嫔都要为皇帝殉葬。

## 第二节 陵园建筑与山水格局

献陵，由于是仁宗皇帝去世后由嗣帝宣宗组织营建，所以，其陵寝制度与长陵相比差别很大。当然，由于陵寝所在地山川地貌的不同，献陵的陵寝建筑较之长陵，也别具特色。

### 一、俭朴的陵寝制度

献陵的营建是在仁宗死后开始的，陵寝制度的特点是非常俭朴，与长陵宏伟的陵寝建筑相比，简直是天壤之别。那么，这其中的原因又是什么呢?

这是因为仁宗有遗诏说："朕既临御日浅，恩泽未浃于民，不忍复有重劳，山陵制度务从俭约。"[1]意思是说我当皇帝时间不长，恩惠还没有遍及老百姓，不忍心再给百姓增加负担了。陵寝制度务必要简约质朴。

所以，宣宗朱瞻基即位后，遵照仁宗遗诏营建献陵时，特意把吏部尚书蹇义、户部尚书夏元吉召到皇宫。对他们说，国家以四海之富葬其亲，岂惜劳费？然而古代的圣帝明王都是遵从俭制的。作为孝子也只是想使亲人体魄永久保存，并不想厚葬。秦、汉时期厚葬的弊病，足为明戒。何况皇考遗诏从俭建陵，天下共知，今建山陵，我认为应遵皇考先志，卿等以为如何？蹇义等回答说：圣见高远，发于孝诚，这是对千秋后世都有益处的事。于是，宣宗亲定陵园规制，并委派成山侯王通、工部尚书黄福总理修陵事宜。从洪熙元年（1425）七月兴工，到八月玄宫落成，埋葬仁宗，仅用了三个月的时间。地面建筑也陆续营建。八月，行在工部奉命营建门楼、享殿、左右庑配殿和神厨。正统七年（1442）十二月建造明楼，次年三月，陵寝建筑全部完工。

参加陵园营建的有南京守备襄城伯李隆统领的万名军士，南京海船厂附近江北府卫旗军工匠 11.8 万人，以及河南、山东、山西、直隶、凤阳、大名等府州征调的民夫 5 万人。

建成后的献陵，陵寝制度确实比较俭朴。

其神道从长陵神道北五空桥北分出，长约 1 公里。途中只建有单空石桥一座。路面中铺城砖，两侧墁碎石为散水，并且没有单独设置石像生、碑亭（现存碑亭为嘉靖年间

1《明仁宗实录》卷十。

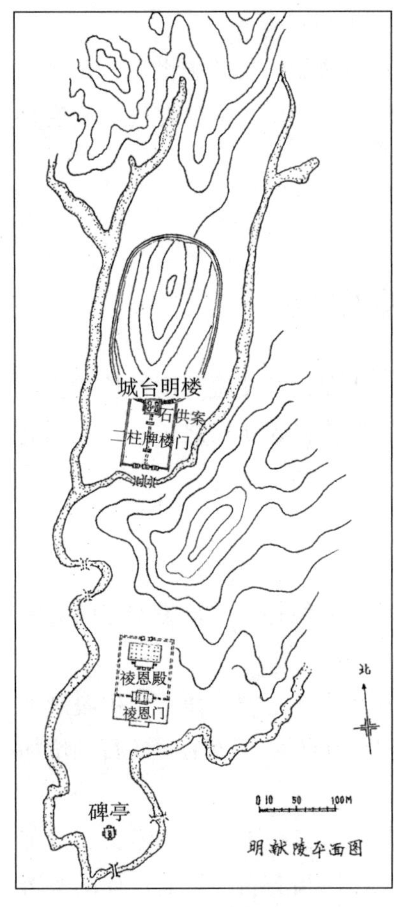


图 1.2.3 献陵平面图

图 1.2.4 清梁份《帝陵图说》中的《献陵图》

增建）等建筑。

陵宫建筑同样非常俭朴。其朝向为南偏西 20°，占地仅 4.2 万平方米左右。其祾恩殿、两庑配殿、神厨均各为 5 间，而且都是单檐建筑；门楼（祾恩门）则仅为 3 间；方城、明楼不仅不像长陵那样高大，而且城下券门改为更简单的直通前后的形式。照壁则因此没有设在券洞内，而是设于方城之后，墓冢之前。上登明楼的礓礤路则改为设于宝城之内的方城左右两侧。

陵宫外的附属建筑，宰牲亭和神厨都位于祾恩门外左前方，没有神库。其左建有祠祭署。神宫监则位于陵园的右前方。

由于献陵陵制不追求奢华，所以，清初学者顾炎武在《昌平山水记》中曾经说："十二陵制，献陵最朴。"它为此后的明陵建筑树立了楷模。（图 1.2.3—1.2.4）

献陵的陵寝建筑在清乾隆五十至五十二年（1785—1787）间曾得到修缮。在该次修缮中，明楼，外形未改，但内部木构梁架改成为条石券顶结构。方城下的甬道被封死，右侧增筑了一道可由方院上登宝城的礓礤路。两庑配殿及神厨等附属建筑大多被拆。祾恩门则缩小了间量，且顶部由歇山式改成了硬山式。神功圣德碑亭被拆除，仅于台基之上、石碑的四周砌以齐胸高的宇墙。陵宫外的附属建筑均被拆除，神宫监衍进成了自然村落。（图 1.2.5—1.2.11）

清末民初时，献陵的祾恩殿、祾恩门又相继被毁坏。日军侵华期间，为修炮楼取砖，第一进院落的围墙及祾恩门、祾恩殿的山墙又被拆毁。现在，除宝城、明楼及第二进院落陵墙经修缮保存较好外，其第一进院落的建筑已全成遗址。

## 二、龙砂前绕的内明堂山水格局

明献陵还有一个特点，这就是祾恩殿和方城

图 1.2.5 献陵神道上的神功圣德碑

图 1.2.9 献陵石五供

图 1.2.6 献陵祾恩殿御路石雕

图 1.2.10 献陵石供案细部雕刻

图 1.2.7 献陵陵宫后院

图 1.2.8 献陵二柱牌楼门及明楼

图 1.2.11 献陵宝城、马道

明楼在院落上彼此不相连属。

前面一院以祾恩殿为主，建为陵园一进院落。殿前左右建两庑配殿和左右神帛炉。院的正门，是祾恩门，也即陵园的大门，门前出大月台，院后设后陵门一道。

后面以宝城、明楼为主，前出一进院落。院内建二柱牌楼门、石供案。院门为三座单檐歇山顶的琉璃花门，门前有三座并列的单空桥。

前后两院之间，间隔一座小土山。二院之间有神道相通，并建有两座小桥。现在这两座小桥已经没有遗迹保存了。

那么，献陵选择中隔小山这种布局的原因是什么呢？原来，这与陵园的风水有关。

这座小山，名为玉案山，它从陵园左侧延伸而来，是献陵的龙砂。因其屈曲环抱陵前，所以，又是献陵的近案。风水中，“龙喜出身长远，砂喜左右回旋”，“龙虎环抱，近案当前”，当论内明堂格局。献陵玉案山以及龙砂、虎砂和来山范围内的小格局，正是风水术士们所鼓吹的完美的内明堂格局。所以，修建献陵时只在明堂范围之内修建了宝城、明楼和一进院落，而将举行祭祀仪式的祾恩殿修在了玉案山前。经过这样的经营设计，不仅解决了献陵明堂地域面积小，建不下宝城和前面两进院落的问题，维护了“龙砂不可损伤”的风水信条，而且使陵园山重水复、殿台参差，形成了人文景观与自然景观和谐统一的美。使几何形体的陵园建筑在山、水、林木的映衬下，更加错落有致。这是迷信的封建帝王和风水术士们所不能预想的。

### 三、不遵“昭穆”的背后原因

按照古代周礼的要求，应该是最先安葬的帝王墓葬位于陵区的中间，后来的帝王按照左昭右穆的顺序布葬。清梁份《帝陵图说》谈到十三陵的布葬时也说：“成祖可不祔于孝陵，而成祖之后，圣子神孙，必不可不（此‘不’字，见存抄本中误作‘有’字）祔于天寿，昭昭穆穆，累累相望于一山，而留都可无意矣。”意思是说，明成祖朱棣的长陵可以不建在孝陵旁边，但是，成祖后世子孙的陵墓，则不能不建在天寿山长陵的两侧，按照左昭右穆的顺序，一陵一陵地排下去。至于留都南京，则可以不必顾及了。

按照这个说法，作为明成祖的儿子仁宗朱高炽的献陵应该修建在长陵的左侧，也就是长陵的东面，长陵的“左昭”位置。但是，献陵却修建在了长陵的西侧，也就是“右穆”的位置了。那么，这是仁宗皇帝生前的有意安排，还是仁宗驾崩后宣宗建陵时的决策？

笔者以为，这并不是仁宗在位时的安排，应该是仁宗去世后，宣宗为父亲建陵时的有意安排。因为仁宗在位时间较短，他在生前并没有预建寿宫的想法。甚至他的遗诏都只要求从俭建陵。何况他在生前曾想还都南京，为此他在洪熙元年（1425）三月下诏，北京的所有衙门都称“行在”。这时，他虽然还在北京主持朝政，但实际上，他是把南京作为都城，把北京当成了“行在”，也就是陪都。所以，他即使要为自己预建寿陵，也应该在南京孝陵旁边建陵，不可能建在天寿山长陵之旁。而且从仁宗与成祖之间的父子情感看，成祖生前并不喜欢仁宗这个长子。认为他长得太胖，不像自己。他喜欢的是二儿子汉王朱高煦，认为他英勇善战，非常像自己。所以，他很想立二儿子朱高煦为太子，只是在大臣们的劝说下，加上仁宗的韬光养晦，才保住太子之位。所以，仁宗生前肯定不会有建陵天寿山的想法的，甚至有可能根本就不想葬在父亲身旁。

由此可知，献陵建在长陵之旁，那完全就是宣宗朱瞻基的决策。那么，宣宗为什么不把父陵按照昭穆礼制建在长陵的左侧，却建在了长陵的右侧呢?

这应该完全是出于风水优劣的考虑。因为在古人看来，长陵的左侧，即东面，也就是宣宗景陵的位置，风水环境并不太理想。相反，献陵的位置风水环境却非常好。例如，《明宣宗实录》卷九，在描述献陵的山水环境时就记载说："其山周正圆厚，冈峦拱揖，川原逶迤，与长陵相比云。"嘉靖十五年（1536）廖均卿的后人廖文政奉命对长陵等七陵进行考察时，也曾经对明世宗说："献陵，格局小巧，砂完气聚。景陵，砂水无情，穴法不明。"[1] 万历年间担任过礼部尚书的徐学谟在他的《乞休第一疏》中也谈到，万历十一年（1583）明神宗卜选寿宫时，参与卜吉的通政使左参议梁子琦，曾经说过"景陵不吉，致英宗土木之难"[2] 的话。

古人非常迷信，认为好的墓葬可以福荫子孙。所以，宣宗安葬父亲时，便没有遵照《周礼》的昭穆布葬之礼，将父亲的陵园建在长陵的左面，也就是东面，而是选取了长陵西面的风水吉地作为营建献陵的地点。

1 清光绪二十七年《兴邑衣锦三僚廖氏族谱》辑《文政公行程实录》。

2 明黄宗羲编《明文海》卷五九《奏疏》。

# 第三章
# 景陵

明景陵，位于长陵之东天寿山东峰（又名黑山）之下，安葬着明朝第五位皇帝宣宗朱瞻基与皇后孙氏。

---

## 第一节 墓主生平

### 一、成就“仁宣致治”的守成君王——明宣宗朱瞻基

明宣宗朱瞻基，仁宗长子，建文元年（1399）二月三日生于燕王府。（图 1.3.1）永乐九年（1411）十一月十日，立为皇太孙；二十二年（1424）仁宗即位，十月十一日，立为皇太子。洪熙元年（1425）六月十二日即皇帝位。次年改元宣德。宣德十年（1435）正月初三日，逝于乾清宫，享年 37 岁。谥“宪天崇道英明神圣钦文昭武宽仁纯孝章皇帝”。六月二十一日葬景陵。

图 1.3.1 明宣宗朱瞻基画像

宣宗处事非常果断。他的二叔朱高煦，在成祖在世时，就总想夺取皇太子之位，但是没有成功。后来，他的大哥仁宗朱高炽当了皇帝，对他优礼相待。而且，朱高炽在大臣中，威望很高，处事也非常稳重，使得朱高煦虽想谋反，却始终没有机会。洪熙元年（1425）五月，仁宗朱高炽去世。这时，身为皇太子的朱瞻基还在南京，朱高煦觉得这是个时机。因为他的封地在山东乐安州，正处在南北两京之间稍东的地方，于是，他就想半路途上劫杀侄子朱瞻基。他随即派出了劫杀部队。但是，朱

瞻基非常机警，预料到朱高煦一定会在半路上劫杀他，所以，接到父亲病危召他还京的信件之后，当天就率领一些轻骑，马不停蹄地赶回北京。结果，朱高煦派出的劫杀部队晚了一步，扑了个空。

宣宗即位后，朱高煦开始谋划造反。他招募死士、打造兵器、设立职官机构，指夏元吉为奸臣，想像他父亲成祖那样，从侄子手里夺取皇位。但是，朱高煦虽然作战勇猛，却是个有勇无谋、遇事没有主张的人。他不像他父亲那样有韬略、处事果断。而他的对手宣宗朱瞻基也不像建文帝那样文弱寡谋，而是文武双全，又有杨士奇、张辅那样的名臣辅佐。所以，当朱瞻基亲率大军来到乐安城下时，朱高煦被吓破了胆，结果，没有交战，就束手就擒了。从此，朱高煦被囚禁在皇宫里。后来，朱瞻基去看他。他用脚把朱瞻基绊倒。朱瞻基大怒，下令用铜缸扣住他。他力气很大，竟然把几百斤的铜缸顶了起来。朱瞻基又下令，用木炭堆在铜缸周围点燃。结果，朱高煦被活活烤死。

在治国方面宣宗也颇有成就。他继承了前代与民休息的政策，多次下诏开仓赈济受灾百姓，蠲免受灾地区的田赋。他亲撰《织妇词》赐给朝臣，命人画成画儿悬挂宫内，使内外之臣了解农家的艰苦。

在宫廷生活上，他注意节俭，反对奢靡。即位不久，锦衣卫指挥钟法保，建议派人到广东东莞采珠。宣宗听了生气地说："这是扰民以求利"，将他关进监狱。工部尚书吴中奏称制造御用物料，需到民间采买。宣宗说："汉文帝服御帷帐无文绣，史称恭俭。朕饮食器用，当从简朴。"遂命从库藏物中取用，不再重新购买。

在用人行政上，宣宗亲贤臣，远佞幸。重用仁宗朝的蹇义、夏元吉以及"三杨"等老臣。对不称职的官员，不论关系亲疏，一概斥而不用。如，内阁大学士陈山、张瑛系宣宗东宫（太子）旧臣，因不称职，宣宗把他们调出内阁。

过去，成祖、仁宗皇帝在位时，虽然在政务的处理上非常注意倾听内阁官员的意见，但内阁官员还只是皇帝的顾问而已。在政务的处理上，皇帝可以征询他们的意见，也可以不征询。而宣宗则规定，大臣的奏章由通政司转到皇宫时，必须先送到内阁。由内阁官员拿出一个初步的意见，然后用墨笔写在一个小纸条上，粘贴在奏章的前面，称为"票拟"，或者称为"条旨"。票拟意见连同奏章一道送到皇帝那里后，再由皇帝或者代表皇帝的司礼监太监用红笔批示，下到六科签发施行。票拟的方式，是宣宗皇帝的创造。后来，明朝一直沿用，这对阁臣辅助皇帝进行政治统治起到了很大作用。

宣宗皇帝还是个能书善画（图 1.3.2—1.3.3）、精于骑射的人。《万历野获编》记载，该书作者沈德符，幼年时曾见过宣宗画的一个扇面，上画折枝花和竹石，题有宣宗御制诗：

湘浦烟霞交翠，剡溪花雨生香。
扫却人间炎暑，招回天上清凉。

图 1.3.2 明宣宗绘《武侯高卧图》

图 1.3.3 明宣宗绘《瓜鼠图卷》（局部）

扇面的画，渲染设色直追宋人；书学颜真卿，而微带沈度姿态，是一件上乘的艺术佳品。

宣宗青年时代，曾习武于方山，练就了娴熟的骑射技艺。宣德三年（1428），蒙古的兀良哈部骚扰会州。宣宗北巡，亲率三千精兵出喜峰口进击，在宽河与敌交锋。宣宗引弓搭箭，接连射倒敌人的三个前锋，两翼明军奋出追击，打得敌人溃不成军，望见宣宗的黄龙旗就跪地请降。

由于宣宗继承了仁宗时的清明政治，国泰民安，所以，《明史》称赞宣德时期，“吏称其职，政得其平，纲纪修明，仓庾充羡”。有的史书还把仁、宣两朝的统治合称为“仁宣致治”。

## 二、孝恭章皇后孙氏

孝恭章皇后孙氏，是山东邹平人，永城县主簿孙忠（封会昌伯，赠会昌侯）的女儿。（图 1.3.4）年幼时，因容貌俊美，被诚孝皇后张氏的母亲彭城伯夫人看中，常常入宫说孙忠有个好女儿，遂被选入宫内。当时年仅 10 余岁，成祖命养在张氏宫中。后来宣宗（当时为皇太孙）到了结婚年龄，济宁人胡氏，被选为皇太孙妃，孙氏被选为嫔。宣宗即位，册封胡氏为皇后，孙氏为贵妃。

图 1.3.4 孝恭章皇后孙氏画像

按照旧时的宫廷礼制，皇后被册封后赐金册、金宝（印），贵妃以下有册无宝。孙氏入宫后，因极受宣宗宠爱，宣宗遂破格于宣德元年（1426）五月，向太后请示，制金宝赐予孙氏。此后，明代诸帝贵妃被册封，均册、宝俱备。

胡氏、孙氏，一皇后，一贵妃，虽受恩宠，却都没有生儿育女。孙贵妃暗地里将其他宫女所生的孩子（英宗）据为己有，伪称是自己所生。从此恩宠更在胡后之上。胡后身体不好，常常有病，渐被宣宗冷落。宣宗为立孙氏为皇后，让胡皇后以身体有病，没有生子为由上表辞位。宣德三年（1428）三月，胡后辞位，退居长安宫。当时，皇太后张氏非常可怜胡氏，每次宫中宴会，都让胡氏坐在孙氏的上首，孙氏虽然心里不快，但也不好发作。胡氏在明英宗正统八年（1443）时去世，谥“静慈仙师”，葬于京西金山。天顺七年（1463）闰七月，才被恢复皇后之位，改谥为恭让章皇后。而贵妃孙氏在胡氏辞去皇后之位后被正式册立为皇后。

明英宗朱祁镇即位后，孙氏被尊为皇太后。英宗在“土木之变”中被蒙古瓦剌部所俘，孙太后命郕王朱祁钰监国。后来，景泰帝（郕王）即位，尊孙氏为上圣皇太后。英宗被囚，孙太后多次派人送御寒衣裘。英宗被放回，幽居南宫，太后常去看望。后来，石亨等人发动的“夺门之变”，也是先秘密征得孙太后的同意才动手的。英宗复辟后，为孙氏上徽号“圣烈慈寿皇太后”。天顺六年（1462）九月四日，孙太后去世，谥“孝恭懿宪慈仁庄烈齐天配圣章皇后”。合葬景陵。

## 三、殉葬十妃

宣宗去世后，有10名皇妃殉葬。按《明英宗实录》卷三记，分别是：惠妃何氏，赠为贵妃，谥端静；贤妃赵氏，谥纯静；惠妃吴氏，谥贞顺；淑妃焦氏，谥庄静；敬妃曹氏，谥庄顺；顺妃徐氏，谥贞惠；丽妃袁氏，谥恭定；恭妃诸氏，谥贞静；充妃李氏，谥恭顺；成妃何氏，谥肃僖。

谥文中说为她们上此徽称，是因为她们“委身而蹈义，随龙驭以上宾”。显然，这只是官方的措辞，相信没有哪位妃嫔会自愿为皇帝殉葬。

当然，宣宗去世后，也有妃嫔出于某种原因并没有殉葬。例如为永乐皇帝殉葬的朝鲜女子韩氏，有个二妹，名叫桂兰，也出落得十分俊美。宣德二年（1427）又被进献明宫。韩桂兰入宫之前，有病未愈。当她得知哥哥要把她送入明朝皇宫，十分生气。哥哥给她送药来，她也不吃，并对哥哥说：“卖一妹富贵已极，何用药为？”接着，把给她作陪嫁用的寝席用刀割坏，又把家藏的财物都送给了亲友。当进献使总制赵从生和韩确送她出国时，朝鲜都城的士女们望着韩氏兄妹一行，都感叹着说：她姐姐当了永乐皇帝的宫人，殉葬而死，已经很可惜，怎么又送一个呢？当时人们都把这叫“生送葬”。而韩确明知妹妹已到出嫁年龄，却故意不嫁，等待进献。国人都鄙视他，而可怜他的妹妹。

但是，桂兰的命运却没有那么坏，不知什么原因，宣宗死后，没有让她殉葬。她一直活到了74岁，成化十九年（1483）五月十八日才因病去世。朝廷给她的谥号是“恭慎”，葬在了京西的香山附近。吏部尚书万安为她撰写了墓表，户部尚书刘珝撰写了墓志铭。

另外，宣宗还有一位郭嫔，名爱，字善理，是安徽凤阳人。《明史》记载她“贤而有文”，是个才女。入宫才二十多天，就去世了。去世之前，自知死期将至，特以楚辞体裁自制哀词说：

修短有数兮，不足较也。
生而如梦兮，死则觉也。
先吾亲而归兮，惭予之失孝也。
心凄凄而不能已兮，是则可悼也。

这位宫嫔因为先于宣宗去世，所以并不是宣宗殉葬妃嫔之一。

## 第二节 规制狭小的陵园建筑

宣宗去世之后，英宗朱祁镇即位。随即派人赴天寿山陵区卜地。当时英宗虚岁才 9 岁，陵寝营建的事，自然是根据朝中大臣的意见办理。既然仁宗皇帝的献陵已经建在了长陵西面，宣宗的景陵自然就应该建在长陵的东面了。

宣德十年（1435）正月十一日，景陵营建动工。太监沐敬、丰城侯李贤、工部尚书吴中、侍郎蔡信等奉命督工。成国公朱勇、新建伯李玉、都督沈清及内府各衙门、锦衣卫等共发军民工匠 10 万人兴役。玄宫建成后，于六月二十一日，葬宣宗。天顺七年（1463）三月十九日，陵寝地上建筑工毕。其营建断断续续经历 28 年的时间。

陵园制度，一遵献陵俭制。其神道从长陵神道北五空桥南向东分出，长约 1.5 公里，途中建单空石桥一座。

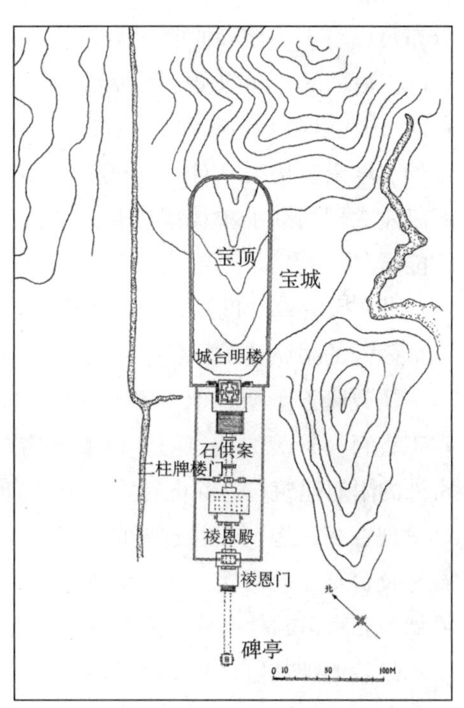

图 1.3.5 景陵平面图

陵宫朝向为南偏西 55°，占地约 2.5 万平方米。宝城因地势狭窄，不得不修成前方后圆的修长形状。宝城前面连接的二进方院，也因地势窄狭，不像献陵那样宽敞。陵园中轴线上，则依制修建有祾恩门三间、祾恩殿五间，以及三座门、二柱牌楼门、石几筵、方城、明楼等建筑，祾恩殿两侧则建有左右配殿各五间，以及神帛炉左右各一座。（图 1.3.5）

嘉靖十五年（1536）四月二十七日，明世宗朱厚熜亲阅长、献、景三陵，见景陵规制狭小，对从臣郭勋等说："景陵规制独小，又多损坏，其于我宣宗皇帝功德之大殊为勿称。当重建宫殿，增崇基构，以隆追报。"[1]

图 1.3.6 景陵祾恩殿御路石雕

根据《帝陵图说》记载，增崇基构后的景陵祾恩殿，"殿中柱交龙，栋梁雕刻，藻井花鬘，金碧丹漆"，殿中有暖阁三间，黼座（御座）地屏直到康熙年间犹有存者。

现在，祾恩殿的台基，仍是嘉靖年间改建后的遗物。从遗存的明代殿宇檐柱柱础石分布可以看出，该殿原制面阔五间（31.34 米），进深三间（16.9 米），应该是其初建时的状况。后面的一间抱厦（面阔 8.1 米，进深 4.03 米），和前面的御路石雕二龙戏珠图案（图 1.3.6），比献陵一色云纹，显得更为精致壮观，应是嘉靖时所增改。而且，《明实录》所说的"增崇基构"，应该指的是增加殿宇的高度。这说明，景陵殿宇的结构，是由原来仿照献陵大殿所建的单檐歇山顶式的建筑，改成了重檐歇山式的建筑，因为只有这样殿宇才能增高。

此外，嘉靖年间还在陵前增建了神功圣德碑亭。

陵园的附属建筑宰牲亭、神厨、神库以及祠祭署、神宫监均建在陵园左前方，

清乾隆五十至五十二年（1785—1787），清廷曾对明陵进行一次较大规模的修缮。为省工省料，景陵的祾恩门、祾恩殿均被缩小间量重建。两庑配殿及神功圣德碑亭以及陵宫外的附属建筑均拆除。神宫监成为自然村落。

现在，祾恩门、祾恩殿的台基上还有清代改建后遗留的柱础石。神功圣德碑亭仅存石碑及台基。而明楼、二柱牌楼门，以及陵墙、宝城墙则在 1955 年十三陵由河北通县专署划归北京市园林局后，进行修缮，重瓦了顶部屋面，补齐了木构件。（图 1.3.7—1.3.11）

景陵的神宫监，目前有局部残墙、监门和门厅保存。

监门，为西向，硬山顶五脊门形制，面宽为 6.05 米，进深为 2.57 米，门枕石系明代原物，门框系后来修葺时补配。（图 1.3.12—1.3.13）

门厅，除顶部瓦饰在后来的修葺中于布瓦间掺有部分黄瓦，于原制有所改变外，两

1《明世宗实录》卷一八六。

图 1.3.7 景陵祾恩殿台基

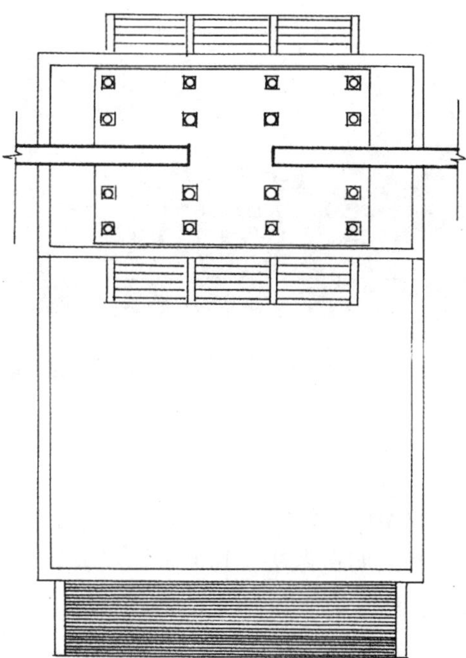

图 1.3.10 景陵祾恩门现状平面图

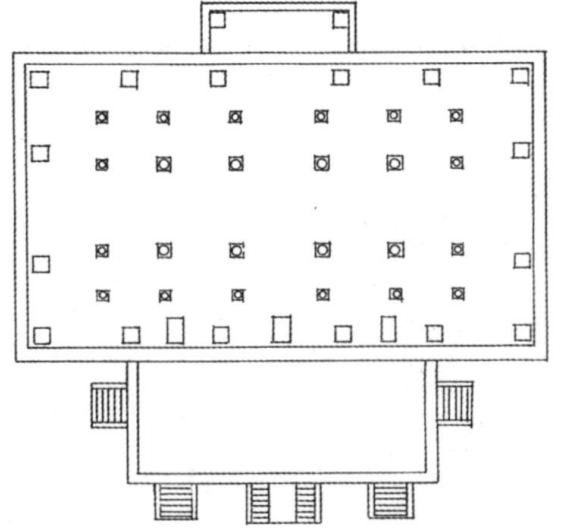

图 1.3.8 景陵祾恩殿台基现状平面图

图 1.3.9 景陵祾恩门（民国二十四年）

图 1.3.11 景陵二柱牌楼门

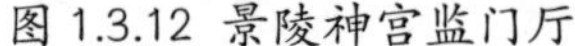

图 1.3.12 景陵神宫监门厅

图 1.3.13 景陵神宫监门厅细部

山墙及木构部分均系明朝原物。其制，面阔一间（4.8 米），进深二间（4.85 米），五檩架。采用彻上明造做法，其单步、双步梁，以及各檩、枋，均绘有旋子彩画；檐椽、望板则油饰红漆；上槛安有门簪四枚。

# 第四章
# 裕陵

明裕陵，位于献陵西面的天寿山西峰石门山南麓，是明朝第六位皇帝英宗朱祁镇和皇后钱氏、周氏的合葬陵寝。

## 第一节 墓主生平

### 一、两度为帝的明英宗朱祁镇

明英宗朱祁镇，宣宗长子。(图 1.4.1)宣德二年(1427)十一月十一日生，三年(1428)二月六日立为皇太子，宣德十年(1435)正月十日即皇帝位，次年改元正统。

图 1.4.1 明英宗朱祁镇画像

英宗登极，年方9岁。由于太皇太后张氏贤明，注意约束内官，委政“三杨”老臣，开始几年还能一遵仁、宣旧制，政事犹蔚然可观。

后来，太皇太后因年老多病，对朝廷内外的事过问渐少；“三杨”中，杨荣于正统五年(1440)病故，杨士奇因儿子杨稷被言官所纠，坚卧不出，只有杨溥一人在阁，年老势孤；其余内阁大臣均资历较浅。于是，司礼监太监王振倚恃英宗的宠信，渐渐地控制了朝政。

正统七年(1442)太皇太后张氏病故，杨士奇也于次年病死，王振更加肆无忌惮，因此把持了朝廷大权。正统十四年(1449)七月，蒙古的瓦剌部诱胁其他部落大举南犯。瓦剌太师也先亲自率兵攻打大同，紧急的边报纷纷飞到紫禁城。王振企图侥幸成功，劝英宗御驾亲征。兵部尚书邝埜、侍郎于谦等人力言“六师不宜轻出”，吏部尚书王直也率百官谏止，都不被采纳。

英宗在王振的怂恿下，于七月十六日，率京营 50 余万人马，仓促出征。途中，大臣们一再劝英宗返驾回京，王振还是不听。等他们知道了前方战败的惨状，英宗和王振才惊慌失措，决定班师回京。

大同总兵郭登提议大军从紫荆关直接退还京师。兵部尚书邝埜也上章：“请疾驱入关，严兵为殿。”但是王振却根本不听。他大骂邝埜：“腐儒安知兵事！再妄言，必死。”他下令大军往东南行进，打算经过蔚州再去紫荆关。蔚州是王振的老家，王振是想让英宗到他的家里，借以炫耀自己。紫荆关在易州境内，如果是那样的话，英宗可以顺利驾返京师。可是，大军行进了四十里后，王振又怕军队踩了自己家乡的庄稼，下令改道由宣府退还。

到了宣府，也先的军队赶来从背后袭击明军。恭顺侯吴克忠和他的弟弟吴克勤率兵抵御，双双战死。明朝的后军全部溃散。成国公朱勇、永顺伯薛绶率师四万驰援，在快到鹞儿岭时遇到埋伏，全军覆没。

由于明军迂回奔走，到了八月十二日黎明，才到达距怀来城 20 里的土木堡。大臣们建议大军入驻怀来城。王振却以辎重未至为由，下令扎营土木堡。土木堡城内没有水草。瓦剌军很快对那里形成包围之势。做饭、喂马都需要水，明军只好挖井，但是掘地二丈，却也没有见到水。土木堡之南十五里处虽然有一条河，却被瓦剌军占领了。明军饥渴难耐。第二天，瓦剌军将土木堡团团围住，瓦剌太师也先诈称与明朝议和，假作退兵状。英宗、王振信以为真，下令移动营地。营伍在回旋之间，乱了阵脚。这时，瓦剌军以精锐的骑兵从四面冲击明军。大呼：“解甲投刃者不杀。”一时间，横尸遍野，数十万明军全部被歼。英国公张辅以下 50 多名文武大臣阵亡。英宗率亲军突围，没有成功。他坐在地上，被瓦剌军俘虏。混战之中，护卫将军樊忠，愤怒地举起铁锤，将王振打死。史称这次事件为“土木之变”。

百官聚于朝堂号啕大哭。皇太后孙氏下诏，立英宗的两岁儿子朱见深为皇太子，命英宗异母弟郕王朱祁钰监国，总理朝政。九月，廷臣合辞呈请郕王即皇帝位，得到皇太后的同意。出使瓦剌的都指挥岳谦回来，也口传英宗圣旨，命郕王“继统以奉祭祀”。郕王遂于九月初六日即皇帝位，遥尊英宗为太上皇帝，次年改元景泰。景泰皇帝在兵部尚书于谦等人的支持下，布置了北京的城防。在于谦的指挥下，军民同仇敌忾，打败了攻到北京城的瓦剌军，取得了北京保卫战的辉煌胜利。

也先原想以英宗为奇物，要挟明廷赔款，见明朝又立了新皇帝，便在景泰元年（1450）八月将英宗放回。

英宗回到北京后，虽然名义上还是太上皇帝，实际上却被幽居南宫，时时都在被监视之中，根本不能预政。后来，景泰帝还废太子朱见深为沂王，立己子见济为皇太子。不久，见济夭亡。景泰帝也在景泰七年（1456）十二月二十八日得了重病。武清侯石亨见景泰帝病危，就与都督张軏、左都御史杨善、太监曹吉祥、太常卿许彬及左副都御史徐有贞密谋迎立英宗。

景泰八年（1457）正月十六日，边关有警报，他们以增加皇城守备为名，带领家兵混同守御官军来到皇城。正巧第二天景泰帝也要临朝，大门开得很早，于是，他们顺利地进入皇城。黎明，到达了英宗所居的南宫。南宫宫门禁锢，打不开。徐有贞命众人手举大木猛撞宫门，又命勇士翻墙而入，与外面的人一起拆毁宫墙。墙坏门开，徐有贞等人扶英宗上辇，匆匆奔往皇宫。东华门的守卫拦阻，英宗说："我太上皇帝也！"遂夺门而入。进入奉天殿后，众人将御座居中放置，英宗登上御座，鸣钟击鼓，召见百官。大臣们正在奉天殿前等待景泰帝升朝，听到殿内一片喧哗，徐有贞突然走出殿外，对大臣们高声喊道："太上皇帝复位矣。"催百官入贺。英宗再次登上皇帝的宝座。史称这次宫变为"夺门之变"。

英宗复辟后，改景泰八年为天顺元年（1457）。废景泰帝为郕王，迁居西内。接着，又杀害抗击瓦剌有功的于谦。又用香木刻王振像，招魂以葬。

天顺八年（1464）正月十七日，英宗去世，谥"法天立道仁明诚敬昭文宪武至德广孝睿皇帝"。临终前留下遗诏："殉葬非古礼，仁者所不忍，众妃不要殉葬。"[1]从此结束了宫人殉葬的残酷制度。五月，陵寝玄宫建成，八月，英宗葬裕陵。

## 二、孝庄睿皇后钱氏

孝庄睿皇后钱氏，英宗元配，海州（今属江苏连云港市）人，都指挥佥事（后封安昌伯）钱贵的女儿。（图 1.4.2）正统七年（1442）立为皇后。正统十四年（1449），英宗被瓦剌部俘虏，为迎英宗回朝，她把自己宫中的全部资财输出，每天悲哀地呼天号地，祈求神灵保佑英宗。累了就就地而卧，以致伤残了一条腿。终日哭泣，又哭瞎了一只眼睛。

图 1.4.2 孝庄睿皇后钱氏画像

宪宗即位，尊她为皇太后，加"慈懿"徽号。成化四年（1468）六月二十六日，钱氏病故。谥"孝庄献穆弘惠显仁恭天钦圣睿皇后"。本来，按照明代的丧葬礼制，钱皇后应该与英宗合葬在地下宫殿的主殿后殿中，但是，由于宪宗的生母周太后希望自己千秋之后与英宗合葬，所以，刚开始的时候，宪宗遵奉母命，打算把钱皇后另外卜地安葬。但大臣们觉得这样做不妥，于是纷纷上章要求宪宗改变主意。

1《明英宗实录》卷三六一。

太子少保兵部尚书兼文渊阁大学士彭时等上疏说：慈懿皇太后“作配英宗皇帝……位号彰著数十年，则寿终之后，所宜奉梓宫祔于裕陵，奉神主祔于太庙。此古今不易之理”。[1]他还说，我听说皇上想另外卜地安葬，非常吃惊。我想皇上做这个决定，一定是认为圣母皇太后千秋之后，应该与先帝同尊于陵庙，但两位皇后同葬陵内，又不是本朝的制度。然而，本朝有两位皇太后，是现在才有的，因此陵庙制度也应该从现在开始改变。历史上，一帝二后同祔陵庙的事也有先例的。例如，汉文帝尊其生母薄太后，其嫡母吕太后虽然得罪于宗社，仍将她与汉高祖并葬于长陵。所以，汉文帝才号为“孝文”，高出汉朝诸帝之上。又如，宋仁宗追尊生母李辰妃为太后，其嫡母章献刘太后虽没有儿子，但仍没有被嫌弃，与宋真宗同祭于太庙。宋仁宗因此被称为贤君，高于宋朝诸帝之上。现在，皇上对于慈懿皇太后，生前能够孝养，崩后又非常哀痛，即使汉文帝、宋仁宗也未必能做到这样。如果在陵寝和宗庙的事情上，处理不妥当，招致后人非议，这实在是有损前美啊！何况，圣母皇太后千秋万年之后，与慈懿皇太后同葬裕陵，同享太庙之中，彼此不相妨碍，更能够显示两位太后在世时雍和无间。记载在史册上，也会增我们皇明之光，彰显我皇上的孝顺啊！

于是，宪宗命礼部召集群臣对此事进行讨论。七月初一日，礼部尚书姚夔会同在廷文武大臣以及翰林院科道官等 99 人，一同讨论陵庙礼制。

大臣们一致认为：“大行慈懿皇太后，作配先帝二十余年，诚孝一心，夷险一德，孚于中外。是以先帝眷礼优隆，始终无间。陛下嗣位之初，既致隆于所尊，而加慈懿徽称；复推崇于所亲，而上皇太后之尊号。两宫之名既同，二母体位相等。陛下之孝养如一，天下皆知……今慈懿皇太后之丧，与皇太后（指宪宗生母周太后）千秋万岁后，俱合葬裕陵，慈懿皇太后居左，皇太后居右。配享英庙，礼亦宜然，是乃天理人情之至也。”[2]大臣们的意见很明确，不仅慈懿皇太后应该葬入裕陵，与英宗合葬，宪宗的生母周太后将来也应该葬入裕陵，与英宗合葬。其中，慈懿皇太后的棺椁奉安在英宗棺椁的左面，将来周太后的棺椁奉安在英宗棺椁的右面。二位皇太后在太庙中配享英宗也是一样的奉安方式。

但是，宪宗看了奏疏之后，却批答说：“卿等所言，故是正理。但圣母在上，事有窒碍。朕屡请命，未蒙俞允。朕平昔孝奉两宫如一，若因此违忤，致有他虞，岂得为孝？今当于裕陵左右，择吉地安葬，崇奉如礼，庶几两全。卿等其体朕意。”[3]宪宗意思是说，你们说的都对，但是母亲那里不同意。虽然我多次请示母亲，都没有获得母亲同意。我平时对两宫皇太后都是一样的孝顺。如果因为这事，违背母亲意愿，把母亲气出个好歹来，我怎能算孝顺呢？你们还是体谅一下我的苦衷，在裕陵附近找个吉地，按照礼仪安葬吧。

1《明宪宗实录》卷五五。

2《明宪宗实录》卷五六。

3《明宪宗实录》卷五六。

大臣们一看，宪宗没有采纳他们的意见，于是在初二那天，翰林院学士柯全、国子监祭酒邢让等 32 名官员又上言，陈明意见。初三日，魏国公徐俌与公、侯、伯、驸马、都督以及锦衣卫指挥等 35 名武职官员，文臣中的给事中魏元等 39 名官员，河南道监察御史康永韶等 41 名官员，礼部尚书姚夔联合六部都察院等 44 名官员又都上疏，请求宪宗按照礼仪安葬慈懿皇太后。见宪宗仍拿不定主意，大臣们索性都跪伏在文华门前不起来，从巳时（上午 9 点至 11 点）一直跪到申时（下午 3 点至 5 点）。宪宗见情况越来越严重，只好再次请示母亲。周太后迫不得已，只好同意了大臣们的意见，文武大臣这才欢呼万岁，退出皇宫。

但是，在九月四日那天，慈懿皇太后入葬裕陵时，在周太后的授意之下，慈懿皇太后却没有葬在英宗的皇堂（地宫后殿）中，而是被葬入了地宫的左配殿之内。这在明代历史上绝对是一件违背礼制的事。

### 三、孝肃皇后周氏

孝肃皇后周氏，宪宗生母，昌平州文宁里柳林村（今属北京市海淀区）人。（图 1.4.3）她的父亲是锦衣卫千户周能，后来被追封为庆云侯。清查继佐《罪惟录》记载：周氏 10 岁那年，英宗皇帝到郊外打猎。在追赶野兔时，闯进了周家。周家人不知所措，吓得躲藏起来。只有周氏没有躲。英宗见周氏挺有胆识，就把她带回了皇宫。正统十二年（1447）生子朱见深，天顺元年（1457）册封为贵妃。宪宗即位，尊为皇太后。成化二十三年（1487）加尊号“圣慈仁寿”。孝宗即位后，尊为太皇太后。弘治十七年（1504）三月一日去世，谥“孝肃贞顺康懿光烈辅天承圣太皇太后”。四月十八日葬裕陵。

图 1.4.3 孝肃皇后周氏画像

## 第二节 陵园山水与陵制

### 一、“一山一水，来脉不清”的山水环境

裕陵的位置，处于献陵的西面，但两陵之间，还隔着一座明光宗朱常洛的庆陵。因为庆陵的所在地，曾经建有景泰皇帝的寿陵，虽然后来被英宗下令捣毁，成为废墟，但毕竟那里过去曾建有陵园，所以，英宗的裕陵只能再往西排，这样就建在了天寿山西峰的石门山下。（图 1.4.4）

图 1.4.4  裕陵及背后山脉

图 1.4.5  裕陵龙、穴、砂、水图

但是，这个地方从山水环境看，陵园左右两面的山峦和水流并不对称。陵园左面有一座小山峦，山峦与陵园之间还有一道水流，并且曲折环抱流经陵前；但陵园右面附近却没有山峦，河道也距陵园稍远。而陵后的石门山，则山脉至宝城之间的脉络延伸走向也不清晰。所以，嘉靖十五年（1536）九月，江西赣州著名风水术士廖文政奉旨考察时，评价说："裕陵，一山一水，所聚来脉不明，四山不顾。"但实际上，就大的环境来看，裕陵也是四面有山，左右有水流的。例如，茂陵右侧的山，以及祥子岭就是裕陵右侧的山，裕陵和茂陵之间也有一道小的水流，后与陵园左侧的水流汇为一流。而陵园前的案山，则是庆陵监东南侧的小岗峦。只不过裕陵右侧的水流和山峦距离陵园稍远而已。不然的话，皇家也不可能把陵园建在这里。（图 1.4.5）

## 二、大匠营作，四月陵成

裕陵始建于英宗去世后的天顺八年（1464）二月二十九日，太监黄福、吴昱，抚宁伯朱永，工部尚书白圭，侍郎蒯祥、陆祥奉命督工。参加营建的军民工匠共达 8 万余人。

其中，蒯祥和陆祥是明代初年两位技艺高超的匠师。

蒯祥，江苏吴县人，原为香山木工，后授职营缮所丞，官至工部左侍郎。他技艺超群，能主大营缮。据清康熙《吴县志・人物志》记载，"永乐十五年建北京宫殿，正统中重作三殿及文武诸司，天顺末作裕陵，皆其营度。能以两手握笔画龙，合之如一。每宫中有所修缮，中使导以详略，用尺准度，若不经意，既造成，以置原所，不失厘毫……至宪宗时，年八十余，仍执技供奉。上每以‘蒯鲁班’呼之”。

陆祥，江苏无锡人，洪武初，朝廷鼎建宫殿，与兄陆贤应召入都。陆贤授官营缮所丞，陆祥授郑王府工副。郑王就藩后，陆祥改隶属于工部。后以石工绝技升工部营缮所丞，擢工部主事进工部郎中，后官至侍郎。他“有巧思，尝用石方寸许，刻镂为方池以献，凡水中所有鱼龙荇藻之类皆备，曲尽其巧”[1]。

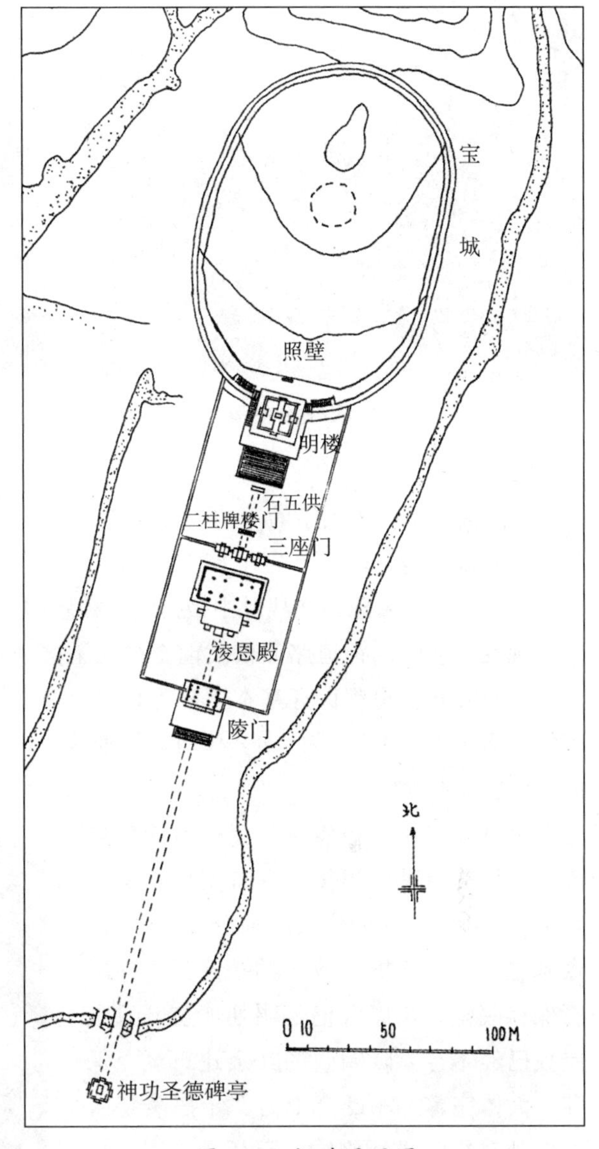

图 1.4.6 裕陵平面图

在这些朝廷大员的督理下，裕陵工程进展很快，仅两个月左右的时间，就把地下玄宫建成了。天顺八年（1464）五月八日，奉英宗皇帝梓宫入葬；六月二十日，陵寝工程全部告竣。

《明宪宗实录》卷六记载裕陵的规制为：“金井宝山城池一座，照壁一座，明楼、花门楼各一座，俱三间，香殿一座五间，云龙五彩贴金朱红油石碑一，祭台一，烧纸炉二，神厨正房五，左右厢房六，宰牲亭一，墙门一，奉祀房三，门房三，神路五百三十八丈六尺，神宫监前堂五间、穿堂三间、后堂五间、左右厢房四座二十间、周围歇房并厨房八十六、门楼一、门房一、大小墙门二十五、小房八、井一，神马房马房二十、歇房九、马桩三十二、大小墙门六，白石桥三、砖石桥二、周围包砌河岸沟渠三百八十八丈二尺，栽培松树二千六百八十四株。”（图 1.4.6）

陵园从营建到完成，仅用了近四个月的时间。后来，到了嘉靖时期，和献、景二陵

---

1《明宪宗实录》卷七四。

图 1.4.7. 裕陵神道砖石桥

图 1.4.8. 裕陵陵前神道

一样，陵前又增建了无字的神功圣德碑亭。

裕陵曾于清乾隆五十至五十二年（1785—1787）修缮，其建筑的拆、改情况同献陵。

民国年间，祾恩殿在战乱中被拆毁，祾恩门则于民国六年（1917）被焚毁。

现在，裕陵的神道路面仅陵前至神功圣德碑之间的还保存。由献陵神道分出，路途中的两座砖石桥也都保存基本完好（其中，一座位于献陵村北，一座位于庆陵神功圣德碑的东面）。（图 1.4.7—1.4.8）神功圣德碑亭，仅存台基及石碑。碑亭后的三座并列而建的石桥也基本完好。

陵宫建筑中，祾恩门，存明清两代遗迹，明代的台基的里侧，存有明代踏跺的燕窝石，上面还有明代安放垂带石的石窝；台基之上，清代拆大改小的祾恩门，柱础石保存完整。祾恩殿仍是明朝遗迹，只是屋顶已经不存。陵园内的其余建筑至今保存，大体完整。2011 年 9 月，十三陵特区办事处对裕陵进行修缮，石桥、陵墙、祾恩门、祾恩殿、三座门、明楼宝城均进行了加固或修缮。其中，祾恩门采取修复措施，按明代制度恢复了屋顶结构，但清代缩小改建的遗迹仍保留在门内。（图 1.4.9—1.4.18）

图 1.4.9 裕陵祾恩门

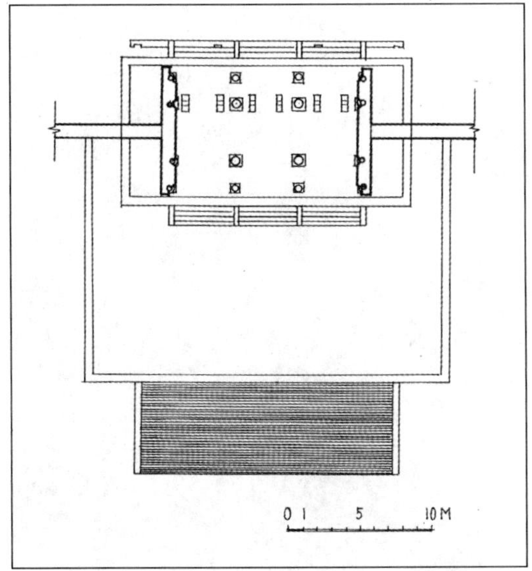


图 1.4.10 裕陵祾恩门现状平面图

图 1.4.11 裕陵祾恩殿现状

图 1.4.12 裕陵祾恩殿柱础石

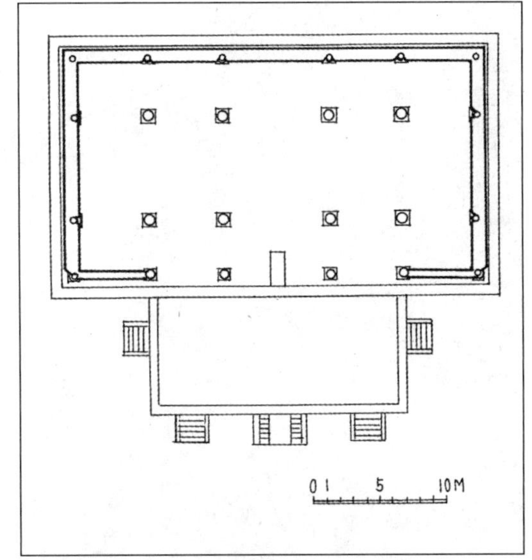


图 1.4.13 裕陵祾恩殿现状平面图

图 1.4.14 裕陵三座门（修缮前）

图 1.4.15 裕陵石五供及树盂

图 1.4.16 裕陵明楼（修缮前）

图 1.4.17 裕陵石雕树盂

图 1.4.18 裕陵明楼斗拱及琉璃额枋

# 第五章
# 茂陵

明茂陵，位于裕陵右侧的聚宝山下，是明朝第八位皇帝宪宗朱见濡和王氏、纪氏、邵氏三位皇后的合葬陵寝。

---

## 第一节 墓主生平

### 一、平庸谦和的明宪宗朱见濡

明宪宗朱见濡，初名见深。英宗长子，正统十二年（1447）十一月二日生，十四年（1449）八月二十二日立为皇太子。景泰三年（1452）五月二日废为沂王。天顺元年（1457）三月六日，复立为皇太子，改名见濡。天顺八年（1464）正月二十二日，即皇帝位。次年改元成化。成化二十三年（1487）八月二十二日去世，年41岁。谥“继天凝道诚明仁敬崇文肃武宏德圣孝纯皇帝”。同年十二月十七日葬茂陵。

图 1.5.1 明宪宗朱见濡画像

宪宗皇帝初即帝位，恢复景泰帝帝号，为于谦等景泰旧臣昭雪平反，做了一些顺应民意的事。但后来他却为政平庸，并没有什么突出的治绩。（图 1.5.1—1.5.2）

首先是不太勤政。这位皇帝虽然在临

图 1.5.2 明宪宗元宵行乐图

朝宣读圣旨时能够朗朗上口，妙语连珠，但与人说话时却有些口吃。因为怕人笑话，所以，他很少召见大臣商量国事。成化七年（1471）冬天，星象有变，大臣们纷纷借此机会说，这是因为君臣隔离、沟通不够，希望皇上经常召见大臣议政。宪宗因此召见了内阁大臣。但是，有位名叫万安的阁臣，见了皇帝后只知道磕头、喊万岁，才说了几句话就要出去。所以，宪宗从那以后，就再也不召见大臣了。万安也因此落下一个“万岁阁老”的绰号。

另外，宪宗对官员的任用，随意性较大，根本做不到选贤任能。有这样一个例子。宪宗在常朝的时候，各衙门的官员要向皇帝上奏一些事情。如果可行的话，皇帝应该回答“是”。但是，在成化十六七年时，宪宗的舌头出了点问题。这个“是”字就是说不出来。这时，有位鸿胪寺卿名叫施纯的，告诉皇帝的近侍说，“是”字不好说，就说“照例”两字。宪宗觉得很好，非常高兴，问是谁出的主意。近侍告诉宪宗，是施纯。宪宗竟然因为这件事，升施纯为礼部侍郎，不久，又升他为尚书，加太子少保。成了正二品的大员。人们因此编出两句歌谣：“两字得尚书，何用万言书！”

成化中期以后，宪宗所任用的大学士万安、刘吉、刘珝都是平庸无为之辈，从来没有提出过建设性的意见，对朝政几乎无所匡补，所以，当时流传有“纸糊三阁老”“泥塑六尚书”的歌谣。特别是大学士万安，简直就是一个投机钻营的小丑。他是正统十三年（1448）进士。虽然外表看来，个子高高的，相貌魁伟，两道眉毛就像刻画的一样，但实际上却不学无术，只会巴结太监，向宪宗最宠爱的皇贵妃万氏献媚。他为了得到万贵妃的赏识，竟然以侄子自称。后来，明孝宗即位，在宫里发现万安给宪宗写的一个奏折，里面的内容竟然全是古代方士所讲的房中节欲、养生、保气之类的东西。孝宗看了很生气，让太监怀恩拿着这份奏折到内阁，对万安说：“这是大臣应该做的事吗！”吓得万安浑身出汗，跪在地上不敢出声。怀恩还把大臣弹劾他的奏章念给他听。他只是跪地求饶，没有辞官的意思。怀恩索性上前把他身上的牙牌摘下来，对他说：“你可以走了。”万安这才在回家后请求辞去官职。但是，年已七十多岁的他，在回乡的路上，竟然还不时地望着天上的三台星，希望自己能够再次被起用。

天顺八年（1464）二月，宪宗命中官传旨，用司礼监匠人姚旺为文思院副使。此后，内批官员相继不绝，一次最多达上百名。其中，仅文武僧道得官者就有上千名。此种官，不经科举，也不由吏部铨选，而是由皇帝直接内批任命，史称为“传奉官”。传奉官的出现，说明宪宗皇帝已把官爵视为自己手中的私物，由此助长了官场上营私舞弊和卖官鬻爵现象的蔓延。

天顺八年（1464）十月，宪宗又命把抄没太监曹吉祥的庄田收归皇宫。从此，在明代出现了“皇庄”。给事中齐庄上言：“天子以四海为家，何必与民争利？”宪宗不听。于是上行下效，皇亲国戚、中贵豪强多指民地为闲田，请求赐给，请赐土地数额动辄成百上千，以至数千顷。由于大量民田被侵占，土地高度集中，阶级矛盾日趋激化。

为了加强专制统治，宪宗于成化十三年（1477）正月，又增设了“西厂”特务机构，命太监汪直提督。汪直奸诈阴险，作恶多端。他经常在京城内外易服私访，制造冤狱，残害正直的文武官员。以至时人“只知有汪太监，不知有天子”。在汪直的控制下，西厂迅速扩充，所领缇骑（军役）比东厂还多出一倍，势焰更在锦衣卫之上。当时，西厂、东厂和锦衣卫，以皇家侦探自居，交互为恶。势力所至，遍及南北边腹各地。上自亲王、大臣府第，下至乡间茅屋小店，随意诬陷栽赃，捕风捉影，重刑逼供，搞得朝野上下人人自危。于是，大学士商辂等官员上章弹劾汪直。兵部尚书项忠也倡九卿奏汪直罪状。宪宗勉强同意解散西厂，但不久又恢复。厂、卫沟通，继续为非作歹，搞得京城内外一派恐怖气氛。商辂等数十名正直的大臣只好辞官回家。

宪宗在宫内，则一直钟情于比他年长 17 岁的贵妃万氏。按《明宪宗实录》记载，宪宗生于正统十二年（1447）十一月二日，皇贵妃万氏生于宣德五年（1430)，万氏年长宪宗 17 岁。《明史・后妃传》作“宪宗年十六即位，妃三十有五”误。万氏宠冠后宫，权倾内外。内官中的梁芳、韦兴等佞幸之臣，为取得宪宗信任，费尽心机讨万氏欢心。他们以贡献为名，苛敛民财，任意挥霍内库银两。

宪宗一生对佛道之说极其推崇。僧人道士投其所好，飞黄腾达，官运亨通。如江夏僧继晓，以秘术通过梁芳得到宪宗的赏识，被授为僧录司左觉义的官职，后进右善世，并被封为“通玄翊教广善国师”。他诱帝为佛事，建大永昌寺于西市，逼迫上百户居民迁徙他处。宪宗一朝，被封为法王、大智慧佛、西天佛子、大国师、国师、禅师的西番僧人更是不可胜计。他们执有宪宗所赐的诏命和金印，服饰器用均按王的等级配给，出入乘棕舆，前有军卫手执金吾开道，随从人员多达数千人。此外，京师之下，还有很多被封为真人、高士的道人。真人被赐有玉冠、玉带、玉珪、银章，享有极高的待遇。终宪宗之世，正直的官员不见信任，而佞幸之臣、佛道方士却是恩宠有加，朝政被搞得乱七八糟，日趋腐败昏暗。

## 二、孝贞纯皇后王氏

孝贞纯皇后王氏，上元（今江苏南京）人，中军都督追赠阜国公王镇之女，为宪宗

图 1.5.3 孝贞纯皇后王氏

皇帝第二位皇后。（图 1.5.3）宪宗的第一位皇后是吴氏。吴氏“聪敏知书，巧能鼓琴”，天顺八年（1464）七月二十一日立为皇后。但刚过了不到一个月，就被废掉了。

被废的原因，据说是因为吴氏寻找过错杖责了宪宗的一个宠妃——万贵妃，所以宪宗把她废掉了。那么，万贵妃是怎样一个人呢？她怎么有那么大的能量呢？

原来，这个万贵妃可不是个寻常的妃子。她是山东诸城人。小名叫贞儿。4 岁时进了皇宫，先在孙太后宫里，后来又到东宫伺候宪宗，这时的宪宗还是皇太子。万贵妃比他大 17 岁，按年龄说，他们应该是两辈人了。但是，由于宪宗皇帝太宠爱万贵妃了，万贵妃自然也是恃宠妄为，完全不把皇后吴氏放在眼里，由此导致后妃矛盾不断激化。最后，吴皇后一怒之下杖责了万贵妃。然而宪宗在废立皇后的诏书中却说：“先帝为朕简求贤淑，已定王氏，育于别宫待期。太监牛玉辄以选退吴氏于皇太后前复选。册立礼成之后，朕见举动轻佻、礼度率略、德不称位，始知非预立者。用是不得已，请命太后，废吴氏别宫。”这一记载见于《明史・后妃传》。显然，宪宗废立皇后的诏书，是有意地回避了吴皇后杖责王贵妃一事。

《明宪宗实录》也有这样的记载，只是不很肯定。《明宪宗实录》卷八是这样记载的：“初，上在东宫，英宗为择配，榜谕中外，分命中官往采十二人皆至。英宗亲选王氏、吴氏、柏氏三人留于宫中。初意在今皇太后（指王氏），会章皇后（指宣宗孙皇后）崩，既而英宗崩，左右窃有不利之疑。上即位，皇太后复命礼部榜谕京师采择，三人仍在选。而立吴氏，王氏、柏氏皆入副宫。”又说：“后立未逾月而废。当时传言，或谓后宫先有擅宠者，被后杖责，故及。然宫禁事秘，莫得而详。”

另外，还有的文献记载说，吴氏被废是因为太监牛玉接受吴氏的父亲吴俊的贿赂，假说王氏身上有疤痕，于是吴氏被立为皇后。后来，宪宗游后宫，见到王氏，心中生疑。亲自查看后，见王氏身上并没有疤痕，才知道被牛玉欺骗了。这样，吴氏才被废掉。牛玉、吴俊都被籍没了家产。牛玉被发配到南京当菜圃军，吴俊被发往山东沿海卫所充军。这一说法，见于朝鲜的《李朝实录》。

人们或许会问了，宪宗既然这样喜欢万贵妃，为什么不立她为皇后呢？宪宗是皇帝，还不是一句话的事吗？其实，事情不是那么简单。古代的婚姻讲究“父母之命，媒妁之言”，皇家也不例外。宪宗虽然喜欢万贵妃，但是宪宗的母亲周太后，却不喜欢她。有一次，周太后问宪宗：“彼有何美，而承恩多？”意思是说，她什么地方美呀，你对她那么好！宪宗回答说：“彼抚摸吾安之，不在貌也。”所以，宪宗虽然对万贵妃情有独钟，却不能违背母亲的意思，立万贵妃为皇后。

既然宪宗废掉吴皇后是为了给万贵妃出气，所以，王氏被立为皇后以后，仍然被冷落。但是，王皇后能忍耐，很大度。尽管宪宗对她“终其身不十幸”，但是她从来没有对万贵妃表现出嫉妒的神色。宪宗生病了，王皇后伺候得很周到，就连宪宗都被感动了。他曾经对王皇后说：“皇后，吾慢女多矣。”

孝宗时，王氏被尊为皇太后，武宗时被尊为太皇太后，正德五年（1510），上尊号“慈圣康寿太皇太后”。武宗好出宫游玩，王氏常涕泣相劝。她在宫内待人仁和，从不误罚一人。正德十三年（1518）二月十日，王氏去世，谥“孝贞庄懿恭靖仁慈钦天辅圣纯皇后”。六月十六日葬茂陵。

## 三、孝穆皇后纪氏

孝穆皇后纪氏，孝宗生母，广西贺县（现属广西贺州）人。她是当地少数民族土官的女儿，成化时南征，俘入宫中。因她机警通文，被授为女史，管理皇家典籍。一次，宪宗偶然来到内藏，见纪氏对答合意，就在内藏私幸了她。纪氏从此有了身孕。

而当时已被封为贵妃的万氏，因为自己所生的儿子不满周岁而死，遂对其他宫妃生子怀忌恨之心。宫妃中凡有孕的，都想方设法让她们饮药堕胎。柏贤妃生有一子，已立为太子，最终被万氏害死。纪氏怀孕，自然不会被万氏放过。万氏曾指使宫婢暗中下药，想使纪氏堕胎，但没有成功。后来，宫婢撒谎，说纪氏不是怀孕，是腹内长了痞积（痞块），被安置在安乐堂养病。数月之后，生下孝宗皇帝。纪氏害怕被万贵妃得知后受到迫害，遂密令门监张敏将孝宗抱出淹死。张敏暗自吃惊：“上未有子，奈何弃之？”遂发一丝善念，又将孝宗抱回安乐堂，每天喂些粥糊。废后吴氏居西内，与安乐堂相邻，也时常过来照料哺养。

到了成化十一年（1475），孝宗年已6岁，胎发还没有剃过。有一天，宪宗召张敏梳理头发。宪宗对镜叹息说：“胡子都这么长了，还没有儿子。”张敏跪下说：“死罪，万岁已经有儿子了。”宪宗惊愕地问：“儿子在哪里？”张敏说：“奴言即死，万岁当为皇子主。”太监怀恩也说：“敏言是，皇子潜养西内，今已6岁矣。匿不敢闻。”宪宗大喜，即日亲去西内，迎接自己的儿子。使者来到安乐堂，纪氏抱着孝宗哭着说：“儿去，吾不得生，儿见黄袍有须者，即儿父也。”使者给孝宗穿上小红袍，抱上小舆，拥至阶下。孝宗胎发长垂至地，跑着投入宪宗怀抱。宪宗把他抱到膝盖上，看了又看，悲喜交集，哭着说：“我子也，类我。”命太监怀恩到内阁说明原委。第二天，群臣入贺，并颁诏天下，移纪氏于永寿宫，宪宗多次召见。万贵妃得知后，日夜怨泣。六月二十八日，纪氏突然死去。宫里传说是万贵妃乘宪宗召见纪氏时，在酒中下毒，纪氏被毒害而死。也有的说是自缢而死，莫得其详。张敏也吞金而死。

上述情况见于《明史·后妃传》的记载，而最早则是出于万历时期，担任过礼部尚书的于慎行所写的《谷山笔麈》，后来广为流传，被《明史》采用。但是，于慎行也是听宫中老太监们说的，其中肯定是真真假假，不一定全部真实。

而万历时期的沈德符《万历野获编》则记载，成化年间担任过礼部右侍郎，后来又入内阁的尹直著有《琐缀录》一书，书中的说法就与前面说的不一样。书中说："纪后有娠，万妃恚而苦之。上令托病处安乐堂，以痞报。而属门官照管，密令内侍谨护。"《明孝宗实录》卷一也说："皇贵妃万氏专宠，生皇子辄薨……宪宗以储嗣未立，方廑圣虑……孝穆太后既娠，以疾逊于西宫，而上生焉。"

这些记载说明，孝穆皇太后纪氏怀孕后，以腹中长瘤为名，养在安乐堂，是宪宗特意安排的，只不过是宪宗担心万贵妃知道后不高兴，有意瞒着万贵妃而已。

纪氏死后，被谥为"恭恪庄僖淑妃"，葬京西金山。孝宗即位后，追谥为"孝穆慈慧恭恪庄僖崇天承圣皇太后"，迁葬茂陵。

## 四、孝惠皇后邵氏

孝惠皇后邵氏，是世宗的父亲朱祐杬的生母，浙江昌化（现属浙江杭州）人。（图 1.5.4）父亲名叫邵林，是个淘沙军。邵氏小时候，因为家里贫穷，被卖给了杭州镇守太监。太监很喜欢她，让她读书。她小时候就能诵读唐诗几千首。长大后，不仅知书达理，人也漂亮。所以，那名太监将她送进了皇宫。邵氏自进宫后，却一连几年没有见过宪宗。有一天晚上，皓月当空，邵氏对月油然而生伤感，便吟诵起自己写的《红叶诗》：

图 1.5.4　孝惠皇后邵氏画像

宫漏沈沈滴绛河，绣鞋无奈怯春罗。
曾将旧恨题红叶，惹得新愁上翠蛾。
雨过玉阶秋气冷，风摇金锁夜声多。
几年不见君王面，咫尺蓬莱奈若何？

提起《红叶诗》，这里还有个历史的典故。相传唐宣宗时有个诗人叫卢渥（wò），到长安应举。他在皇城外的御沟中捡到一片红色的树叶。红叶上题有一首诗："流水何太急？深宫尽日闲。殷勤谢红叶，好去到人间。"卢渥很喜欢这首诗，把红叶收藏在箱子里。后来，他娶了一位从皇宫里放出来的姓韩的宫女。卢渥谈起这首诗，她说正是自己所写。卢渥不信，她便提笔写了一遍。一对笔迹，果然一样。这件事被传为佳话。红叶诗也因此成为皇宫女子描写对深宫寂寞不满的一种方式。邵氏入宫后见不到宪宗，就写了这首诗，宣泄一下自己的情感。

这首诗的意思是：在静静的宫殿里，宫漏的滴水声非常清晰，水滴流下，感觉就像流入浩瀚的银河中；宫中实在寂寞，本想出去散散心，无奈又怕春罗草上的露水把绣鞋弄湿弄脏。唐朝时，曾经有位宫女在红叶上题诗，以表达对后宫寂寞的哀怨；想到这里，不禁勾起了我的新愁，愁容写上了我的翠蛾般的眉梢。一场秋雨过后，湿淋淋的白玉石的台阶，让人感到秋意的寒冷；深夜里，大风摇动着宫门上的金锁，叮当叮当地作响。已经好几年了，都没见到皇帝一面；我这里借用唐朝时的事，表达一下我的心情，皇宫后院太液池中的蓬莱山啊，虽然近在咫尺，怎奈何我却不能接近啊！

恰巧这时宪宗从这里经过，听到邵氏吟诵的诗，觉得不同寻常。邵氏因此也得到了宪宗的雨露之恩。后来，她生下了兴王、岐王和雍王三个皇子。成化十二年（1476）册封为宸妃，成化二十三年（1487）晋封为贵妃。世宗当皇帝时，因为眼病，她已经什么都看不见了，但是，听说自己的孙子当了皇上，还是非常高兴。她把世宗拉到身前，从头摸到脚。世宗尊她为皇太后，上尊号为“寿安”。嘉靖元年（1522）十一月邵氏去世，谥“孝惠康肃温仁懿顺协天佑圣皇太后”。

在确定邵氏葬地时，大臣们都说橡子岭（又名祥子岭，在今定陵稍北）地形高敞，可以卜葬。而世宗则主张在茂陵左右附近的地方卜建山陵。经再三考虑，才于嘉靖二年（1523）二月二十五日，葬邵氏于茂陵。

## 第二节 陵园山水与陵制

### 一、来脉“个”字，地势宽平

茂陵的陵名定于成化二十三年（1487）九月十五日。同日，嗣皇帝孝宗朱祐樘下旨建陵。陵址由礼部右侍郎倪岳及钦天监监正李华等人卜定。内官监太监黄顺、御马监太监李良、太傅兼太子太师保国公朱永、工部左侍郎陈政奉命提督军士工匠营造。

茂陵所在的聚宝山山形地貌很有特点。

首先是龙脉来山呈“个”字走势。古人对墓葬后面的山脉“个”字形的走势特别推崇。如，唐杨筠松《一粒粟》就说：“入首初看‘个’字巅，次看突起节包边。”又说：“龙分顶上有三丫，左右名为龙虎砂。一脉中抽宜起伏，形如‘个’字正兼斜。”明刘基《析髓经》也有“‘个’字落脉要融结”之说。茂陵背后的聚宝山，正好是由三条脉络组成，是“个”字形的走势。其中，茂陵的宝城就建在中间一条脉络前面。这条脉络，在接近宝城的位置有一个凸起的小山包，也就是人们所说的结穴山。再往后则起伏蜿蜒达于天寿山西峰之顶。这条脉络正好是“个”字的中间一竖。左右两条脉络，也是从山顶分下来的，正好分处宝城的一左一右。其中，左面的是龙砂，相当于“个”字的一捺；右面的是虎砂，相当于“个”字的一撇。（图 1.5.5）

图 1.5.5 茂陵陵后山脉

其次就是茂陵所在地，地势非常宽阔平坦。在古代，陵寝地宫，即宝城所在地，被称为“龙穴”，宝城前面的地方称为“明堂”。明堂有两种：一种是“内明堂”，指的是龙砂或虎砂环抱在龙穴之前，成为陵寝的案山，因为距离龙穴比较近，所以称为内明堂。例如，十三陵中的献陵、庆陵都属于这种情况。内明堂受地形所限，并不要求太宽阔。如果案山比较远，则称为“外明堂”。外明堂必须宽展，不能狭窄。茂陵是以大红门西侧卧虎山为远案（也称朝山）的，距离较远，所以属于外明堂的格局。而其宽阔平坦的地势，正与外明堂的要求相符。所以，嘉靖十五年（1536）九月，廖文政奉命考察茂陵时说：“茂陵，明堂广阔，龙穴分明，山势奇特。”对茂陵的山川形胜进行了赞美。

## 二、陵寝制度

成化二十三年（1487）九月十九日，山陵启土动工，所役京营军匠达 4 万之众。十二月十七日，葬宪宗及孝穆太后。弘治元年（1488）四月二十四日，茂陵陵寝工程竣工，共用了七个多月的时间。陵寝制度大体如裕陵，但宝城内琉璃照壁后面设有左右两个方向的踏跺，可上登宝山，又与其他各陵均不相同。

陵园建成后的第三天，天寿山一带突降大雨，雷电风雹铺天盖地而来，各陵楼、殿、厨、亭及各监厅屋兽吻、瓦饰击碎很多。于是，大臣们交章上奏，请新登极的孝宗皇帝亲贤勤政，修德爱民，以回天意。

二十九日，礼部尚书周洪谟等上言：“灾不于他所，而于祖宗陵寝之地；不于他时，而于茂陵工完之初。伏望陛下延访名德，讲求治理，诘致灾之由，究弭灾之道，仍敕两京文武群臣同加修省。”

五月十四日，内阁大学士刘吉等也上言。显然，大臣们是用“天人感应”的唯心主义思想，解释灾异的由来，警示新登极的孝宗皇帝，在今后的执政期间，不要抑贤用邪，不要听信谗言，否则，上天还会降下灾异，以示惩罚。

茂陵的建筑在清初时保存尚好，而且祾恩殿内的陈设也保存较多。顾炎武《昌平山水记》记载顺治、康熙年间茂陵的情况是：“十二陵惟茂陵独完，他陵或仅存御榻，茂陵则簨虡之属犹有存者。”

清乾隆五十至五十二年（1785—1787）茂陵曾得到修缮。其修缮情况，除祾恩门连同台基一同缩建外，均同裕陵。至清朝末年，祾恩门因年久失修已经倒塌，民国年间祾恩殿本已残坏，又被拆毁。

2009 年至 2010 年，十三陵特区办事处对残坏的建筑进行了修缮。现在，祾恩门、明楼宝城以及三座门等建筑都已修复一新，祾恩殿的台基、墙体也得到了相应保护。特别是陵前左右两边的古柏成行排列，还是明朝时所植，给人以肃穆庄严的感觉。（图 1.5.6—1.5.19）

至于茂陵地下玄宫的情况，虽未经发掘，但据王谦身、周文虎、武传真、祝恒宾、郑双良、江为为《微重力方法在考古工程中的应用——明茂陵地下陵殿探查》（刊于《地球物理学进展》1995 年 5 月第 10 卷第 2 期）文中介绍，中国科学院地球物理研究

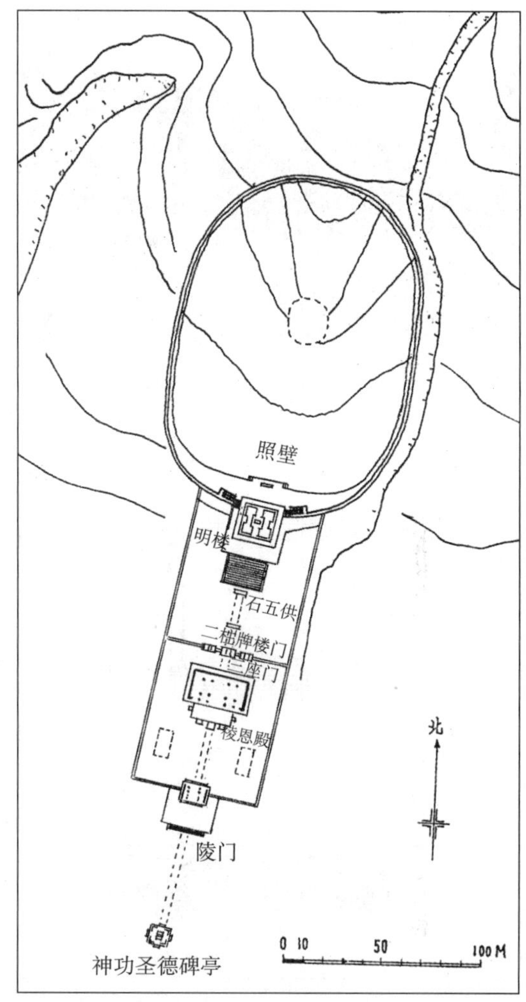

图 1.5.6 茂陵平面图

图 1.5.7 茂陵神道无字碑及两侧古柏

图 1.5.8 茂陵祾恩门（修复后）

图 1.5.11 茂陵第二进院落

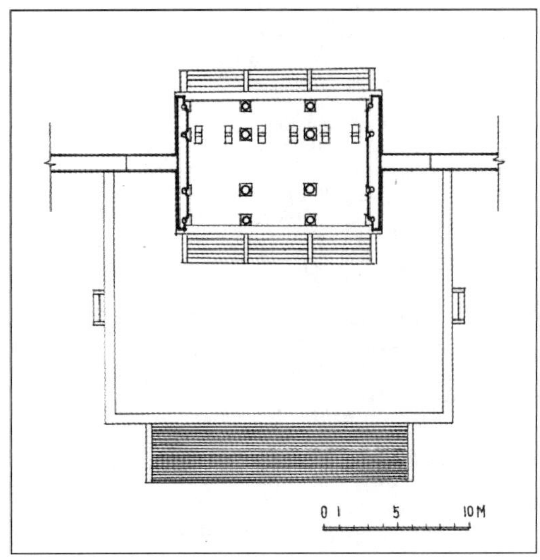

图 1.5.9 茂陵祾恩门平面图（乾隆改建后）

图 1.5.12 茂陵二柱牌楼门

图 1.5.10 茂陵三座门（修缮后）

图 1.5.13 茂陵二柱牌楼门石柱顶部麒麟

图 1.5.14 茂陵明楼（修缮前）

图 1.5.15 茂陵明楼（修缮后）

图 1.5.16 茂陵圣号碑碑趺侧面龙纹

图 1.5.17 茂陵宝城内照壁及台阶

图 1.5.18 茂陵宝城内景

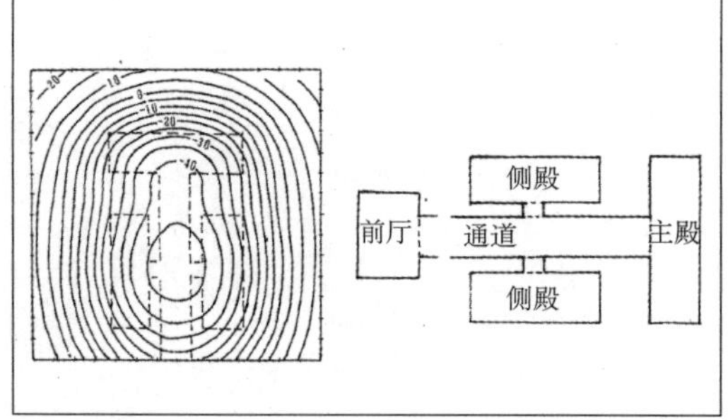


图 1.5.19 茂陵地宫平面预测图

所曾经对茂陵的地下玄宫采用微重力测量方法进行探测。探测的结果证明，茂陵的地下玄宫和定陵一样，也是由前、中、后、左、右五殿组成的。

# 第六章
# 泰陵

明泰陵，位于笔架山东南麓，这里又称“施家台”或“史家山”，是明朝第九位皇帝孝宗朱祐樘与皇后张氏的合葬陵寝。

## 第一节 墓主生平

### 一、“中兴”令主——明孝宗朱祐樘

明孝宗朱祐樘，宪宗第三子，成化六年（1470）七月三日生，十一年（1475）十一月八日立为皇太子，成化二十三年（1487）九月六日即皇帝位，次年改元弘治。（图1.6.1）弘治十八年（1505）五月七日逝于乾清宫，享年36岁，谥“达天明道纯诚中正圣文神武至仁大德敬皇帝”。十月十九日葬泰陵。

图1.6.1 明孝宗朱祐樘画像

孝宗即位之后，对母亲非常怀念，于是他开始派人寻找母亲的亲族近支，打算封授他们官职，以表达自己对母亲的思念，慰藉圣母在天之灵。弘治元年（1488）闰正月，他派遣太监蔡用前往广西平乐府，与当地的官员一起到贺县，把桂岭乡迎恩里龙堂村的老人请来，了解还有没有孝穆皇太后的近支亲人在世。结果，找到了孝穆皇太后的再从兄弟（同一曾祖父的

堂兄弟）纪贵和纪旺兄弟二人。孝宗授纪贵为锦衣卫指挥同知，纪旺为指挥佥事，还赏给他们田宅、金帛器物等。但是，后来发现，纪贵、纪旺兄弟，系伪造《宗系图》，而当地老人也没有细究事实，就举荐了他们。

那么，纪氏兄弟为什么会胆大包天冒认皇亲呢？原来，孝宗还是太子的时候，听孝穆皇太后说，她来皇宫时年纪太小，家里的亲人都记不得了。所以就有太监陆恺（本姓李），自称是孝穆皇太后的亲兄，并且他还托镇守两广太监顾恒寻找自己的叔父和哥哥。陆恺的姐夫韦父成，因为陆恺的叔父和哥哥都不在了，家里也没有别人了，于是就自己冒名顶替了陆恺的家人。当地官府居然将他视为皇亲国戚，赏给他官田数顷，而且他所在的乡村也在行政区划中被增名为“迎恩里”。纪贵、纪旺一看，外姓人都能冒认皇亲，自己为什么不试一把。

后来，因为朝廷派人调查发现纪氏兄弟是冒认皇亲，将他们发配到福建镇海卫充军，陆恺等人也因冒认皇亲受到了相应的处理。

孝宗一看，母亲的亲族近支实在找不到了，只好作罢。他说：“孝穆皇太后早弃朕躬，朕每念及此，戚然如割。初谓宗亲尚可求访，故宁受百欺，有所不恤。今卿等既谓岁久无以物色，请加封立庙，岁时致祭，以仰慰圣母在天之灵……朕心虽不忍，又奚能违。其悉准所议。”[1] 于是，孝宗下令在广西为母亲的先人修建了祠庙，春秋两季由布政使司官员祭祀。

在朝政的处理上，孝宗首先裁抑宦官及宪宗时所宠信的佞幸之臣，太监梁芳、外戚万喜及其党羽均被治罪。又淘汰传奉官 2000 余人；罢遣禅师、真人等 240 余人；佛子、国师等 780 余人，被追回诰命、敕书、印信和仪仗，遣归本土。并调整内阁班底，罢免了不学无术、依附权要的阁臣万安、尹直等人。

孝宗还注意选用贤臣。他先后重用的内阁大学士刘健、谢迁、李东阳，以及吏部尚书王恕、先任兵部尚书后任吏部尚书的马文升和兵部尚书刘大夏等都是当时的名臣。所以，《明史》称弘治时期“朝多君子”。

孝宗常常召阁臣至文华殿，让大家共议大臣的章奏，写出批语后，自己再批改颁发。所以，阁臣李东阳高兴地说：“天顺以来，30 余年间，皇帝召见大臣，都只问上一两句话，而现在却是反复询问，讨论详明，真是前所未有啊！”弘治十三年（1500）的一天，大学士刘健上奏说，晚朝散归后天色已黑，各处送来的文件往往积压内阁，来不及处理，如有四方灾情、各边报警等事务，就有耽搁的可能。于是，孝宗特定除早、晚朝外，每日两次在平台（皇宫建极殿东侧后左门）召见有关大臣议事。从此出现了“平台召见”这一新的朝参方式。

孝宗对大臣的关心和敬重，也超过了明代其他帝王。例如，有一位日讲官叫张元桢，

1《明孝宗实录》卷四一。

很有学问。据说他7岁就能写文章，被人称为神童。他讲话的声音特别响亮，很有穿透力。但是，就是长得其貌不扬，个子也很矮，还不足四尺高。但是，孝宗并不因此而怠慢他，反而对他更为尊重。按照当时的规矩，每逢进讲日，文华穿殿内除了要设皇帝的御座外，还要设置日讲官的书案。为了让张元桢讲课方便，孝宗特意命人专门在殿内为他设置了低矮的桌案。

又如，早朝的时候，孝宗亲御奉天门，大臣们言事，要从左右廊庑入门内面君而奏。有的大臣因地滑，行走失仪，孝宗从不问罪，奏本中有错字也不纠问，经筵讲官失仪，他还宽慰数语，不使其慌恐。

孝宗与大臣们讨论问题，也都是和颜悦色，亲如家人。对内阁诸臣，都尊称为“先生”。为此，李东阳写诗说：“近臣尝造膝，阁老不呼名。”[1]

有一年冬天，孝宗夜晚坐在宫内，觉得天气寒冷，就问左右内臣：现在官员有在外办事回家在路途的吗？左右回答说：有。他又说：“如此凛洌且昏黑，倘廉贫之吏，归途无灯火为导，奈何？”遂传下圣旨，命今后遇在京官员夜还，不论职位高低，一律令铺军执灯传送。这些事虽不算大，但作为一个封建皇帝能如此曲体臣下，也确属不易了。

孝宗在生活上也能注意节俭，不近声色。弘治元年（1488），出使明朝的朝鲜使臣卢思慎，曾对朝鲜的国王说：“先皇帝（宪宗）或于用人，间以私意，今皇帝（孝宗）则铨注登庸一出于正。又性不喜宝玩之物，虽风雪不废朝会，临群臣皆以丧服（居丧期间），惟祀天祭用黄袍，臣等慰宴时不奏乐，不设杂戏，劝花置于床上而不簪。大抵先皇帝弊政一切更张矣。”宪宗生前爱穿用松江府所造大红细布裁制的衣裳，每年要向那里加派上千匹。而这种织品，用工繁浩，名虽为布，实际却用细绒织成。孝宗当时还是太子，内侍给他送来新裁制的衣服。他说：用这种布缝制的衣服，抵得上几件锦缎衣服。穿它，太浪费了。遂谢而不用。他当了皇帝后，下令停止为皇宫织造此布。

由于孝宗一朝，削弱了太监乱政的现象，采取了一些发展经济、挽救危机的治国措施，缓和了社会矛盾，出现了一个较为稳定的时期，所以史称其时为“弘治中兴”。《明史》还总结说：“明有天下，传世十六，太祖、成祖而外，可称者仁宗、宣宗、孝宗而已。”一些人甚至认为，即使是汉文帝、宋仁宗这样的历史上的明君，也不过如此而已。

当然，孝宗在魄力方面不及明初几帝。例如，太监李广，曾用符箓祷祀等左道之术蛊惑孝宗，又假传圣旨，授传奉官，接纳贿赂，擅夺民田，大兴土木建造府第，还引来万泉山水环绕四周。御史张缙、给事中叶绅交章论劾，孝宗却置之不问。最后，李广因事情败露，才惧罪自杀。

又如，后家张氏，横行霸道，孝宗命司礼监官萧敬及侍郎屠勋前往查处，他们秉公办事，触怒了张家，张皇后便大发雷霆。孝宗不对后家裁抑，却只是委曲其间，从中和

1 明陈洪谟《治世余闻》上篇卷三。

稀泥。由于孝宗处事优柔，不能果断地惩治豪强，弘治年间，王公、勋戚侵吞民田的情况仍比较严重。据弘治二年（1489）统计，顺天府的各项庄田总数达332座，占地33000余顷。

尽管如此，孝宗皇帝的朝政，较之前后几帝，还是比较清明的。

### 二、孝康敬皇后张氏

孝康敬皇后张氏，孝宗元配，兴济（今河北青县东南30里处）人，都督同知封寿宁侯、赠昌国公张峦女。成化二十三年（1487）选为太子妃。孝宗即位，册立为皇后。（图1.6.2）武宗立，尊为皇太后。正德五年（1510），上尊号“慈寿皇太后”。世宗入继大统，称“圣母”，加尊号“昭圣慈寿”。嘉靖三年（1524），加“昭圣康惠慈寿”，改称“伯母”，十五年（1536），复加上“昭圣恭安康惠慈寿”。二十年（1541）八月八日去世，谥“孝康端肃庄慈哲懿翊天赞圣敬皇后”，十月九日葬泰陵。

图1.6.2 孝康敬皇后张氏画像

张氏对娘家人管束不严。她有两个弟弟，张鹤龄封寿宁侯，张延龄封建昌伯。二人开店肆，截商货，强取人田舍子女，干了许多违法的事。张氏不但不加约束，反而姑息纵容。当时凡揭发张家弟兄罪行的官员，都被罢官或下狱。内官何鼎，因得罪张氏兄弟二人，张皇后竟指使太监李广将何鼎活活杖死，从而助长了鹤龄兄弟二人的骄横势焰。扬州府同知叶元，曾侮辱过张氏家人。一次，叶元进京，张氏族人竟直奔吏部，将叶元抓走，痛打一顿。后孝宗皇帝游南宫，鹤龄兄弟二人入侍，酒喝到一半儿，趁张后、太子及张皇后母金夫人更衣的机会，孝宗将鹤龄兄弟二人叫到一边，温语规劝，鹤龄兄弟才免冠叩头谢罪，稍有收敛。

## 第二节 陵寝营建与陵寝规制

### 一、“金井出水”，改址风波

泰陵陵事的筹划是在明孝宗去世之后。《明武宗实录》记载，武宗即位后，即着手筹办孝宗丧事。礼部左侍郎李杰、钦天监监副倪谦和司礼监太监戴义对武宗说：茂陵西面有个叫施家台的地方，是个建陵的吉地，大行皇帝的陵寝可以在那营建。工科右给事中许天锡也向武宗建议，派廷臣中精通风水术的人，前去复视一次。他还提议：“如有疑，亟移文江西等处。广求术士，博访名山，务得主势之强、风气之聚、水土之深、穴法之正、力量之全，如宋儒朱熹所云者，庶可安奉神灵，为国家祈天永命之助。”礼部亦赞成这个提议。于是，武宗命太监扶安、李兴、覃观及礼部右侍郎王华等人前往施家台看视，最后确定在那里营建孝宗陵寝。（图 1.6.3）

图 1.6.3 泰陵陵门及陵后山脉

泰陵营建十来个月的时候，发生了意外的事。祝允明《九朝野记》和孙绪《无用闲谈》曾记载，泰陵营建中在开挖玄宫金井时，曾有泉水涌出，“水孔如巨杯，仰喷不止”。吏部主事杨子器亲眼看到，如实上奏朝廷。在古代的风水观念中，金井出水，被视为不祥。这样一来，泰陵非改址不可。当时的督工太监李兴，为武宗所宠信，势焰熏灼，不可一世。他见有人对他主管的修陵事提出了意见，十分气恼。工部左侍郎李鐩，希望陵寝尽快工成，也认为杨子器多言。他们偷偷命人堵住泉眼，上疏说杨子器“诽谤狂妄”，武宗不问青红皂白，下令将杨子器关进了锦衣卫大狱。其他知情官员见状再也不敢提这件事，更不敢为杨子器分辩求情。恰巧，这时有个新被起用的知县，莆田人邱泰，来到京城，见京城对这件事议论纷纷，就上疏说：“子器此奏甚有益，盖泰陵有水，通国皆云。使此时不言，万一梓宫葬后有言者，欲开则泄气，不开则抱恨终天。今视水有无，此疑可释。”

武宗觉得有理，命司礼监太监萧敬押解杨子器前往泰陵，一同察看验证。杨子器料到李兴、李鐩会堵住泉眼，自己此去凶多吉少，早晨临行时赋诗一首：

禁鼓无声晓色迟，午门西畔立多时。
楚人抱璞云何泣，杞国忧天竟是痴。
群议已公须首实，众言不发但心知。
殷勤为问山陵使，谁与朝廷决大疑。

他自比战国时代向楚王进献美玉的卞和，认为自己做了杞人忧天的傻事儿。现在，不知朝中谁能为自己雪清这不白之冤。众官员也为杨子器担心，怕他惨遭李兴毒手。

萧敬押着杨子器到了泰陵，李兴果然率领一群打手赶到。他们见了杨子器先是痛骂，接着又要鞭打。萧敬连忙阻止，对他们说：“水之有无，视之立见，何必如此？”又对李兴说：“士大夫可杀，不可辱也。”回到朝廷，萧敬向武宗禀报了泰陵金井无水的情况。太皇太后王氏（宪宗皇后）在宫内听说这件事，传旨说：“无水则已，何必罪人！”杨子器才官复原职，避免了一场杀身大祸。

其实，泰陵金井即使没有出水，但如果严格地从“风水”的角度看，该陵所建位置的确存在不合于风水“吉壤”条件的地方。如，嘉靖十五年（1536）九月，廖文政奉命考察七陵风水时，就曾评价泰陵：“来脉不正，砂水无情，又且水冲山射。”清梁份在《帝陵图说》中也曾评论泰陵风水：“山颠（巅）巨石，土山戴之。而灵域之脉实生其下，盖天寿山外之山。淆然杂乱，地气不正，穴结无情，非可为弓剑之所也。况乎黑岭南障，一无所见于前。贤庄，灰岭之水出其左，锥石之水出发其右，二水虽合，环绕南流，流而散也。……则皇堂之地不可言，概可知矣！”清谈迁在《国榷》则评价说：“泰陵临溪水，直流若干里，制又卑隘，识者知其地之不吉矣。”

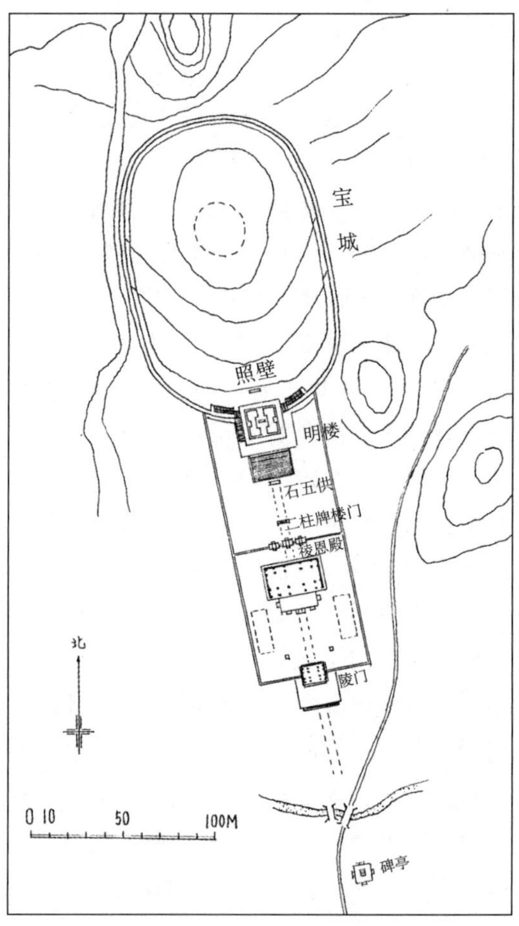


图 1.6.4 泰陵平面图

## 二、陵寝制度

弘治十八年（1505）六月五日，陵园正式兴工，并定陵名为泰陵。太监李兴、新宁伯谭祐、工部左侍郎李鐩提督工程，五军都督府及三大营官军上万人供役，历时四月，玄宫落成，于该年十月十九日午刻将孝宗葬入陵内。

正德元年（1506）三月二十二日，陵园的地面建筑也全部告成。整个陵寝建筑按《明武宗实录》记载包括：“金井宝山城、明楼、琉璃照壁各一所，圣号石碑一通，罗城周围为丈一百四十有二，一字门三座，香殿一座为室五，左右厢纸炉各两座，宫门一座为室三，神厨、奉祀房、火房各一所，桥五座，神宫监、神马房、果园各一所。”（图 1.6.4—1.6.9）

图 1.6.5 泰陵祾恩殿遗址

图 1.6.6 清乾隆时修建的泰陵神帛炉

图 1.6.8 泰陵宝城石雕排水嘴

图 1.6.7 泰陵三座门

图 1.6.9 泰陵陵内古树及朝山

泰陵在清康熙时有的建筑即已残坏。《帝陵图说》记泰陵祾恩门情况，“今左右两门坏，垒石以塞门”。

此后，清乾隆五十至五十二年（1785—1787）陵园建筑曾经修葺，修葺情况除三座门由琉璃花门改建成砖砌冰盘檐式门楼外，余同茂陵。2006 年至 2007 年，十三陵特区办事处曾对泰陵进行修缮，现明楼宝城以及陵墙都比较完好。

# 第七章
# 康陵

明康陵，位于金岭（又名莲花山或八宝莲花山）东麓，是明朝第十位皇帝武宗朱厚照和皇后夏氏的合葬陵寝。

---

## 第一节 墓主生平

### 一、荒唐任性的明武宗朱厚照

明武宗朱厚照，孝宗长子，弘治四年（1491）九月二十四日生，弘治五年（1492）三月八日立为皇太子。（图 1.7.1）弘治十八年（1505）五月十八日即皇帝位，次年，改元正德。正德十六年（1521）三月十四日逝于豹房。谥“承天达道英肃睿哲昭德显功宏文思孝毅皇帝”，九月葬康陵。

图 1.7.1 明武宗朱厚照画像

武宗是明代最昏庸荒淫，也是最任性的一位皇帝。他在位期间，不修朝政，荒淫失德，太监、佞幸擅权，史所罕见。

武宗即位时，年方 15，从小养成贪图玩乐的坏习惯。孝宗临终时，特召大学士刘健、谢迁、李东阳至乾清宫，托以后事。又握着刘健的手说：“东宫（皇太子）年幼好逸乐，卿等当教之读书，辅导成德。”但武宗并不听这些顾命大臣的意见。他喜欢的是在东宫时陪伴他玩的几名太监，为首的是陕西兴平人，名叫刘瑾。另外还有马永成、谷大用、魏彬、张永、邱聚、高凤、罗祥等七人，时称“八党”，又称“八虎”。

武宗在他们的引诱下，每天游玩，根本不理朝政。

大学士刘健等人上章谏劝。武宗对这些只是温诏相答，并不采纳。“八虎”则迎合帝意，进鹰、犬、歌伎、角抵之类供武宗玩乐。大臣们一再进谏，武宗全当耳边风。于是，户部尚书韩文会同百官伏阙上疏，揭发“八虎”罪行。武宗却仍听信“八虎”的胡言，反而下令，将支持韩文的司礼监太监王岳贬到南京充军，司礼监由刘瑾掌管，马永成、谷大用分掌东西二厂，各居要职。刘健、谢迁等人被迫辞官回家。不久，韩文被刘瑾以伪银输入内库为借口，降一级致仕。其他反对过刘瑾的大臣也先后被杖责下狱，或罢官回家。王岳在押往南京途中，被刘瑾派人杀害。正派的大臣被打击下去，武宗遂放心大胆，纵情玩乐起来。从此，朝事无论大小，都由刘瑾一人专断，不再请示武宗。

刘瑾的暴行，激起了人们的反对，他最终因谋反罪，被处以磔刑。

刘瑾被除后，武宗又开始宠幸钱宁、江彬两个佞幸之臣。他不仅在皇宫肆意玩乐，还离京到边关、江南各地游乐。

在正常的情况下，皇帝的居住地点应该是内廷建筑中的主要宫殿——乾清宫。在那里，皇帝何时早朝，何时日讲，包括起居生活等，要处处合乎规矩，显出皇帝的尊严来。

但是，武宗却不愿意在内廷中过正常的皇帝生活。他受不了那种清规戒律的约束，他喜欢的是一种无拘无束的放荡的生活。所以，宫里的规矩他一概不愿遵守。

例如，他曾经下令在宝和殿至宝延殿之间，设立六家商铺。让太监、宫女们装作生意人，把宫里的东西作为商品。自己则头戴瓜拉帽，与他们谈生意。太监们则是手拿账簿，噼里啪啦地打着算盘，与武宗讲价还价。还有人装作中间人，进行调和。生意做够了，又去酒家去喝酒，宫女们假装成卖酒的老板娘，酒馆里弹着古筝、琵琶，热闹非凡。武宗喝醉了酒，就随意住在那里。

武宗最爱玩儿的地方，还是正德二年（1507）在现在故宫西华门附近修建的一处建筑，称为“豹房公廨”，人们又简称它为“豹房”。这处建筑于正德七年（1512）建成，修建的时间长达五年。豹房共有房屋200多间，里面既有居住的密室，又有游戏的房间，还有内操训练的教场以及佛寺等建筑。武宗非常喜欢住在这里，把它称作“新宅”。在这里，武宗每天让教坊的乐工进豹房演奏，不够时还调取外地的乐工进来，人数往往数以百计。当然，武宗自己也比较懂音乐。明朝人李诩写的《戒庵老人漫笔》说：“武宗皇帝深解音律，亲制杀边乐，南京教坊皆传习。余尝闻之，有笙有笛有鼓，歇落吹打，声极洪爽，颇类吉利乐。”

武宗在豹房还经常演练阵法。参加练兵的有皇帝的侍卫军，还有江彬等建议调来的辽东、宣府、大同、延绥四镇边军和群阉组成的部队。江彬统领四镇军，武宗自领内官，号为“中军”。《明史・江彬传》记载他们每天“晨夕驰逐，甲光照宫苑，呼噪声达九门。帝时临阅，名‘过锦’”。

武宗除了在京城玩乐外，在佞臣江彬等人的诱导下，从正德十二年（1517）开始，还多次寻找各种借口离京到外地游乐。他去过宣府（今河北宣化），去过山西大同，去过北京的密云，去过南方的扬州和南京。为了过把当将军的瘾，他还自封为总督军务威武大将军、总兵官，还给自己起了个新名，叫朱寿。正德十二年（1517）十月，武宗在山西应州附近指挥明军还真与蒙古骑兵打了一场硬仗。他自己还亲自冲锋陷阵，斩杀了一名蒙古骑兵。为此，他得意扬扬，又下诏为自己晋爵为太师、镇国公。

为了寻求刺激，他还曾经与虎搏斗。结果，正德九年（1514）那次被虎所伤，导致一个多月没法上朝。

武宗喜欢贪热闹可以说是出了边儿。自从他即位以后，每年皇宫里都挂灯笼玩儿，每年都要耗费几万两白银。库存的黄蜡不够用，就让人去购买。正德九年（1514）那一年，宁王朱宸濠为取悦武宗，送来了新样四时灯几百盏。这些灯装饰华丽、穷极奇巧。朱宸濠还派人到皇宫悬挂。每盏灯样式不一样，为了新奇，或挂在大殿的柱子上，或者紧贴墙壁悬挂。武宗又下令沿着殿宇间的栏杆设置毡棚，用来储存火药。不料，因为管理不到位，着了火，眼看皇宫的殿宇便发生了大火灾。可是，这时武宗却一点也不着慌，笑着说：“是一棚大烟火也。”

武宗对佛教中的喇嘛教非常痴迷。他通晓佛经梵语，并且经常在豹房新寺里与番僧们一起诵读佛经。一些喇嘛教的大师因此被封为显赫的宗教官职。武宗则自封为大庆法王西天觉道圆明自在大定慧佛。

武宗因为自己生肖属猪，姓也与“猪”字同音，竟然以“总督军务威武大将军总兵官都督府太师镇国公”的名义，下令百姓禁止养猪、杀猪。

正德十四年（1519）八月，武宗借口平定宁王朱宸濠叛乱，率军南下。但他实际目的却是到江南游玩。在途经扬州的时候，太监吴经得知城里许多女人都躲了出去，就派人暗中查访。到了深夜，突然带兵来到，举起灯笼，把大街照得像白天一样，大呼：“圣驾到来。”要大家迎驾。这样，白天查访到的女人便一个个被搜括到武宗的“提督府”里。

本来，朱宸濠在武宗南下的路途上就已经被提督南赣军务的都御史王守仁擒获，但是武宗到了南京以后，却又让王守仁在受俘仪式的广场上把朱宸濠放掉，然后，自己再将朱宸濠生擒活捉。

在回京的路上，武宗在清江浦（今江苏清江市附近）的积水池中，驾小船捕鱼，不慎船翻落水，救起后，不久病死。

## 二、孝静毅皇后夏氏

孝静毅皇后夏氏，武宗元配，上元（今江苏南京）人，庆阳伯夏儒之女。（图 1.7.2）正德元年（1506）册立为皇后。嘉靖元年（1522），被尊为“庄肃皇后”。十四年（1535）正月二十五日去世，与武宗合葬康陵。在丧期间，世宗皇帝以“嫂叔（夏氏为世宗堂嫂）无服，且两宫在上”为由，拒不为夏氏服丧。上谥时，大学士张孚敬迎合帝意，提出“大行皇后是皇帝之嫂，与累朝元后不同，宜谥二字或四字”，李时则提议用八字。左都御史王廷相、吏部侍郎霍韬等上疏认为，都是皇后，不应有差别。礼部尚书夏言召集群臣议论后上疏说：“古人质朴，所以谥法也简明扼要。后来，谥字越来越多，都是出于臣子的盛情。大行皇后即生今世，宜行今制。其谥号宜如列圣元后，均谥十二字，二、四及八字都于礼无据。”世宗不同意，命廷臣再议，大臣们只好屈从帝意。最后，世宗以“六”合阴数，命谥六字，于是谥为“孝静庄惠安毅皇后”。嘉靖十五年（1536 年），才按皇后礼，改谥为十三字，即“孝静庄惠安肃温诚顺天偕圣毅皇后”。

图 1.7.2 孝静毅皇后夏氏画像

## 第二节 陵园山水与陵制

康陵系武宗去世后营建，始建于正德十六年（1521）四月三十日，工部左侍郎赵璜、太监邵恩、武定侯郭勋奉命提督山陵工程。同年六月十二日，号陵名为康陵。九月二十二日，葬武宗于陵内。

### 一、形似莲花的后龙山脉

康陵背后的山名为金岭，但是在古代它还有一个俗名。这是因为康陵后面的山峰有并排五座，山上都分布有陡峭的山石，看起来就像一个个莲花花瓣一样，所以又有“八宝莲花山”之名。但是，在民间传说中，则认为是武宗皇帝贪恋美色，荒淫无道，以“莲花”名康陵后山，是取“恋花”的谐音。（图 1.7.3）

图 1.7.3 康陵及背后的八宝莲花山

从建筑景观的角度看，康陵的背景确实非常壮观，群山环抱，非常优雅。但是，古人从风水的角度去衡量，则往往是取否定态度的。例如，嘉靖十五年（1536）九月，廖文政奉命考察康陵时就说：“康陵，山麓水恶，右山仰头，左砂随水。”清梁份《帝陵图说》也说：“顽石五峰，巉屼陡峭为主峰，而梓宫适安其下，地脉非所有，不待相冢而知矣。面之若屏，而壁立于前者，黑岭也；左右罗列，狰狞怒张者，群峰也。寝殿之间，宝城之上，安得不阴幽凛冽！”

## 二、陵制沿革

嘉靖元年（1522）六月十七日，康陵建成，制度一如明泰陵。嘉靖十四年（1535）三月二十八日，葬皇后夏氏于陵内。崇祯十七年（1644），李自成农民军出于对昏君的仇恨，将明楼付之一炬。不仅明楼的木构结构被烧毁，明楼内的圣号碑也因此被烧裂。

清乾隆年间对陵园重加修葺，明楼四壁和祾恩门都被拆小改建。国民党统治时期，陵园更是频遭破坏。当地土匪曾在宝顶之上开挖盗洞，企图盗窃墓内珍宝。其时连降几天大雨，盗洞坍塌，砸死洞内土匪，陵园才幸免被盗。

多年来，由于人为破坏和风剥雨蚀，陵园残毁严重。2003 年至 2004 年，十三陵特区办事处对陵园的残坏建筑进行了修缮，现明楼宝城，以及三座门、琉璃照壁均修葺一新。祾恩门也依据乾隆改建后的遗迹进行了复建。（图 1.7.4—1.7.9）

不过，在陵园的建筑中，由于墙皮脱落，露出了城砖，却使得人们可以欣赏到款识多样、字迹清晰、构图精美的砖铭文。

砖铭文，是为检验工程质量，在烧制前刻或印在砖坯面上的标记性文字，经过烧制，遂完好地保留在砖面上。康陵内的城砖，刻有铭文的几乎随处可见，分别为成化（十三陵中，目前发现最早带有铭文的砖，即是成化年间的）、弘治、正德年间所造。（图 1.7.10）

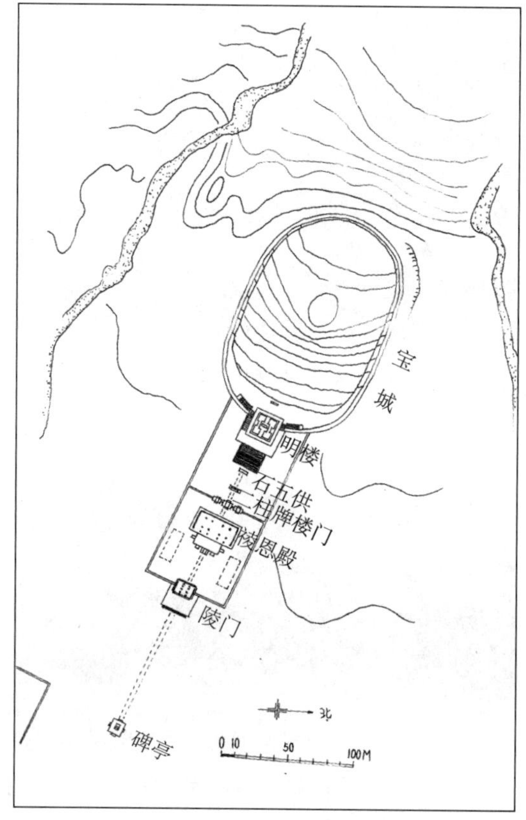


图 1.7.4 康陵平面图

图 1.7.5 康陵祾恩门原状

图 1.7.6 康陵祾恩殿（民国二十四年）

图 1.7.9 康陵明楼及宝城内情况

图 1.7.7 康陵祾恩殿现状

图 1.7.8 康陵明楼台基上明代角柱石遗迹

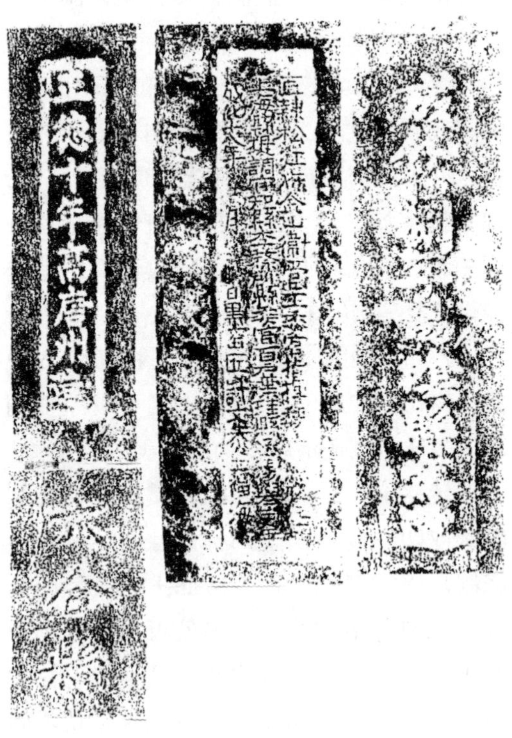

图 1.7.10 康陵砖铭文拓片

铭文款识多样，字数多少不一。少的不过三四字，只反映砖的产地，如“六合县”“泰兴县造”“浚县窑造”“镇江卫造”等；最多的达61字，如“直隶松江府金山卫管工委官指挥魏文、照磨任铬、上海县提调官知县李隶、所县委官百户叶珪、县丞汤□、吏王恺。成化十八年 月 日，黑窑匠计文恭、金福海”，不仅反映了砖的产地，还记有委官人、匠人的姓名，以及砖窑种类、烧制年代等”。铭文的布局形式，也不尽相同。有横排式，有纵行式；有单行式，有多行式；有的舒展恢宏，将砖面占满，有的像一方长条印章装饰在砖面中间。字形大的，径达5厘米，小的不足半厘米。铭刻形式，有阳刻（文字凸出，如印章中的朱文印），也有阴刻（文字凹进，如印章中的白文印）。铭文的四周，有的装饰有一道或两道“口”字形边框，给人以严谨庄重的规范感；有的不饰边框，给人以质朴无华的自然意趣。铭文书体有楷书及行楷两类。这些铭文大多出自民间书法家或略通文墨的匠人之手，书艺风格带有多元化和古朴天成的特色。有的铭文匀整规范、平正工稳，带有宫廷“馆阁体”的特征；有的铭文雄强茂密，浑穆大方，又略具北魏碑版的风骨；有的铭文潇洒瘦劲，意态天真；有的铭文婉转遒劲……真是千姿百态，意趣多变。

根据这些砖铭文的记载，还可以知道，康陵用砖产自河南、江苏、山东等省的三十几个州县。

此外，康陵的附属建筑中，神马房的遗址保存较好也是一大特点。（图1.7.11）神马房的管理归各陵的神宫监。太监们出去办事，由于路途较远，需要骑马。另外每遇陵寝祭祀，各陵神宫监都会有内官，牵着马在石牌坊等候祭陵官员。祭陵官员下了轿子，就要改乘马前行。各陵神马房的马匹，最多时有上百匹，少的时候也有十几匹。例如，据《明宪宗实录》卷一〇四记载，成化八年（1472）五月，兵部曾经上奏说：“裕陵神宫监原有神马一百匹，遣旗军二百一十二人牧养，今止存十七匹。宜照十七人牧养……有旨：留二十人。”

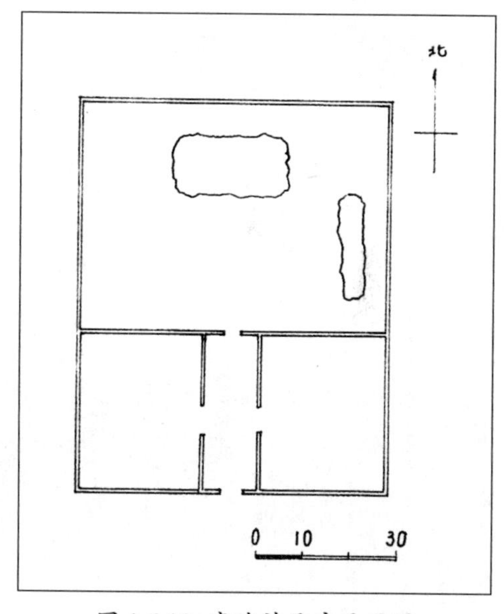

图 1.7.11 康陵神马房平面图

康陵神马房遗址位于陵园的左前方，虽墙体已残，但院落布局清晰。其总宽为68米，纵深85.8米。由前后两进院落组成。前院于前面正中位置设门，院内左右各有隔墙，形成左右马厩。后院系一庭院，院内有正房及左配房遗址，当系马夫居住的歇房及草料储存房间。院墙全部用河光石垒砌。

# 第八章
# 永陵

明永陵，是明十三陵中的第八座陵，位于阳翠岭南麓，安葬着明朝第十一位皇帝世宗朱厚熜及陈氏、方氏、杜氏三位皇后。

## 第一节 墓主生平

### 一、刚愎暴戾之君——明世宗朱厚熜

明世宗朱厚熜，明朝第十一代皇帝。（图1.8.1）正德二年（1507）八月十日生于兴王府，十六年（1521）四月二十二日即皇帝位，次年改元嘉靖，所以，人们也称他为嘉靖皇帝。他在嘉靖四十五年（1566）十二月十四日病逝于乾清宫，时年60岁，谥“钦天履道英毅圣神宣文广武洪仁大孝肃皇帝”。次年三月十七日葬永陵。

图 1.8.1 明世宗朱厚熜画像

明世宗是一位几乎妇孺皆知的皇帝。他之所以“大名鼎鼎”，并不是因为他有多大的历史功绩，也不是因为他多么贤明或是多么臭名昭著。而是在他那一朝，发生了许多世人熟知的历史故事。比如，海瑞上疏，戚继光抗倭，严嵩擅权，等等，凡是上了点儿年纪的人，几乎无人不知。因为，这些事情，

有的曾经上过课本，有的还被编成剧本，走上了舞台。比如，京剧《海瑞罢官》、越剧《五女拜寿》等。

其实，除了这些人们熟知的事情外，有关明世宗的事情还有很多。比如，嘉靖初年的议大礼，就是明史上非常重要的一件事。

明世宗是武宗的堂弟，即武宗叔父兴献王朱祐杬的儿子。他之所以能够当上皇帝，是因为明武宗无子。于是，他按照“兄终弟及”的祖训继承了皇位。当时世宗才 15 岁。但小小年纪的他，处世却已非常老练，而且性格执拗，做事非常果断。

当时，武宗的母亲皇太后张氏，以及以首辅大学士杨廷和为首的朝廷大臣，虽然一致愿意迎立世宗为帝，但却主张依照汉朝定陶王、宋朝濮王故事让世宗以过继其伯父孝宗为子的方式，以皇太子身份登极，并改称生父兴献王为叔父，母蒋氏为叔母。对于这一要求，世宗表示反对。他说：“难道父母是可以随便换的吗！”当礼部要求他来京后，从皇城旁门东安门入，先居文华殿，次日在百官劝进下，择日即位时，世宗说：“大行皇帝遗诏以吾嗣皇帝位，礼部所定仪式怎能是这样？”坚持由皇城正门大明门入，日中时即位。

世宗母蒋氏入京时，礼部拟以王妃礼仪由东安门入，世宗不顾群臣反对，断然决定母后驾仪从大明门中门入，然后拜谒太庙。当他听说母亲不同意自己以孝宗为考（父），停在通州不肯进京时，涕泪不止，入启皇太后张氏，表示“愿避位奉母归”。在这种情况下，皇太后张氏及杨廷和等大臣才不得不屈从世宗，同意他追尊父兴献王为兴献帝，母为兴国后，其母蒋氏才以太后驾仪从大明门进入皇宫。

此后围绕着世宗是否应该在兴献帝后的尊号中加上“皇”字，世宗在群臣的压力下曾一度称孝宗为皇考，是否可以改称皇伯考，以及世宗能否将其父“本生皇考恭穆献皇帝”尊号和母“本生圣母章圣皇太后”尊号中的“本生”二字去掉等一系列问题，世宗又一再与廷臣中的大多数官员发生争执，史称该场争议为“大礼议”或“议大礼”。

在这场争斗中，世宗运用皇权的力量，经过几番较量，最终取得了胜利。不少大臣受到了惩罚。如嘉靖三年（1524）五月，世宗为去掉“本生”二字，将 220 名在左顺门集体长跪不起以示反对的官员逮捕入狱，并对为首的 8 人进行拷讯后编伍充军，其余四品以上均夺俸，五品以下 180 余人均被杖责，其中有 19 人因伤势过重死亡。

再比如，“壬寅宫变”，也是明史上一件触目惊心的事情。世宗执拗残暴的性格虽然使他在议礼中大获全胜，但却给他后来的宫廷生活和执政带来不少负面影响。如朝鲜《李朝实录》记载他对宫女、妃嫔虽然也有宠爱之时，但“若有微过，少不容恕，辄加箠楚，因此殒命者多至二百余人”。以至她们“蓄怨积苦”，在嘉靖二十一年（1542），也就是壬寅年的十月二十一日，发动了一场宫廷事变。那天深夜，世宗正熟睡于曹端妃宫中，以杨金英为首的 16 名宫女密谋趁机把他勒死。其中一名宫女用布蒙住世宗的脸，另一名宫女把绳索系在世宗的脖子上，大家一拥而上，将世宗按住，用力拉住绳套。可惜宫女们误把绳套绾成了死扣，不论怎么拉，绳索都不能收紧。这时宫外隐约有一些响动。宫女张金莲见事不成，偷偷向孝烈皇后告密。孝烈皇后闻讯起来，将宫女们拿下。可怜这些宫女，一个个被“凌迟处死，剉尸枭首，示众尽法”，家属也被逐一查出，依律处决。宁嫔王氏、端妃曹氏，均牵连案中，被处以极刑。

世宗迷信道教，在明代皇帝中也是最为突出的。世宗在位期间，开始的时候，能够革除武宗时期的一些弊政，似乎稍有所为。但是，时间不久，他就痴迷上了道教。道教是中国一种土生土长的宗教，产生于东汉时期。这种宗教奉老子为教祖，要人们通过修炼，达到长生不老、羽化成仙的目的。世宗对道教非常痴迷。道教有一种设坛祭祷、借以求福免灾的仪式，称为“斋醮”。世宗在宫里就常年不断地举行这种斋醮仪式。在举行这个仪式的时候，要给“天神”上一份奏章表文。这种奏章表文，因为是用朱笔写在青藤纸上，所以又被称为“青词”。青词的文体，一般是采用对偶句法的“骈俪体”。因此，要求撰写人要有一些文采。世宗设立斋醮时的青词，都让大臣们给写。于是，那些削尖脑袋想升官的官员便纷纷在撰写青词上下功夫，以求加官晋爵、平步青云。大奸臣严嵩是其中的一位。另外，还有袁炜、李春芳、郭朴等人，因为青词写得好，被世宗任命为内阁大臣。他们也因此被人们称为“青词宰相”。其实，这些青词都是一些献媚之辞。例如，袁炜写的一首词是：

洛水玄龟初献瑞，阴数九，阳数九，九九八十一数，数通乎道，道合元始天尊，一诚有感。岐山丹凤两呈祥，雄鸣六，雌鸣六，六六三十六声，声闻于天，天生嘉靖皇帝，万寿无疆。

袁炜因为写了这首肉麻的对联形式的青词，而由一个侍读升为礼部尚书，加太子少保，不久进入内阁。

世宗终日在皇宫里设坛斋醮，迷醉祷祀，不临朝问政，再加上他是非不明、忠奸不分，后来终于出现了奸臣严嵩专权，忠义大臣被贬、被杀，朝政昏暗的局面。例如，当时朝廷面临着“南倭北虏”两大威胁。在抗击东南沿海的倭寇作战中，总督张经率总兵俞大猷等奋勇作战，取得了一次又一次胜利，但张经却被严嵩的亲信，负责督察沿海军务的工部侍郎赵文华陷害，被下诏狱论死。在抵御蒙古骑兵南下侵扰方面，首辅大学士夏言、总督三边侍郎曾铣力主收复河套地区，并取得了一定战果，但却均被严嵩用计陷害而死。

夏言忠，严嵩奸，世宗为什么看不出来？这是因为，严嵩这个人，虽然又贪又奸，但是他诗文写得非常好。每次为世宗撰写青词都非常认真。世宗赠给大臣们道士所戴的香叶冠，他不仅高高兴兴地戴，还在香叶冠的外面罩上一层纱，以示虔诚。而夏言却不这样，他虽然诗文写得也不错，但是他对世宗终日沉迷于斋醮心里却持反对态度。所以，他对青词的撰写并不认真。世宗赐给他香叶冠，他竟然以不是人臣法服为由不肯穿戴。

由此可见，世宗迷信道教，对朝政影响是非常大的。又如，嘉靖二十九年（1550），在蒙古俺答部兵困北京城、肆意杀掳的情况下，身负节制各路勤王军队重任的宣大总兵大将军仇鸾，却坐观俺答兵烧杀抢夺，不敢迎战，差一点使北京城沦陷。而这个仇鸾却正是通过重金贿赂严嵩之子严世蕃才得到这一官职的。而且，在此之前，仇鸾还曾重金买通俺答，让俺答绕过自己的防区，攻打别的地方。

世宗对道教的迷信，不仅搅乱了他的政务，还造成了极大的浪费。据史书记载，嘉靖时期，每年斋醮所用蔬食费用就要花去上万两白银。此外，还要用黄蜡 20 多万斤、白蜡 10 多万斤、香品几十万斤。而且，每次设立斋坛，坛门都要用赤金泥书写匾额、对联，每次都要备上几十碗。书写匾额、对联的中书官则乘机趁火打劫，把金泥袖回家去。他们事先准备好几支大笔，故意把金泥蘸得满满的，然后假装笔涩、拉不开笔，把笔装入袍袖中，然后，再换一支笔。一副对联写下来，而袖子里的赤金也相当可观了。

道教给世宗带来了企图长生不老的幻想，但最终却夺去了世宗的生命。因为，明代的道教，除了斋醮外还有服用丹药等内容。当时，龙虎山上清宫的道士邵元节和方士陶仲文对世宗说，他们用红铅取童女初行月事可以炼成“先天丹铅”，并且说：“久进可以长生。”为此，世宗竟在嘉靖三十一年（1552）从京师内外选取了 300 名 8—14 岁童女进宫，嘉靖三十四年（1555）又选取 160 名 10 岁以下童女进宫，专供炼药。邵元节因此官封礼部尚书，陶仲文则官至特进光禄大夫、柱国、礼部尚书、少师、少保、少傅、恭诚伯，兼支大学士俸，成为一身而兼三孤的显赫人物。但是，世宗并没有因为服药而长生，相反，他在过多服用丹药后中毒身亡。

## 二、孝洁肃皇后陈氏

孝洁肃皇后陈氏，世宗元配，元城（隶河北大名府，今河北邯郸市元城县）人，都督同知泰和伯陈万言女。（图 1.8.2）嘉靖七年（1528）十月二日病故。世宗下令丧礼降等，谥“悼灵”，葬天寿山袄儿峪。嘉靖十五年（1536），礼部尚书夏言上奏说：“先皇后正位中宫，母仪天下七岁，夭崩谥悼，虽侔古法，而灵义有六，类非美称，请下翰林更谥。”于是，改谥为“孝洁”。穆宗登极后，上尊谥“孝洁恭懿慈睿安庄相天翊圣肃皇后”，迁葬永陵。

图 1.8.2 孝洁肃皇后陈氏画像

孝洁皇后是怎么死的呢？按《明史·后妃传》的记载，是因为有一天，陈皇后与世宗同坐，顺妃张氏和一位方姓妃子为世宗和陈皇后进茶，世宗看着两位妃子的手出了神。陈皇后看见后，心里不高兴，把杯子扔掉，就站了起来。世宗大怒，陈皇后因此受惊坠胎而死。

但是，朝鲜的《李朝实录·中宗大王实录》的记载，与此又稍有不同。那本书记载，嘉靖十五年（1536）二月初一，朝鲜使臣金光辙从明朝的国都北京返回朝鲜。朝鲜国王接见了他。他向国王讲述了他在北京的见闻。他说："臣路遇监生张云霓、魏朝聘。问皇帝政令。答曰：'皇帝喜怒无常，刑赏不中也。'问：'陈皇后何以崩逝乎？'答：'张皇后见宠。日前曲宴时，陈皇后有不豫之色。皇帝令陈皇后进爵而怒其色，三进不饮，终乃掷杯，即令罚跪。遂与张皇后入别房，至夜深然后使之退去。陈皇后以此用心得疾，未几而崩逝矣。'"

## 三、孝烈皇后方氏

孝烈皇后方氏，世宗第三后，江宁（今江苏南京）人，左都督安平侯方锐女。世宗即位10年，尚未得子。大学士张孚敬上言："古者天子立后，并建六宫、三夫人、九嫔、二十七妇、八十一御妻，所以广嗣也。陛下春秋鼎盛，宜博求淑女，为子嗣计。"[1] 世宗遂于嘉靖十年（1531）三月，选方氏（方皇后）、郑氏、王氏、阎氏、韦氏、沈氏、卢氏、沈氏、杜氏九人册封为九嫔。其中，方氏被册封为德嫔。

方氏被册为嫔后的第三年，世宗的第二位皇后张氏被废。原来，孝洁陈氏崩逝后，那位顺妃张氏就被立为皇后了。但是，她在嘉靖十三年（1534）正月时也被废掉了。被废的原因，也有不同的说法。

前述的那位朝鲜使臣在皇宫里听一位宦官说，哀冲太子落生后，张皇后有些不高兴。才过两月，哀冲太子去世，有人在世宗那里说是被张皇后诅咒而死，世宗因此将她废掉。但是，张皇后性格很柔顺，虽然被打入冷宫，她听说世宗病了，还是急得吃不下饭，日夜为世宗祈祷，愿意自己去替代。世宗听说后，后悔把她废掉，想恢复她的皇后之位，但新皇后已立，只好作罢。

而明天启时担任过礼部尚书的朱国祯在他的《涌幢小品》中则记载，他小时候听一位老儒生说，张皇后被废，与昭圣皇太后张氏（孝宗皇后）的弟弟张延龄有关。世宗因为他的母亲刚进京时，昭圣皇太后用藩王妃的礼仪相待，因此，世宗认为昭圣太后冷落和歧视自己的母亲，心里非常不满。正好有人告太后的弟弟张延龄有不法事情，于是，世宗打算给他定个谋反罪，然后满门抄斩，藉以报复昭圣太后。太后知道后，自然惊慌失措。她自己想借皇帝生子祝贺的机会为兄弟求情，而世宗又不答应。太后只好托张皇后给说情。张皇后受太后之托，为张延龄求情。不料，世宗听了勃然大怒。下令脱去张皇后的冠服，杖打一顿。第二天，下令将她废掉。废后张氏于嘉靖十五年（1536）去世，

1《明史·后妃传》。

按废后吴氏礼仪葬京西金山。

方氏因“端慎不怠，甚称帝意”，于张皇后被废后的第十天，被册立为皇后。并册僖嫔沈氏为辰妃、丽嫔阎氏为丽妃以副之。

方皇后在“壬寅宫变”时曾经救过世宗的命。当时，是方皇后闻讯后，及时赶到，解开绳索，救下世宗。但是，那时世宗已经不能说话。所以，方皇后命令内监张佐逮捕这些宫女进行审讯。审讯的结果是，王宁嫔是主谋，“曹端妃虽不与，亦知谋”。于是，方皇后下令处死了这些宫女及王宁嫔、曹端妃。其实，曹端妃确实不知道这件事。后来，世宗知道了曹端妃的冤情。说：“曹妃，我所爱，岂宜生此心！”因此，对方皇后产生了怀疑。嘉靖二十六年（1547）十一月的一天，方皇后所住的宫殿发生火灾。内臣们请示救方皇后，世宗不答应。方皇后因此于嘉靖二十六年（1547）十一月十八日，因那次火灾去世。后来，世宗也觉得自己有些残忍。说：“过去皇后救过我的命，我却不能救皇后的命。”下令以元配皇后礼仪葬永陵，并命将其棺椁停放于皇堂（玄宫主室）棺床上左侧。经礼部大臣建议，仍命放置右侧。谥孝烈皇后。隆庆初，上尊谥“孝烈端顺敏惠恭诚祗天卫圣皇后”。

### 四、孝恪皇后杜氏

孝恪皇后杜氏，穆宗生母，北京大兴人，庆都伯杜林女。（图 1.8.3）嘉靖十年（1531）封康嫔，十五年（1536）晋封为妃。三十三年（1554）正月十一日去世，赐谥“荣淑”，葬金山。穆宗即位，上尊谥“孝恪渊纯慈懿恭顺赞天开圣皇太后”，迁葬永陵。当时，孝洁陈皇后、世宗皇帝的棺椁一同葬入陵内。其安葬情况有“以次列祔”的记载，这说明，永陵一帝三后系同葬一室。

图 1.8.3　孝恪皇后杜氏画像

## 第二节　陵址卜选，反复斟酌

### 一、骆用卿卜选十八道岭

永陵的营建在世宗皇帝登极后的第十五个年头，即嘉靖十五年（1536），系其在位时营建的“寿宫”。但其陵址的卜选却是在嘉靖七年（1528）皇后陈氏去世之后。当时，世宗命辅臣张璁及致仕兵部员外郎骆用卿等人为陈皇后选择陵地。同时，也秘密选好了自己的陵地。

骆用卿在嘉靖年间以通晓风水术闻名。据明张瀚《松窗梦语·堪舆纪》记载，他是浙江永嘉人，与大学士张璁是同乡。张璁考中举人后，曾参加七次考试都没有考中进士。有一次，他邀请骆用卿登览他家祖坟。骆用卿见后非常惊诧。说："此地十年当出宰辅！"接着，又拍拍张璁的背说："可惜，您的年龄都这么大了，还没考上进士。这话怎能应验呢？"但是，谁都没有料到，第二年（正德十六年，1521 年），年已 47 岁的张璁竟然考中了进士，任职礼部观政[1]。后来，在议大礼中因上疏附和世宗尊崇兴献王而受到世宗器重，嘉靖六年（1527）十月，果然以礼部尚书兼文渊阁大学士的身份入内阁参政。嘉靖七年（1528），世宗在下令为孝洁陈皇后卜选陵地，并秘密预卜寿陵时，张璁便推荐了骆用卿。

骆用卿来到天寿山后，外观山形，内察地脉，为世宗选择了橡子岭（祥子岭）和十八道岭两处吉壤，并画图贴说，呈给世宗。嘉靖十五年（1536）三月己卯（二十四日），世宗谒祭长、献、景三陵后，带领从臣和钦天监官员亲自到骆用卿为他选定的十八道岭察看。第二天，又察看了橡子岭。最后，君臣一行都觉得十八道岭风水最为优胜。于是，世宗下旨说："适观吉地咸可为陵。朕惟祖宗所遗此，本诸天赐。既越列圣之地，恐朕未可当。今日既定，宜勿他适。还京可议营造，卿等其力赞之。"[2] 嘉靖十五年（1536）四月二十二日申时，浩大的陵工开始了。世宗皇帝亲自主持了祭告长陵的典仪，武定侯郭勋、辅臣李时奉命总理山陵营建事宜。世宗还下诏更名十八道岭为"阳翠岭"。

## 二、廖文政辨疑定陵址

世宗对陵寝营建工程虽然做了部署，但到底在不在阳翠岭营建寿宫当时还没有最后拿定主意。

据《兴邑衣锦三僚廖氏族谱》中的《文政公行程实录记》记载，嘉靖十五年（1536）三月二十六日，世宗下旨礼部尚书夏言说："朕观天寿山已建陵矣。若又拘此山，恐非所以为万世之计。卿宜访求精通地理之人，于畿辅近地或与天寿山相近之处，博选吉壤，以备后用。"夏言随即回奏："臣等窃惟自古帝王建立山陵重事，此非极精于堪舆者不能测识。看得天寿山形胜，天造地设，诚为国家亿万载根本之地。但列圣陵席卜建已多，此外尽善尽美之地已少，兹不可不预加访求，诚有如圣谕者。但今钦天监官生习学占候历数之学，原无地理专科之设，故精通地理绝少。臣等查得永乐七年太宗皇帝营建山陵于昌平州，上命礼部尚书赵翊（"羾"字之误）以明地理廖均卿等择得吉壤于昌平州东黄土山。御驾亲视其山为天寿，即今七陵所在是也。廖均卿乃江西人也，及查得《大明一统志》书载，江西赣州府兴国县人廖瑀，精识地理，几有仙道；而杨筠松、曾文辿俱奕世之明师。今其子孙或有能传受其业者。合该本部差官一员，赍文前往江西，行令抚按衙门访查前项廖、杨、曾氏子孙，果受祖传秘术得其道，各起一名前往。仍于各府、州、

1 明朝时派往中央各部观察政事的进士，称为"观政"。

2《明世宗实录》卷一八五。

县博访精通地理之人，着令一并起送。”

夏言的提议得到了世宗的批准。于是，在江西监察御史陈江的主持下，查访到了廖文政（图1.8.4）、曾邦旻、曾鹤宾三人。认为他们“受祖业，颇得其家传，堪以送”。还查访到潜老三、刘善三、廖才超等人“初知术业，学未精通”，杨筠松的后人，则“亡故，无人传授”。

图1.8.4 传世廖文政画像

嘉靖十五年（1536）六月十四日，礼部对廖文政、曾邦旻、曾鹤宾等人进行考核。考场设在礼部衙门的大堂内。考题是：“盖穴有三吉，葬有六凶，有山五（疑脱“不”字）葬者。何曰吉？何曰凶？辨之果皆合于理而不足凭乎？抑多居其富会贵之望而不信，地理之家书多，必本注大要，试悉言之，以观汝术。”参加考核的术士们当场答完题呈上。其中，廖文政的答卷写的是：

赣州府兴国县衣锦六十三都廖文政，年四十四岁。破题曰：夫穴有三吉，葬有六凶，天光下临者，乃日月星辰也。天光一照，此地加豪，藏神合朔，神迎鬼避，一吉也。观阴阳冲和，五土四备，二吉也。目力之巧，功力之具，趋全避缺，增高益下，三吉也。盖六凶：阴阳差错，为一凶；岁时之乘（当为“乖”字之误），为二凶；力小图大，为三凶；凭福恃势，为四凶；僭上逼下，为五凶；变应见怪，为六凶。经云：穴吉葬凶，与弃尸同。夫山有五不葬者，乃童、断、石、过、独也。童山，乃草木不生，土脉枯槁，无发生中和之气，纯阳之地，故不葬也；断山，无接续之山，而生气隔越；石山，嵯峨刚硬，无气之处；过山，乃性情不止，挽之不住，迢迢而去；独山，四围不顾，入风摇动，故不葬也。经云：童、断、石、过、独生新凶，而消己福。夫地理者，若伏若连，其原自天。如怀万宝而燕息；若具万膳而洁齐。龙穴有情，阴阳相配，藏风聚气，脉尽水界，四山拱顾，朝案端明，此乃风水之全美也。地理之妙，阴阳所钟。璇玑玉衡，七政齐耀。天机之崔灿，金涵宝照炫天机；地轴之玲珑，三台应金马、玉堂之秀。六甲出琼楼宝盖殿之龙，胎伏有三十六传。高齐云而低近水，劫煞一十二路。居后座而应前宫，原夫沟分弧角、度踪峡出。崩洪降势，看体势证应之若何，次察贵财鬼劫之殊异。虽有大小横斜之落，恐虚轻借杂之伪。若能明此交媾之情，方识阴阳融结之义。盖三阳从地聚而升，三阴自天生而降，是以有阳嘘阴吸之道。究阴静阳动之理，阳以阴为性，阴以阳为体。故阳一嘘，万物生焉；阴一吸，万物成之。阴强阳弱，弱就强而成物；阳柔阴刚，刚就柔而济生。大抵气脉弱者，秀而弱来。弱者，粗而浮顺。脉短迟而正求迎接。送脉雄急，而架、折安排；生脉活动，而生来死受；死脉粗蠢，而弃死挨生；急脉露逼太浮，饶、让、架、粘而作；缓脉脑中而偏，斜正求迎，斗而收气来冲耳！譬如无义小人之辈，气从顶入；论忠厚君子之流，外看急缓，内枕死生。名曰合脚临头、临头合脚[1]且穴按玄机，图分妙诀。定二十四山倒影落头法，三十六穴情之指节明。格局之正，真认名字，而区别盖、粘、倚、撞、吞、吐、浮、重、挨、并、斜、插、斩、钩、截、坠、架、折。铺毡展席，微茫细认。交襟灰线，草蛇沉隐，须看生死。生龟尾、死鳖背，皆余气上生来。仰乘息，俯成胎，只生气裁剪。窟息气、皮珠乳，阳逆正求。突金硬，块节包，阴弱架、折。况夫气有聚散、断续之别，脉有贯、坠、崩、斩之非，作用必当饶减，可以究其精微。分界限，立标准，深浅自见。用倒杖，定向座，真假皆知。老嫩同行而可作，雌雄相感以为奇。单雌单雄无入首，宜须避矣。股明股暗认到头，即结处枕之，信乎气脉行乎地中。经曰：气，乘风则散；界，遇水则止。牝牡安于穴内，内方以安，外圆以应。左右透漏，而莫全其精血；内外包成，方能尽其性情。盖穴取有端者：单脉取实，曲脉取直，直脉取横，散脉取聚，聚脉取全，侧气聚斜，斜脉聚正，左来挨右，右来挨左，入路求架折、认急缓、从饶减。龙虎如屏，无情者气从脑散。来龙穴法，本自天然。砂水分明，合乎造水之嫌者，避坳、尖、直、冲破、斜飞。水忌仰返、牵潜、激割、撞射。爱之如唱喏雇主听。直穴正砂水，自然合卦。龙让虎，虎让龙，端停穴坐，不动八风。砂关水，水关砂，广阔明堂而容万马。信乎表正而影自随。主坐天心，众臣拱位。

廖文政的答卷，除引用郭璞《葬书》的部分内容外，绝大部分都是来自刘敦素《金函赋》[2]。曾邦旻、曾鹤宾等人的答卷内容，不见文献记载，曾、廖两家家谱也均未记载。

经过考核，廖文政、曾邦旻、曾鹤宾三人的风水学识都得到了礼部的认可，因此得以参加永陵的卜选，并成为钦天监官员。其中，廖文政被授予的官职是阴阳人，属未入流官员，每月的俸禄只有七斗米，待遇非常低。曾邦旻、曾鹤宾的官职估计也是这样。

嘉靖十五年（1536）九月二十四日，廖文政等随世宗从京城出发前往天寿山。次日，他们奉旨到阳翠岭的山顶上看该地风水，下山后在阳翠亭内朝见世宗。

行过叩头礼后，世宗问他们：“何如？”他们回奏说：“好。”世宗又问：“穴在何处？”廖文政回答：“势如仰掌，穴在中央。”世宗觉得陵后的山过于高大，心存疑虑。遂又问

1 《古今图书集成》辑《李思聪总索》：“临头合脚地方真，上下由来真气凝；上枕球檐端且正，合襟下对自分明。”

2 见 2009 年台湾武陵出版社出版，明顾陵冈、徐试可辑《地理天机会元》。又，刘礼让《新刻地理刘氏家藏善本》卷之四亦有记载，并注作者为江西刘敦素。

他们："后山高耸，何如？"廖文政回答："后山高耸者，号为离宫天柱。经曰：'天柱高而寿彭祖[1]'，主圣寿万年。"意思是说，后山高耸，就相当于八卦中离卦的丁位。古人把南方的离卦，分为丙、午、丁三个方位。其中，丁的方位，被称为"天柱"，也称为"南极"（南极仙翁），是长寿的象征。（图 1.8.5）

图 1.8.5 永陵明楼及陵后阳翠岭

所以世宗听了，不禁欣喜万分，哈哈大笑。他让廖文政走上前来。接着问道："均卿是尔何人？"回答说："是臣曾祖。"世宗问夏言、李时两位尚书和武定侯郭勋："他是廖均卿曾孙吗？"三人回答："是。"世宗又问廖文政："尔曾祖几年来京？"回答说："永乐七年来京。"看来，世宗对永乐时的事情很感兴趣。接着又问："永乐七年来京，尔祖说天寿山风水何如？"回答说："臣祖传流道，天寿山夺天下山川之正气，为万世之鸿基。"世宗问："你曾祖留下有何物与你做表记？"廖文政回答："臣曾祖留下永乐圣主御赐诗扇一柄，尚书金幼孜领。臣有地理文章。"世宗问随从的大学士们有什么说的。大学士们迎合世宗的意思说，既然是尚书金幼孜所领，廖文政又有地理文章作证，就把先帝所赐诗扇献上。

当天，廖文政等人还奉旨察看了天寿山长、献、景、裕、茂、泰、康七陵风水。临行前，世宗问七陵风水如何，廖文政说："好！致中和，天地位焉，万物育焉。"大臣们见天寿山"修竹茂林、瑞气交嘉"，都说是预示皇上早生皇嗣。

二十八日，君臣一行返回皇宫。

十一月初五日，廖文政随同夏言、李时、郭勋去清宁宫看望世宗皇帝的母亲蒋太后。廖文政对世宗说："臣看得清宁宫殿平矮，内里暗黑，纯阴无配。"世宗采纳了廖文政的意见，对该殿进行了修建。

嘉靖十六年（1537）二月二十四日，廖文政等随世宗前往天寿山谒陵。当天下午，随驾往阳翠岭寿宫点穴。到了那里，世宗问廖文政："你看穴要多少深？"廖文政说："不宜太深太浅。深用一丈七尺，又则二丈四尺。"匠官郭孟赐、李福全上奏说："要五丈深。"廖文政解释说："阴脉到头，阳脉结穴，不宜大（太）深。深则生水，气从上过。"世宗同意廖文政的意见。下旨说："钦天监廖文政论得理，不用太深。"又传旨说："朕明日诸事都要放小些。"武定侯郭勋上奏说："皇上是天子。"言外之意是可以往大一些做。世宗说："尧舜不是天子？先生（指风水先生）也曾护土葬。还是钦天监说得是。"众官遂都

1 彭祖，神仙人物。相传为夏代人，至殷代已有 800 岁，故为长寿的象征。

不敢吱声，叩头而退。这样，永陵地宫金井的深度就基本确定下来了。

廖文政虽然在卜选永陵的过程中起的作用不小，但官职并没有马上得到升迁。嘉靖十五年（1536）十二月十四日，他以从家里来时过于匆忙，寒衣未备，每月七斗米难以维持生计为由，恳请比照永乐年间卜选长陵例，授予他钦天监博士的官职。但世宗却非常吝啬，只同意每月给他加米三斗。嘉靖十六年（1537）十二月十七日，再次奏本一道。说家属都在北京，租房、买柴、衣食供应，难以接济。老家又路途遥远，同样贫穷。永乐时，其曾祖父廖均卿卜选长陵时授予了钦天监灵台郎博士品的官职，他希望皇上能在喜得皇子的时候，让他分沾一点恩典，给他加授官职。世宗这才给了他钦天监署博士（从九品）的官衔。比起其曾祖父廖均卿的四品职衔仍然差距较大。

从永陵的风水格局看，其山形地貌与廖文政所说是比较一致的。

其背后的阳翠岭即玄武山拔地而起，的确合乎“天柱”高耸之义。

阳翠岭自身发出的蝉翼砂山虽然都比较短，不能对陵园成抱合的拱卫之势，但其左有馒头山、蟒山、汗包山、蒋山等山脉为青龙，右有长陵后山、祥子岭、大峪山、苏山、袄儿峪等山脉为白虎，也呈龙虎抱卫之形。永陵的朝山是大红门西侧的虎山（西侧一峰）。因此基本形成了四势完美的山水格局。《古今图书集成》所辑《李思聪总索》“大小八字”说：“大小八字迹微茫，生在节包块硬旁。若是分明为大地，但须脚短莫教长。”永陵的山峦分布形态正与此说相合。

陵园所在地方地势平坦，廖文政因此说“势如仰掌，穴在中央”。（图 1.8.6）

永陵的水流，陵园东西两侧各有小水，东边的从左面抱合而来，流经陵前的三座单空小石桥。稍远处，东边的水流来自德陵沟，经陵前小石桥向西南流去，与七空桥水相合；西边的来自阳翠岭西面的山沟，流经景陵桥、北五空桥后，汇于七空桥水。也都合于界水聚气之义。

图 1.8.6 永陵宝城前眺

对永陵的地理形胜,《帝陵图说》曾给予高度的评价。认为,“天寿蕞尔之山,而犹有佳城(“域”字之误)若阳翠岭者,非地灵之效顺,世宗之睿鉴,其何以得之!”

最终,因廖文政等人的复视,十八道岭作为世宗建陵地点没有发生变化。

## 第三节　殿宇宏深,宛若仙宫

嘉靖十五年(1536)四月二十二日申时,浩大的永陵工程动工了。世宗皇帝亲自主持了祭告长陵的典仪,武定侯郭勋、辅臣李时奉命总理山陵营建事宜。在这一天动工的还有其他七陵的修缮工程、长陵神道甃石以及石像生加护石台等工程。

大约经过7—11年的经营,永陵营建大体告成。永陵竣工日期,文献没有确切记载。但据《明世宗实录》卷二五六记载,阳翠岭陵工暂止后,嘉靖二十年(1541)十二月又曾再兴前工。说明永陵的竣工时间至少在嘉靖二十一或二十二年。又卷三二六记载,致仕工部尚书甘为霖故于嘉靖二十六年(1547)八月,生前因督理殿工,修饰七陵,预建寿宫工完,升为尚书。则永陵的建成,当距修饰七陵完工时间不远,最迟也在嘉靖二十六年前。

建成后的永陵与前七陵相较,有三个独特之处。

### 一、规模宏大超六陵

在古代,陵园规模的大小,取决于陵园殿庑、明楼及宝城规制。按照礼制要求,后世的帝王陵墓不应在陵寝规制方面超越其前代帝王的陵寝。

但永陵的陵寝建筑,如宝城、殿庑等却在规模上超过了其前代献、景、裕、茂、泰、康六陵制度,仅比成祖的长陵略小一点。在营建过程中,世宗打算按照长陵的规制进行营建,却又不好把话说明,就虚情假意地对大臣们说:“陵寝之制,量仿长陵之规,必重加抑杀,绒衣瓦棺,朕所常念之。”大臣们对世宗的话心领神会,送给世宗御览的陵寝设计图,大大超过了献、景、裕、茂、泰、康六陵规模,只比长陵规模略小,因此很快得到世宗同意。(图1.8.7)

据《大明会典》的记载,永陵宝城直径为81丈,祾恩殿为重檐七间,左右配殿各九间,其规制仅次于长陵(长陵宝城直径101丈8尺,祾恩殿重檐九间),超过了永陵之前所建的献、景、裕、茂、泰、康六陵制度(这些陵的宝城直径都明显小于永陵,祾恩殿、左右配殿都是五间)。永陵祾恩门面阔五间与长陵相等,同样在规模上大于前述六陵制度,前述六陵的祾恩门均为三间。其后仅定陵仿永陵建造,大体与之同制,但左右配殿各为七间,也还是略小于永陵。而庆、德、思三陵的建筑规模都小于永陵。所以,永陵在十三陵中是仅次于长陵的第二大陵。

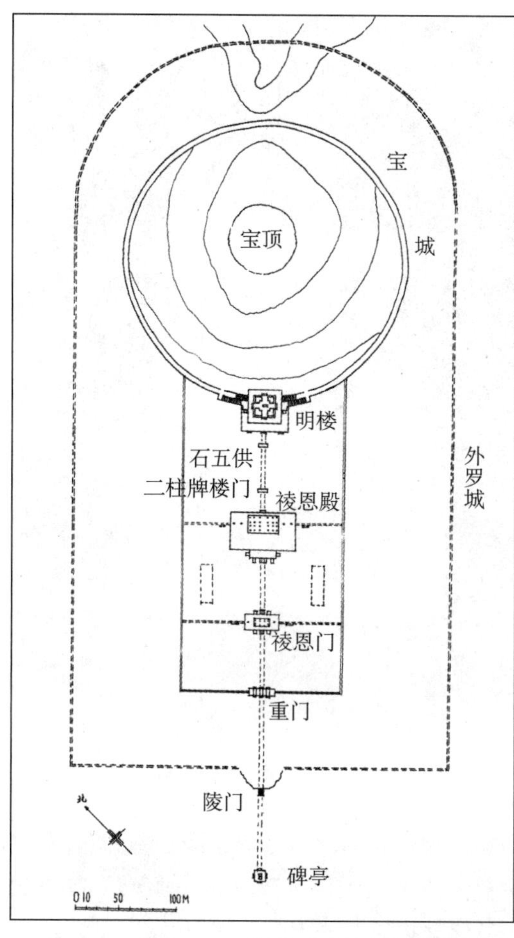


图 1.8.7 永陵平面图

图 1.8.8 永陵外罗城遗址

## 二、规划设计出新意

永陵的规划设计，独出新意，与前七陵都有不同之处。

其一，方院和宝城之外，有一道前七陵都没有的外罗城。其制“壮大，甃石之缜密精工，长陵规画之心思不及也”。外罗城之内，左列神厨，右列神库，各五间，还仿照深宫永巷之制，建有东西长街。

《帝陵图说》曾记载这座外罗城的由来：“永陵既成，壮丽已极，为七陵所未有。帝登阳翠岭顾工部曰：‘朕陵如是止乎？’部臣仓皇对曰：‘外尚有周垣未作。’于是周遭甃砌，垣石坚厚，壮大完固。虽孝陵所未尝有，其后定陵效之。”

当然，这段文字系出自传闻。因为按《明世宗实录》卷一八七的记载，当时夏言等人拟定的永陵陵寝制度，是按照世宗的旨意，把皇妃从葬之式与陵园制度一体考虑的。更确切地说，世宗皇帝是想把自己的妃子们也葬在自己的陵园内（虽然不是一个玄宫内），于是，夏言等人设计了外罗城，以便将皇妃们埋葬于外罗城之内，其布葬的位置则拟在“宝山城之外，明楼之前”，亦即明楼前左右宫墙之外，左右相向，依次而祔。后来，世宗的皇妃们的墓室虽然没有按原议定的方案，修在外罗城内，但外罗城则按原定计划修建了。（图 1.8.8）

其二，祾恩殿的位置改变了过去各陵独处一院的方式，而是设计在第二和第三进院落之间红墙之间。这样的设计，使得陵园院落更为宽敞。

其三，城台之下是个实体，不设陵寝门洞，在城台的左右两侧各设转向礓𥔲，并且各设有白石门楼一座。这样的设计，则使城台的承重能力大大加强，足以支撑砖石结构的明楼建筑。

其四，楼内的圣号碑碑趺造型新颖，别具一格。其前七陵圣号碑的碑趺均为须弥座式，自上而下由上枋、皮线条、上枭、皮线条、束腰、皮线条、下枭、皮线条、下枋、圭角以及土衬石等部分组成。而永陵圣号碑的碑趺则是自上而下由上小下大共九级平台组成。其中，主要的高台为五级，暗含“九五”之意。上面八级台分别雕有图案：从上面开始，第一、三、五、七四级台较矮，各雕宝珠和花卉；第二、四、六、八四级台略高，自上而下雕刻的图案分别是云龙（二龙戏珠、回首龙等）、祥云、江牙（山）、海水；第九级台为素面，没有任何雕饰。（图 1.8.9）

图 1.8.9　永陵圣号碑

另外，永陵祾恩殿、祾恩门御路石雕的左升龙、右降凤的“龙凤戏珠”图案也是其前各陵所没有的。如前所述，长陵雕刻的是升降龙、海马图案，景陵是二龙戏珠图案，其余献、裕、茂、泰、康五陵则雕刻的均为“卐”字云图案。而永陵则采用了以龙凤戏珠为主的图案设计。左升龙（头在上，尾在下），右降凤（头在下，尾在上），在云海中飞腾，气势非常壮阔。下面则雕刻海水江牙，整个图案以高浮雕的手法展示，显得极为生动。（图 1.8.10—1.8.11）

图 1.8.10　永陵祾恩殿台基

## 三、坚致壮美别诸陵

永陵营建的用料和加工制作非常讲究。前七陵的明楼在明朝时均为砖木结构（清朝乾隆时修缮改为条石发券结构），而永陵的明楼全为砖石结构，无片木寸板。即使是斗拱、霸王拳、榜额等造型比较复杂，通常都是用木料制作的构件，也是采用石雕。构件的外表则仿木结构油饰彩画，所以，不仅美观壮丽，而且坚固异常，以至至今楼体仍是明代

图 1.8.11 永陵祾恩门御路石雕

图 1.8.12 永陵明楼

图 1.8.13 永陵明楼榜额

的原构，且完好无损。（图 1.8.12—1.8.13）

宝城城垛则选用花斑石垒砌。花斑石，明代文献也称“花版石”，或“竹叶玛瑙石”。明朝时，产地主要有河南浚县、河北丰润、江苏徐州等地。据文献记载，当时石料的开采非常不容易。嘉靖三十六年（1557）曾担任丰润县知县的曹光祖有一首描写花斑石开采情况的诗，记载在乾隆《丰润县志》中。诗云：

浭水之北山之转，五色石上霞光绚。
天巧新搏碎玉峦，人工细切春冰片。
天生美石为人器，石生此地为人累。
寻山老匠夜经营，撼石壮夫日憔悴。
切磋滤砀动经旬，少不周完即损弃。
尽日攻山石将断，野外人家无一片。
不知得此更何为，不得中夜发长叹。

我恐劳民不攻石，遂意为民酿祸难。
愿天莫生珍怪石，愿山莫产石斑斓。
不见丑石似奇鬼，儿童拍手笑孱颜。

永陵所用垒砌城垛的花斑石，打磨平整光滑、纹饰美丽，装饰性极强。（图1.8.14）

图 1.8.14 永陵宝城花斑石垛墙

祾恩门、祾恩殿的御路石雕，不仅所用都是京西房山大石窝所产的洁白无瑕的汉白玉石料，而且，石料的体积也大。例如，祾恩门前面的御路石雕，长 6.4 米，宽 1.8 米，是十三陵御路石雕中最大的一块。巨大的石料从产地运至陵区，需要大量人力和物力。据清龙文彬所著《明会要》记载，嘉靖十六年（1537）升任工部尚书的毛伯温奉命提督天寿山工程，认为包括永陵在内的各陵所用石料，“道远难推，劳费千百”，遂设计了一种八轮大车。这种车“前后联络，随地险易为低昂，工作易就”，可以说是解决了一项技术上的难题。

由于永陵用料考究，规制宏阔，明隆庆《昌平州志》称其“重门严邃，殿宇宏深，楼城巍峨，松柏苍翠，宛若仙宫。其规制一准于长陵，而伟丽精巧实有过之”。

嘉靖皇帝之所以要把自己的陵墓修建得这么好、这么大，甚至胆敢超越前代陵制，与其皇权膨胀的心态有直接的关系。因为，他以藩王入继大统，刚刚即位时，本想尊崇自己的父母，却面临着大臣与张老太后齐心协力的反对。尽管嘉靖皇帝运用皇权的威力取得了“大礼议”的胜利，但在心理上却激起了其利用各种手段强化皇权的意识。其中，超越礼制营建陵寝就是其物化的表现形式之一。因为，陵寝建筑属于礼制性建筑，高大巍峨的陵寝建筑，会对参拜陵园的臣子造成巨大的心理震慑作用，客观上也就起到了推崇皇权的效果。

永陵建成，总计用银达 800 余万两。据《明世宗实录》记载，工程最紧张的时候，参加营建的三大营官军有 4 万人，再加上嘉靖十六年（1537）正月陵区内新行宫和圣迹亭的兴工，以及皇宫内外工程，每月费银不下 30 万两。但当时工部库贮之银仅有百万两，修陵经费十分困难。为此，世宗只得采纳大臣们的意见，用广纳事例银的办法，以济陵工。

## 第四节 乾隆修缮，拆大改小

清乾隆五十至五十二年（1785—1787），朝廷修葺十三陵时，永陵也得到了修整。当时永陵的祾恩门和祾恩殿虽然“头停椽望尽属破坏，柁、檩、枋、垫亦有糟朽”，但由于初建时用材宏壮、施工精细，其大木构架尚无大损。负责修陵的大臣金简（工部尚书）、曹文埴（户部侍郎）等人本应建议按原制修缮，可是，鉴于十三陵修缮范围较大，至乾隆年间楠木已经“采伐殆尽”，若“仍照旧式修整，则长陵、永陵两处购求大木更难办理”，经过商议，提出了这样一个拆大改小的建议：“拟将永陵享殿等处拆卸，一切柱木大件先尽长陵均匀配用。其永陵宫门、享殿，再将拆下两庑各座木料配搭，按照各陵规制建造享殿五间、宫门三间。”他们认为，“如此转移筹办，不独长陵规模可仍其旧，轮奂维新，即永陵殿宇亦得与诸陵一律缮治整齐，观瞻并皆宏敞”。

这个建议在今天看来是不符合文物建筑“不改变文物原状”的修缮原则的，但在当时，也只能采取这一方式，因为乾隆皇帝下令修缮十三陵，目的在于怀柔汉满两族关系，以维护清王朝的统治，其政治目的是居于首位的。只要政治目的达到，陵园是否符合原制并不重要。而按照这一建议实施，则会降低修陵的经费。所以，金简等人的奏折呈到宫廷内，乾隆皇帝很快就准奏了。永陵的祾恩门、祾恩殿因此全部被缩小规制建造：祾恩殿由面阔七间（通阔 50.65 米）、进深五间（通深 27.72 米），缩为面阔五间（通阔 25.91 米）、进深三间（通深 14.4 米），殿顶由重檐式改建为单檐歇山式；祾恩门，由面阔五间（通阔 26.26 米）、进深二间（通深 11.26 米），缩为面阔三间（通阔 12.3 米）、进深三间（通深 8.7 米），单檐歇山顶的形制未变。（图 1.8.15—1.8.17）

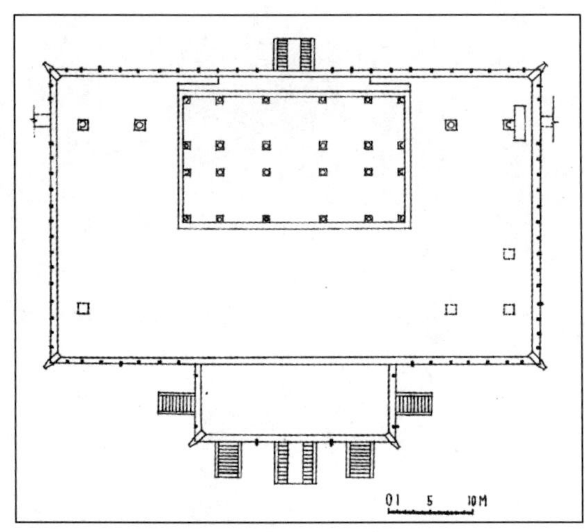


图 1.8.15 永陵祾恩殿平面图

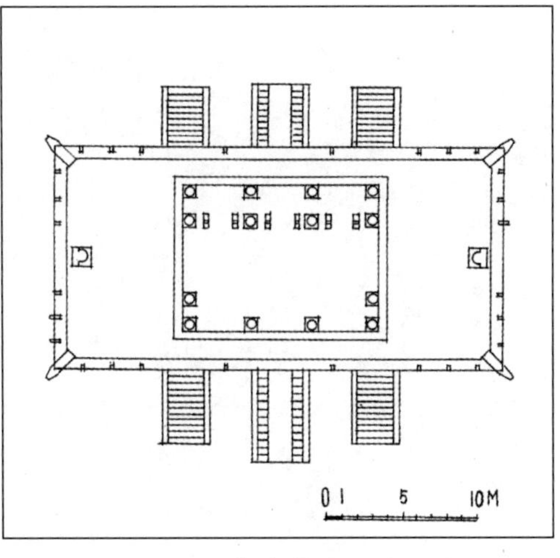


图 1.8.16 永陵祾恩门平面图

图 1.8.17 永陵祾恩殿（民国二十四年状况）

图 1.8.18 民国老照片中的永陵明楼及石五供

民国年间，乾隆时期改建的祾恩殿、祾恩门相继塌毁。至今台基上还完整地保留着改建后门、殿的柱础石。明代门、殿的柱础石保留不多，但可以看出其体量明显大于改建后的柱础石。其中，祾恩殿现存明代重檐金柱柱础石鼓镜部分直径达 1.2 米，比长陵的仅少 2 厘米。可以想象明朝时永陵祾恩殿的楠木柱也是十分粗壮的。

另外，民国时期有一张永陵明楼的老照片。照片中，明楼前的石五供俱全。其中，石花瓶上插有石雕的花卉，烛台上插有石刻的蜡烛。（图 1.8.18）但是，现在各陵的石五供中石刻的花卉和蜡烛都已散失无存。

# 第九章
# 昭陵

明昭陵，是明十三陵中的第九座陵，位于大峪山东麓（定陵的南侧），安葬着明朝第十二位皇帝穆宗朱载坖及其三位皇后。这座陵也是目前十三陵中第一座大规模复原修葺的陵园，是陵区正式开放的旅游景点之一。

## 第一节 墓主生平

### 一、垂拱而治的隆庆皇帝——明穆宗朱载坖

明穆宗朱载坖，是世宗朱厚熜第三子，嘉靖十六年（1537）正月生，嘉靖十八年二月封裕王，嘉靖四十五年（1566）十二月即皇帝位，次年改元“隆庆”，隆庆六年（1572）五月二十六日于乾清宫病故，享年36岁。（图1.9.1）谥“契天隆道渊懿宽仁显文光武纯德弘孝庄皇帝”，九月十九日葬昭陵。

图1.9.1 明穆宗朱载坖画像

朱载坖共有兄弟八个，均非嫡出。其大哥哀冲太子朱载基、二哥庄敬太子朱载壡都没有活到成年，所以朱载坖便在世宗皇帝去世后继承了皇位。

穆宗的名字，按照《明史·穆宗本纪》的记载为朱载垕。但实际上，这一记载是不正确的。因为，《明世宗实录》卷二〇〇记载：“嘉靖十六年五月己卯朔，上命皇第三子名载坖，第四子名载圳。上亲告太庙。”可见，穆宗的名字应该是朱载坖。而朱载垕则是另有其人，《明世宗实录》卷四七〇记载：“嘉靖三十八年三月……丙申……改封故齐东王庶第一子镇国将军朱载垕为齐东王。”所以，朱载垕应该是嘉靖

三十八年由镇国将军改封的齐东王。

穆宗即位之后，颇有节俭之行。他特别喜欢吃果饼。有一天，他让近侍为他准备。于是，尚膳监及甜食房的人开列了购买松子、榛子以及米粉等物的价格，总费竟至数千两白银。穆宗见了笑着说："这种饼只需用五钱的银子，就能到东长安街勾阑胡同买一大盒，哪用得了这么多银两？"显然，一两银子折合十钱银子，一千两银子，就能买二千盒果饼。内侍一听，只得缩颈而退。又有一次，穆宗想吃驴肠。近侍打算把驴肠一项增列御膳中。穆宗制止说："如果这样就要每天为我杀一头驴了。"

在朝政的处理上，穆宗也不乏振兴之举。面临世宗朝遗留下的严重的财政危机和不安定因素，他在宫内信任比较正派的内官监太监李芳，在大臣中，任用徐阶、高拱、张居正等一些出色的政治家，使朝廷政治出现了新的起色。

他即位之初，就遵照内阁首辅大臣徐阶所拟的世宗遗诏和穆宗即位诏书，为嘉靖年间因建言（规劝皇帝）而获罪的官员平反，赦免并起用被囚于狱中的原户部主事海瑞及吴时来、赵锦等33名官员，为遭严嵩迫害的杨继盛等45名官员昭雪平反。这些大得人心的做法实施后，"朝野号恸感激"，对消除世宗朝的种种弊端产生了一定作用。特别是他任用的徐阶、高拱、张居正等内阁大臣，都是出色的政治家。穆宗虽然自己没有从政的经验，但是他却能倾听并采纳这些政治家们的意见，使得以前多年都难以解决的"南倭"和"北虏"的问题得到解决。

所谓"南倭"，即东南沿海的倭患问题。其实，明朝时东南沿海的倭患问题，与明代实行海禁政策有着直接的关系。在明朝以前，官方通常是允许海上贸易的。朱元璋建立明朝后，因为逃到海外的敌对势力人数很多，对明朝构成一定威胁，再加上他自身存在的重农轻商的小农意识，所以，明朝建立之初，朱元璋就下令实行海禁。以故，《明史·朱纨传》记载："明祖定制，片板不许入海。"《大明律·兵律》亦列有"私出外境及违禁下海"条。朱元璋的海禁政策被后来各位皇帝所继承，成了既定国策。

严厉的海禁政策，限制了中国海商的出海贸易活动，也限制了外国海商私自来中国进行交易，中外物品的交换被严格地限制在朝贡贸易范围内，其结果是断绝了东南沿海人民的生计。因为沿海地区土地瘠薄，大部分人要靠海吃海，不能出海打鱼，不能与海外贸易，生活便没有了来源。于是，海上走私贸易便越来越活跃，并出现了一些可以与明朝军队作战周旋的规模较大的中国人的海商集团。他们为获取最大利益，亦商亦盗，并与日本海盗勾结，或雇用日本海盗作为帮凶，或冒充日本海盗，对东南沿海地区肆行掠掳。因为日本人在古代时被称为倭，所以，这些有日本海盗参与的海商集团及其部众，便被统称为"倭寇"。嘉靖时期，这种所谓的倭寇活动越来越猖獗，出现了王直、徐海等大的海盗头目。他们有部众多达十余万人，在海上神出鬼没，战斗力极强。明朝虽然不停地使用武力进行剿捕，但收效甚微。甚至像戚继光、俞大猷这样出色的将领虽然在抗倭战斗中屡立奇功，但由于明代的海禁政策严重地违背了沿海人民的利益和愿望，所以，倭寇越剿越多，倭患问题依然不能得到根本解决。

穆宗即位后不久，则采纳福建巡抚涂泽民请开海禁的建议，开放了福建漳州月港作为海上贸易的港口，使倭患得到了平息。万历年间曾担任福建巡抚的许孚远对隆庆开禁一事这样评价说：

> 隆庆初年，前任抚臣涂泽民用鉴前辙，为因势利导之举，请开市舶，易私贩而为公贩。议只通东西二洋，不得往日本倭国，亦禁不得以硝黄、铜、铁违禁之物夹带出海。奉旨允行，几三十载，幸大盗不作，而海宇宴如。[1]

这清楚地表明，隆庆海禁开放，尽管在海商通商地点和物品的种类上仍然有所限制，但却从此迎来了海疆的太平与宁静。

所谓“北虏”问题，其实就是北方蒙古族对明朝的侵扰问题。元顺帝被朱元璋驱赶到漠北后，仍有精兵十几万。洪武后期蒙古族分裂成鞑靼、瓦剌、兀良哈三大部。其中，鞑靼部占据着贝加尔湖以南，大漠以北，东至鄂嫩河、克鲁伦河流域，西至杭爱山、色楞格河上游一带地方；瓦剌部占据着阿尔泰山及色楞格河下游西北部一带地方；兀良哈部则游牧于西辽河、老哈河一带地方。明太祖朱元璋为稳定边防，对蒙古族采取招抚措施，兀良哈部首先内附。但由于强盛的鞑靼、瓦剌两部不仅自相仇杀，而且不断地对明朝边境进行侵扰，兀良哈部则对明朝时叛时附，甚至与鞑靼或瓦剌合兵大举进犯明朝。

为解决这个问题，明成祖曾采取军事打击的方式，五次亲征漠北。蒙古诸部虽然遭受重创，但随后又不断强盛起来，并且依旧对明朝的边境造成极大威胁。正统十四年（1449）甚至发生了明英宗朱祁镇被瓦剌部俘虏，数十万明军在土木堡被瓦剌军歼灭的“土木之变”事件；嘉靖二十九年（1550）八月，蒙古鞑靼部首领俺答也曾经率兵越宣府，入古北口，围顺义、逼通州，大掠密云、三河、昌平等地方，在北京城郊外肆无忌惮地大肆掠夺，史称“庚戌之变”。

而明穆宗则通过准许蒙古鞑靼部首领俺答封贡这件事儿，很好地解决了长期困扰明朝中央政权的“北虏”问题。

所谓的俺答“封贡”，就是明朝给俺答一个封号，允许俺答向明朝贡马，明朝给他们一定的赏赐。俺答封贡后，蒙汉两族通过茶马互市，友好交易，化干戈为玉帛，又使“北虏”战端的问题得到了很好的解决。这件事的解决，从表面上看，是由一件比较偶然的事情引起的，但是，穆宗朝的君臣却通过这件事情的解决，使多年来蒙汉两族的矛盾得到了缓解。

事情的起端，还要从蒙古鞑靼部的首领俺答的家事谈起。俺答有一个很受疼爱的孙

1《明经世文编》卷四百，许孚远《疏通海禁疏》。

子，名叫把汉那吉。他是俺答第三子铁背台吉的儿子。从小就是孤儿，是由俺答的妻子一刻哈屯抚养大的。一刻哈屯让仆从阿力哥的妻子喂奶。后来，把汉那吉长大了，聪明又有口才，很受俺答夫妇喜爱。俺答给他娶妻，是女婿比吉的女儿。但是，后来把汉那吉又从别的部落定下了另一个女孩儿。眼看要娶过来了，俺答却生出一件事儿来。俺答把我儿都司家定下的一个女孩儿给夺走了。我儿都司家不干了，要和俺答翻脸。俺答为了与我儿都司家和解，于是，把把汉那吉新定下的女孩儿送给了我儿都司家。把汉那吉一看，祖父竟然不顾自己的感受，把自己新定下的女孩儿送给别人，一气之下，带领妻子比吉女及属下阿力哥等十几个人，来到大同，投降了明朝。

把汉那吉来到大同，巡抚方逢时接纳了他们。又把这件事情报告给了他的上级王崇古。巡抚是皇帝派到地方，负责那里军政的都察院的官员。其上级是总督。而当时，总督宣大山西军务的正是兵部右侍郎兼右都御史的王崇古。也就是说，当时宣府、大同、山西一带的军务都归王崇古管。王崇古觉得这是一个可以通过把汉那吉控制俺答的好机会，就与方逢时一道，给朝廷上了一个奏章。他们说："把汉那吉这次来投降，与带领很多兵马归附的情况不同。朝廷应该借此机会，封给他官职，让他吃好住好，配给好的车马，让俺答看看。俺答横行塞外已经近五十年了，蒙古各部都受他控制，是朝廷的边疆大患。这次，把汉那吉在我们手里，俺答一着急，就会按照我们的要求，把投降俺答、帮助俺答侵扰边境的叛贼赵全等人绑回来。如果俺答不听，我们可以用诛杀把汉那吉进行威胁。再不听，我们可以让把汉那吉召回自己的部下，迁到边塞附近。等俺答死了，俺答的儿子黄台吉即汗位，我们再让把汉那吉用自己的部众与黄台吉相抗衡，我们发兵进行帮助。这样对我们是有利的。"

王崇古和方逢时的奏章送到朝廷后，有不少大臣表示反对，御史饶仁侃、武尚贤、叶梦熊都说：敌情叵测，难以相信。大学士高拱、张居正则力排众议，对王崇古的意见表示支持。穆宗也表示支持，下诏封把汉那吉为指挥使，赐红袍一件；封阿力哥为正千户。

俺答听说自己的孙子去了大同，不知是凶是吉。心里着急，便大兵压境，向明朝讨要孙子。俺答的妻子想念孙子，日夜哭泣。俺答更加着急。这时，方逢时派遣百户鲍崇德从云石堡出来到俺答营寨，对俺答部下五奴柱说："朝廷已经封把汉那吉官职，招待得非常好。跟明朝打仗，等于要把汉那吉的命。如果与明朝修好，把叛贼赵全等人遣送回来，明朝马上送把汉那吉回去。"

五奴柱把鲍崇德的话转告给俺答，俺答原本怀疑把汉那吉已经遇害，听了五奴柱的话不觉心动。他派使者去探查，王崇古让把汉那吉身穿红袍、腰系金带接见俺答派来的使者。使者将所见告诉俺答。俺答非常感动。随即派遣使者告诉明朝，愿意与明朝和好，又以议事的名义，夜间把赵全等人召来，把他们绑起来送给明朝。

随后，王崇古又上奏章就"封贡"事提出八条建议，其中最主要的有四条：一是建议封俺答为王，并授其子弟亲属以官职。二是建议每年入贡马匹不超过500匹，所派来使人数不超过 150 人，其中 60 人进京，其余留待边关。三是建议每年入贡的时间为春天以及万寿圣节，入贡的路途自大同左卫验核，入京者自居庸关入。四是建议互市规模参照弘治年间做法，对方（蒙古族）上市的物品可以是金银、牛马皮、马尾，内地商贩上市的物品可以是绸缎、布匹、铁锅等；开市日，对方来 300 人驻边外，我方派兵 500 人，驻市场，时间为一个月；互市地点包括陕西三边原有场堡、大同左卫北威远堡边外、宣府万全右卫、张家口边外、山西水泉营边外。

王崇古的奏章转到朝廷后，穆宗下令廷臣讨论。定国公徐文璧、侍郎张四维以下 22 人同意王崇古的意见；英国公张溶、尚书张守直以下 17 人持反对意见；尚书朱衡等 5 人同意封贡，不同意互市；只有佥都御史李棠持坚决赞成态度。

穆宗采纳了王崇古的建议，封俺答为顺义王，还赐给他红蟒衣一件和印信。赐俺答驻守的城名为归化城。俺答的子侄也都一个个封了官职。自此“边境休息，东起延永，西抵嘉峪七镇，数千里军民乐业，不用兵戈，省费什七”[1]。俺答对明朝也很忠心，直到逝世之前，都“事朝廷甚谨，部下卒有掠夺边氓者，必罚治之，且稽首谢罪”[2]。此后，黄台吉、扯力克先后袭封顺义王。俺答的小夫人三娘子则“历配三王，主兵柄，为中国守边保塞，众畏服之”[3]，明神宗特敕封她为忠顺夫人。

为此，《明史》对穆宗的评价很高。称赞他“在位六载，端拱寡营，躬行俭约，尚食岁省巨万。许俺答封贡，减赋息民，边陲宁谧……可称令主矣”。

其实，古代皇帝真正奉行节俭的并不多，《明史》对他的评价还是有过誉之处。因为穆宗虽然在宫廷生活上偶尔有过节俭的表现，但毕竟他是在皇宫、王府生活长大的，崇尚奢靡、贪图享乐在他身上的表现同样是很突出的。

例如，他不顾当时国库空虚、民生凋敝的经济形势，多次取太仓银入内府。又下诏户部四处购买猫睛石、祖母绿及各色珠宝，大兴土木修建宫苑等，在位六年中，传旨取银竟不下数十万两。

在宫中，滕祥、孟冲、陈洪三名太监，“争饰奇技淫巧以悦帝意”。太监李芳切谏，穆宗竟解除其内官职务。陈皇后因劝谏而被出之别宫。大臣们纷纷上疏劝谏，但穆宗根本听不进去，许多人被廷杖削籍。

但总体来说，隆庆一朝，虽没有形成“中兴盛世”的局面，却也在很大程度上缓解了世宗朝所遗留的一系列政治危机。

---

1《明史·王崇古传》。

2《明史·鞑靼传》。

3《明史·鞑靼传》。

## 二、孝懿庄皇后李氏

图 1.9.2 孝懿庄皇后李氏画像

孝懿庄皇后李氏，北京昌平人，锦衣卫百户李铭（后以女显贵，官至锦衣卫副千户，封德平伯）之女。（图 1.9.2）嘉靖三十一年（1552）九月，世宗传谕礼部，皇三子（即穆宗）、皇四子（景王）年已长成，理宜婚配，命将京城凡年龄在 14 至 16 岁的未婚女子全部送至二王馆以备选取。三天后，礼部奉诏选得良家女 1200 人，李氏被选为裕王妃，暂住宫内，第二年二月行迎亲礼，正式册为裕王妃。

成婚两年后，李氏生子朱翊釴，嘉靖三十六年（1557）正月复生皇长女，嘉靖三十七年（1558）四月十三日，病故于裕王府。世宗皇帝为其亲定丧仪规制。同年七月葬于京西金山丰裕口。穆宗即位后，于隆庆元年（1567）二月追谥其为孝懿皇后。隆庆六年（1572）八月，神宗又为其上尊谥为“孝懿贞惠顺哲恭仁俪天襄圣庄皇后”，迁葬昭陵。

## 三、孝安皇后陈氏

图 1.9.3 孝安皇后陈氏画像

孝安皇后陈氏，北京通州人，国子监监生陈景行（陈氏入选裕王继妃后，授中城兵马指挥司指挥，后改授锦衣卫副千户，封固安伯）之女。（图 1.9.3）嘉靖三十七年（1558）九月选为裕王继妃，隆庆元年（1567）册立为皇后。

康熙《通州志》记载，陈氏名寿，家在通州东门外。出生时，“里中闻异香”，所以，她家所在的胡同被称为“香儿胡同”。

陈氏无子，且多病，颇受穆宗冷落。隆庆二年（1568）时，因穆宗沉湎酒色，陈氏微加劝谏，穆宗竟责令其迁居别宫。隆庆三年（1569）正月，御史詹仰庇巡视皇城，遇医官从皇宫出来。医官透露宫内情况，说皇后居处别宫，病情十分沉重。詹仰庇随即上疏对穆宗说：皇后是先帝为陛下所选，是宗庙、社稷之主，也是四方家人效法的榜样。现在皇后迁居别宫已近一年，以致抑郁成疾，皇上却从来不闻不问，将来一旦传扬出去，岂不有损于皇帝的圣德，被天下的人讥讽吗？请陛下收回成命，让皇后回到中宫（坤宁宫）调养。穆宗却说：皇后侍朕多年，没有生子，最近又得了病，移居别宫，是为了有个安适的环境，以便养病。给事中王之垣也劝穆宗，穆宗仍固执己意。

穆宗死后，神宗继位，尊陈皇后为“仁圣皇太后”，居慈庆宫。万历六年（1578）加尊号“贞懿”，十年加“康静”。史载，神宗对这位非亲生母亲也十分孝敬。神宗早在当太子时，每天早晨谒过奉先殿（皇宫内祭祖之所），拜见过父母之后，总要到陈皇后那里去问候一下。陈皇后每听到神宗走来的脚步声，就十分高兴。万历二十四年（1596）七月十三日，陈皇后病故。神宗为其上尊谥为“孝安贞懿恭纯温惠佐天弘圣皇后”，祔葬昭陵。

## 四、孝定皇后李氏

孝定皇后李氏，通州永乐店人，神宗生母。（图1.9.4）初为宫嫔，侍穆宗于裕王府中，隆庆元年（1567）三月封皇贵妃，万历元年（1573）被神宗尊为“慈圣皇太后”，万历四十二年（1614）二月九日病故，谥“孝定贞纯钦仁端肃弼天祚圣皇太后”，享年70岁，葬昭陵。

图 1.9.4 孝定皇后李氏画像

孝定后出身寒微。她的父亲名叫李伟，原来是个泥瓦匠，家里十分清贫。为了生计，她尚在孩提之时就被父亲卖给了当地的富户陈家。陈家有个小姐（即孝安后），年纪也不大，两人情同亲生姐妹，关系处得很好。后来，陈家小姐被选为裕王继妃，孝定后去王府看望，在府中被穆宗看中，穆宗当时还是裕王，遂命留府中。初为宫嫔，后为选侍，生皇次女、神宗及潞王并皇五女。穆宗即位后，晋封皇贵妃。其父李伟因此显贵，官至锦衣卫指挥佥事，封爵武清伯，进武清侯，成了贵极一时的皇亲国戚。

但孝定后对娘家的人管束颇严。万历五年（1577），李伟负责为明军织造布匹，为从中渔利，以次充好，引起军士“大哗”。内侍将情况报告神宗。神宗命取布检验，果然质量极差，神宗对孝定后说明了情况，孝定后很生气，传谕内阁依法处置。辅臣张居正为照顾太后的脸面，只命处罚了一些具体办事人员。孝定后又将李伟父子召进宫，命跪仁德门内，自己亲升隆道阁，遣内侍历数其不法罪状。从此，李伟父子惶恐服罪，再不敢胡作非为。

孝定后对自己的儿子也不溺爱纵容。穆宗死后，年方10岁的朱翊钧登上了皇帝宝座，是为明神宗。孝定后深知，要把神宗培养成有作为、能管好国家的圣明天子，必须从小进行严格的教育。她把教育神宗的事交给了首辅大臣张居正，同时严格要求神宗的起居。

神宗少年登极，一应政事，太后都委之首辅张居正。张居正在李太后的支持下，在政治、经济等各方面进行了一系列的改革。这些改革成果的取得，没有李太后的支持是做不到的。

不过，孝定后虽有些政治家的气魄，却又是个虔诚的佛教信徒。宫中的人为了讨她的欢喜，更把她说成是九莲菩萨的化身。李太后更以菩萨自居，在京城广修寺宇。平时处事亦奉佛家“慈悲”为宗旨，多行善事。

由于孝定后特殊的身份和所起的作用，在万历年间，享受了极其隆厚的礼遇。明朝旧制，嗣皇帝登极后，要尊先帝的皇后为皇太后。如果嗣皇帝的生母原来不是皇后，也要尊为皇太后，但对先帝所立的皇后要另加徽号以示区别。而孝定后被尊为皇太后时，则是两后并尊。孝安后陈氏被尊为“仁圣皇太后”，孝定后被尊为“慈圣皇太后”。仁圣皇太后居慈庆宫，慈圣皇太后居慈宁宫，彼此无尊卑之别。

神宗亲政后，孝定后更是尊号屡加。万历六年（1578）三月加尊号“宣文”，十年（1582）加“明肃”，二十九年（1601）加“贞寿端献”，三十四年（1606）加“恭熹”。四十二年（1614）二月病故后，神宗又下诏，以皇太后中最优厚的礼仪埋葬。

## 第二节 陵寝营建史事

### 一、祖陵孙用，“显陵”变昭陵

隆庆六年（1572）五月二十六日，穆宗在乾清宫病故。礼部左侍郎王希烈奉神宗之命往天寿山为穆宗选择陵地，选得了永陵左侧的潭峪岭（今德陵所在位置）。同年六月，神宗又命大学士张居正与司礼监太监曹宪于即位礼后再去陵区审视。张居正对神宗说：送终的事情重大，寻找陵地的风水理论又十分微妙。事情重大，在处理上就应考虑详尽；道理微妙，就应广集众言以便做得恰到好处。他建议参照嘉靖年间选永陵时事例，派遣礼、工二部大臣及科、道官各一员，钦天监通晓地理官员、阴阳人等，再推举廷臣中精于地理堪舆之术的官员一人，一同前往察看。（图 1.9.5）

于是，神宗命户部尚书张守直、礼部右侍郎朱大绶、工部左侍郎赵锦、礼科都给事中陆树德、江西道御史杨家相、工部主事易可久等官员与张居正一同前往天寿山察看。回来后，在张居正等人的建议下，神宗决定采用大峪山作为穆宗陵寝的修建地点。

为什么选好了潭峪岭不用，而用大峪山呢？根据当时的历史背景分析，原因有两个。

第一，大峪山的“风水”优于潭峪岭。张居正对大峪山有过一段描述。他说那里“山川形势结聚环抱……诚天地之隩区，帝王之真宅也”。而潭峪岭，则人多认为不吉。如清梁份就曾说那里是“孤峰独峙，左右界水中群山一起一伏参差不一”。又说那里“主山峻峭，气脉全无”。建在那里的德陵则是“左肩受风于北之东，右肩受风于西之北”。明代中叶，虽然有对“风水”之说不再过分讲究的情况，但尽量择吉而葬，却是情理之中的事。

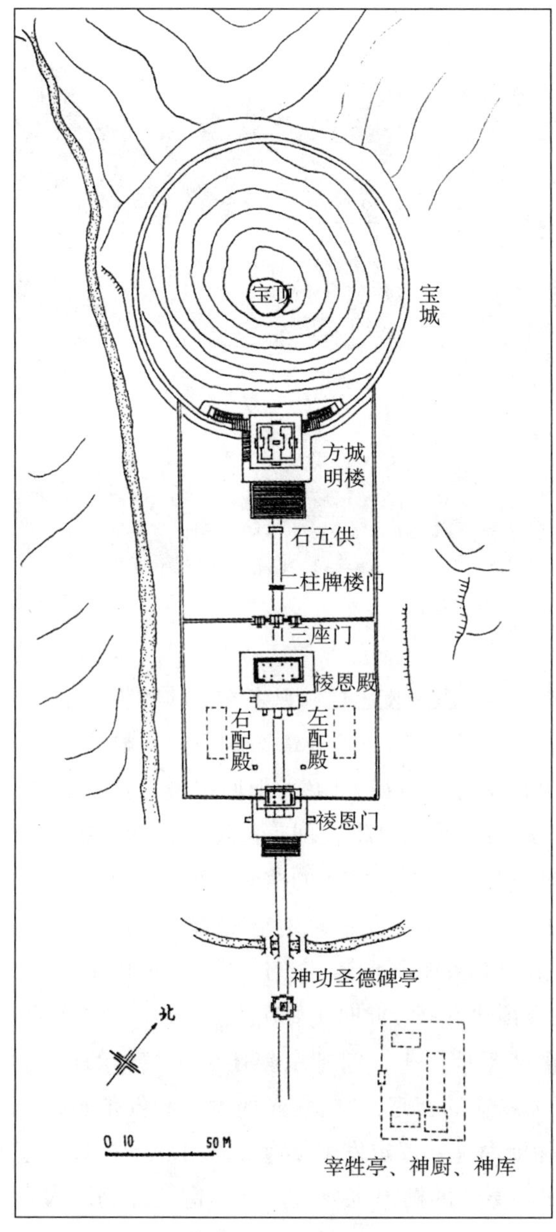


图 1.9.5 昭陵平面图

第二，张居正是个务实的政治家。大峪山有现成的玄宫和部分地面建筑，稍事增筑，陵园就可大功告成，事半功倍，省时省力，节省开支。

那么，大峪山为什么会有现成的玄宫建筑呢？这还要回顾一下世宗朝的一些历史。

正德十六年（1521）三月，荒淫无度的武宗朱厚照在他的淫乐窝——豹房病死。武宗无子，遂由兴献王世子朱厚熜（武宗堂弟）继承帝位，即世宗皇帝。

世宗皇帝即位后，经过“大议礼”之争，于正德十六年（1521）十月，追尊其父原兴献王朱祐杬为兴献帝，尊母蒋氏为兴国后。嘉靖三年（1524）四月，又追尊其父为本生皇考恭穆献皇帝，尊其母为本生圣母章圣皇太后。同年修葺陵庙，荐号“显陵”。九月，有的大臣为讨好世宗，提出将埋在湖北安陆（今钟祥市）显陵的献皇帝改葬天寿山，这正中世宗的心意。他命工部办理。尚书赵璜认为不能改葬，理由是：皇考体魄所安，不可侵犯；山川灵秀所萃，不可轻泄；国家根本所在，不可轻动。他主张像太祖不迁皇陵，太宗（即成祖）不迁孝陵那样，不把显陵迁往天寿山。礼部尚书席书等大臣也极力反对，世宗只好作罢。

事隔十几年后，世宗的母亲章圣皇太后蒋氏于嘉靖十七年（1538）十二月病故。世宗忽然又下诏在天寿山营建显陵，打算把父母合葬于天寿山。他说：三年来，我每年春秋都到天寿山祭祀。在长陵的西南面，发现一座山叫大峪山。这座山“林茂草郁，冈阜丰衍”，是个建陵的好地方，我非常满意。于是征询了一些勋辅大臣意见后，下令武定侯郭勋和工部尚书蒋瑶等人提督内外员役，开始建陵。又命令大学士夏言和礼部尚书严嵩作“献皇帝梓宫启行图”及奉迁仪注。

图 1.9.6 湖北钟祥明显陵

但是不久，世宗又变卦了。他说："迁陵一事，朕中夜思之。皇考奉藏体魄将二十年，一旦启露风尘之下，撼摇于道路之远，朕心不安。"打算把母亲章圣太后南祔显陵。(图1.9.6)他命锦衣卫指挥赵俊去湖北显陵，"开启玄宫，审视大内"。但回报说玄宫内有水。于是，世宗亲自去显陵察看，命重建玄宫，以待合葬。世宗在回京的路上，途经庆都尧母墓，他灵机一动，又想仿尧父母异陵而葬的故事，不迁父亲的棺椁，而将母亲葬于大峪山。嘉靖十八年(1539)，他亲自去大峪山阅视陵工，又说："峪地空凄，岂如纯德山(显陵后面的山)完美，决用前议奉慈宫南祔。"由于世宗犹豫不定，变幻无常，几经周折之后，这座新建好的玄宫便空了下来。穆宗生前没有预建寿宫，此时正好用上。

隆庆六年(1572)七月，工部尚书朱衡从工地回来，向神宗叙述了玄宫内的情况。他说，肃皇帝为睿祖(献皇帝庙号"睿宗")修建的玄宫，"内紫光焕发，和气郁蒸，门堂干净，宛若暖室"。神宗听了十分高兴，随即命礼部议定发引事宜。八月二十二日，迁孝懿皇后李氏棺椁葬昭陵，九月十九日，穆宗皇帝的棺椁也葬入陵内。像这样利用为别人所建的玄宫埋葬帝后的，在明代还是第一例。

## 二、两度兴工，耗银上百万

自隆庆六年(1572)六月十五日，神宗下诏在大峪山建陵，声势浩大的地面建筑工程就开始了。工部尚书朱衡被委任总督山陵事务，工部左侍郎赵锦负责督催木石，工部右侍郎熊汝达和内官监太监周宣等在工所提督施工。另外还有锦衣卫左都督朱希孝、佥书杨俊卿等在现场往来监工。

工程进展十分迅速，仅仅一年时间，昭陵的工程就全部结束。为此，神宗特赐工部尚书朱衡等人银币若干，还恩准侍郎熊汝达一子入国子监读书。

但由于当时施工不细，才过了一年的时间，陵园建筑便出现了地基沉陷的问题。万历二年（1574）七月，昭陵神宫监官陶金等上奏说："六月以来，阴雨二日，本陵祾恩门里外砖石沉陷。"工部主事王淑陵奉旨查看，回来后与陶金反映一致。并说祾恩殿、明楼、宝城等紧要处没有损伤。于是，工部又向神宗反映，陵寝重地，鼎建未及一年便出现事故，内外经管官员都应究治。辅臣张居正也引湖北显陵殿阁渗漏，降罚经管官员的事例，要求对此进行查处。为此，神宗对王淑陵的回奏进行了批评，说陵寝重地，怎能说沉陷处不紧要？并决定对欺慢误事、造作不精的提督工程太监周宣、左监丞郭全革恩一等，管工主事易可义、员外郎石汉降俸一级，官匠王宣等下法司提问。

事情还没处理完，工科给事中吴文佳又对神宗说："祾恩门、殿等处沉陷甚多，至于宝城砖石翻塌损伤，更为可虑。"神宗随即命工部侍郎陈一松、给事中胡汝钦再去陵园查勘。回来后报称：陵园沉陷严重，祾恩殿丹陛、方墙等处都有程度不同的沉陷、闪动，与陶金、王淑陵所奏相差悬殊。神宗览奏十分生气，马上命都察院会同工部对肇事人员进行参处。这次处罚比上次更为严厉，周宣、郭全各降三级，革去管事职务；熊汝达已致仕，着冠带闲住，恩荫罢革；易可义、石汉各降三级，调外任；王宣等法司从重问拟；朱衡着以尚书致仕；杨俊卿等监工人员四人各降一级，郭元相夺俸半年；马录等法司提问。

陶金、王淑陵因报告的时间与陈、胡二人查看的时间相差一月，其间大雨连绵，沉陷陆续增多，免以虚报处罚。

由于昭陵祾恩门、祾恩殿、垣墙等处严重沉陷，万历三年（1575）正月，神宗不得不委派工部左侍郎陈一松等提督再修昭陵。七月，陵工告竣。

由于昭陵多次兴工，耗费了大量的人力和物力。第一次兴工（指地面建筑），万历元年（1573）十月工部盘查营建所用钱粮数，计用库银390932两，还不包括其中神木等三厂的木植用银、大通桥厂的白城砖用银、大石窝等厂旧石料的折银及户、兵二部雇抵班军工食行粮等用银。万历元年（1573）十二月，巡视厂库工科给事中梁式等查盘营建昭陵所用钱粮数，除工部上述实用银两外，又有户、兵二部银110119两，总计用银501050两有奇。其中营缮司用银204422两，虞衡司13145两，都水司118854两，屯田司164628两。

第二次接修用银数，文献中没有明确记载。但据《明熹宗实录》记载，前后两次修建共用银150余万两。这还不算嘉靖时营建玄宫的费用。如算上嘉靖年间营陵的费用，其总用度至少在200万两以上，几乎相当于隆庆时一年的财政总收入（隆庆年间岁入约230余万两）。由于营建昭陵需要庞大的钱粮开支，工部库银匮乏到了极点。万历二年（1574）八月修缮涿州桥，工部拿不出银两，兵部派不出军匠，不得不由辅臣张居正请求万历皇帝恳请母亲解囊捐银，雇工修建。

## 第三节 陵园建筑特色

### 一、陵寝规划仍遵嘉靖时原有方案

据《兴邑衣锦三僚廖氏族谱》所辑《文政公行程实录记》记载，早在章圣皇太后蒋氏去世之前，借祭祀天寿山七陵的机会，世宗就预先为其父母选取了大峪山寿宫地点。

君臣曾来到大峪山（今昭陵所在地）考察。世宗问廖文政："此处若何？" 廖文政回答："好！势如万马自天而下。天乙、太乙侵云霄，必主至尊之位。"他们还看了成祖妃坟西井，廖文政说那里"龙脉无情，砂水不顾"。看了石门岭，世宗说那里"形小巧，不堪大用"，只可作"小结"而已。

嘉靖十七年（1538）二月世宗春祭七陵，再次让廖文政等人"相视山川风气攸钟之所，以备用"。所看地点有金川岭、西井懿山附近等处地方。章圣太后去世后，世宗决定在大峪山为自己的父母营建"显陵"。嘉靖十七年（1538）十二月二十四日，廖文政随驾到大峪山点穴。将陵园方位定为亥山巳向。而建成后的昭陵，经实测地上建筑所取的方位约在146° 左右，正是亥山巳向的方位。这说明，穆宗的昭陵地上建筑在坐向上仍然遵循了嘉靖时的设计方案。

另外，昭陵的陵寝制度在十三陵中属中等规模。虽然其陵宫建筑总体布局，宝城前设两进院落，方城下甬道作直通前后的方式，以及祾恩殿五间、左右配殿为五间、祾恩门三间的规制均如泰、康诸陵制度，但由于嘉靖年间修建天寿山"显陵"时拟定的方案，是参考或遵照了湖北显陵制度，因此，昭陵祾恩殿应该和湖北显陵祾恩殿一样，是重檐歇山式的建筑。（图 1.9.7—1.9.8）

图 1.9.7 昭陵三座桥、祾恩门

图 1.9.8 昭陵陵前朝山

## 二、首创完备的"哑巴院"制度

图 1.9.9 昭陵哑巴院

昭陵还有一个特点，就是率先形成了封闭型的"哑巴院"制度。明朝的帝陵从献陵到康陵前后六陵，宝城内的封土都是从宝城内紧贴宝城墙根的排水沟以内开始夯筑"宝山"（墓冢）的，故宝山的形状呈自然隆起之态。而宝山之前，虽然也有拦土墙，但比较低矮。所以，清初顾炎武《昌平山水记》记之为"甬道平，宝城小，冢半填"。

昭陵则不同，宝城内的封土填得特别满，几乎与宝城墙等高，正中筑有上小下大的圆柱形夯土墓冢，封土的前部有平面走势为弧形的高大的砖墙拦挡封土，并与方城两侧的宝城墙内壁相接，形成了一个封闭的月牙形院落，这在后来清代陵寝中被称为"哑巴院"，并称院内月牙形的拦土墙墙体为"月牙城"。（图 1.9.9）

宝城封土的排水系统也十分讲究。宝城为前低后高形式，城内的封土则是中高外低。宝城的内侧设砖墁凹形排水槽，左右两侧稍前处又各设方井两眼，井上覆盖凿有漏水孔的水箅子，井下有暗沟前通哑巴院内的两侧排水孔道。每当大雨降后，城内雨水能顺利地从哑巴院两侧的排水暗沟排出宝城之外，有效地保证了玄宫上面封土的干燥。

方城后的琉璃影壁也改泰、康等陵依墙而建的方式为一半嵌入墙体之内、一半露外的随墙而建的方式。

昭陵的宝城与泰、康等陵以及显陵的宝城模式相比较，显得更加精致壮观。

那么，为什么昭陵会采用这种封闭型的"哑巴院"的形制呢？这还要从昭陵宝城培土一事谈起。

据《明神宗实录》记载，万历九年（1581）五月十五日，工部上一道奏章，说："永陵宝城黄土，自嘉靖十八年以来，至今四十二年，不为不久，乃十分尚亏其八。"还提出六条意见请神宗批答。神宗览奏后下旨说："皇祖宝城培土如何四十余年尚未完？就这工程重大，若用陵军、班军未免耽延时月，终无完局，依拟通行雇募，刻期报完。"又说："朕前恭谒陵寝，见昭陵宝城亦欠高厚，着一体加培，俱不许苟且了事。"这样一来，永、昭二陵宝城的黄土同时加培，大臣们恐落下"苟且了事"的罪名，自然就按同一规制培筑了。这就是昭陵宝顶与永陵相同，却与长、献、景、泰等陵都不同的原因。

由于封土的培高，冢前拦土墙、排水系统、照壁形式，与宝城、方城的关系都要重新考虑，于是形成了陵区内第一座封闭型的"哑巴院"的形式。

这种形式的"哑巴院"，由于冢前拦土墙的大幅度增高，不仅可以满足以永陵为模式在宝城内填满黄土的需要，而且方城下的甬道和宝城内通向明楼的左右转向礓𥔲也可以继续使用，而不致被封土下滑后掩埋。这种月牙城、哑巴院的方式为后来的庆、德二陵以及清代帝陵所沿用。

也许有人会问，昭陵的“月牙城”“哑巴院”会不会是原设计就是这样，是原来拟定好的创新之举呢?

从昭陵营建的历史背景看，不会是这样的。因为从整个陵寝建筑的规制看，昭陵是按泰、康等陵形制建造的。而且昭陵营建时，正是明代中叶著名政治家张居正执政期间。张居正受孝定皇太后李氏之托，辅佐年幼的神宗皇帝，正身体力行，以务实的精神锐意改变时弊，他虽对先帝陵寝的建造态度也十分认真，但却绝不会将精力花在陵制的创新上。因为这样的创新只会增加陵工的工程量，加大用度，而当时张居正却是千方百计在考虑着如何开源节流，从各个方面节省国家的财政支出。这点从神宗隆庆六年（1572）七月敕谕工部尚书朱衡的内容也可看出。神宗的敕谕说，昭陵的营建“固不可因陋就简，以天下而俭其亲，亦不宜浪费糜财，饰文而鲜实……”可见，昭陵封闭型的“哑巴院”是在一个偶然因素影响下形成的。

## 第四节 陵园修复与景点开放

### 一、沧桑历尽得修复

明朝灭亡后，昭陵先后遭受过两次严重的破坏。崇祯十七年（1644）三月，李自成农民起义军的一支部队，从德胜口往北，经康陵转而至定、昭二陵，放火焚烧了康、昭二陵明楼和定陵的殿庑。昭陵明楼因此被毁，圣号碑（图 1.9.10）也被烧残。清康熙三十四年（1695）三月五日，大雨滂沱，雷电交加，昭陵祾恩殿和两庑配殿又遭雷击起火，陵卒拼命扑救，只救下了两庑配殿，祾恩殿被彻底烧毁。

1.9.10 昭陵圣号碑

乾隆五十至五十二年（1785—1787），清政府重新修葺明十三陵，昭陵也在修葺之列。从遗址分析，当时修葺的项目有明楼、祾恩门、祾恩殿三项工程。这次重修，虽然使陵园制度稍趋完备，但却改变了原有建筑的规制。

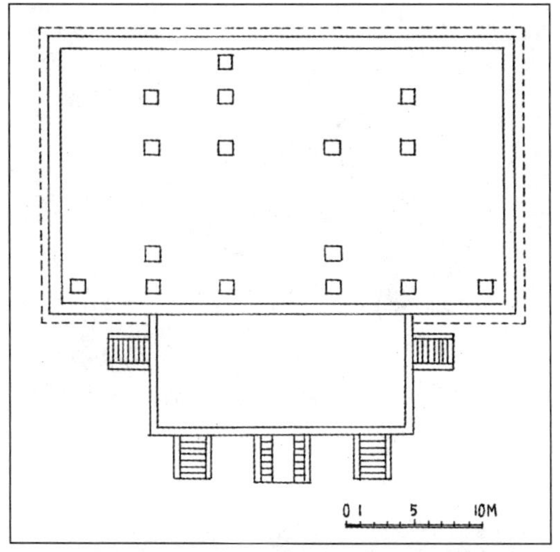


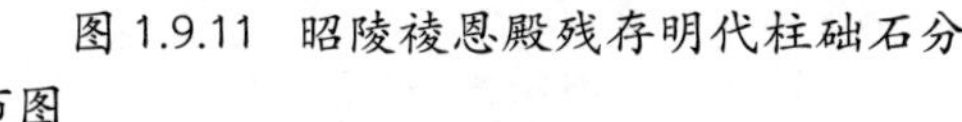
图 1.9.11 昭陵祾恩殿残存明代柱础石分布图

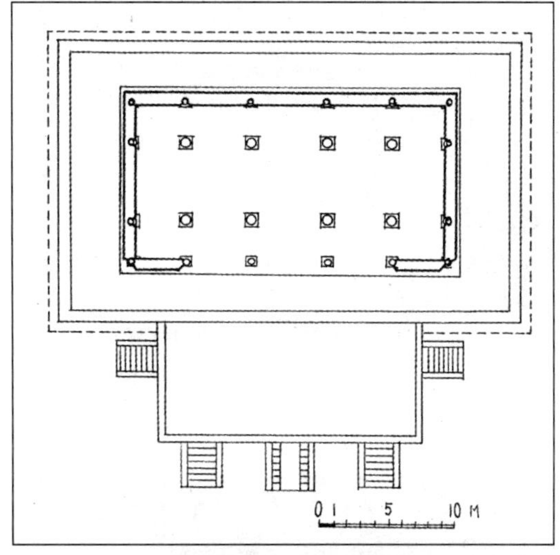


图 1.9.12 清代改建后昭陵祾恩殿平面图

例如，明楼的斗拱，依明朝制度各陵均为上檐单翘重昂七踩斗拱，下檐重昂五踩斗拱。而修葺后的昭陵却变成了上下檐均为单翘单昂五踩斗拱。明楼内还增加了条石券顶。

祾恩门、祾恩殿虽然重建时间数没有大的变动，但都缩小了尺度。（图 1.9.11—1.9.12）祾恩殿，原制面阔五间（30.38 米），进深四间（16.77 米）。清代重建后，面阔间数没有改变，尺度却缩小为 23.3 米；进深改为三间，尺度缩小为 11.92 米。而且顶部形制改成了单檐歇山式。祾恩门，原为面阔三间（18.44 米），进深二间（8.04 米）。清代重建后，面阔缩小为 12.52 米，进深缩小为 6.77 米。顶部形制由原来的单檐歇山式改成了硬山顶的形制。陵内的两庑配殿和陵前的神功圣德碑亭不仅没有重建，而且残垣断壁也被拆除。只在碑石周围旧亭基上修建了一周宇墙。

此后，长达 200 年的时间里一直没有修缮。昔日壮丽的陵园建筑满目凄凉，只剩下残坏的明楼和陵墙了。

为了加强对文物的保护和利用，开辟新的旅游景点，丰富旅游内容，经有关部门批准，十三陵特区从 1985 年 6 月开始筹备昭陵的复原修缮工程，1987 年 4 月正式动工。修缮的主要工程有：明楼木架结构和瓦饰的更换，祾恩殿、祾恩门、两庑配殿、神功圣德碑亭、宰牲亭、神厨、神库的复原修建等。1990 年 8 月，完成了宰牲亭、神厨、神库以外的全部工程，9 月 1 日，作为旅游景点正式对外开放。1992 年，宰牲亭、神厨、神库也相继竣工。（图 1.9.13—1.9.16）按《昌平山水记》："十二陵各有宰牲亭，在祾恩门之左，西向，厅五间，厢各三间，亭一座，有血池。外有周垣黄瓦，惟长陵止一亭，无厅厢。"遗址清理的情况表明，昭陵宰牲亭、神厨、神库的规制与文献记载一致。其中，厅五间即神厨正房，

图 1.9.13 修复后的昭陵明楼

图 1.9.15 复建后的昭陵祾恩殿

图 1.9.14 复建后的昭陵神功圣德碑亭

图 1.9.16 复建后的昭陵宰牲亭、神厨、神库

厢即神库。《大明会典》记昭陵以前各陵神库“或二座，或一座”，昭陵则为两座。

重修后的昭陵建筑宏伟，金碧辉煌，具有陵制完整的特点。祾恩殿内还举办有“明昭陵秋祭复原陈列”，再现了明代秋祭时殿内供品丰洁、乐器齐备的隆重场面。左配殿有“明昭陵帝后史料陈列”，介绍埋葬在昭陵内的隆庆皇帝和孝懿、孝安、孝定三皇后的有关情况。（图 1.9.17）

## 二、“明镜昭廉”明代反贪尚廉历史文化园

为展示明代反贪尚廉的历史文化，以史为鉴，警示后人，十三陵特区办事处于 2013 年 8 月，开放了以昭陵为依托的“明镜昭廉”明代反贪尚廉历史文化园。

文化园由昭廉广场、明代反贪尚廉历史陈列和明代清官史事展三部分组成。

昭廉广场，位于陵园右前方。广场入口处，是一座仿照古代县衙“戒石坊”建造的石牌坊。牌坊的额枋上刻“明镜昭廉”四字。广场里面，立有一座仿古铜镜，取“以史为镜”，警示后人之意。铜镜的前面有一卷轴墙，墙上正中间刻的是宋代著名书法家黄庭

图 1.9.17 昭陵祾恩殿内的秋祭复原陈列

坚书写的《戒石铭》："尔俸尔禄，民膏民脂，下民易虐，上天难欺。"两侧雕刻的是明代有关廉政方面的诗。与石牌坊遥相对应的是一座砖雕照壁。照壁上雕刻的是一只怪兽。（图 1.9.18）这只怪兽，猛一看像麒麟，其实古人把它叫作"犭贪"。这种怪兽贪婪成性，周围的金银财宝它都吃了，还不满足，还要张着大嘴把太阳吃了。结果，落入大海中被淹死。这种照壁，也是古代衙门官箴建筑中的一种，作用是警示官员要做清官，不要做贪官，否则就会受到法律的制裁。

图 1.9.18 昭廉广场内的犭贪壁

明代反贪尚廉历史陈列位于广场北面。展览分为四个部分：

第一部分是明代反贪制度。包括明代的职官制度、回避制度、考核制度、监察制度、明代的反腐律法及刑罚方式等方面的内容。第二部分是明代反贪尚廉史事。内容包括明太祖朱元璋通过颁布《皇明祖训》《臣戒录》《申诫公侯铁榜》，劝勉百官，不得仗势欺凌

图 1.9.19 海瑞事迹展中的海瑞塑像

百姓，不得贪赃枉法。另外还通过布景、塑造人物形象的方式，展示了朱元璋奖励廉洁官吏、打击权贵、严刑惩贪的具体事例。此外，还用绘画的形式，展示了永乐、宣德时期的反贪活动。第三部分是明代的贪腐之风。通过布景和图画，揭示了郭桓、刘观、严嵩父子，以及魏忠贤等权要的贪腐情况。此外，还有明代民谣、诗歌中描述的明代官场的贪腐现象，以及形式多样的贪腐手段。第四部分是历史的警示。展示了顾炎武、张廷玉、赵翼、吴晗等古今学者，对明代贪腐现象的分析和评论。

在昭陵的左配殿和宰牲亭、神厨、神库中有明代清官史事展。其中，左配殿内是海瑞事迹展。（图 1.9.19）展示了被誉为“海青天”的清官海瑞一生廉洁奉公、心系百姓、不畏权贵、惩贪除恶的事迹。宰牲亭、神厨、神库内则展示了夏原吉、王琎、周新、况钟、薛瑄、于谦、王恕等明代清官廉吏的生平事迹。

# 第十章
# 定陵

明定陵，位于大峪山东麓，是明十三陵中的第十座陵，安葬着明朝第十三位皇帝神宗朱翊钧和他的两位皇后。这座陵也是我国首次按计划进行考古发掘的帝陵，是十三陵对外开放的一个主要景点。

## 第一节 墓主生平

### 一、明代享国最久的帝王——明神宗朱翊钧

明神宗朱翊钧，穆宗第三子，嘉靖四十二年（1563）八月十七日生。（图 1.10.1）隆庆二年（1568）三月十一日立为皇太子，隆庆六年（1572）六月十日即位，年 10 岁，次年改元万历。万历四十八年（1620）七月二十一日病逝于宏德殿，享年 58 岁。九月，上尊谥为“范天合道哲肃敦简光文章武安仁止孝显皇帝”，十月三日葬入定陵。

图 1.10.1 明神宗朱翊钧画像

神宗皇帝是明代享国最久的帝王。他以冲幼君临天下，他的母亲慈圣皇太后委朝政于首辅大学士张居正（图 1.10.2）。张居正是个卓越的政治家，在神宗即位后的前十年当中，“慨然以天下为己任”，以“尊主权、课吏职、信赏罚、一号令”为主，推行考成法等政治改革措施，使各级官员都有明确的职责，同时强化监督机

制，朝廷政令因此“朝下而夕奉行”。

特别是清丈土地和“一条鞭法”的推行，使国家的财政收入有了大幅度的增加。当时，“太仓（国家仓库）粟可支十年”之久，太仆寺的储银也达到了400余万两。

图 1.10.2 张居正画像

神宗在慈圣皇太后、太监冯保和首辅大臣张居正的监督之下，虽贪图玩乐的恶习没有大改，但出于敬畏之心，对张居正的各项改革措施也还基本言听计从，生活上也不敢过分的铺张。如，万历五年（1577），神宗下诏修饰两宫太后居住的慈庆、慈宁二宫。张居正立即谏止说：“两宫建成于万历二年，依然壮丽如故，不必更加藻饰。”神宗听后立即采纳。另外，张居正请以经筵之暇，为神宗进讲太祖及列圣宝训、实录，又请立起居注记录皇帝的起居生活和朝内外大事，每天用翰林官四员为神宗讲析诗文及备顾问，神宗都予以批准。

但神宗随着年龄的增长，对张居正的一套说教逐渐产生了逆反心理。他先是敬畏，后是“心厌之”，但这种心理状态只是深埋心中，隐而不显。

万历十年（1582），张居正病故，神宗年已20岁。为了发泄早已存于心中的对张居正和冯保的积怨，他重新启用了东宫时所宠信的宦官张诚。张诚原与冯保不和，被斥于外，神宗命他暗中刺探冯保和张居正的行踪。张居正一死，张诚立即把张居正和冯保所谓的“交结恣横状”报告给神宗。神宗先是把冯保谪发南京，籍没其家产，接着又在万历十二年（1584），给张居正加上了“专权乱政，罔上负恩，谋国不忠”等罪名，告谕天下，抄没家产。张居正的长子、礼部主事张敬修在严刑逼供之下，自缢而死，次子嗣修和弟居易俱被发配到边远地方充军。张居正引荐任用的官员也被“斥削殆尽”。

从此，神宗如释重负，觉得自己现在才是名副其实的皇帝了。他深居后宫，终日与妃嫔饮酒作乐，过着荒淫糜烂的生活，朝廷政事经常拖着不办。他的谕旨和大臣的奏章，均由内臣传达，大臣们很少能和他见上一面。他所任用的内阁大臣也都是一批庸庸碌碌、遇事迁就的人。此后，对敢于对皇帝谏劝的人，都予以重处。

万历十七年（1589）冬，大理寺评事雒于仁上《酒、色、财、气四箴》疏，对神宗进行批评。他说：“臣为官数年，仅朝见过陛下三次。此外只是听说‘圣体违和，一切传免’。郊祀和祭祀太庙，都是派遣官员代行。政事不亲自处理，讲筵也停了很久。臣知陛下的病根在于嗜酒、恋色、贪财、尚气。臣闻‘嗜酒则腐肠，恋色则伐性，贪财则丧志，尚气则戕生’。陛下八珍在御，觞酌是耽，卜昼不足，继以长夜，此其病在嗜酒也；宠十俊以启幸门，溺郑妃靡言不听，忠谋摈斥，储位久虚，此其病在恋色也；传索帑金，括取币帛，甚且掠问宦官，有献则已，无则谴怒……此其病在贪财也；今日榜宫女，明日杖中官，罪状未明，立毙杖下，又宿怨藏怒于直臣……此其病在气也。”

神宗非常震怒。他把奏疏留了十天，到了第二年正旦，在毓德宫召见大学士申时行时、许国、王锡爵、王家屏，对他们说：“雒于仁奏本，肆口妄言，触起朕怒，以致肝火复发，至今未愈。”申时行劝导神宗说：“圣躬关系最重，无知小臣，狂憨轻率，不足以动圣意。”神宗依然怒气难消，他将奏折拿给申时行看，说：“先生每看这本，说朕酒色财气，试为朕一评。”申时行拿起奏折才要看，神宗就开始为自己辩解说：“他说朕好酒，谁人不饮酒？若酒后持刀舞剑，非帝王举动，岂有是事？又说朕好色，偏宠贵妃郑氏。朕只因郑氏勤劳，朕每至一宫，他必相随，朝夕间小心侍奉勤劳。如恭妃王氏，他有长子，朕着他调护照管，母子相依，所以不能朝夕侍奉，何尝有偏？他说朕贪财，因受张鲸贿赂，所以用他……朕为天子，富有四海，天下之财，皆朕之财。朕若贪张鲸之财，何不抄没了他？又说朕尚气。古云：少时戒之在色，壮时戒之在斗，斗即是气。朕岂不知？但人孰无气？且如先生，每也有童仆家人，难道更不责治！如今内侍宫人等或有触犯及失误差使的，也曾杖责，然亦有疾疫死者，如何说都是杖死？”[1]

万历中叶以后，神宗的昏惰达到了“不视朝，不御讲筵，不亲郊庙，不批答奏章”的程度。甚至中央和地方缺官也不补充，国家机器几陷瘫痪状态。例如，万历三十年（1602）十二月，大学士沈一贯曾向神宗反映，十三道监察御史负责巡行的地方有十三处，但竟有九处缺员。神宗却根本不加理睬。万历三十四年（1606）二月，大学士沈鲤、朱赓上奏说，昨天，他们与文武百官在文华门候驾，见二品（尚书一级的官员为二品）班内只有户部尚书赵世卿一人。其余尚书、左右侍郎等官员缺额很多。神宗还是不予理睬。万历四十五年（1617）二月，大学士方从哲、吴道南上奏说，早晨时，他们上朝看见有一百多人聚集在长安门外，集体跪在那里申诉。一问，原来是监狱囚犯的家属。囚犯的家属们都说，他们的亲人被抓捕后很长时间了，由于大理寺和刑部缺少官员，竟然没有人问案。不少人因为长期关押，受尽牢狱之苦，已经死去。因此他们建议赶快增补官员，神宗仍是不予理睬。

不但缺官不补，官员们要离职，神宗也照样不加理睬。例如，万历三十五年（1607）正月，给事中翁宪祥就曾经上奏说，巡按、巡抚离职，应该听从朝廷的命令，不应该允许他们私自离任。神宗不予理睬。当时，不少官员不想当官了，就把印往衙门里一放，给皇上写一份请求离职的奏折，不等朝廷的批复，就擅自回家了。例如，万历三十七年（1609）九月，左都御史詹沂就“封印自去”。万历三十九年（1611）十月，户部尚书赵世卿“拜疏自去”。万历四十年（1612）二月，吏部尚书孙丕扬“拜疏自去”。九月，大

1《明神宗实录》卷二一九。

学士李廷机“拜疏自去”。万历四十一年（1613）七月，兵部尚书掌都察院事孙玮“拜疏自去”。九月，吏部尚书赵焕“拜疏自去”。万历四十二年（1614）八月，礼部侍郎孙慎行“拜疏自去”。万历四十六年（1618）二月，吏部尚书郑继之因多次请求离职都没有回音，便在皇宫前拜别，然后出郊待命。神宗得知后，马上派人去追。可是这时，兵部尚书崔景荣又封印出城了。御史王象恒上疏反映了缺官后的情况：“十三道御史在班行者止八人，六科给事中止五人。而典试诸差，及巡方报满，告病求代者踵至。当亟议变通之法。”大学士方从哲也上疏说：“那些参加考选的官员都等候了六年了，尝尽了艰苦，应该下令允许各部推举，让他们受命供职。”但神宗仍然一概不予理睬。

神宗在政治上虽然缺少大的抱负，但在刮财上却是挖空心思。为了满足自己挥霍和享乐，他派出大批亲信宦官，分赴各地充当矿监、税使。开矿、征税，可以弥补国用不足，处理得好，也未必是坏事。但是，这些矿监、税使倚恃神宗的宠信，胡作非为，肆意搜刮民财，所到之处，“鞭笞官吏，剽劫行旅，商民恨之刺骨”。大臣们见矿监税使四处为害，纷纷上疏请求停止税监活动，但神宗始终置若罔闻，毫无反应，对矿监、税使的罪行则百般包庇纵容。所以，史书称神宗是“以金钱珠玉为命脉”的人。

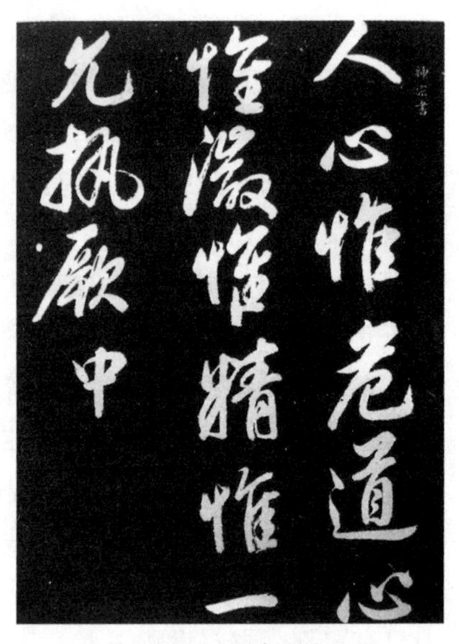


图 1.10.3　明神宗书法

不过神宗在位期间，在朝政方面也有一二可称道之处。如万历二十至二十七年（1592—1599）的援朝战争，虽“靡费数百万”，损失了不少兵将，但明军在朝鲜军民的配合下，打败了日本丰臣秀吉的侵朝军队，加强了中朝两国的传统友谊，保证了朝鲜人民和平的生活环境。

另外，神宗还是个书法爱好者。《万历野获编》记载，他从小“即工八法”。《宛署杂记》也记载，神宗“留神翰墨”。从存世的神宗墨迹看，其书法确实有一定功底。（图 1.10.3）

## 二、孝端显皇后王氏

孝端显皇后王氏，神宗元配，浙江余姚人，永年伯王伟女，生于京师。（图 1.10.4）万历六年（1578）二月册立为皇后。王氏性情温和宽厚，颇得孝定后欢心。光宗为太子时，能曲为照应。郑贵妃专宠后宫，

图 1.10.4　孝端显皇后王氏画像

王氏亦受冷落。万历四十八年（1620）四月六日，王氏病故，谥孝端。光宗即位，上尊谥为“孝端贞恪庄惠仁明媲天毓圣显皇后”，十月三日葬入定陵。

## 三、孝靖皇后王氏

孝靖皇后王氏，光宗生母，宣府都司左卫人，原任锦衣卫百户赠明威将军指挥佥事王朝寀女。（图1.10.5）母葛氏封太恭人。王氏生于嘉靖四十四年（1565）正月二十七日寅时，万历六年（1578）二月初二选入皇宫（年13岁），初为慈宁宫宫人，侍奉神宗的母亲慈圣皇太后。

图 1.10.5 孝靖皇后王氏画像

有一天，神宗到慈宁宫，见王氏颇有姿容，遂将她私幸。王氏因此有孕在身。然而，神宗并不是真的喜欢孝靖皇后。他喜欢的是万历十年（1582）三月时被册立为淑嫔的郑氏，也就是后来被封为皇贵妃的郑氏。郑氏姿色娇媚，而且性格也活泼开朗。别的妃嫔见了神宗都是毕恭毕敬。只有郑氏和神宗谈笑自然，还幽默地称神宗是“老嬷嬷（老太太）”，意思是说神宗说话有点絮叨。但神宗不但不恼，还对她情有独钟。正因为如此，神宗对和孝靖皇后的事儿，总想遮掩过去。但是，这件事却没有瞒过神宗的母亲慈圣皇太后。

有一天，神宗陪着母亲吃饭。老太后向神宗提起这件事。神宗不承认。慈圣皇太后叫人拿来《内起居注》让他看。因为《内起居注》不仅记载了这件事，连神宗赏赐给王氏首饰都有记录。神宗这才不得不承认了。慈圣皇太后好言劝神宗说：“我老了，还没有抱上孙子。将来要是生个男孩儿，这也是宗社之福啊！母以子贵，还分什么高低等级呀！”就这样，神宗不得不在万历十年（1582）六月十六日将王氏封为恭妃，八月十一日王氏生下了光宗皇帝。

孝靖皇后为神宗生了儿子，而且是长子，照理说，孝靖皇后当时的地位应该有所提高。可是，因为神宗只喜欢郑氏，所以，孝靖皇后的封号还是恭妃，一点儿没有改动。相反，郑氏尽管还没生孩子，却在第二年，也就是万历十一年（1583）八月被封为德妃。万历十二年（1584）七月，又进封为贵妃。万历十四年（1586）正月，郑氏生下皇三子朱常洵，神宗又马上封她为皇贵妃。神宗每天与郑贵妃卿卿我我、形影不离，而孝靖皇后与光宗则是母子同居景阳宫，常年也得不到神宗的关心与爱护。神宗的元配皇后孝端皇后王氏没有生子，光宗为神宗长子，按理说早该立为皇太子了。但是，神宗总想立自己的爱妃郑贵妃所生的皇三子朱常洵为太子，他曾经和郑贵妃到皇宫的大高玄殿，对着真武神发誓，许愿要立朱常洵为太子。神宗还写下一纸文书，封在玉盒里，交给郑贵妃，作为凭信。由于这个原因，神宗总是找各种借口推托，就是不立朱常洛为太子。孝靖皇后的名位也因此而始终还是恭妃。

大臣们看不过去了，纷纷上疏对皇帝进行劝谏。户科给事中姜应麟上疏说："恭妃诞元子，反令居下，非所以重储贰、定众志也。乞降旨首册恭妃，次册贵妃。又须明诏册立元嗣为东宫。"神宗看完奏章非常气愤，下旨说："姜应麟疑君卖直，好生无礼。降边方杂职。"

姜应麟被贬的消息传到了神宗的母亲慈圣皇太后那里。老太后觉得神宗的做法不妥。有一天，神宗去看母亲。孝定太后问他说："现在外廷大臣们都说应该早定长哥（宫中称太子为长哥），你如何打发他？"神宗回答："他是都人的儿子。"宫里面都称宫女为都人，神宗的意思是说，光宗是宫女所生，不配当太子。不料，老太后听了，非常不满。非常严肃地教训他说："你也是都人的儿子。"原来，老太后最早来到裕王府时，身份也是宫女。后来生了神宗，身份才显贵了起来。神宗听了母亲的话，连忙跪下，从此神宗才打消立朱常洵为太子的念头。

万历二十九年（1601）十月，光宗被立为皇太子，万历三十三年（1605）十一月十四日，太子喜得长子。这在宫廷中是一件大事，而王氏的封号还是没有变动。大臣们接二连三上疏谏劝，神宗才不得不于翌年四月二十日进封王氏为皇贵妃。但她此时的处境却更加凄苦。王氏病逝于万历三十九年（1611）九月十三日酉时。病危之时，其所居宫门还被锁着，光宗让人打开锁，才见到母亲。王氏当时眼睛已经看不见人了。她拉着光宗衣服说："我儿长大如此，我还有什么遗恨呢！"说完就去世了。

王氏死后，神宗也不把她的丧事放在心上，仅上谥为"温肃端静纯懿皇贵妃"，其他事宜一概不问。该年十月十三日，礼部左侍郎翁正春上疏请示王氏的安葬事宜。过了两天，神宗才命翁正春等人到天寿山卜地，选得了东井左侧的墓地，经神宗同意，在那里正式营建了坟园。万历四十年（1612）七月十七日葬王氏。其随葬金制品极少，棺内除了为数不多的丝织品外，仅有银锭数枚和一些银制器物，金锭一枚也没有放。

光宗登极后，曾下诏追谥母亲为皇太后，但礼仪未行，自己先崩。熹宗登极，才为王氏上尊谥为"孝靖温懿敬让贞慈参天胤圣皇太后"，并迁葬定陵，同时，补充了三箱随葬品。其中，一箱放孝靖后的木制谥册和谥宝，一箱放三龙二冠一顶，以及玉带、玉佩、玉谷圭、金垒丝珍珠霞帔、金霞帔坠等物，另一箱放十二龙九凤冠一顶。

## 第二节 寿宫选址与陵制

### 一、寿宫选址，争讼纷纭

《明神宗实录》记载，万历十一年（1583）正月的一天，神宗朱翊钧来到内阁，对大学士张四维等说："朕于闰二月躬诣天寿山行春祭礼，并择寿宫，卿等拟旨来行。"神宗时方21岁，按理说大臣们应加以谏阻，引导他精勤朝政，养息民力。但神宗朝自张居正死后，邪臣庸相充斥朝堂，他们但求保全自己的荣华富贵，毫无治国雄心。大学士张四维也不例外，他上疏迎合神宗说：预建山陵，乃古圣帝明王的明智之举。又说："山陵重事，必须详慎，今天寿山吉壤固多，未知何地最胜，合照世祖先年事例，命文武大臣带领钦天监及深晓地理风水之人，先行相择二三处，画图贴说进呈御览，恭候圣驾亲阅钦定，然后营建，以为万万年寿藏。"神宗听了张四维的意见，遂于二月先后两次遣官前往天寿山预卜陵地。

参加卜陵的有定国公徐文璧、大学士张四维、司礼监太监张宏、祠祭司员外郎陈述龄、工部都水司主事阎邦、钦天监监副张邦垣以及谙晓地理的风水术士连世昌、南京刑部尚书陈道基、通政使司左参议梁子琦、贵州佥事胡宥等人。所呈吉壤有永陵东边的潭峪岭、昭陵北边的祥子岭、东井南边的勒草洼三地。

闰二月，神宗赴天寿山借祭陵之机亲自查看。神宗亲自拜谒九陵之后，提出要亲自登上长、永、昭三陵主山绝顶瞻眺，再到三处吉地审视。大学士张四维对神宗说：长、永二陵主山极其崇峻，不能攀援。风气所关，不宜开凿道路。神宗才打消了登山念头，仅到所选二地巡视一番，又到东山口游览了圣迹亭，不久回到京城。

神宗回京后，定国公徐文璧、大学士张四维上奏说："臣等奉命恭同各官，遍历诸地。据钦天监监副张邦垣等称，原奏三地，惟祥子岭最吉。虽已画图贴说进呈御览，然山川形胜，有非图说所能尽处。臣等谨明白开具揭呈随本上进，望赐鉴裁。"但神宗看过所呈图说后，却认为三处吉壤太少，仍命礼、工二部并钦天监官再相吉地二三处以供比较。

礼部奉旨后认为，卜选中由于众多官员在一起议论陵地，而通晓地理之人反而在旁观望不敢插言。因此，建议本次卜地由钦天监监副张邦垣率领阴阳术士前往天寿山，选择数处，画图贴说，回报朝廷，然后再与勋辅大臣确定二三处地方，供圣明采择。这一建议得到神宗同意。

但第二天，神宗御皇极门，在文武百官因山陵祭礼告成而致词称贺后，又听到了通政使司左参议梁子琦的反对意见。梁子琦认为张邦垣对风水地理之术并不通晓，而他自己在上次参与卜地时曾另行择得的皇山寺西岭、团山、珠窝圈三处吉壤却很好。因此请求神宗敕礼部另选精通地理人员前去，共同详阅，据实绘图以献。于是，神宗命梁子琦与礼、工二部司属官员同去天寿山择地。

三月二十三日，礼部上奏说：本部郎中李一中、工部郎中刘复礼同梁子琦、张邦垣及术士连世昌等人恭诣山陵卜选寿宫吉地。所选地方，除梁子琦所择八处地方自行具奏外，张邦垣所择地有形龙山、勒草洼、大峪山（今定陵所在地）、宝山、平冈地五处地方，连世昌选得大峪山、平冈地、黄山寺西岭三处地方。

如上地方又经通晓风水术的工部都水司主事阎邦复阅，所列诸地均无异议，礼部尚书徐学谟遂与工部尚书杨巍率领员役复于诸处细加踏看，将情况报告了神宗。为慎重起见，神宗又命徐、杨二尚书率各相择员役赴天寿山陵区，将张邦垣、连世昌所呈形龙山、勒草洼、大峪山、宝山、平冈地、黄山寺西岭六处吉壤图及梁子琦所呈八图一一从容复观详议，然后取上吉地三四处画图呈阅。

但是，在踏看所选各处吉地当中，梁子琦却与徐学谟产生了很大的矛盾。据明末清初黄宗羲《明文海》卷五九《奏疏》中所辑徐学谟《乞休第一疏》中所说，梁子琦“秉性执拗”，每到一地，动辄与众人喧争，大家说好的，他一定说不好；大家说不好的，他一定说好。搞得大家没法与他交流。争吵时，梁子琦甚至举起胳臂要和人动手。而且他说话毫不顾忌，他在给神宗上奏的图说中，竟然说：“景陵不吉，致英宗土木之难。”徐学谟认为，他选的八处地方都不可用。

其中，蔡察山、长岭山、平冈地、景陵左山等处“统无足观”；被梁子琦称为绝佳之地的珠窝圈，徐学谟见之则是“伏于回岩侧隩之中，路径欹险，舆马难度……一步一蹶，深入二三里，始至其所。则见两岸墙立，左右宽不及十数武，中横涧道”。徐学谟对梁子琦说：“此地虽奇，令将作何以经营？况每岁大雨时，行淙流灌，宝城其能安乎？”梁子琦语塞，但“其气已勃勃动矣”。接着他们又到了梁子琦所选的石门沟山，术士杨日章称稍显结聚，但徐学谟认为，该地坐南朝北，方向不合适，“非向明而治之者之居，亦难取用”。他们又来到黄山寺第一岭，术士杨日章认为，虽然地方可用，但位处献、裕二陵之间，“位序不宜”。但是，梁子琦却说：“今日不用，后来圣子神孙须要用。”徐学谟不好直接否定梁子琦的说法，只得答应“取之，以俟上裁”。随后他们又到了梁子琦所选的德胜口附近的一处地方。徐学谟觉得那里不仅是“近关荒漠之地”，而且“形如覆甑，神路难通，与诸陵不相拱向，决非万乘之所宅也”。然后，他们又看了形龙山、大峪山两处地方。到了那里，只听到梁子琦对术士杨日章的呵骂之声。梁子琦不仅对术士所选的这两处地方不屑一顾，而且并没有全部踏看。徐学谟认为，他的极口诋毁没有根据。

那天晚上，徐学谟与杨巍等人讨论如何向神宗报告。杨巍说：“此事须要调停，以防子琦之口。”于是，大家共同商定：以形龙山为第一，梁子琦所选的石门山沟第二，大峪山第三，梁子琦所选的黄山寺第一岭，作为附列备选。但是梁子琦仍不满意，说：“尔何得以术士所取先我哉！”徐学谟解释说：“今日论地不论官。”又说：“即今所择，止求形势昂耸、堂局广深，便可选用。非若士庶之家，以地下求福者可比，何必以口舌求胜耶！”因此，徐学谟在给神宗的回疏中有“圣意所注，即为吉壤”之语。意思是说，皇上您看哪里好，哪里就是吉壤。

七、八月两月间，定国公徐文璧、大学士申时行、太监张宏又先后两次奉命复阅寿宫吉地。后一次还有礼、工二部堂上官参加。

八月二十四日，徐文璧、申时行上章详细汇报了复视吉地经过及择吉方案：“臣等谨于八月二十一日恭诣天寿山，将择过吉地逐一细加详视，尤恐灵区奥壤伏于幽侧，又将前所献地图自东徂西遍行复阅，随据监副张邦垣等呈称，原择吉地三处，除石门沟山坐离朝坎，方向不宜，堂局稍隘，似难取用外，看得形龙山吉地一处，主山高耸，叠嶂层峦，金星肥圆，水星落脉，取坐乙山辛向，兼卯酉二分，形如出水莲花，案似龙楼凤阁，内外明堂开亮，左右辅弼森严，且龙虎重重包裹，水口曲曲关阑，诸山皆拱，众水来朝，诚为至尊至贵之地。又看见大峪山吉地一处，主势尊严，重重起伏，水星行龙，金星结穴，左右四辅，拱顾周旋，六秀朝宗，明堂端正，砂水有情，取坐辛山乙向，兼戌辰一分。以上二处尽善尽美，毫无可议。”[1]（图 1.10.6—1.10.7）

图 1.10.6 定陵及背后大峪山

图 1.10.7 定陵及其前面的朝山蟒山（形龙山）

1《万历起居注》万历十一年八月癸酉。

他们认为："形龙山、大峪山二处，风水形势，诚天造地设，允为万世圣子神孙钟灵毓秀之区……俱称上吉。其余位次参差，砂水倾侧，委不堪用。"

但大臣们的意见并不统一。徐、申二人奏章刚刚递上，第二天，梁子琦就因自己所择吉地未能在复阅时留名，上疏对礼部尚书徐学谟和大学士申时行进行参论。说他们是儿女亲家，附势植党。

申、徐二人也各上疏辩解反击。他们说："子琦所择之地，石门沟山坐南向北，逼窄难用；黄山一岭在献、裕二陵之间，位次非宜。而又不满于形龙、大峪，执拗纷争，何时得决？"

申、徐二人的反击确实有力。的确，在古代，建筑物的取向一般都以南向为尊。皇家的建筑就更是这样子。因此，石门沟山坐南向北之势在陵墓中也不宜采用。另外，皇家墓葬的排列应该有一定顺序。在万历之前，长陵右侧各陵的排序，是按照献、裕、茂、泰、康的顺序，按辈分由高到低顺序排开的。神宗的寿宫作为晚辈的陵寝，建于献、裕二陵之间的黄山寺一岭，确实有"僭分"之嫌。所以，神宗马上以"挟私渎奏"的罪名，给梁子琦以夺俸三月的惩罚。

九月九日，神宗借秋祭之机亲赴形龙、大峪等处相择吉地，正式向内阁表达自己的意见："寿宫吉地用大峪山，卿等传示礼部并钦天监知道。"但当礼部题请钦天监选择寿工兴工吉期时，神宗又提出待两宫圣母阅视后再最后确定。

万历十二年（1584）九月，神宗奉两宫圣母，率后妃秋祭山陵，陵祭事毕，至九龙地、神仙洞、清凉洞等处游览。十六日，神宗奉两宫圣母登望大峪山，决定就在该处营建寿宫。当时的大峪山还叫小峪山，神宗讳"小"，遂改称大峪山，因而与其父陵后山同名。

十一月六日辰时，寿宫营建开工。万历十三年（1585）三月至八月间，寿宫工程逐渐铺开。不料在开挖玄宫时，正当棺床的位置却遇到了大如屏风的巨石。于是，又引起了一场论争大峪山是吉是凶的轩然大波。

按照古代风水理论的要求，玄宫的开穴处是不应有石的（应"土色光润"，如"裁肪切玉，备具五色"），所谓"气因土行，而石山不可葬"，"穿见大石凶"，正是风水理论的至要名言。于是，在八月初一那天，太仆寺少卿李植、光禄寺少卿江东之、尚宝司少卿羊可立三人上疏给神宗，提出大峪山并非吉壤，并且说这都是大学士申时行和原礼部尚书徐学谟的责任。其中李植的上疏言辞激烈。他说："如果吉则不宜有石，有石则宜奏请改图……今凿石以安寿宫者，与曩所立表，其地不一，朦胧易徙，若变棋然。"又谓："玄宫后凿石横阔数十丈如屏风，其下便如石地，今欲用之，则宝座安砌石上。"申时行见事关重大，急忙上疏自辩。 但神宗对李植等人的上疏并不以为然。他说："阁臣职在佐理，岂责以堪舆技耶！"下令夺三臣俸各半年。又传谕内阁："大峪佳美毓秀，出朕亲定，又奉两宫圣母阅视，原无与卿事。李植等亦在扈行，初无一言，今吉典方兴，辄敢狂肆诬构。朕志已定，不必另择，卿共安心辅理。"神宗还对左右侍从人员说："今外廷诸臣为寿宫事争言风水。夫在德不在险。昔秦皇营骊山，何尝不求选风水？未几见发，选求何益！我祖宗山陵既卜于天寿山，圣子神孙，千秋万岁皆当归葬此山，安得许多吉壤？朕志定矣。”

然而，神宗嘴上这样说，内心仍是满腹狐疑。陵寝风水事关明王朝的兴盛衰亡，岂能不认真对待！神宗认真看了钦天监监正张邦垣所进的大峪山图，发现西北角微有石块，决定将穴位稍往前移。他命定国公徐文璧、大学士申时行及太监张诚，再诣大峪山阅视，两天后，三人回京复命。九月二十七日，神宗终于向内阁部署了自已行将赴天寿山再择吉壤的计划和安排。他对内阁大臣们说：“大峪山吉壤，朕定已期年，工兴两月。今李植等屡奏此地多石，次不可用。朕今复阅在迩，卿等传礼臣率领台官及植等所知精堪舆人前往拣择数处，以俟朕至亲阅。”

闰九月八日，神宗祭完长、永、昭三陵后，亲至大峪山对寿宫地形进行查看。这一天，吏部尚书杨巍、户部尚书毕锵、礼部尚书沈鲤、刑部尚书舒化、工部尚书杨兆等九卿衙门官员及定国公徐文璧、恭顺侯吴继爵等均上疏请神宗不要再改卜他地。

但神宗仍举棋不定，总想再找一处比大峪山更好的吉地。九月九日，他亲至黄山寺西岭、宝山、平冈地三处地方阅视，又登大峪山进行比较。最后召申时行等四位辅臣于帷幄中，对他们说：“朕遍阅诸山，惟宝山与大峪山相等，但宝山在二祖陵（指裕、茂二陵）之间，朕不敢僭分，还用大峪，传与所司，兴事无辍。”

至此，定陵建于大峪山一事数经周折才最后被确定下来。且为此事又有数人受到惩罚：李植等原择三地，如宝山等皆较差，被调到外地做官。御史柯挺原曾疏称向简山优胜，但后来又说各处均不如大峪山，并且在疏中称：“夫大峪之山，万马奔腾，四势完美，殆天秘真龙以待陛下。”神宗见其态度前后矛盾，令其对状，最后被夺俸二月。张邦垣因处事不当受到夺俸四月的处理。

大峪山的风水之争暂时停息了，但在定陵建成后的第五年，即万历二十三年（1595）的九月初一，诚意伯刘世延却又妄言灾祥，上疏说：“大峪山寿宫龙穴非真”。通政司不肯为其转达，而他却一意坚持，结果受到了官员们“交章论劾”，不过神宗却对他未予理睬。

## 二、费银八百万，奢华比永陵

定陵的营建，计用白银800余万两，其费用之巨与长、永二陵不相上下。其营建时间，从万历十二年（1584）十一月开工，至万历十八年（1590）六月竣工，历时五年零六个月。其间工程有急有缓，在工程高潮时期，如万历十三年（1585）八月时，每日参加陵工劳作的军民工匠多达二三万人。

工程开始之前，神宗委派了朝廷重臣及亲信内监负责督理。其内外官员的分工情况如下：

定国公徐文璧、大学士申时行知建造，即工程总负责人；

兵部尚书张学颜、工部尚书杨兆总督工程；

工部侍郎何起鸣提督，王友贤催攒，阴武卿专管；

礼部尚书陈经邦总拟陵寝规制；

太监张宏总督，刘济提督，张清、王升、马良管理；

户科给事中田大年监收物料。

动工之前，最先要进行的准备工作是开山伐木，即将陵园预建的范围做初步的清理。但即使是这样的前期准备工作，朝廷也要举行隆重的仪式。定陵的开山伐木日为万历十二年（1584）十月六日卯时。这一天，要有朝廷派遣的大臣祭告大峪山之神。

正式动工那一天，朝廷还要派遣大臣 11 员，分别祭告长、献、景、裕、茂、泰、康、永、昭九陵，以及天寿山之神、后土之神、司工之神。祭文均由翰林院撰写，太常寺筹备办理祭品、香烛、制帛等物。

接下来，还要筹集建筑材料，根据工程需要集结军民匠役等。

定陵营建所用物料种类很多，但用量最多的要数砖、石、木料了。

砖，用于砌墙、铺地及发券等。主要有城砖和细料方砖两类。

城砖的产地为山东临清各窑。有尺五（长一尺五寸、宽七寸五分、厚三寸六分）、尺三（长一尺三寸、宽六寸五分、厚三寸三分）等不同规格。砖侧大都烧有预制的铭文，以备查验。铭文的内容，凡专为定陵营建而造的，均有“寿工”二字，如“寿工 临清窑户王甸、匠人侯率造”“寿工 临清窑窑户吴春、匠人杜虎造”等。这是因为在明朝，凡皇帝生前所建陵园均称“寿宫”。直到皇帝或皇后入葬之前，才能正式称陵。“寿工”是“寿宫工程”的简称。故砖铭用“寿工”二字。

细料方砖均产自苏州各窑。其烧砖夫役，均选自长洲县谙练匠作。

砖的烧制质量要求极高。万历十二年（1584）十月，为营建定陵，工部复司礼监太监张宏：“传砖料内粗糙，着申饬烧造官务亲验，敲之有声，断之无孔，方准发运。”同年十二月，工部侍郎何起鸣条陈营建大工十二事，亦有“议办物料，砖须有声无孔，石须色鲜体坚”的说法。

砖的烧造工艺有十分严格的要求。明宋应星《天工开物》记载当时砖的烧制程序：首先要掘地验辨土色，选择“粘而不散，粉而不沙”的上好土质，接着“汲水滋土，人逐数牛错趾踏成稠泥，然后填满木框之中，铁弓戛平其面而成坯形……”砖坯阴干后入窑烧制。窑有柴薪窑和煤炭窑之分。柴薪窑烧制的砖“出火成青黑色”，煤炭窑烧制的砖“出火成白色”，因此，城砖中又有黑白两类。

特别是苏州烧制的细料方砖，不仅有选土、练泥、澄浆、制坯、阴干等一道道要求严格的工序，其烧制的火候也有细致的规定：入窑后必须先以糠草熏一月，然后还要用片柴烧一月，再以棵柴烧一月，松枝柴烧四十天，共需 130 天才能窨水出窑。这种砖由于有“澄浆”一道工序，人们又俗称它为“澄浆砖”。又因它质地细实，颗粒微小，敲之有金石之声，故又被称为“金砖”。

砖的运输方式主要是依靠运河上漕运船带运。定陵营建时，由于“用砖方急”，每船奉命带砖多达 240 块，较之天顺年间每船带砖竟多出了 200 块！

石料，其所用之处包括玄宫，墙基，宝城垛口，殿宇阶陛、栏杆，明楼仿木构件，石碑等。

石料的种类主要有汉白玉、青白石、青石和花斑石。

其中，汉白玉石为石中上品，在明朝时“专以供大内及陵寝阶砌、栏楯之用”。这种石料，“柔而易琢”“莹彻无瑕”，采自京郊房山大石窝。

青白石，为稍次一等石料，但其石质坚硬，用处较为广泛。这种石料主要产自房山大石窝、马鞍山等处。

青石，又作青砂石，是更次一等的石料，大多用于铺砌神路路面或用于附属建筑的台基及柱础石的制作。其产地主要是房山的马鞍山及顺义的牛栏山等处。

花斑石，是一种极为考究的石料，产自黎阳（今河南浚县）。这种石料因产地不多，颇为难得。明朱国祯《涌幢小品》记有这样一个故事：定陵营建开始后，大名府同知王之辅奉命督采此石（时称“文石”）于黎阳，但却“凿地无所得”，王之辅非常着急。这时，有位老农对他说，半夜三更时他看到一处地方“火光烛地，状如星陨”，早晨去那一看，原来是花斑石。根据老农提供的线索，王之辅在那里开采了上万方石料。这个故事带有夸张和神话的色彩，但此种石料“黄质紫章”，色彩斑斓，的确具有很强的装饰效果。

石料开采的工价，根据难易程度各不相同。其中汉白玉石因在塘水中，开采前必须撤干塘水，开采较为不易，故其工价最高。按万历《工部厂库须知》所记，大石窝开采的汉白玉石，折方一寸（明代石料折方计算方法为，一块长一丈、阔二尺、厚二尺的石料，“以长一丈为主，以阔二尺乘之，得积二丈。又以二丈为主，以厚二尺乘之”，于是得折方四丈。按此方法计算，折方一寸的石料，其体积为长一寸、阔一尺、厚一尺）即准匠一工，给银七分。青白石折方则为六寸准匠一工。马鞍山的青砂石又定为折方每一尺一寸，准匠一工。

但是，定陵营建所用石料，其开价还有更细致的规定。如，从大石窝开采的明楼柱石、碑座及地宫券石折方工价为，“折方十丈以上，每五寸准匠一工；折方十五丈以上，每四寸五分准匠一工；折方二十丈以上，每四寸准匠一工；折方三十丈至五十丈，每三寸准匠一工”。寿宫明楼等处所用马鞍山的青砂大石，其折方开价则为，“折方四丈以上，九寸准匠一工；折方七丈以上，八寸准匠一工；折方十丈以上，七寸准匠一工；折方十五丈以上，六寸准匠一工”。

木料，有楠木、鹰架木等，其中殿宇梁架用材主要为楠木。楠木，为优质木料，其特点是材质细实，富于香气。产地在今四川、贵州、湖北等地。当时采木要到深山老林中，不仅环境险恶，而且运输极为困难。通常都要采伐在山，候雨季到来山洪暴发时，才能利用洪水冲出深山。然后结筏由水路运至京郊张家湾，最后经半日之程的陆路运至北京神木、大木二厂（神木厂位于北京崇文门外，大木厂位于北京朝阳门外），以备工程之用。

万历十二年（1584）六月，工部曾上疏备述采木之苦，并附以图说，有“至今全蜀疮痍，三四十年元气犹未尽复”之语，可见《明史·食货志》“采造之事……最巨且难者曰采木”的说法确有根据。

除了砖、石、木料外，定陵的营建还用了大量的琉璃构件及石灰、黄土等物料。

琉璃构件产自北京宣武门外海王村及门头沟琉璃渠村的官办琉璃厂；石灰来自京郊房山县的马鞍山、磁家务、周口店及怀柔县境；黄土取自陵区西南的“土堂”中。

参加定陵营建的劳役有民夫、工匠，还有大量的军人。其中，军人主要是班军（亦称营军，系从中都、山东、河南、陕西等卫抽来在北京训练，负责保卫京师的官兵），也有部分陵卫军士参加。

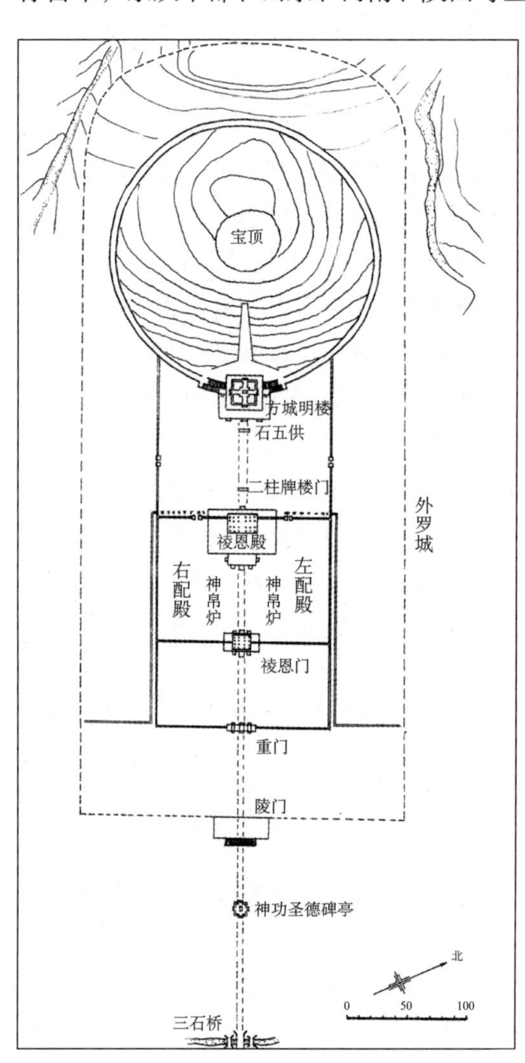


图 1.10.8 定陵平面图

定陵营建的用银，除了国家帑藏支出外，还有“事例银”一项。所谓“事例银”，即允许百姓向朝廷纳银，然后朝廷根据纳银的数额赐给一定的官职，或者在科举考试方面给予一定的优惠。这种筹款方式，起源于汉代的“募民入粟塞下”的做法，本来是一种为“实边储”的权宜之计，但运用于陵园营建，则有“卖官营陵”之嫌了。当时营建定陵采办楠木及采石运价“俱倚办于此”。

定陵营建的施工程序，和其他陵一样，也采用的是先建地下玄宫，后建地上寝园建筑的做法。由于地下宫殿最先建造，所以在万历十四年（1586）八九月间就率先完成，而祾恩殿的建造，却是该年十月才“迎梁”、安石竖柱，并“上梁”。明楼石碑、角柱石的安竖则是在万历十五年（1587）九月。

定陵的营建之所以做这样的安排，主要是施工规律所决定的。因为地下玄宫建筑，不仅位处陵园建筑的后部，而且该建筑的工程量也极大（开挖玄宫地基、运送砖石瓦料、砌筑玄宫殿宇等），如果舍玄宫而先建陵寝前部的享殿、明楼、厨库、廊庑、神道等建筑，势必会造成营建地宫时人流阻塞、物料往来运输困难等不利施工组织的种种问题。另外，玄宫为整个陵寝建筑规划设计的基准，先建玄宫，也便于陵寝建筑总体或局部方案的调整。

对定陵的营建，神宗非常关注，曾于万历十六年（1588）九月霜降节率后妃恭谒长、永、昭三陵后，带领大臣们“历阅宝城、玄宫”，并且在玄宫内饮酒自娱。

定陵的陵寝建筑规模、形制，在神宗的授意下，基本取法其祖父明世宗的永陵。永陵规模仅次于长陵，为陵区第二大陵。定陵则仅次于永陵，为陵区第三大陵。其规模之大，就是神宗的父陵昭陵也不能相比，这在封建社会显然是不符合礼制的。所以，当时的礼部侍郎朱赓得知神宗意欲仿照永陵营建陵园时特上疏进行规劝。

他在奏疏中说：“昭陵在望，制过之，非所安。”但朱赓的忠告并没有打动神宗，神宗将奏疏扣下来，留中不发，而陵园仍是基本按照永陵进行建造。

陵园的神道建筑，按清初顾炎武《昌平山水记》的记载，并与遗址核定，其起点始自昭陵神道五空桥西（《昌平山水记》记作五空桥东，误）向北而后向西曲折通至陵前，总长约 1.5 公里。路面形制，中间为铺砌石条的御路，两侧墁砖为散水。途中建有三空石桥一座（今已不存），近陵处建重檐歇山四出陛式的神功圣德碑亭一座，碑亭前并列建有中、左、右三座单空石桥。（图 1.10.8—1.10.14）

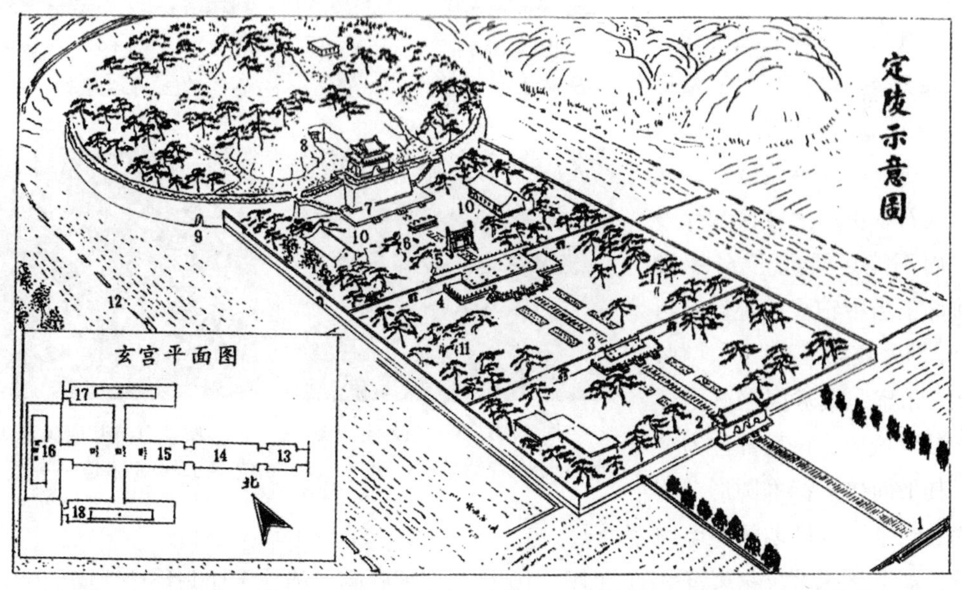


1. 外罗城门址 2. 重门 3. 祾恩门台基 4. 祾恩殿台基 5. 二柱牌楼门 6. 石供案 7. 方城明楼 8. 玄宫口 9. 隧道门 10. 陈列室 11. 配殿遗址 12. 外罗城遗址 13. 玄宫隧道券 14. 玄宫前室 15. 玄宫中室 16. 玄宫中室 17. 玄宫左配室 18. 玄宫右配室

图 1.10.9 定陵鸟瞰示意图

图 1.10.10 定陵神功圣德碑

陵宫建筑，背倚大峪山，朝向为南偏东 55°（戌山辰向），正对陵区东部的蟒山之巅。这与当初定国公徐文璧、大学士申时行上奏用大峪山“取坐辛山乙向、兼戌辰一分”（即南偏东 73.5°）是不同的。这表明，定陵在营建中，玄宫的朝向又有所调整。

陵宫的总体布局亦呈前方后圆之形。其外围是一道将宝城、宝城前方院一包在内的“外罗城”。城内面积约 18 万平方米。清梁份《帝陵图说》对这道外罗城做过这样的描述：“铺地墙基，其石皆文石，滑泽如新，微尘不能染。左右长垣琢为山水、花卉、龙凤、麒麟、海马、龟蛇之壮（状），莫不宛然逼肖，真巧夺天工也。”又谓：“覆墙黄瓯瓦，刻砖为斗拱，檐牙玲珑嵌空，光莹如玉石。甲申之变，寸寸毁之，而不能尽毁也。”外罗城仅前部正当中轴线位置设宫门一座，即陵寝第一道门。其制，黄瓦、朱扉、设券门三道。

图 1.10.11 定陵神功圣德碑土衬石雕饰——鱼

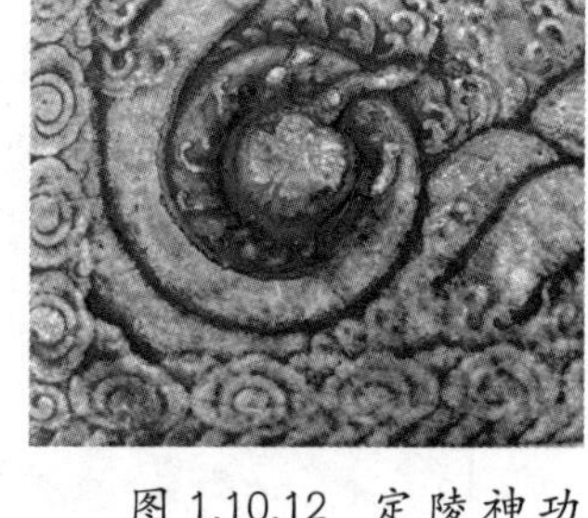
图 1.10.12 定陵神功圣德碑土衬石雕饰——鳖

图 1.10.13 定陵神功圣德碑土衬石雕饰——虾

图 1.10.14 定陵神功圣德碑土衬石雕饰——蟹

外罗城内，偏后部位为宝城。其平面接近标准圆形，直径约 230 米。宝城墙的垛墙均采用打磨平整的大块花斑石垒砌。（图 1.10.15）内环砖砌宇墙，宇墙与垛墙之间为铺砖马道。宝城墙的前部设有城台（又称“方城”），城台下承石刻须弥座，上建重檐歇山顶式的明楼。明楼的建造极为考究，不仅楼内采用砖券顶，无木构梁架，而且上下两层檐的檐椽、飞子、望板、斗拱（上檐为单翘重昂七踩式斗拱，下檐为重昂五踩式斗拱）、额枋、

图 1.10.15 定陵宝城石刻排水龙头

图 1.10.16 定陵明楼（背面）

图 1.10.17 定陵明楼琉璃山花

平板枋及上下檐之间的榜额（刻“定陵”两字）也全部用巨石雕刻组装而成，其上油饰油漆彩画，酷似木构建筑，然实无片木寸板。（图 1.10.16—1.10.17）

楼壁前、后、左、右四面各辟券门，楼内树圣号碑一通，高 6.195 米，碑首为方形，前后刻双龙戏珠图案，正面有篆额“大明”两字。碑身正面刻“神宗显皇帝之陵”七个径尺楷书大字。碑趺采用上小下大九级方台式，除第一、三、五、七四级较矮外，其余五级中的上面四级，自上而下分别雕刻双龙戏珠、云、宝山、海浪等图案。（图 1.10.18）

城台的下部无券门之设，但城台左右原各有冰盘檐式石刻门楼，由门楼进入，有礓䃰道由城前上达宝城、明楼。

图 1.10.18 定陵明楼内圣号碑

宝城之内封土满填，中部有三合土夯筑而成的上小下大圆柱形的“宝顶”。据《明熹宗实录》记载，天启元年（1621）闰三月，定陵因帝后入葬后隧道回填完毕，工部曾奏请议定宝顶规制，熹宗皇帝（神宗之孙）下旨说：“定陵宝顶规制乃皇祖（指神宗）亲定……著照永陵丈尺培筑。”但实际上定陵宝顶却筑得比永陵还大。宝城的排水采用墙外设石刻排水螭首和墙内设排水方井相结合的方式（排水方井的底部设有通于宝城墙之外的排水暗沟）。

宝城之前，在外罗城内设有三进方形的院落。

第一进院落，前设单檐歇山顶式陵门一座，制如外罗城门，为陵寝第二道门，又称重门。其左右各设有随墙式掖门一道。院落之内无建筑设施。（图 1.10.19）院落之前（外罗城之内）左侧建有神厨三间，右侧建有神库三间。

图 1.10.19 定陵陵门（重门）

第二进院落，前墙之间设祾恩门。其制面阔五间（通阔 26.47 米），进深二间（通深 11.46 米），下承一层须弥座式台基。台基之上龙凤望柱头式的石栏杆及大小螭首设置齐备。（图 1.10.20）前后还各设有三出踏跺式台阶。按《帝陵图说》所记，祾恩门台阶的形制为“中平（指雕刻图案的御路石）外墄（指台阶），中为御道”，则明朝时该门台基也应有御路石雕。祾恩门左右的陵墙各设随墙式掖门一座。院内建左右配殿各七间（顾炎武《昌平山水记》记为七间，梁份《帝陵图说》记为九间，本书据遗址分析从前者）及神帛炉左右各一座。

图 1.10.20 定陵祾恩门石雕螭首

第三进院落，前墙间建有陵园最主要的殿宇——祾恩殿。其形制为重檐顶，面阔七间（通阔 50.6 米），进深五间（通深 28.1 米），下承须弥座式台基一层，围栏雕饰同祾恩门。台基前部出有月台。月台前设三出踏跺式台阶，左右各设一出。殿有后门，故台基的后面亦设踏跺式台阶一出。其中，后面一出踏跺及月台前中间一出踏跺设有御路石雕。刻龙凤戏珠（左升龙，右降凤）及海水江牙图案。祾恩殿左右陵墙也各设随墙式掖门一座。（图 1.10.21—1.10.23）

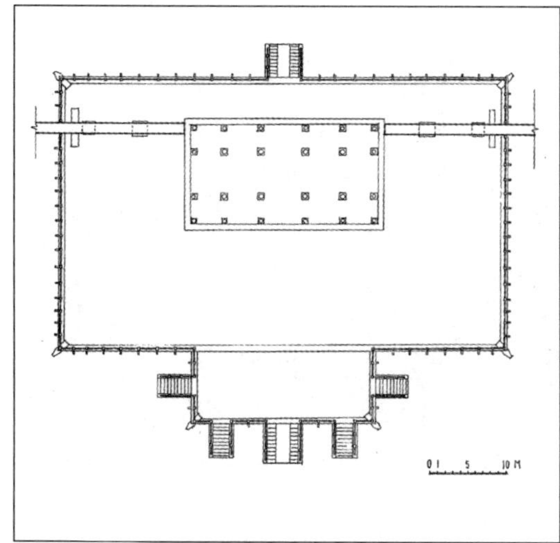

图 1.10.21 定陵祾恩殿平面图

院内沿中轴线设有二柱牌楼门（棂星门）一座、石几筵一套。

牌楼门两柱作出头式，白石雕成，截面为方形，顶部雕麒麟，前后戗以石抱鼓。（图 1.10.24）

石几筵，今人也称之为石五供。由石供案和五件石供器组成。石供案作须弥座式，石供器由香炉（一座）、烛台（二座）、花瓶（二座）组成。形制如长、永等陵。（图 1.10.25）

由于宝城的隧道门设于宝城墙的右前方，所以帝后棺椁在享殿（祾恩殿）内举

图 1.10.22 定陵祾恩殿月台

图 1.10.24 定陵二柱牌楼门

图 1.10.23 定陵祾恩殿御路石雕

图 1.10.25 定陵石五供

图 1.10.26 定陵第三进院通往外罗城侧门

图 1.10.27 定陵神宫监遗址内的拴马桩

行“安神礼”后，必须途经外罗城才能进入宝城的隧道门入葬玄宫，同时考虑到建筑设计的对称性，在第三进院落左右两墙又对称地设有随墙式掖门各一座。（图 1.10.26）

此外，定陵外罗城之前，左侧还建有宰牲亭、祠祭署，右侧建有神宫监、神马房等附属建筑。（图 1.10.27）定陵卫的营房则建于昌平城内。其中，定陵祠祭署的建筑布局是，中为公座（办公用的正厅），后为官舍，前为门。神宫监有重门厅室，房屋多至 300 余间。

## 三、明朝灭亡，屡遭劫难

明朝灭亡之际和以后，定陵先后几次遭到严重的破坏。

第一次，是 1644 年李自成领导的农民起义军的破坏。李自成，陕西米脂人，出身于穷苦的农民家庭，曾为起义军首领闯王高迎祥部下的闯将。高迎祥被杀后继称闯王。他率领的农民起义军与明军进行了殊死斗争，屡败屡起，终于发展成拥有百万之众的起义大军。崇祯十六年（1643）李自成在襄阳称新顺王。次年正月建立大顺政权，年号永昌。二月，大顺农民军从陕西经山西，攻陷太原。三月，陷宣府，从北京延庆柳沟南下，破八达岭、居庸关入昌平。农民军的一些部队从雁子口一带经过，对康、定、昭三陵进行了破坏，以发泄对明王朝的刻骨仇恨。这次破坏，定陵毁坏最为严重，陵园内的祾恩殿、祾恩门、左右配殿均被焚毁。

第二次，是清兵入关后，睿亲王多尔衮率领的清兵，又将已烧毁的祾恩殿和陵前的神功圣德碑亭全部拆毁。

经过这两次破坏，定陵的不少建筑都因此而变成一片废墟。清康熙年间梁份《帝陵图说》曾记载了定陵历经这两次劫难后的残状：陵前碑亭，“亭之木瓦于是毁之且尽，唯琢石柱础如故也。……瓦砾柱石中穹碑犹存也”。神宫监，“故址三百余椽，断瓦残垣历历可见”。宰牲亭、祠祭署则“基石柱础无可别，兔葵燕麦中得碎黄黑瓦而知若为亭，若为监署而已耳”。祾恩门，“披灌莽，拨瓦块，今犹见故址焉。……门以外，阶三道，中平外城……栏一级，篆刻云龙皆文石。榛蓁茀草间，犹光焰照人也”。左右配殿“俱毁”。祾恩殿，“今亡矣，瓦砾中寻旧基凡七楹”。

图 1.10.28 清乾隆时复建的定陵祾恩门

那么，清朝入关，定鼎中原，本来是从李自成手中夺得政权，与明朝似无关系，多尔衮为什么要对定陵进行破坏？据乾隆五十年（1785）清高宗的谕旨透露，是因为天启初年，后金政权攻取了明朝辽东的一些城镇。明朝的君臣不知整饬兵备，反而听信风水术士们的蛊惑，认为后金政权的崛起，与他们先祖的陵寝——房山金陵的风水有关。昏愦的熹宗皇帝，命人将房山金代诸陵全部拆毁，又挖断陵地的“地脉”；天启三年（1623）还在那里修建关王庙，想以压胜之术使后金衰败下去。后金人向来认为，自己是宋朝时金人的后裔。所以，多尔衮率领清军入关后，便将定陵作为复仇对象，进行破坏。

其实，清高宗所说的不过是间接原因。直接的原因，应是后金的崛起，时在万历年间。明神宗为巩固政权，曾企图削弱后金势力。于是有所谓的天命三年（明万历四十六年，1618 年）清太祖努尔哈赤以“七大恨”[1]告天，兴师伐明和多尔衮捣毁定陵之举。

清高宗认为，定陵的被毁，出自睿亲王多尔衮的建议，世祖皇帝当时还没有亲政，不是出自世祖皇帝的旨意。况且，清王朝“国家一统，已历百数十年，胜朝陵寝自应一律修复”。所以，清政府又于乾隆五十至五十二年间（1785—1787），在原有祾恩殿的台基上修建了一座面阔五间（通阔 23.28 米）、进深三间（通深 11.95 米）的享殿，恢复祭祀活动。在原有祾恩门的台基上建造了一座面阔三间（通阔 13.265 米）、进深三间（通深 8.525 米）的单檐歇山顶式的祾恩门。但两庑配殿并未修复，外罗城被拆除，宝城花斑石的垛口石被拆后大部分运回了北京，以备其他工程应用。据清乾隆五十二年（1787）档案资料记载，当时清廷从十三陵运回的花斑石多达 500 余块。城台两侧的白石门楼也被清基拆除。（图 1.10.28）

民国年间，定陵遭受了第三次破坏，乾隆时改小的祾恩殿于 1913 年被一场大火烧毁。日本帝国主义侵华时期，改小的祾恩门也被破坏。新中国建立前夕，定陵陵园已是满目凄凉，只剩下宝城、明楼、陵门和几道陵墙了。

---

1 清梁份《帝陵图说》载“七大恨”原文：“我祖父未尝损明边一草寸土，明无端害我祖父，恨一；明虽启衅，我尚欲修好，立碑勒誓，无越疆圉，明复渝言越界，逞兵助叶赫，恨二；明人越逾疆埸攘夺，我遵誓行诛，明负盟责我，擅杀、拘我使臣，胁取十人杀之境上，恨三；明助叶赫，俾我已聘之女改适蒙古，恨四；柴河、三岔、抚安三路，我世守也，明遣兵追逐，不令耕获，恨五；偏听叶赫，贻书于我，诟詈凌侮，恨六；天建大国之君，为天下共主，岂独主余一人，天既授我哈达矣，明又挟我复之，天遣叶赫眷我矣，明又抗天意倒置是非，恨七。”

# 第三节 考古发掘

## 一、从倡议发掘长陵到试掘定陵

定陵是十三陵中第一座也是唯一一座按照国家计划主动进行考古发掘的陵墓。然而，定陵发掘最开始的目的，却是为发掘明十三陵的首陵长陵而进行的一项带有“试探”性的发掘。

1955 年 10 月 15 日，中国科学院院长郭沫若、文化部部长沈雁冰、北京市副市长吴晗、《人民日报》社社长邓拓、中国科学院历史研究所第三所所长范文澜、全国人民代表大会常务委员会副秘书长张苏 6 人联名上书国务院，建议发掘明长陵。他们在请示报告中指出：十三陵中，“长陵规模最大，地面建筑也最为完整。从过去几年北京西部青龙桥附近（明代名金山，是妃嫔王子的丛葬区）发见的明正德、万历妃嫔墓的情况（地下五间大殿，厚石壁、青琉璃瓦的建筑）推断，长陵的地下宫殿规模的宏大，是可想而知的。……埋藏在地下的宫殿，今天如能使其重见天日，开放为地下博物馆，安装电灯，供人参观，不但可以丰富历史智识，也将使这个古代帝王陵墓成为具有世界意义的名胜。……就历史文物说，长陵没有被盗掘的记录。如果明成祖的骨殖及殉葬物全部都被保存，对明初史事的研究将有极大贡献；即使曾被盗掘，剩下的文物也一定不少，金山的明墓就是证据；甚至殉葬物全部被盗，宫殿必然如故，整理一下，也是研究过去帝王墓葬的最完整史料。……墓内的历史文物，开发后照原来陈列式样，就地保存，成为长陵博物馆。部分容易变质的文物可用科学方法保护，或者移交国家博物馆，而以仿制品放置原处。……清陵是模仿明陵修建的，清陵的地下结构图现在还保存在营造学社的刊物中，作为根据，进行慎重发掘，估计不会有太大困难”。（图 1.10.29）

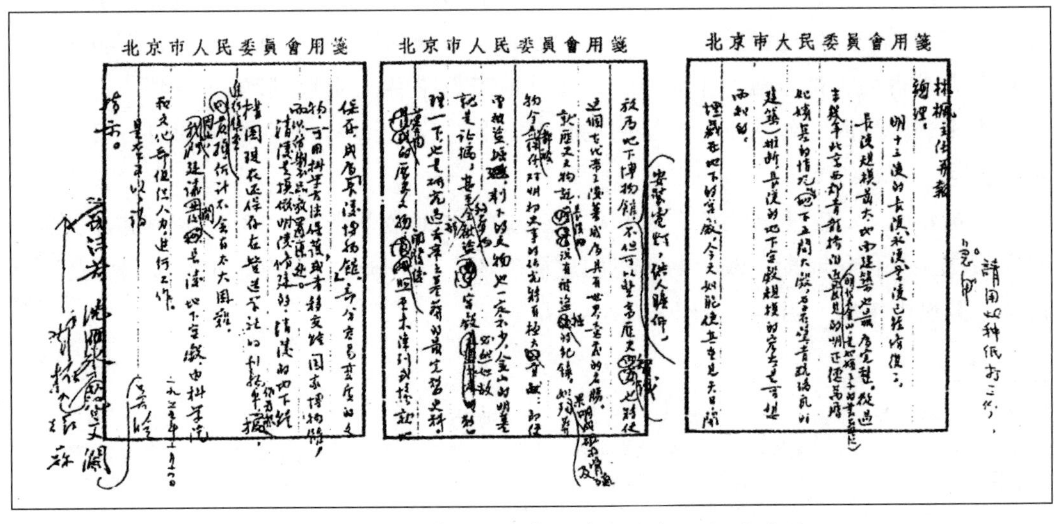
北京市人民委員會用箋

北京市人民委員會用箋

北京市人民委員會用箋

图 1.10.29 吴晗等上书国务院请示发掘明长陵手稿

他们还在报告中建议由科学院和文化部组织人力对长陵地下宫殿进行发掘。

报告由吴晗起草，郭沫若修改后，由上述六人联名上报国务院。周恩来总理于 11 月 3 日批示："原则同意，责成北京市人民委员会协同科学院文化部指定专人议定开发计划送批。"陈毅副总理也批示："科学院主持，文化部、北京市参加为好。"

为落实周总理批示，吴晗副市长于 1955 年 11 月 22 日，邀约中国科学院、中央文化部的有关同志，就拟定长陵开发计划问题进行研究，并在如下一些主要问题上达成了一致意见：

一是组织长陵发掘委员会。拟由余心清（全国人大常委会副秘书长）、尹达、夏鼐（中国科学院考古研究所副所长）、王冶秋（中央文化部文物局局长）、张季纯（北京市文化局局长）、刘仲华（北京市园林局局长）、吴晗（北京市副市长）等 7 人组成。负责草拟具体的开发计划。

二是鉴于长陵已经有六百余年的历史，地层很可能起了变化，发生土壤淤积、顶部下陷，或流入地下水等现象。因此在正式开发之前，应该进行一次科学的勘测工作，了解目前地下实际状况。商定在发掘委员会的领导下，由中国科学院考古研究所、中央文化部文物局，各抽调两个有业务经验的干部，由北京市抽调一人，组成勘测小组，由北京市负责召集，组织人力，进行一次初步勘测。必要时，拟请中央有关业务部门协助进行，在年底提出勘测结果的书面报告。

三是根据勘测结果和所掌握的资料，拟先在永陵进行部分试掘。因为永陵规模比长陵小，一部分地下门道已露出地表。深入了解永陵陵墓结构、地形和安全情况，取得经验，有利于拟定长陵开发的详细计划和编制概算。待经国务院批准后，再正式进行长陵的发掘工作。

四是今后发掘工作分工：业务技术领导工作由中国科学院和中央文化部负责。必要时可请一些历史、考古和建筑工程方面的专家协助，提供意见；行政、保卫、日常联系工作，以及劳动力的安排，均由北京市负责；勘测用款也暂由北京市垫支，待正式预算报请国务院核拨专款后，再行归还。

23 日，吴晗将此意见报送给国务院秘书长习仲勋。并抄送中国科学院、中央文化部、北京市人民委员会，以及余心清、尹达、夏鼐、王冶秋、张季纯、刘仲华，和北京市副市长刘仁、张友渔、薛子正。

随后，长陵发掘委员会正式成立，并在委员会下设工作队进行发掘的实际工作。

1956 年 3 月 28 日，吴晗副市长代表中国科学院院长郭沫若召集有关部门会议，邀约了科学院秦力生、王崇武，考古所夏鼐、文化部陈滋德以及北京市文化局的负责同志，研究开发长陵的具体计划。大家的意见是趁夏鼐同志在京期间，先开发定陵。因为"定陵已显露在外，有洞能入，虽规模较小，但与长陵比较，估计构造大体相同，能为开发长陵取得一些经验。俟取得经验后，再拟定开发长陵的具体计划"。

至此，试掘永陵的方案改为试掘定陵。吴晗于4月2日将此意见写信给郭沫若，征求意见。

郭沫若同意吴晗的意见，还建议由吴晗负责长陵发掘的各项工作。他将意见上报给习仲勋。

4月11日，习仲勋致函吴晗副市长："你四月二日给郭老的信，他已转来我处。关于发掘明陵事，我请示了总理，他同意在步骤上先发掘定陵，然后再发掘长陵。发掘明陵的组织工作都由市文化局负责。现在郑振铎副部长兼考古所所长又不在京，所以有关发掘明陵工作会议的召集主持，总理和郭老的意见，还是由您担任为宜。"

同日，习仲勋回复郭沫若："关于发掘明陵事，我已请示了总理。他同意您的意见。我已函请吴晗副市长办理。"

4月13日，郭沫若致函吴晗："您给我的信，我转给了习仲勋秘书长，他并请示了总理，得到同意，是很愉快的。习秘书长已有信给您，要您负责处理，今后就可以放手做了。我望您趁早再召集文化部和科学院有关同志，商讨进一步的具体措施。"

由于吴晗在3月28日召开的会议中，曾指定北京市文化局文物调查研究组先行调查，选定试掘对象，所以北京市文化局文物调查研究组随即于3月30日派出干部3人前去陵区调查。他们在调查之后，提出了先行发掘献陵的意见。

他们的理由主要有如下四条：

第一，本次开发，以长陵为目标，从时间上看，献陵的营建年月距长陵最近，因此，陵墓内部的建筑结构变化较小，如发掘献陵，可为长陵的发掘提供正确的材料。且仁宗统治年限短，陵墓不大，便于发掘。

第二，传言定陵已露出墓道，故有试掘定陵之议。但经查，虽然定陵宝城西南隅露有券门，但不像墓道，很可能是运土的券门。且神宗在位48年，统治时间最久，因之陵墓规模很大，不适于试掘。

第三，定陵距长陵较远，又隔一条河，夏季山洪暴发，常数日不能通行，所以试掘定陵不如献陵方便。

第四，献陵明楼、方城、围墙保存比较完整，发掘后，修复开放，所费不大。

4月13日，吴晗副市长邀集有关人员对文物调查研究组的意见进行了研究，决定由考古研究所夏鼐副所长、文化部文物局文物处陈滋德处长、市文化局文物组朱欣陶主任组成三人小组去陵区现场复勘，决定试掘对象。

4月14日，三人小组对献、定、庆三陵进行了调查，夏、陈二人基于调查情况提出：定陵封土围墙有现成缺口，可进行试掘，如不能顺利进行时再试掘献陵。

就这样，经过反复勘察研究，决定在长陵发掘之前，先对定陵进行试掘。

5月，定陵发掘工作队进驻定陵，试掘工作开始。工作队的成员包括赵其昌、白万玉、于树功、刘精义、冼自强、曹国鉴、庞中威、李树兴、王杰9人。

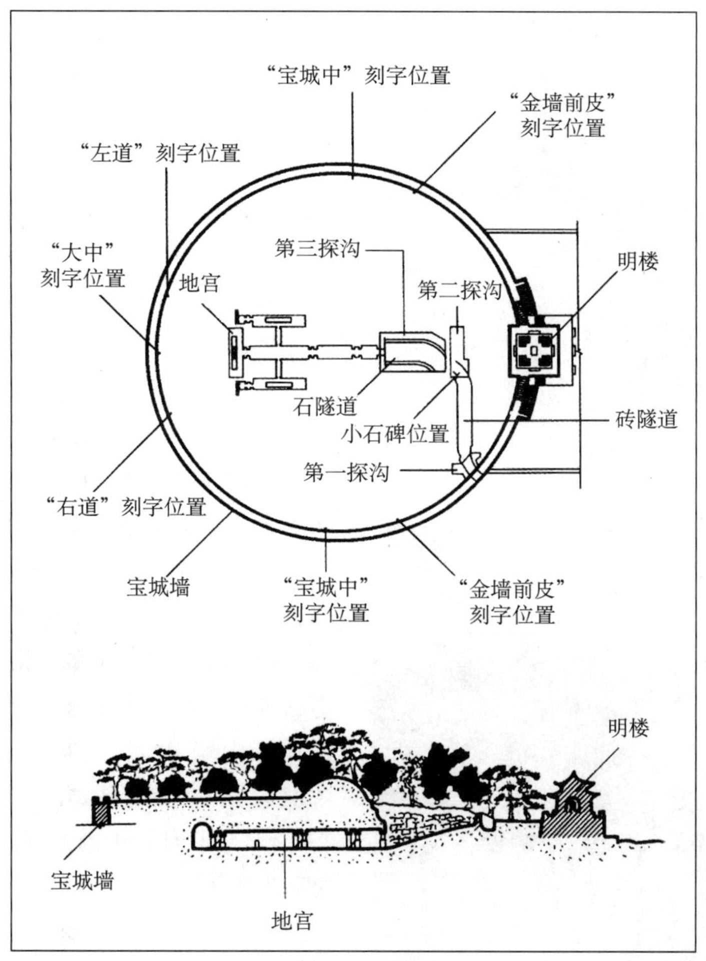


图 1.10.30 定陵发掘示意图

图 1.10.31 "隧道门"刻字

由于在勘察定陵期间，曾发现宝城南侧外墙皮有几层砌砖塌落，里面有砖砌券门的迹象，所以，试掘工作开始后，首先在宝城墙内侧，正对发现有券门的位置挖了第一条探沟。探沟长 20 米，宽 3.5 米。在开挖探沟时，工作队在宝城墙内侧正对券门的条石上发现了"隧道门"三个刻字，接着又在宝城墙内侧其他地方的条石上先后发现了"金墙前皮""右道""宝城中""左道""大中"等刻字。这一探沟挖成后，宝城内侧露出了砖砌券门，即隧道门。同时还发现了与隧道门相连的"砖隧道"。(图 1.10.30—1.10.32)

根据砖隧道走向略具弯度，有通向明楼之后向宝顶方向延伸之势的情况，工作队为

图 1.10.32 定陵宝城隧道门内景

图 1.10.33 定陵发掘第三探沟情况

加快进度，减少出土量，并尽可能地少伐松柏古树，未沿砖隧道继续发掘，而是越过一段，在明楼之后正对着宝顶的方向挖了第二道探沟。

这条探沟宽 10 米，长 30 米，深 7.5 米。在这一探沟中，不仅找到了砖隧道的尽端，而且在砖隧道的尽端发现了刻有“此石至金刚墙前皮十六丈深三丈五尺”16 字小石碑。这个小石碑应是当年明朝工部官员所置。因为定陵是神宗生前所建，建成后为防止雨水进入玄宫殿内，隧道必须用土填实封死。于是，为帝后安葬时开挖隧道方便，便在隧道内放置了这个指路用的小石碑，帝后葬毕小石碑仍被埋于土中。

根据小石碑的记载，留开一段隔梁后，考古人员又向着宝顶方向挖了第三条探沟。这道探沟宽 10 米，长 15 米。在这道探沟中发现了斜坡的石隧道。(图 1.10.33)接着，在 1957 年 5 月，正当发掘工作进行一周年之际发现了“金刚墙”。

至此，玄宫入口终于被找到了。鉴于定陵的试掘工作已经进入了可以打开玄宫大门的阶段，吴晗副市长于 6 月 6 日又向国务院上报了关于增加发掘委员会委员及各组分工的请示意见。6 月 17 日，国务院下发通知，同意了吴晗副市长的意见，决定增加郭沫若、沈雁冰、张苏、齐燕铭、郑振铎、范文澜、邓拓 7 人为发掘委员会委员。

发掘委员会下分设三组：

第一组，负责总务、保卫、联系等项工作，由北京市文化局张季纯负责；

第二组，负责办理打开墓门后，清理地宫、整修和临时保管地宫文物工作，由中国科学院考古研究所夏鼐负责，北京市文化局协助；

第三组，负责地下博物馆的设计、布置、陈列工作，由文化部文物局王冶秋负责。

9月中旬，拆开金刚墙下“圭”字形开口内的封砌城砖，陆续打开各道石门，开始了玄宫内的清理工作。1958年7月，清理工作基本结束，开始着手出土器物的整理。至此，定陵的试掘工作整整进行了两年零两个月，用工两万余个。在发掘期间，为防止雨水的冲刷，曾在探沟之上搭盖了长60米、跨宽26米的大型保护席棚，为提高出土的工作效率，还采用了以柴油机带动卷扬机，在探沟内安装水塔，用吊斗吊运的出土方法。

定陵的试掘成功了，在地下沉睡了四百余年的地下宫殿终被打开了。它不仅为人们研究明陵的玄宫制度提供了可靠根据，也为人们了解神宗帝后的棺内情况及殉葬品的种类、数量、工艺价值、历史研究价值提供了最宝贵的实物资料。

## 二、“九重法宫”式的玄宫建筑

地下宫殿，在明代官方文献中称之为“玄宫”或“玄寝”。因系墓主梓宫（棺椁）及随葬品的奉安之处，故为陵寝建筑的核心部分，也是最富于神秘色彩的部分。

### （一）定陵地宫的建筑规制与殿内陈设

根据发掘资料分析，我们认为定陵的地宫制度可用“五室三隧”进行概括。

“五室”，即玄宫的殿室共由五座组合而成。

其中，后室，又称后殿，为玄宫主室（明代文献称之为“皇堂”），平面作横向长方形。室内面宽30.1米，进深9.1米，顶高9.5米。顶部为横向的条石拱券，断面呈尖顶、两弧相交的“锅底券”形制。拱券石均纵联砌置，计15路。承托拱券的前后壁自平水以下计由10层条石垒砌而成。左右两山各由21层石条垒成。每块条石厚0.44米，长1.4—3米不等。室内地面铺砌着打磨平整的正方形花斑石石板，边长0.81米。里侧居中部位设有宝座（棺床），面宽17.5米，进深3.7米，高0.4米，后部距室壁0.97米。宝座之上铺砌花斑石同地面，周围以汉白玉石镶边，作须弥座形。宝座中央部位有左右长0.4米，前后宽0.2米的方孔，其内填黄土，是风水术中所讲的“金井”。帝后的棺椁及随葬器物箱安放在棺床之上。其中，神宗皇帝的棺椁居中，覆盖在金井之上，孝端、孝靖两后棺椁分置神宗棺椁的左右，其中孝端居左，孝靖居右。三套棺椁的摆放，均是棺头朝大峪山方向，棺尾向陵园的前方。随葬器物箱多置宝座两端，计有26只，表面均油饰朱漆。此外，三套棺椁之间，还放有青花梅瓶，以及大块儿的玉料（浆水玉和莱玉）。宝座右侧偏后的地方放有孝靖皇后以皇贵妃礼埋葬时随葬的石质圹志及圹志盖，系从东井左侧原葬妃墓迁来。（图1.10.34—1.10.35）

中室，又称中殿，位于后室之前。它与前、后、左、右四室相通，在五室中处于枢纽地位。室内平面作纵向长方形，面宽6米，进深32米，室顶高7.2米，为纵向的条石拱券结构。承托拱券的左右两壁自平水以下各高3.96米，由9层条石砌成。室内地面铺砌细料方砖，边长0.668米。室内后部陈设着一帝二后的神座、五供和长明灯。神座，白

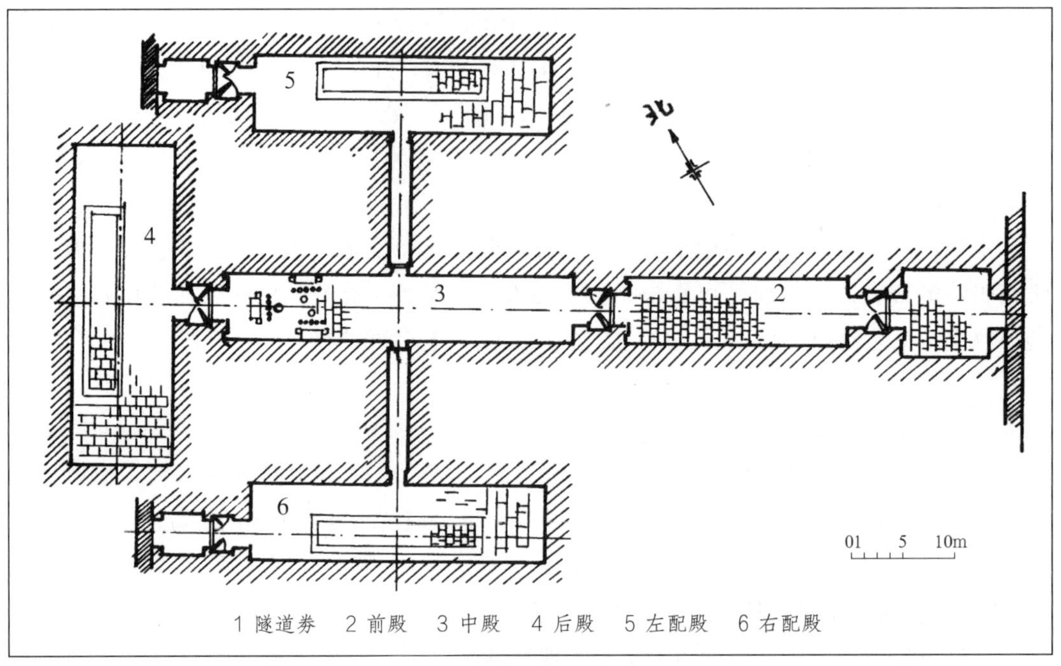


图 1.10.34 定陵地宫平面图

图 1.10.35 定陵地宫后殿原状

图 1.10.36 定陵地宫中殿内神宗神座、五供及长明灯

石雕刻而成，制如帝后生前所用的御座。皇帝的神座于靠背之上雕有四个龙头，背后雕一整龙，龙头伸向靠背前作戏珠状，靠背内侧，浮雕的宝珠两侧雕饰龙纹。两侧扶手之上也各雕龙头。扶手内外两侧及靠背的外侧则均雕云纹。皇后的神座式同皇帝神座，但靠背及扶手之上各雕凤头，靠背内侧雕饰凤纹。两扶手内侧雕龙纹，其余部分同皇帝神座。

（图 1.10.36）

五供，均为黄色琉璃制品，帝后各一套，分置神座之前。每套各有香炉一个，烛台两个，花瓶两个，分置白石座上。

长明灯，又称“万年灯”，均以高和口径约为 0.7 米的青花云龙大瓷缸为灯具，上有“大明嘉靖年制”的题款。缸内储油，其表面的油脂凝固在一起，厚 5—6 厘米，经粮食部谷物油脂化学研究所鉴定为蜂蜡，其下为植物油。在油脂之中，各置有灯芯（以植物秸秆数根捆扎，内插铁钎，外敷灯心草及棉纸），灯芯的下端连以锡坠，锡坠置于缸底中央。灯芯的上端各置有圆形的鎏金铜油漂，漂浮在凝固的油脂表面。油漂的外圈部分径 14 厘米，作中空的环形管状。外圈环管之内各置有一高 8 厘米、直径 1.2 厘米的铜管，铜管与外圈环管之间各以三个铜片作为连接物，合成一体。铜管之内有金属棍穿过，金属棍下端与灯芯固定在一起，上端伸出管外，以固定油漂。油漂外圈环管部缠以丝织物，并系有用线搓成的灯捻儿数根露于油脂表层之外，以供入葬时点燃。当然地宫石门关闭后，随着氧气的耗尽，长明灯会自然熄灭。

前室，又称前殿，平面亦作纵向长方形，顶高、面宽尺度及起券形式、地面铺砖均同中室，不同的是进深为 20 米，且室内无任何陈设。但其地面与后殿、中殿一样，在刚刚打开时铺有一层黄松木板。板材的尺度一般在长 3.9 米、宽 0.3 米、厚 0.1 米左右，是安葬帝后梓宫时保护地面用的。木板上留有当年梓宫入葬时龙辅（一种专门用于运送棺椁的车子）车轮压出的车辙（左右两道车辙间距为 2.2 米）。

图 1.10.37 定陵地宫石门上的铺首衔环与门钉雕饰

左右室，又称左右配殿或侧穴，对称地设于中室两侧。平面均作横向长方形，面宽各 26 米，进深各 7 米，顶高各 7.4 米，券顶制同前、中、后三室，承托拱券的前后两壁自平水以下各高 3.52 米，由 8 层条石垒成。室内地面各铺青白石石板，里侧各设宝座（棺床）一座。宝座形制亦为白石须弥座镶边，长 17.4 米，宽 3.7 米，高 0.4 米。宝座上部平铺方砖，中部亦各设一金井。室内无陈设同前室。

上述五室计设有石门七座。其中，前、中、后三室之前位当中轴线之处各一座。这三座石门各于门洞券之前设有石刻的随墙式门楼。门垛下承石刻须弥座（束腰刻玛瑙柱），上承冰盘檐、庑殿式的楼顶。檐下有额而无字。门洞券内设对开石门两扇，每扇门各高 3.3 米，宽 1.7 米，重约 4 吨，均为洁白无瑕的汉白玉石雕成。门扇上雕刻有乳状门钉（大部分与门扇一体雕成，只有个别的是刻好后嵌入门扇内），门钉纵横各 9 行，计为 81 枚。此外，门扇上还刻有兽头纹饰的铺首衔环。（图 1.10.37）中殿左侧石门扇的背面有当时工匠用竹签蘸墨书写的“王忠下”“陈洪”“刘佐下”“良叶下”“王堂”“王斌下”“正学”等字迹。

石门扇形状的设计十分符合力学原理：门轴的一端较厚，0.4 米左右，铺首一端较薄，约当门轴端的一半。由于门轴一端较厚，门轴随之加粗，因而可以承受更大的负荷；铺首一端较薄，则减轻了门扇的重量，门轴一端的受力因之减少，特别是门轴的下端采用半球形状，更使门轴下端的摩擦力减小，开关因之更加省力。

门扇的上部轴端穿在宽 0.84 米、厚 0.3 米的铜管扇内。管扇两端插在门洞券上部的石壁中，长度在 3.6 米以上。据明万爆《陵工纪事》所载，玄宫的铜管扇为“门之枢纽”，“冶造甚艰”，均由皇帝派遣的太监督造。每座门内还各有顶门用的石条，明朝时称之为“自来石”。其中，前室石门的自来石上有当时人留下的墨笔楷文：“玄宫七座门自来石俱未验”。

左右两室各设石门两座。一座在室前通道内，与中室相通。另一座设于面朝玄宫后部的方向，通达室外。这四座石门，亦属对开门扇形制，但均无门楼装饰，门扇上也无门钉雕饰。其加工制作则均采用青石石料，各高 2.2 米，宽 0.9 米，上端亦各设铜管扇。各门之内也设有顶门的自来石。

自来石既然在玄宫打开之前是从里面顶住石门的，那么，随之而来的便有两个问题需要加以说明：其一，在玄宫发掘时，除帝后梓宫安放于后殿棺床之上外，并未发现各殿堂之内有其他人的尸体，这说明，帝后安葬时各殿室是没有人留在殿内的。那么，石门关闭后，自来石又是如何自行顶住石门呢？

其二，自来石是从门内顶住两个门扇的，这种顶门的方式在明代应不是孤例。那么，明朝时如果帝后不是同时入葬，后者入葬是怎样打开石门的呢？又，定陵考古发掘时打开石门的方法与明朝时一样吗？

我们只要认真分析一下自来石及石门的结构、放置方式，这两个问题就迎刃而解了。

原来，自来石都呈上下两端略宽，中间腰部略窄的长条形状。而与之相应的情况是：对开的两个石门扇的背面又各雕有突起的石坎，如果将自来石斜靠在两石坎之下，则自来石恰好顶住两扇石门，且自来石的顶端由于两石坎顶在其上，又不会因外力推动石门而上滑。此外，门洞券地面的中部（正对门缝的地方）还开有一个与自来石底面大小相同的石槽。这样，自来石的下端因位处石槽内，也不会滑动。

由此我们可以推定，关闭石门时，人们只要按照如下步骤进行，就可以不在室内留人而顺利将石门关闭，并使自来石从里面将石门顶死。首先，应在室内预先将其中一扇石门关严，然后将另一扇石门推掩至门洞券地面石槽的内侧（与石门限相对的一侧），再将自来石的下端安放在石槽内，并竖起，使其上端靠在半掩的石门扇背后的石坎上。这时，关门人可以侧身从门缝钻出来，在石门外将未关严的这扇石门扇回拉关严，自来石便可在室内无人操作的情况下，随着半掩石门的关闭而顺势倾斜，其顶端从门扇背后的石坎之上逐渐下滑至石坎之下，将两扇石门全部顶牢。

古时候，人们能够从门外开启石门，也与石门的设计相关。因为对开的两扇石门关闭之后，两扇石门之间有大约3厘米的缝隙。这不是设计上的疏忽，而是为开启石门预留的。当时，人们开启石门用的工具名叫“拐钉钥匙”（《历代陵寝备考》记载，崇祯十七年安葬崇祯皇帝和皇后就是用这种工具打开地宫石门的），现无实物存世，文献也未对其样式做具体描述。但我们认为，这种工具一定是一件可以从门缝伸进去，前端像古代门钥匙那样设有卡钉的金属工具。而两卡钉之间的空隙应该正好能卡住自来石的顶部。这样，人们只要用拐钉钥匙卡住自来石的顶部，并将它推起立直，又不使其倾倒，就可以将其中一扇门推开至半掩位置。这时，人们可以从门缝进入殿内，移开自来石，两扇石门就可以顺利打开了。据赵其昌、王岩所著《定陵》（即发掘报告）记载，当年考古人员就是受“拐钉钥匙”的启示，打开地宫石门的。（另有一说，是用铅丝套住自来石，然后用木板将自来石顶起的）

以上所述为定陵地宫的五室，也即五殿情况，下面再介绍一下“三隧”情况。

“三隧”，是指该玄宫共设有三条隧道。与前室相通的是主隧道。据发掘资料记载，这条隧道的起点在隧道门的内侧。

隧道门，由内外两道券洞组成。外券洞设于宝城城墙的下部，位当明楼的右侧，其外侧处于外罗城院内。拆通之前，该券洞的前后两面均像城墙其他部位那样垒砌城砖，不露门洞痕迹。其内部则为砖拱券结构，拱券洞长4.8米，高4.4米，宽3.8米，用砖封实。内券洞设于宝城墙内侧，其内侧为砖隧道，外侧与外券洞连成一体，其上部埋于封土之下。

隧道门在开始发掘时并未拆开，直到1958年9月修缮玄宫时，为运料方便才拆开。拆开后在外券洞内发现了一座小石碣，碣上刻有文字：“宝城券门内石碣一座，城土衬往里一丈就是隧道，棕绳绳长三十四丈二尺是金刚墙前皮”。显然，这座石碣同样是明朝时工部官员所设，可惜，因发掘时此券门未拆通，所以，石碣上的指示文字没有在发掘中利用。石碣上所说的棕绳则早已腐烂，未留痕迹。

砖隧道，从隧道门内侧延伸至明楼之后，与石隧道相邻，其两侧用城砖垒砌成高1.5—2.8米的隧道壁，道宽8—8.6米。砖隧道的尽端终止于一道略呈弧形，由四层城砖砌成的矮墙。

由矮墙往里，对着玄宫不远的地方为石隧道的起始处。石隧道的走向通往玄宫前殿，其两侧墙壁，除接近金刚墙部分用城砖垒砌外，均以花斑石砌成，且随着隧道的逐步加深，由一层最后递增至17层之多。花斑石石壁上留有一些墨迹，如“四月二十六日张青耀”“五军八营三司”“神机九营七司王宣”“山东胡西儿”等，当系参加定陵营建采石的军民工匠或工程验收人员所书。石隧道总长为40米，宽8米。其起始部分与砖隧道并不衔接，也不恰好相对，但砖隧道尽端的矮墙中段有一缺口，明显系帝后梓宫奉安玄宫时所拆，故砖石两隧道实应视为帝后梓宫所经的一条分为前后两段的玄宫主隧道。石隧道的尽端是一道横在其前，下由四层条石作墙基，上由56层城墙垒砌、高8.8米的金刚墙。金刚墙上有黄琉璃瓦檐，下有“圭”字形开口（梓宫葬毕即以砖封砌），里面则是一个与玄宫前殿前壁相连的一个砖券室，即隧道券。它长宽各为7.9米，顶高7.3米，地铺石条，起着保护玄宫前室石门，并沟通石隧道的作用。

地宫的另外两条隧道是左右配殿的隧道，即宝城墙内侧石条上刻写的“左道”和“右道”。其全程走向虽因未经全面发掘而不能详知，但从已发掘的局部情况看，其与左右两室相接的部分情况与主隧道和前室相接之处的做法基本相同：都有保护石门的砖券顶的“隧道券”，且隧道券的外侧都有横截于隧道之前的“金刚墙”。因此，左右两侧室都设有隧道应是毋庸置疑的事，否则两侧室石门、隧道券、金刚墙之设便无必要。

### （二）定陵地宫的布局取象与文化渊源

定陵的地下宫殿为什么要设计成前、中、后、左、右五室？其布局取象是什么？这种布局方式有何深远的历史文化渊源？这是地宫参观者十分关心的问题。要回答这些问题，必须结合文献和现实情况进行分析。

《明世宗实录》卷一八七记，嘉靖十五年（1536）五月，世宗朱厚熜在讨论永陵的营建时，曾对辅臣李时、夏言等说：“寿宫规制宜逊避祖陵（指长陵），节省财力……地中宫殿器物等旧仿九重法宫为之，工力甚巨，此皆虚文，且空洞不实，宜一切厘去不用。”但大臣们对世宗皇帝一心要仿照长陵建造寿宫的真正用意是心领神会的。于是，诸臣议奏：“皇上亲为卜兆，惓惓以避尊节财为谕，执谦虑远，臣等所当将顺，但恐过于贬损，无以称臣子尊崇之礼。其享殿、明楼、宝城，拟请量依长陵规则，其地中宫殿等项，仍请稍存其制。”大臣们的意见得到了世宗皇帝的同意，传旨“俱如拟，其未尽事宜，俟朕亲往决之”。

从上述文字中不难看出，长陵等陵的地下宫殿是仿照九重法宫建造的。永陵的建造，大臣们的建议虽称“稍存其制”，实则是一种文饰之词，真正的意图却是仍仿九重法宫建造。

那么，什么是九重法宫呢？

“法宫”一词见于《前汉书·晁错传》：“臣闻五帝神圣，其臣莫能及，故自亲事，处于法宫之中，明堂之上。”魏人如淳谓：“法宫，路寝正殿也。”又，清经学家惠栋在《明堂大道录》中则又称：“明堂天法，故曰法宫。”

可见，古代法宫最初所指是帝王日常所居的宫室建筑路寝，或天子朝见诸侯、祭享

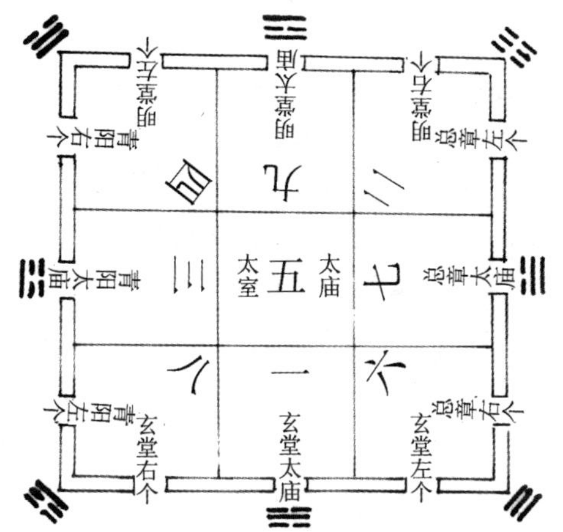


| 巽四 | 行周上返紫宫 离九 阴根于午 | 坤二 |
| --- | --- | --- |
| 震三 | 中五 行半还息中央 | 兑七 |
| 艮八 | 坎一 阳根于子 | 乾六 |

图 1.10.38 古文献中的《明堂九室》图和《太一下行九宫》图

上帝、临朔布政的礼制性建筑明堂。（图 1.10.38）

明朝时的法宫，根据明代文献记载，可指皇帝日常所居的乾清宫，也可指皇宫内廷或整个皇宫建筑。

如，《明臣奏议》卷十三辑正德九年（1514）张原《时政疏》有这样的话："伏望陛下念祖宗付托之重，思天下仰赖之广，体圣贤善治之言，遵皇祖垂世之训，深居法宫，尊严简出……" 这里的法宫是概指整个皇宫建筑。又，《明神宗实录》卷二九五记万历二十四年（1596）乾清、坤宁二宫火灾，神宗诏书亦云："乾清、坤宁二宫悉被火灾……而法宫严寝一时尽灰。" 则这里的法宫又泛指皇宫内廷建筑或乾清宫。同书卷二一二记万历十七年（1589）六月刑科给事中刘为楫奏章："一曰圣躬保护宜慎，陛下静摄法宫，闻正言、见正事、接正人之时少……" 所指亦同。但《明熹宗实录》卷十五记天启元年（1621）十月，御史周宗建的上言："皇上于客氏既已涓吉[1]治行，乃出不逾宿而宠命复临。……天子成言，有同儿戏；法宫禁地，仅类民家。" 则所指又系整个皇宫建筑。

而前所述定陵玄宫五室的布局与皇宫内廷建筑布局的妙合关系，正是定陵玄宫遵从长、永等陵祖制仿明代九重法宫建造的有力诠释。

其中，定陵玄宫的前、中、后三室尊居中路，与内廷建筑中乾清宫、交泰殿、坤宁宫三座建筑的布局相合；左右配殿对称地分布在中室左右，又与对称于交泰殿东西两侧的东西六宫布局相合。定陵玄宫制度的这一特点无疑是我国古代丧葬制度的核心——"事死如事生" 礼制观念的体现。（图 1.10.39）

当然，明代的九重法宫之所以会采用具备前、中、后、左、右五个方位的殿室格局

1 涓吉：择吉。

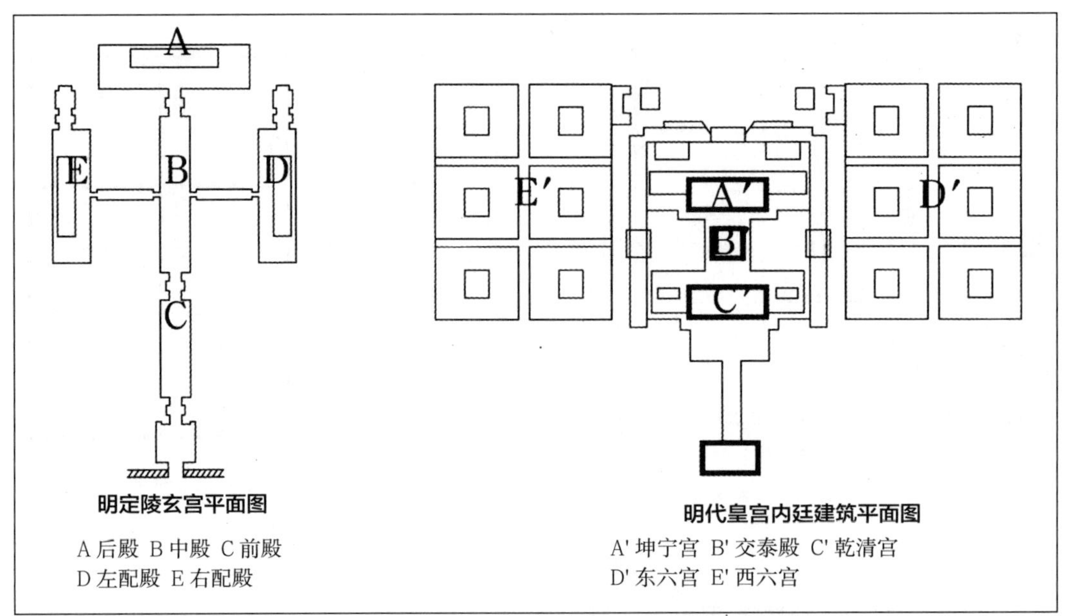


图 1.10.39 定陵地宫与明代皇宫内廷建筑布局比较图

进行规划和设计，是有着很长的历史文化渊源的。

因为，如果我们把具备这五个方位的建筑群绘制成平面图，将它们放在网格之中，就会发现它们所构成的图案原来正是在我国起源甚古，并曾被赋予了各种神秘观念的“九宫”图案。

“九宫”图案，即今人所称的“九宫格”，由纵横各为“三”数的方形网格组成。早在奴隶制社会的殷周时代，就已是人们心目中一种极为神圣的图式。尽管那时“九宫”这一名称也许还没出现，但“大而分州，小而井田，莫不以九为则”却已是史家公认的史实。存世的先秦著作中，记有九畿[1]、九野[2]、明堂九室[3]，以及“匠人营国，方九里，旁三门，国中九经九纬，经涂九轨，左祖右社，面朝后市”[4]等上至天文、下至地理的一系列以九宫图式为基础的布局图案就是最明显的例证。先秦著作之一的《易纬乾凿度》则进而将这一图式加以神化，并赋予其一定的数理及哲学含义，于是，这一图式又与古人心目中的

1 九畿：先秦文献所记载的一种行政区划：以王畿为中心，周围每五百里为一畿，布列诸侯及外族所居之地。

2 九野：古天文术语。指中央的钧天、东方的苍天、东北的变天、北方的玄天、西北的幽天、西方的颢天（亦作昊天）、西南的朱天、南方的炎天、东南的阳天。（见《吕氏春秋·有始》《淮南子·天文训》）

3 明堂九室：见于《大戴礼记》。该书记载，古帝王朝诸侯、施政令的明堂建筑，“凡九室……二九四、七五三、六一八”。北周卢辩注：“记用九室，谓法龟文，故取此数，以明其制也。”宋儒朱熹亦谓：“论明堂之制者非一。窃意当有九室，如井田之制。……古人制事多用井田遗意，此恐然也。”

4《周礼·考工记》。

宇宙运行规律（包括事物发展规律），亦即“道”，紧密地联系在了一起。

该书认为，在《易经》中，天地阴阳之数（奇数为阳，偶数为阴）相合等于十五的数理发展变化关系（郑玄注《易》，五为天数，十为地数，合为十五。又，老阳数九，老阴数六，少阳数七，少阴数八，老少阴阳相合亦各为十五），是“道”亦即宇宙规律的体现。所以，太一神（又作太乙神，天帝之别称，为天神中最尊者）“取其数以行九宫”，留下了以九一三七为四方，二四六八为四隅，五为中宫，经纬四隅，交络相值，均得十五的“太一九宫图”。此图中宫为太一神所居，余八宫为八卦神所居，于是九宫图式又以神话的方式被赋予了古代哲学观念中的“八卦”含义。

此外，后世儒家绘制的河图洛书也是以九宫图式为基础的图案。

河图洛书，见载于《尚书・顾命》《论语》《礼记・礼运》《易・系辞》等先秦文献中，是古代传说中的天赐神物。汉朝时的儒家多用它们解释《周易》八卦和《洪范》九畴的起源。认为伏羲氏时有龙马出于黄河，背负河图，于是伏羲氏据图画成了八卦；大禹时有神龟出于洛水，背负洛书，禹因此第之以成九类，即《洪范》中的九畴。还有些儒者认为河图洛书同出自伏羲氏时。总之，说法不一，亦无图样传世。

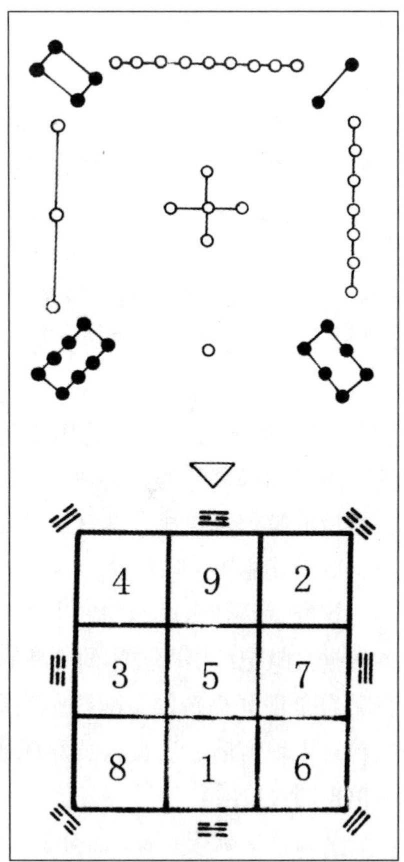

图 1.10.40 传说中的洛书与九宫图案之间的关系

到了宋朝，儒者们始考据出如下两种有关河图洛书的图案：一种，据《大戴礼记》“二九四、七五三、六一八”之言，将从一至九的九个数字（奇数用白点表示，偶数用黑点表示）按“戴九履一，左三右七，二四为肩，六八为足，五位于中”的方式布列，式同太一九宫图；另一种据《易・系辞》天地五十有五之数（汉郑玄注：“天一生水于北，地二生火于南，天三生木于东，地四生金于西，天五生土于中。阳无耦，阴无配，未得相成。地六成水于北与天一并，天七成火于南与地二并，地八成木于东与天三并，天九成金于西与地四并，地十成土于中与天五并。”从“一”至“十”十个数字相加共为五十五），将从“一”至“十”的十个数字（同样以黑白点表示）按照“一六居下，二七居上，三八居左，四九居右，五十居中”的方式布列，融入了哲学中的“五行”含义。（图 1.10.40）

这两种图式，儒家们有的以九为洛书，十为河图，也有的以十为洛书，九为河图，说法不一。[1] 但就图案的构成而言，却均未能脱离九宫图案的模式，只不过从一到十的图案只是占据于九宫中四正及中央五个方向之宫罢了。

九宫图式的运用在我国古代有如此悠久的历史，其图案所蕴含的内容又如此神秘，可见，力主尊儒复礼的明朝统治者将它奉若圭臬，以它作为皇城、宫室，乃至陵寝等重要建筑规划设计所遵从的神圣模式并非偶然。

当然，定陵地宫这种仿照帝王生前所居宫室的布局进行设计的做法，又是我国古代帝王陵墓建筑传统设计思想的一个具体反映。

因为古代的人大多信奉神灵不死之说，认为人死了神灵还在，还和生前一样，有饮食起居等各种需求。因而，帝王的陵寝建筑一般也多反映其生前所居宫室的某些形式和特点。如，我国商周时期的天子陵墓，墓室为平面呈"亞"字形深坑，四面设有"羡道"，与古代礼书记载的"天子之宫四通"相妙合。又如，五代时期南唐的钦陵和顺陵，"都遵守唐制……在平面上都分前、中、后三个主室，每室左右又附有侧室"，不仅合于"井田"格局，而且也反映了唐代皇宫依据南北中轴线纵列大朝含元殿、日朝宣政殿、常朝紫微殿以及左右对称地修建若干殿阁的特点。定陵玄宫五室的布局方式，也正是古代这种"有神论"的哲学观念的体现。尽管这种观念是愚昧落后的，但作为古代建筑艺术的杰出典范，却给人们留下了极为宝贵的文化财富。

### （三）明陵地宫各室功用及外部形制推测

走进阴森神秘的定陵地下宫殿，人们会发现这样的不争事实：明神宗朱翊钧和他两位皇后的棺椁都停放在地宫后殿的棺床上，而左右两配殿则虽有棺床之设却没有停放棺椁，更无其他任何陈设物。

这究竟是什么原因呢？由于明代官方文献对此没有十分明确的记载，后来的研究者遂根据文献记载中所披露的一些直接或间接的零星记载做出种种推测：一种说法是，地宫后殿是埋葬皇帝的，配殿是安葬皇后的。由于一帝二后的棺椁均从前面的隧道入葬，棺椁进入地宫后，送丧人员发现通向配殿的甬道窄狭，棺椁难以进入，于是只得将帝后三棺椁同葬后殿。

从古代文献记载看，确有皇后葬配殿的说法。如明朝末年谈迁《枣林杂俎》曾说："吾宁陈与郊以给事中巡工，言寿宫五室（指定陵），中三间待驭，四隅维以铁索，各大铜缸注油。左右室通门，待中宫及嗣帝所生母升祔。"《明史·后妃传》在论及钱皇后葬裕陵时，也谓"九月葬裕陵，异隧，距英宗玄堂数丈许，中窒之，虚右圹以待周太后"。

但细加分析，谈迁的说法，只是来自道听途说，并无典章制度上的理论依据，且陈与郊虽奉命巡视陵工，但他的说法也只是自己的推测，故不能据此下结论说配殿是为埋

1 宋朝时朱熹、蔡元定等人以十为河图，九为洛书；而刘牧、程大昌等人则以十为洛书，九为河图。后世儒者则纷纭其说，不相统一。

葬皇后而设的。又，英宗钱皇后确是葬在了裕陵的左配殿内，这不仅见于《明史》记载，《明宪宗实录》也有间接的记载。该书卷五六曾这样记载钱氏入葬前的开隧情况：“成化四年秋七月……丙子，上大行慈懿皇后（钱氏）尊谥、册宝……是日命营葬事，于裕陵左开山破土。”显然，钱皇后被葬入了裕陵玄宫的左配室，并且左配室的隧道与英宗所葬的玄宫皇堂（后室）不是一条隧道，而是一条必须由陵左开山（指陵冢）破土才能挖到的隧道。这样的情况正与定陵宝城有“左道”的标识相合。

然而，这里需要指出的是，英宗钱皇后虽葬于裕陵左配殿，但却是明史上极为特殊的一例，而且此后明朝的君臣都一致认为钱皇后之葬不合礼制。

《明孝宗实录》卷二〇九记：“弘治十七年三月壬戌朔，圣慈仁寿太皇太后崩……丁丑，上御西角门朝退，遣内官召大学士刘健、李东阳、谢迁至门内暖阁素幄中。上起立曰：‘陵庙事须商量。’健等奏曰：‘昨蒙遣太监扶安谕示，孝庄睿皇后（钱氏）葬未合礼，欲为厘正，此盛德事，臣等仰见皇上圣孝高出前古，不胜叹慕。’上袖出裕陵图一纸，指示曰：‘此未合礼。昨见成化年彭时、姚夔辈奏章，先朝大臣忠厚为国如此，先帝亦甚不得已耳。’健等对曰：‘诚如圣谕，但今日断自圣衷，则天下臣民无不痛快，垂之史册，万世有光矣。’上曰：‘钦天监言，恐动风水，朕已面折之，今日开圹合葬，不为动风水乎？皇堂不通，则天地否塞；通之，则风气流行。恶得言动，惟一点诚心为之，料亦无害。’皆奏曰：‘皇上一念孝诚可以格天，吉无不利。’上曰：‘此事不难，若祔庙之礼，尤所当讲。’……后陵事竟不行。盖钦天监以为岁杀在北，方向不利。内官监亦谓事干英庙陵寝，难以轻动。”此外，《明宪宗实录》卷五五和卷五六记成化四年（1468）六月钱氏病故后，由于宪宗生母皇太后周氏反对将钱氏葬入裕陵，当时还有“圣命欲别卜葬地”之说，后经百官力争，跪伏文华门外请旨，周氏才勉强同意将钱氏葬入裕陵。

通过这两段史料，可以看出，第一，钱皇后之所以被葬入裕陵左配殿，并不是由于礼制原因，而是因为宪宗生母皇太后周氏为使自己百年后与英宗合葬一处，而故意将钱皇后葬在左配殿的，这实际上是对钱氏一种贬低和疏远，尤其是将左配殿与后殿之间的甬道封塞，其用意更是暴露无遗。第二，明孝宗虽然认为钱皇后之葬不合礼仪制度，但鉴于前事木已成舟，虽想更正，但由于其生祖母周氏要与英宗合葬一处，因此，其欲“厘正”的内容也只是拆通左配殿与后殿之间的甬道而已，而且由于种种原因并未付诸实施。

由此我们可以看出，玄宫配殿依明朝礼制并不是为安葬皇后而设的。否则，周皇后是不可能让宪宗把钱皇后葬入左配殿的。因为，如果两配殿是安葬皇后用的，明人尚左，以左为尊，周皇后岂肯屈尊给自己留下右配殿，而将钱皇后葬于左配殿？！所以，《明史》“虚右圹以待周太后”的推测是靠不住的。

至于帝后棺椁进入地宫后，送丧人员因配殿与中殿之间的甬道狭窄，不能进去，遂葬入后殿的推测，更与当时的情况不相符合。因为，神宗帝后都是依礼安葬的，如果皇后礼应葬入配殿，礼工二部肯定会做出安排，预先挖开配殿隧道，以备皇后梓宫葬入，他们对配殿与中殿之间的甬道窄狭情况是不会不了解的。

另一种说法是，配殿是安葬皇贵妃用的。其文献根据是《万历起居注》记载。万历二十五年（1597）三月，神宗敬妃李氏病故，鉴于李氏“侍奉敬慎，诞生皇子”，神宗特命追谥为皇贵妃，并拟“著葬于寿宫右穴（即右配殿）”。其实仅据这段史料是不能下这个结论的。因为，从文献记载看，明代自宫人殉葬制度结束后皇贵妃都是另有葬处的，并无葬入陵园配殿的实例。如，明宪宗的皇贵妃万氏，葬于陵区内苏山脚下；世宗皇贵妃阎氏、王氏葬于陵区内袄儿峪；神宗的皇贵妃李氏（敬妃）在大学士张位、沈一贯的建议下，为“仰体皇上亲厚优重之意”，葬在了陵区银钱山下。可见，玄宫配殿也不是专门为安葬皇贵妃而设的。

那么，明陵地宫的配殿究竟为何而设呢？配殿内的棺床又是为什么人准备的呢？

笔者认为，地宫的配殿在宫人殉葬制度存在时，应是用于埋葬殉葬妃嫔的；在殉葬制度结束后，则仅仅是建筑的一种规制，它象征着妃嫔的葬所，而不具实际功用。因此，它虽有棺床之设，但在宫人殉葬制度终止后，棺床之设自然也徒具象征意义而已。这一推论的理由是：

从玄宫的取象看，明陵地宫的前、中、后三殿相当于皇宫内廷建筑的乾清宫、交泰殿和坤宁宫。而乾清宫、交泰殿、坤宁宫系帝后的生活起居之处，故地宫的前、中、后三殿应是为帝后而设的。由于三殿之中，仅后殿内设有棺床，故帝后棺椁均应依礼安葬于后殿棺床之上。这一点，可以从《明穆宗实录》所记永陵帝后的安葬情况——“似当依次列祔”之说得到证实，定陵帝后同葬后室更是不争的例证。而地宫左右侧室（配殿），由于是取象于皇宫内妃嫔所居的东六宫和西六宫，故应是为安葬妃嫔而设的。这在实行宫人殉葬时期，依此礼安葬殉葬妃嫔完全是可能的。按万历年间修《大明会典》记明代妃嫔葬处：“孝陵四十妃嫔，惟二妃葬陵之东西，余俱从葬。长陵十六妃俱从葬。献陵七妃，三葬金山，余俱从葬。景陵八妃，一葬金山，余俱从葬。裕陵以后妃，无从葬者。裕陵十八妃，一葬绵山，余俱金山。茂陵十四妃，一葬陵之西南，余俱金山。康陵二妃葬金山……永陵三十妃、二十六嫔，惟五妃葬天寿山之袄儿峪，余俱金山。昭陵诸妃葬金山。”凡葬于他处者均载明葬地，则殉葬诸妃自然是葬入帝陵了。而从玄宫的取象分析，又只有玄宫的两配殿才与诸妃的地位相吻合。

至于殉葬制度终止后，诸妃不再入葬帝陵的原因实应与当时讲究风水相关。因为，在古代的风水观念中，即使是天造地设的万年吉壤，其山川灵气也不应随便泄露，否则便会对墓地的风水产生坏的影响。基于上因，玄宫落成之后，除帝后依礼应合葬陵园，入葬时必须开启玄宫外，业已封闭好的玄宫是不应轻易开启的。从前引文献资料记载看，即使是实行殉葬制度的洪武、永乐、洪熙、宣德四朝的妃嫔，凡先于帝王而死，或特恩免殉晚于帝王而死者，为避免开启玄宫，也均别葬他处。殉葬制度结束后，诸妃均得以终享天年，她们寿命长短不一，死期先后时间不同，妃嫔在帝王之家又不过是“侍妾”

的身份，自然不会为她们而频频开启帝王玄宫了。正因为如此，当万历二十五年（1597）大学士张位、沈一贯在奉命议拟敬妃李氏可否葬于定陵玄宫右配殿时特解释说："窃惟寿宫乃国家万年储祥吉壤，灵气萃钟，似不宜轻有动泄。在祖宗时亦未尝有妃嫔预入之例，是以礼臣守礼，只拟于天寿山悼陵左右相择吉地。盖以前地即在红门之内，相去寿宫不远，比于金山大为悬隔，亦仰体皇上亲厚优重之意，可谓周悉，所宜俯从。今奉圣谕，命臣等议拟，臣等再三商量，玄宫之旁，制设左右侧穴，推其初意，或者以待各妃，但从来未经附（祔）葬，臣下不敢轻议。"

显然，张、沈二位大学士也认为玄宫侧室初设之时可能是为妃嫔而设计的，但由于自英宗止殉后，妃嫔并无入葬陵园的情况，终明之世更无妃嫔预先葬入陵园的先例，所以二人表示赞同礼部的意见，并题请神宗皇帝"圣明裁酌施行"。最后，神宗还是同意了礼部及内阁的意见，将李氏葬在了悼陵左侧的银钱山下。

另外，对定陵地宫的外部形制，人们也颇为关心。诚然，我们在现存明代典籍中，还没有发现关于定陵玄宫外部形制的记载，整个玄宫建筑由于全部为封土所覆盖，我们也无法直接目睹其真实形状。但万历年间工科给事中何士晋所撰《工部厂库须知》却如实记录了从长陵到昭陵九陵玄宫所用琉璃黑窑厂烧制的琉璃构件："地宫上伏檐、下伏檐共九座。每一座吻五对，兽头八个。共吻四十五对，兽头七十二个。"（图 1.10.41）

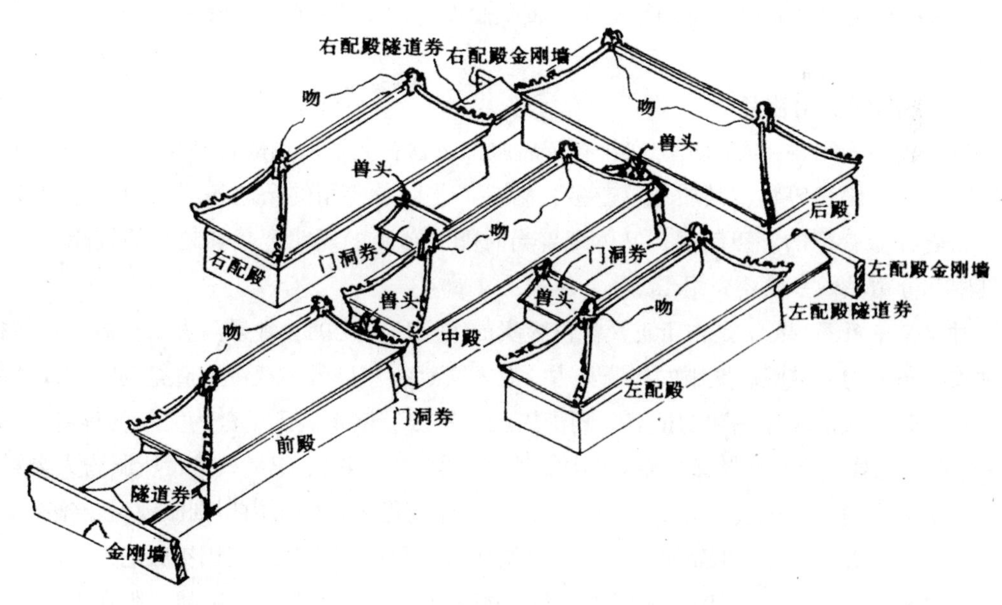


图 1.10.41 定陵地宫外部形制兽吻分布推想图

这一记载清楚地告诉了我们，九陵地宫是有上伏檐、下伏檐的。这说明九陵玄宫与董四墓明代妃坟墓室一样，上面都覆有琉璃殿顶。吻为殿顶正脊两端的琉璃构件，无论是单檐或重檐，庑殿顶还是歇山顶，每殿只有一对。每座地宫有五对吻，说明每陵玄宫都由五殿组成。兽头估计是殿与殿之间相接部分琉璃顶脊端的饰物。五殿按前、中、后、左、右井田格局布置，计应有四个相接处，每处两坡一脊，一脊用兽头两个。四个相接处，恰用兽头八个。

由此可见，定陵玄宫的五室布局实际上是沿袭由长陵到昭陵九陵的玄宫制度。那么，定陵玄宫的外部形制自然也应和九陵一样，是装饰有各种琉璃构件的宫殿样式了。

我国古代帝陵建筑，不论是秦汉时期的竖穴式墓室，还是唐宋时期以砖石构筑封顶的墓室，均未见有一如皇家宫殿样式的墓室外部造型。明陵地宫的这一鼎新之举，无疑在中国古代帝陵建筑史上写上了新的一页。而且随着朝代的更替，这种构筑地宫的新方式又为清代帝陵所继承。

## 三、绚丽多彩的出土文物

定陵发掘成功后，出土了各类殉葬品近 3000 件。这些殉葬品件件都是十分珍贵的历史文物。从类别上看，它们有的属于皇宫内的实用物品，不仅具有历史研究意义，而且是价值连城的工艺制品；有的属于丧葬礼制用物，虽然不具有特殊的工艺价值，但却为人们研究明代的丧葬制度，特别是皇家的丧葬制度提供了绝好的实物资料。

### （一）宫廷实用物品

属于宫中实用物品类的出土文物有帝后服饰，饮食起居所用的各种器物、丝织匹料、珠宝、金锭、银锭等物。其质地、造型、制造工艺以及应用的场地各不相同，它们既渗透着封建社会森严的等级制度，又体现着当时能工巧匠的聪明智慧和超凡的技能。下面将其中部分精品做一简要介绍：

*神宗皇帝的冕*　冕，是古帝王及身份显贵的大臣所戴用的一种最高贵的礼冠。它与相关的衣物相配构成冕服。冕服的起源甚古，故古文献有“皇帝（黄帝）造冕垂旒”或“胡曹（黄帝时的大臣）作冕”的记载。到了周朝，冕服制度发展到了极为完备的程度。《周礼·春官》记载，天子吉服有九种，其中六种属于冕服。当时，祀昊天上帝所服为大裘冕；享先王则服衮冕；享先公、宴宾客及与诸侯射则服鷩冕；祀四望山川则服毳冕；祭社稷，祀五谷之神、五色之帝则服絺冕；祭林泽坟衍四方百物则服玄冕。服用冕服的人，除了王（天子）外，还有公、侯、伯、子、男、孤、卿大夫等大臣。此后，历朝冕服在沿用古制的同时，又屡有变更。明朝时，冕服只有一种，即衮冕。当时只有皇帝、皇太子、亲王、郡王、世子有此种礼服。其服用的场合为祭天地、宗庙、社稷、先农，以及正旦、冬至、圣节、册拜等举行隆重典礼的时候。

定陵出土神宗的冕有二顶。一顶出自神宗棺内，另一顶出自随葬器物箱内。冕的形制与《大明会典》所记基本相合，与礼书所记周制的冕冠制度亦一脉相承。其冠卷（帽壳）部分作圆柱形，外蒙以黑纱，内衬以红素绢。冠卷之上覆有前圆后方形状的“綖”（以桐木板为骨，上贴黑素缎，下贴红素缎）。綖的前后各缀有十二串珠饰，古代称为“旒”或“玉藻”。《礼记·玉藻》“天子玉藻十有二旒”，所讲就是冕綖前后的珠饰。因为在周朝时天子的冕为十二旒，均以五彩丝绳为藻，并按朱、白、苍、黄、玄的顺序以藻穿五色玉珠，故称之“玉藻”。每旒贯玉珠 12 颗，象征着五行生克及岁月运转。据《淮南子·主术训》记载，冕冠悬旒，整体意义在于“蔽明”，即示王者不视非、不视邪。定陵出土的这二顶冕，每旒的丝绳五股均为红色。珠饰配备两顶各不相同，其中一顶，每串有白色玉珠三颗，红、蓝、绿玉珠各二颗，余为珍珠；另一顶珠串已散，见存者有红石珠、白玉珠、青玉珠、黄琥珀珠及黑石珠。这说明，这两顶冕冠虽基本沿用周礼古制，但也稍有变化。两顶冕的冠卷内顶部各置有玉衡用来维系冠卷。冠卷左右（玉衡之下）各有钮孔，内穿簪（一顶穿玉簪，但簪头、簪尾分为两段；另一顶穿金簪），以使冕冠能与发髻相插结。此外，冠的两侧还悬有红丝绳和玉瑱（又称“黈纩充耳”）。戴上冠以后，两耳之侧各有由上下两个玉珠串连组合的玉瑱垂下，这也是采自周礼古制。《淮南子·主术训》谓此种装饰意在“掩聪”，而《汉书·东方朔传》则谓之“塞聪”，《大戴礼·子张问入官篇》又释之为“弇聪”，三者用词虽异，但均表示王者不听谗言，不听不急之言。冠卷的下部有冠圈，名为“冠武”，以金箔制成。其左右部位设钮孔，穿丝带，以备戴用时系于颌下。冕冠的总体形象呈前低后高之式，以表王者虽位号至高至大，但却应有弥下之气志，以防骄矜念头产生。

*神宗皇帝的皮弁* 皮弁，是古代弁服中的冠。弁服，早在周朝以前就是上自天子、下至于士的一种服装。周朝时被定为次于冕服的一种礼服。当时弁服有爵弁、皮弁、韦弁、冠弁数种。其中皮弁服为天子视朝、诸侯朔时的服装。当时的皮弁冠采用白鹿皮制作，分片连缀，并于缝中饰以玉珠。天子皮弁冠等级最高，每缝饰五彩玉十二颗。

明朝时，上述几种弁服除武弁服相当于周制的韦弁服外，只保留了皮弁服一种。其冠制，外敷乌纱，天子皮弁前后各有十二缝，每缝中缀五彩玉十二颗为饰，与绛纱袍、蔽膝等组成朔望视朝、降香、降诏、进表、四夷朝贡、朝觐时服用的礼服。（自嘉靖始，祭太岁、山川等神亦服此服）除皇帝外，明朝时皇太子、亲王亦有此服，但弁冠的缝数、玉珠数量均比皇帝少。

定陵出土皮弁仅一顶，出自神宗棺内。出土时已残坏，但形制仍清晰可辨。此冠以细竹丝为胎，内衬红素绢，外敷黑纱，前后各有十二缝（前后缝连在一起），缝内各钉包金竹丝缕，并缀以玉珠九颗（红色三颗，白、绿、黑各二颗）、珍珠三颗。导以玉簪，系以红色绦带，与《大明会典》记载的皇帝皮弁冠基本相合。

*神宗皇帝乌纱翼善冠* 翼善冠，为唐太宗李世民创制并开始戴用。《大唐新语》记载：

图 1.10.42 定陵出土的神宗乌纱翼善冠

"贞观八年，太宗初服翼善冠。"冠名因"转脚不交向前，其冠缨象'善'字"而得。明太祖朱元璋建立明朝后，于洪武三年（1370）规定，皇帝常朝理政时戴用此冠。时名"乌纱折角向上巾"。与盘领窄袖袍，金、玉、琥珀、透犀束带相配，构成皇帝常服。永乐三年（1405）明成祖更定皇帝常服制度，仍强调皇帝常服之冠"以乌纱冒之，折角向上"，与洪武时制度无异，但与之相配的袍服，则补充了黄色、前后及两肩各织一盘龙的新规定。后来，人们又按照唐朝的叫法，称皇帝常服的冠为"翼善冠"，并称为"冲天冠"。（图 1.10.42）

定陵出土的乌纱翼善冠计有 2 顶。一顶戴在神宗头上，另一顶出自神宗棺内的圆形冠盒内。其中，冠盒内的出土时已朽坏，仅有金饰件保存。神宗头戴的那顶，形制与《大明会典》记载相同。冠以细竹丝作胎，内衬红素绢，外敷黄素罗，再外以双层黑纱作面。冠形由"前屋"和"后山"两部分组成。前屋较低，后山隆起。后山之前饰有花丝镶嵌工艺的二龙戏珠图案。二龙均作飞腾状的"行龙"，其尾部绕于后山之后。龙身以金垒丝编结为鳞，龙首、鳍、爪均打制而成。两龙各嵌宝石 14 块、珍珠 5 颗。二龙之间的"宝珠"，采用金制花托镶嵌珍珠的做法。前屋与后山的交界处还饰有金制的镂空束带，其中心部位作束结状，左右各嵌绿宝石一块。冠后插有两片向上弯曲的"金折角"。折角作圆翅形状，边沿处以金片卷制，中为黑色细纱。折角的插座作倒"八"字形固定于冠后偏下位置。插座作筒形，外侧各有"升龙"及"三山"图案，龙的上部雕有文字，一为"万"，一为"寿"。明朝时，大臣常服也有乌纱帽，但其两翅却是左右分置平伸，冠上的装饰也极为简单。

*神宗皇帝的金丝翼善冠* 出自神宗棺内一个圆盒内。这顶金冠制作精美，形同乌纱翼善冠。重 826 克，高 24 厘米，直径 17.5 厘米。分"前屋""后山"和"金折角"三部分。其前屋和后山部分，共用 852 根 0.2 毫米粗的金丝编成"灯笼空儿"花纹。折角朝上，也用金丝编成。后山部分组装有二龙戏珠图案的金饰件，二龙的头、爪、背鳍和火珠，全部采用阳錾工艺雕刻，呈半浮雕效果；龙身、龙腿则采用掐丝、垒丝、码丝工艺制作，每个鳞片均以金丝搓拧成的花丝制成，然后码焊成形。由于金丝翼善冠不见文献记载，所以有学者认为，它不是神宗生前的实用物，而是其去世后专为随葬制作的明器。在明朝，皇帝去世后大都是两至三天即大殓入棺，神宗也不例外。但如此结构复杂、工艺精湛的金冠，在神宗去世后才进行制作，根本来不及。因为按照当时的生产水平，即使熟练的工匠也要上百天才能完成。所以，此冠绝非神宗去世后制作的明器，合理的推测应是神宗生前的实用冠戴，即神宗在夏天常朝时戴用过的金丝翼善冠。

*皇后的龙凤冠* 龙凤冠是一种以龙凤为主要装饰的皇后礼冠。文献记载，妇女首饰有凤凰装饰始见于汉。当时，太皇太后、皇太后的簪上已有凤凰爵这种装饰。唐朝时皇后燕见宾客时的礼服中，已有后世龙凤冠上的大小花和博鬓等饰物，但尚无龙凤装饰。龙凤冠的出现，始于宋朝。《文献通考》载，宋徽宗政和三年（1113）议定，皇后首饰用大小花各十二枝。并有两博鬓，冠则饰以九龙四凤。然而，存世的宋神宗皇后画像却反映出龙凤冠的出现可能比宋徽宗时还要早。而且，画像中皇后所戴的龙凤冠还饰有大小花及博鬓，因此，宋朝时大小花和博鬓理应是龙凤冠上的装饰物。明朝的龙凤冠为皇后受册、谒庙、朝会时戴用的礼冠，其形制承宋之制而又加以发展和完善，因之更显雍容华贵之美。按《大明会典》所记，洪武三年（1370）所定龙凤冠制为“圆匡，冒以翡翠，上饰九龙四凤，大花十二树，小花如大花之数，两博鬓，十二钿”。永乐三年（1405）定龙凤冠制度，虽仍为九龙四凤，但又有更加细致的规定：“漆竹丝为圆匡，冒以翡翠。上饰翠龙九、金凤四。正中一龙衔大珠一，上有翠盖，下垂珠结，余皆口衔珠滴”。此外，还规定冠上饰有“翠云四十片、大珠花十二树（皆牡丹花，每树花二朵、蕊头二个、翠叶九叶）、小珠花如大珠花之数（皆穰花飘枝，每枝花一朵，半开一朵，翠叶五叶），三博鬓（左右共六扇），饰以金龙翠云，皆垂珠滴”。

定陵出土的两位皇后龙凤冠共有四顶，分别为“十二龙九凤冠”“九龙九凤冠”“六龙三凤冠”和“三龙二凤冠”。

这四顶龙凤冠有两个特点。一是龙凤数量均与《大明会典》记载不同，这说明明代宫廷礼服并不一定都完全照《会典》规定的礼制去做；二是四冠均造型奇巧、制作精美，并装饰有大量的珍珠宝石。

例如，孝端皇后的六龙三凤冠，龙全系金制，凤系点翠工艺（以翠鸟羽毛贴饰的一种工艺）制成。其中，冠顶饰有三龙：正中一龙口衔珠宝滴，面向前；两侧龙向外，作飞腾状，其下有花丝工艺制作的如意云头，龙头则口衔长长珠宝串饰。三龙之前，中层为三只翠凤。凤形均作展翅飞翔之状，口中所衔珠宝滴稍短。其余三龙则装饰在冠后中层位置，也均为飞腾姿态。冠的下层装饰大小珠花，珠花的中间镶嵌红蓝两色宝石，周围衬以翠云、翠叶。冠的背后有左右方向的博鬓，左右各为三扇，每扇除各饰一金龙外，也分别饰有翠云、翠叶及珠花，周围缀以左右相连的珠串。

整个凤冠，通高为35.5厘米，冠底直径约20厘米，重2.905公斤。共嵌宝石128块（其中，红宝石71块、蓝宝石57块），装饰珍珠5449颗。由于龙凤珠花及博鬓均左右对称而设，而龙凤又姿态生动，珠宝金翠色泽艳丽，光彩照人，所以这顶凤冠给人以端庄而不板滞，绚丽而又和谐的艺术感受，皇后母仪天下的高贵身份因此得到了最佳的体现。

*神宗皇帝的衮服* 衮服，简称“衮”，与冕冠合称为“衮冕”，是古代最尊贵的礼服之一。《大明会典》记载，永乐三年所定皇帝衮服由“衣”“裳”等部分组成。“衣”着于上身，“裳”着于下体。衣为“玄”色（黑色），“裳”为纁色（浅红）。“衣”“裳”之上共

图 1.10.43 定陵出土的神宗黄缂丝十二章袍式衮服

图 1.10.44 定陵出土的神宗黄缂丝十二章袍式衮服复制品

织有十二章图案。其中，“衣”上织有八章：日、月、龙在肩，星辰、山在背，火、华虫、宗彝在袖（每袖各三）；“裳”上织有四章：藻、粉米、黼、黻每种各二。

定陵出土的神宗皇帝衮服共有五件。其中，刺绣三件（一件著神宗身上，余出自神宗棺内）、缂丝二件（出自神宗棺内）。（图 1.10.43—1.10.44）

它们的共同特点是：一、服装样式与《大明会典》所载有较大出入。即并非为“上衣”“下裳”的组合方式，而是采用袍式。这种袍式的衮服，虽不见于文献记载，但却见于明朝自英宗而后的皇帝画像中。画像中与此种衮服相配合的冠都是乌纱翼善冠。这与神宗入葬的服饰恰好一致。与文献所载崇祯帝自缢身亡改殡后的服饰也相同。据此可以推测，这种衮服在明代除了应能与乌纱翼善冠相配，作为郊天祀祖时穿用的礼服以便跪拜外，还可与乌纱翼善冠相配作为殓葬服装。

二、衮服上均有《大明会典》所载的十二章图案。其中，十二团龙的分布是左右肩各一，前后身各三，左右两侧各二。此外还有日、月分布于两肩，星辰、山脉分布于后背，华虫饰于两袖，宗彝、藻、火、粉米、黼、黻分别饰于前后襟的团龙两侧。据载，十二章图案起源甚早，早在周朝以前即已成为天子礼服上的装饰。十二章的图案各有深刻的寓意。日、月、星辰称为“三光”，取其“照临”之意。山，能行云雨，人所仰望，取其镇重之意。龙，变化无方，取其神。华虫为雉（野鸡），文采昭著，取其文。宗彝，为宗庙祭器，绘虎、蜼二兽，取其祀享之意。又有一种说法认为，宗彝绘虎，是取其严猛，绘蜼（一种长尾猴），是取其智。蜼遇雨以尾塞鼻是其智。藻，水草之有文者，取其文，取其洁。火，取其明，取其炎上。粉米，即白米，取其洁白能养人。黼，作为斧形，刃白而銎黑，取其能断之意。又有一说，按后天八卦方位，白为西方“兑”位之色，黑为北方“坎”位之色，黑白之交（即西北方）为“乾”位，乾为天，为阳，故象征刚健能断。黻，形似“亞”，而中间断开。一说认为是古“弗”字，取“拂弼”之意；另一说认为，是两“已”或两“弓”相背，取臣民背恶向善之意，亦取君臣离合去就之理。这十二章图案，虽然古人释意不尽相同，但都具有美化王权的政治意义。

三、织造之精均不同凡响。以缂丝衮服为例，此种工艺起源于汉魏时期，织造时不用大型织机，而是采用通经断纬、小梭挖织的技术，故而具有独特的民族风格。其所用织造材料尤为珍贵。特别是大量地采用赤圆金织纬，是历代缂丝织物中极少见的。而大面积地采用孔雀羽绒缂制龙纹，则使衮服金翠相映生辉，倍显华丽。此外，衮服还使用了蓝、红、绿、黄等 28 种彩绒。其中经线全为强捻丝线，每厘米的地子用 22 根。纬线全为不加捻的彩绒，每厘米多达 100 根。经过这样的色彩搭配和工艺处理，使衮服的色泽更加富丽堂皇、庄重大方，从而达到了艺术形式与思想内容的完美统一。

*孝靖皇后的百子衣* 孝靖皇后的“红素罗绣平金龙百子花卉方领女夹衣”和“红暗花罗绣‘万寿’字过肩龙百子花卉方领女夹衣”是两件难得的刺绣艺术精品。均出自孝靖皇后棺内中部。（图 1.10.45—1.10.46）

图 1.10.45. 定陵出土的孝靖皇后红素罗绣平金龙百子花卉方领女夹衣

图 1.10.46. 定陵出土孝靖皇后红素罗绣平金龙百子花卉方领女夹衣复制品

这两件百子衣，均方领，对开襟。从图案的设计看，所绣百子画面精彩生动。各组画面上的童子从 1 到 6 人数不等，共组成 40 余个场面。每个场面儿童的嬉戏方式和神情各不相同，有的斗蟋蟀、戏金鱼，有的练武、摔跤、踢毽子，有的爬树摘果，有的站凳采桃，有的放风筝、玩陀螺，有的放爆竹、捉迷藏，有的扮作教书先生处罚弟子，有的学武松打虎姿态揪打花猫……儿童天真活泼的神情神刻画得惟妙惟肖、淋漓尽致。此外，两衣的前后襟及两袖还以金线绣有九龙，其姿态有升，有行，有坐，富于变化，体现出了明代宫廷艺术中龙的造型特点。百子图案之间，则点缀以象征吉祥如意的金锭、银锭、方胜、古钱、宝珠、犀角、珊瑚、如意等杂宝图案，以及由桃花、月季、牡丹、荷花、菊花、梅花等花卉组成的春、夏、秋、冬四季景。整个图案变化多彩，寓意着皇家子孙万代、多福多寿。衣料的配色尤见匠心独运。整体色调以正色为主，在朱红色的地子上配以枣红、水红、粉红、普蓝、藏青、浅蓝、月白、艾绿、黄绿、茶绿、孔雀绿、中黄、宫黄、驼黄、山茶黄、驼灰、浅褐、牙白等不同色调，取得了金彩夺目的艺术效果。从两衣的刺绣技术上看，其针法的运用，包括有穿丝针、抢针、网绣、铺针、平金、斜缠、盘金、松针、打籽、扎针、擞和针等 11 种，丰富多变的针法大大加强了刺绣的艺术表现力。

图 1.10.47 定陵出土的神宗玉革带

*神宗皇帝的玉革带* 玉革带，简称“玉带”，是古代用来系束袍服的一种革带。古代的革带，以皮革为之，名为鞶。其上往往缀有各种饰牌。这种饰牌古人称之为“銙”。銙的用料有玉、金、银、乌角、透犀等，而以玉銙等级最高。明朝时除了皇室人员，只有功臣及一品官员可以系玉带，其他人非皇帝赏赐一概不得服用。定陵出土的玉带有 10 条。其中，一条系于神宗腰部，其余出自神宗棺内及随葬器物箱中。带上所饰玉銙有 20 块、13 块、12 块及 9 块 4 种不同情况。其中 20 块和 13 块玉銙的革带是明朝时服用衮冕服及皮弁服时系束的。缀有 20 块玉銙的革带，其玉銙的排列和名称是：处于腰围前面正中一块稍大的长方形玉銙，与其左右两块竖式窄条形的小玉銙，合称为“三台”（该处为革带前半圈左右两段的合口处）；两侧左右各排有三块桃形玉銙，名为“圆桃”；圆桃之后又各有一小块竖式窄条形玉銙，分称“辅”“弼”（该处处腰部左右位置，为革带前后两个半圈的接口处）；“辅”“弼”之后，在前半圈革带的左右尾端分饰有一前为方形后为弧形的长条形玉銙名为“鱼尾”，革带的后半圈饰方形玉銙七枚，依次而排。13 块玉銙的革带，其制始嘉靖时期。《大明会典》“皇帝冕服”条记：“嘉靖八年定……革带前用玉，其后无玉，以佩绶系而掩之。”因此，出现了这种只在革带前半圈缀有 13 块玉銙的革带。9块、12块玉銙的革带，形制较为简单，其玉銙以桃形居多，应属不甚隆重场合系用的革带。定陵出土的玉带，玉质纯正。白玉细腻滑润，碧玉光洁明亮，均为上等玉料。饰有 20 块玉銙的一条白玉玉带，在“三台”正中的玉版的侧面有描金刻字：“大明万历丙午年制”。据此知该玉带制于明万历三十四年，即 1606 年。（图 1.10.47）

*神宗皇帝的“大碌带”* 出自神宗棺内，因带下有黄色绢条，上有墨书“宝藏库取来大碌带”数字而知其名。亦为革带的一种。其上饰有镶珠宝金銙 20 个，金銙的样式及排列顺序略同玉带。大碌带的珍贵之处在于其每个金銙的中心部位都镶嵌着大块的“祖母绿”宝石，周围还嵌有石榴籽红宝石及珍珠。“祖母绿”宝石，又称“吕宋绿”宝石。古今都是极为贵重的工艺装饰品。明谢肇淛《五杂俎》记载，这种宝石“云是金翅鸟所成，出回回国（今西伯利亚、巴基斯坦等信仰伊斯兰教的国家和地区）”。明蒋一葵《长安客话》载：“祖母绿……出回回地面，其色深绿，其价极贵，而大者尤罕得。”另据记载，明朝时有个善于鉴定宝石的回回人，游历于闽（福建）、广（广东）、金陵（南京）间。在南京，他遇到一位姓应的主簿。应主簿手里有一颗祖母绿宝石。这颗宝石曾被一位富商看中，想用 500 两白银购买，而被应主簿拒绝。这位回回人见到宝石后，爱不释手，他为了把宝石弄到手，“持玩少顷”，突然一口将宝石吞入腹中。应主簿见了又急又气，想到官府去告，一来没有佐证，二来惧怕浪费钱财，只得一恸而罢。由这个故事可以看出，祖母

绿宝石在明代确实珍贵难得。定陵出土的这条革带，上面的祖母绿宝石，不仅块大，而多达 20 块，在明代至少也要价值上万两白银。

*神宗皇帝的镶猫睛石金簪* 定陵出土的神宗金簪多达 56 件，簪上多镶嵌宝石、珍珠是其特点。其中有 14 件簪嵌有“猫睛石”，价值尤为珍贵。猫睛石，又称“猫眼石”或“猫儿眼”，属具幻光性的金绿宝石亚种。该种宝石，“一线中横，四面活光，轮转照人”，酷似猫的眼睛。其产地在国外，明朝时均来自细兰国（又作“锡兰国”，即今斯里兰卡）。当时，一块大如指面的猫睛石即价值千金。

文献记有这样一个故事：明朝时，南京有位富家老妾沈氏，头上所戴簪的顶部嵌有一块猫睛石，被一个人看见。为了把这块猫睛石弄到手，那人特意租赁了房屋与沈氏为邻，还经常给沈氏送去酒食，以联络感情。一年后，沈氏感其诚意，终于将宝石卖给了他，并且只收了二两银子。那人购得这块猫眼石高兴极了。他见宝石稍枯，特买了块羊脂玉以裹之。可是有一天“暴烈日中，坐守稍息”，竟有一只饥饿的大鹰将宝石掠之而去。那人因此被世人所笑，回家后忌恨而死。由此可见，猫睛石的确是一种罕见且得之不易的宝石。神宗皇帝有这么多镶嵌猫睛石的金簪随葬，且宝石质量极高，恰好反映了皇帝至高无上的地位。

*孝端皇后的镶珠宝玉龙戏珠金簪* 定陵出土的孝端皇后金簪共有 38 件。这些金簪的簪顶装饰奇巧，别具一格。其表现的题材既有花、蝶、蝉等动植物类型，也有佛像、“卐”字、“寿”字、“万寿”字、“佛”字等宗教或其他类型的吉祥图案。簪顶用料除金制花丝饰物以外，还有宝石、珍珠及玉制品。在这些金簪中，装饰最华丽造型最优美的要数镶珠宝玉龙戏珠金簪了。这件金簪通长 27.5 厘米，顶长 5.2 厘米，宽 9.2 厘米，重 171 克。簪的顶部，在一个镶有镂孔缠枝牡丹花白玉饰物的金托上，有一组造型生动的“玉龙戏珠”饰件。玉龙，用晶莹的白玉雕成。其额头嵌有一块猫睛石，两块红色的宝石分置左右为两目，口悬珠宝滴，蹲伏于嵌宝石白玉牡丹花饰上，看上去大有蓄势欲腾之态。玉龙的对面饰有描金绿玉火珠。珠的中心部位嵌有一颗闪闪发光的珍珠。火珠之下也有嵌宝石的白玉牡丹花及翠云等装饰，与玉龙相映成趣。金托之下装饰有珍珠、宝石编缀而成的菱形网孔的网坠。这件金簪，共嵌有红、蓝、绿及猫睛石等宝石 80 块，珍珠 107 颗。这些珍宝与金托、玉龙相配，粲然成章，堪称簪饰中的精品。

*孝靖皇后的镶珠宝塔形金簪* 定陵出土的孝靖皇后金簪计 41 件。簪顶装饰多取材于佛像、仙人、鸟兽、虫、蝶等物。其中有一取材佛塔的金簪别具特色。此簪通长 8.6 厘米，顶长 5.7 厘米，宽 3 厘米，重 19.5 克。簪身作扁锥形，簪顶饰物为一金制的花丝镶嵌工艺的喇嘛教式佛塔。塔的造型别致精巧。塔身，作覆钵形状。上部圆浑粗壮，下部于正面开有一个小小的如意形“眼光门”（又作“焰光门”），里面安有一座立佛。佛像双手合十，形象自然。塔身之上又有塔刹。其下部在刹杆上饰有三圈金片制成的相轮，再上为圆盘（又作“承露盘”）。盘周垂流苏，上为嵌有珍珠的金制火焰宝珠。塔身之下为塔基，

图 1.10.48 定陵出土的孝靖皇后塔型金簪

其造型为金饰如意云嵌宝石上托围栏的形制。此塔高仅 5.8 厘米，宽仅 3 厘米，但构思完整、做工精细，仅填丝所用花丝就达 1500 多个，而每个花丝竟都是用直径为 0.18 毫米的金丝掐制成的长为 0.9 毫米的小卷草纹！真可谓是填丝工艺的绝品了。（图 1.10.48）

金环镶宝玉兔耳坠 出自孝靖皇后棺内，系孝靖皇后的随葬耳饰。古人佩戴的耳饰有钳、环、坠等不同种类。耳坠是其中装饰较为复杂的一种。它由耳环演变而来。与耳环的不同之处，是在环下又缀有一组坠饰。这种耳饰产生于少数民族地区，最早是男子佩戴的饰物。大约在魏晋之后才传入中原，成为妇女的饰物。孝靖皇后的这件耳坠，通高 5.8 厘米，重 5.5 克。其用于贯穿耳部的金环为圆形。其下连缀有一个高仅 2.4 厘米的玉兔坠饰。玉兔的造型取材于古老的“玉兔捣药”神话传说。有关这一传说的由来，我们已无从查考，但早在西晋时，有位叫傅咸的就在《拟天问》中写下了“月中何有？玉兔捣药”的诗句。可见该传说历史十分悠久。这件耳坠的设计十分巧妙：白玉雕成的兔子垂直站立。前面两肢合抱一玉杵，似在举杵用力捣药。杵下雕有玉臼。玉兔的头顶上镶有一颗红宝石，作为金环与玉兔之间的过渡性装饰。玉兔的下肢，双爪踏着一组镶宝金制“祥云”。这组云朵由三个云片组成。每个云片以金托双面镶嵌宝石。宝石的种类有红宝石，还有猫睛石。玉兔的双目则以小米粒大小的红宝石点缀，显得炯炯有神。其构思不同凡响，真可谓是生花之妙笔。这样的精品，在我国古代首饰设计史上也是不多见的。

神宗皇帝及两皇后的玉佩 玉佩，是古代贵族的一种腰饰。有德佩、事佩之分。凡仅作为装饰物的称为德佩，有实用价值的则称之为事佩。德佩中有单件独立佩用的，也有成组连缀使用的，后者又称组佩。组佩中最贵重的为大佩（又称杂佩），其特点是由珩、璜、琚、瑀、冲牙等玉件连缀组合而成。我国古代很早就有佩玉的习惯，并用它来区别人的身份地位，显示品德的高尚和行为的合度。《礼记》所载的“古之君子必佩玉”，“在车则闻鸾和之声，行则鸣佩玉”，“君子无故，玉不去身”，以及“天子佩白玉而玄组绶，公侯佩山玄玉而朱组绶，大夫佩水苍玉而纯组绶，世子佩瑜玉而綦组绶，士佩瓀玟而缊组绶”，反映的正是这种情况。

明代君臣礼服亦均佩玉。《大明会典》记载，永乐三年（1405 年）定帝后礼服玉佩制度：“玉佩二。各用玉珩一、瑀一、琚二、冲牙一、璜二。瑀下有玉花，玉花下又垂二玉滴，瑑饰云龙文，描金。自珩而下系组五，贯以玉珠。行则冲牙、二滴与璜相融有声。”

定陵出土神宗及两皇后玉佩共有 7 副（每副 2 件）。2 副出于神宗棺内，其余出自随葬器物箱。佩的形制大致为两类。一类大体与《大明会典》所记相同或相近。这类玉佩有5副。其中有1副出自神宗棺内，与《大明会典》所载最为接近。其不同之处仅为玉件的瑑饰纹饰为云凤及牡丹花，而非云龙。另外，该玉佩的冲牙形状与玉珩相似，也是一显著特点。玉佩通长为55厘米，除珩、璜、琚、瑀、玉花、冲牙、玉滴等饰件外，还串有玉珠291颗。玉珠、玉饰件均用白玉琢磨而成。其余4副，形制均比《大明会典》所记更为复杂。其中，出自神宗棺内的另一副玉佩，通长79.5厘米，所缀玉饰共19件，分为7排连缀，并串有玉珠373颗，是其中最复杂和最大型的一副玉佩。另一类玉佩，当系皇后日常所用玉佩，计有2副。玉件以花、鸟、虫、鱼之属的造型为主，形制较为特殊。各玉佩出土时均装在黄纱袋内，佩钩露于袋外以便悬挂。明朝这种玉佩带袋悬挂腰间的做法始自嘉靖时期。明沈德符《万历野获编》记载："凡大朝会时，百僚俱朝服佩玉。殿陛之间，声韵甚美。嘉靖初年，世宗升殿，尚宝卿谢敏行以故事捧宝逼近宸旒。其佩忽与上佩相纠结，赖中官始得解。敏行惶怖伏罪，上特宥之。命自今普用佩袋，以红纱囊之。"定陵出土的玉佩及佩袋，说明这一做法直到万历时仍在沿用。（图1.10.49）

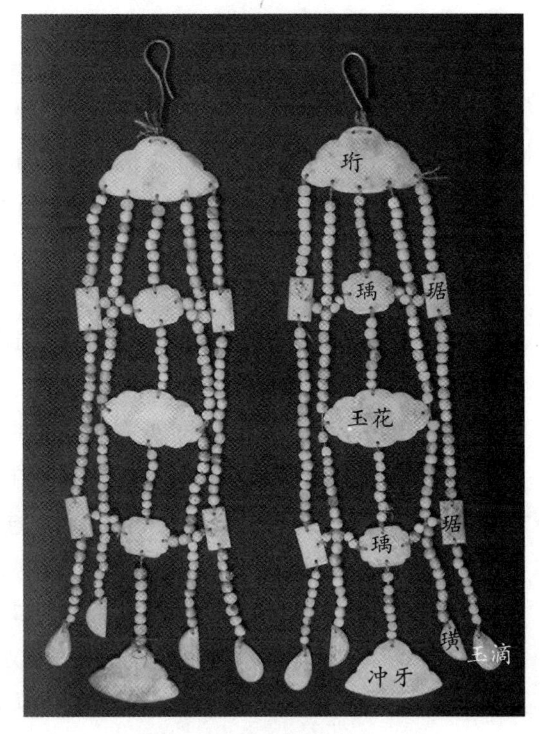

图1.10.49 定陵出土的玉佩

**神宗皇帝的红四合如意云龙纹地织金妆花龙云肩通袖龙襕缎袍料** 出自神宗皇帝棺内，系"织成"袍料。这是一种按照袍服各个不同部位的实际尺寸和设计纹样，分成若干片段，织造在同一匹料上的特殊丝织匹料。据《后汉书·舆服志》记载，当时已有"织成"类型的衣物。"织成"袍料的优点是料面设计准确，便于剪裁缝制。制作龙袍时，只要将料上织好的部位剪下来，依式拼缝在一起就行了。这种织成料不仅满足了御用袍服的特殊纹饰的要求，也减少了原材料的浪费。定陵出土的丝织匹料多达180余件，其中袍料为53件，全部采用的是"织成"做法。这件龙袍料，长达18.95米，幅宽0.695米，计有9个裁剪口。它以织有红色四合如意云纹和龙纹的缎织物为地，采用织金妆花工艺织出柿蒂形龙云肩和龙领，以及12道龙襕。柿蒂及龙襕内的图案以"子孙龙"（大龙、小龙组合在一起）为主题。大龙用金线织造，呈戏珠之状；小龙则分别以金、黄、红、蓝、绿五色饰之，布列在大龙周围。柿蒂周围及袖端还织有海水江牙图案，大龙、小龙在飘逸的如意云云海中飞腾升降，给人以生机盎然之感。史书记载，这种织有金线的妆花龙袍料，在明朝时均由苏、杭二州的织染局负责承造。织造之前，先要经过“挑花结本”这道工序，由结本工匠将纸面上的设计纹样“以丝线随画量度，算计分、寸、秒、忽”，结成“花本”，然后张悬于一丈五尺高的花楼织机之上。织造时，由“能手”两人扳提花本，协同生产。其中一人坐在织机顶部负责花本的提花操作，另一人坐在机坑前负责织纬和妆彩。由于妆花技术采用的是一种局部挖花盘织的织造方法，其操作工艺异常繁复。通常“织过数寸，即换龙形”，每天所织长不过 2 寸，一件 5 丈多长的袍料总计要用 270 多天才能织完。

**神宗皇帝的兵器** 出自随葬器物箱内，其品种有盔、甲、刀、弓囊、箭囊、箭等。

盔，为宽沿六瓣铁盔。含盔缨杆在内，高 33 厘米，重 1690 克。六瓣间的缝隙各有香草金饰压条。盔的六面装饰着造型生动的金制六甲神。六甲神为道教神名。分别为甲子、甲戌、甲申、甲午、甲辰、甲寅六神。在道教中，六甲神被视为阳神（与六丁神相对，六丁神为阴神），又称“六甲将军”。他们与六丁玉女同为天帝役使，能“行风雷，制鬼神”。此盔上的六甲神均为立像。头部有的戴盔，有的戴幞头，还有的挽髻束发。身上则全着鱼鳞铠甲，双肩披帛巾，手执兵器。其中一人单手执长矛；一人一手执剑，一手执轮；一人双手执旗；一人手执长枪；一人双手共执一剑。这六甲神造型威武，袍袖、帛巾随势飘舞，颇具叱咤风云之态。铁盔的顶部，嵌有一带有仰覆莲纹饰的金座，座上立有一金制的真武帝君神像。真武帝君，宋朝以前称为玄武，为古代神话中的北方之神。《楚辞·远游补注》：“玄武谓龟蛇，位在北方，故曰玄，身有鳞甲，故曰武。”他与青龙、白虎、朱雀合称四方之神。又有传说，谓黄帝时玄武从净乐国善胜皇后左胁降生。长大后勇猛异常，不愿继承王位，经玉清圣祖紫元君传授无极上道后，赴太和山（后称武当山）修炼得道，被玉帝册为玄武神。宋真宗时为避讳圣祖赵玄朗名，改称“真武”，并尊之为“镇天真武灵应祐圣帝君”。此盔上的真武帝君像为坐像。长髯、披发、跣足，身着铠甲，外罩袍束带，肩披帛巾，右手执剑，似在作法驱妖。其身后立有三个插座。中间的插座内插有金管，当系盔缨杆。

铠甲一副，作对襟背心式。甲身为长方形熟铁片连缀而成。左右胸及后心部位各有圆形铁护。铁护表面贴金，刻神像。后心的圆护所刻为真武帝君等五神之像，两胸圆护所刻均为手执长枪及牵虎执鞭两员神将之像。甲内为织金锦衬里，显得十分豪华。

刀，为木柄钢刀。柄上包镶着金片及十字形金护手。刀身作鱼腹形。刀外有鞘，鞘为木质，外包鲨鱼皮，髹红漆，刻双龙戏珠图案。

弓囊、箭囊，均以缎为面，纱为里，上面缀有各种鎏金、鎏银饰件。饰件上有的嵌红蓝宝石，有的饰以浮雕效果的龙戏珠图案。箭囊内装有藤杆铁镞箭 30 支。神宗皇帝一生沉湎酒色，并非尚武之人，亦未亲临战阵，这表明在古代，兵器亦为帝王的必备之物。

**金锭** 俗称“金元宝”。多出自神宗皇帝及孝端皇后尸下，共 103 锭。各锭大小不一，大者重十两，小者二三两。形状均两头大，中间小，略似船形。大金锭大多在底面或正面刻有铭文，也有的贴有纸签。铭文内容一般为解送金锭的省份、年代，金的成色、重量，以及委官、金户和金匠的姓名。如神宗皇帝尸下一锭刻“云南布政司计解万历叁拾肆年分足色金壹锭，重拾两。委官都事吴绶、金匠沈教、金户全义”。铭文均为阴刻。据铭文可知，定陵出土的金锭，除顺天府的大兴、宛平两县外大多来自云南。这与万历二十八年（1600）右副都御史魏允贞上疏所言的“金取于滇，不足不止”是相一致的。同时，它又以实物的方式证实了《大明会典·户部》“金银诸课”条关于“嘉靖七年题准，云南年例金一千两，遵照原行勘合，将每年该征差发银，照依时估，两平收买，真正成色金每十两为一锭，于上錾官匠姓名、差委有职役人员”的记载。（图1.10.50）

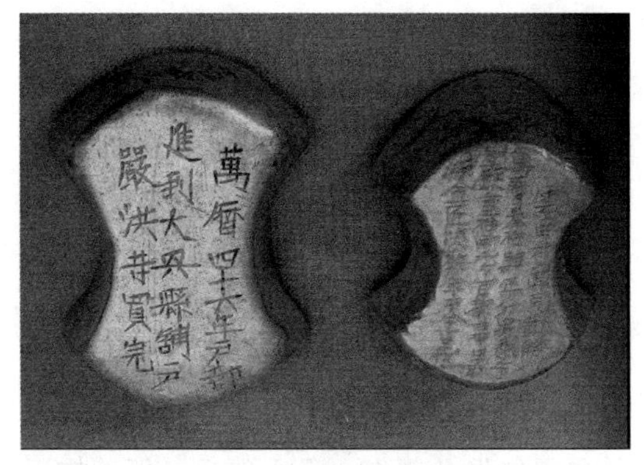

图 1.10.50 定陵出土金锭

**银锭** 俗称“银元宝”。分别出自帝后棺椁内，计65锭。重量不等，有五十、三十、二十和十两四种。其中以五十两一锭的最多。银锭的上面、侧面或底面大多錾刻铭文。铭文的内容有解送银两的府、州、县，年代及银锭重量，有的还刻有知州、知县和银匠的姓名。银锭的解地帝后不尽相同。神宗的大都是江西各地，孝端后的来自浙江，孝靖后的来自苏州。都是老百姓向官府交纳的粮税。当时百姓纳税有两种方式。一种为本色，即交纳米麦等实物；另一种为折色，即将粮税按价折成金、银、钞、绢、布等交纳，其中折为银者称为“折色银”。折色银解入京师后，有的入太仓（即京库），作为国家的军政开支费用，有的入内承运库，作为武臣俸禄及宫廷开支费用。后者又称之为“金花银”。定陵出土的这些银锭，有的刻有“金花银”，有的刻“京库”字样，说明当时的宫廷开支已不全由内承运库支出。

**大金盆** 定陵出土的金盆共有9件。分别出自帝后棺内及器物箱之中。盆上一般刻有云纹及龙戏珠、龙赶珠图案。其中3件为素面，但卷沿内分别置有可以滚动的金属球，金盆摇动时，珠与盆沿相碰，可不时发出清脆响声，其设计制作可谓别有新意。三盆中有一盆刻有铭文：“大明万历庚申年银作局制金盆一个重八十两。”银作局系明朝内府（宦官衙署）二十四衙门（含十二监、四司、八局）之一。设有掌印太监及管理、佥书、写字、监工等内官，是专门为打造宫廷所用金银器饰而设置的。

**金托玉爵** 爵，是古代一种小型酒器。早在商周时期，贵族便在各种祭祀活动以及会宾客、冠婚、朝聘、乡射等礼仪中广泛使用。所以，古人认为，爵虽为饮器中最小者，但“在礼实大”。爵的制作，商周时期用青铜，明朝时则有木、金、玉等不同质料。定陵出土的爵有金、玉两种。这里介绍的是一件金托玉爵，出自神宗棺内。爵用白玉琢成，

图 1.10.51 定陵出土的金托玉爵

器身略呈元宝形。器腹呈椭圆形，内深，可容酒。其前部较长，尖头，称为“流”，是对口饮酒的部位。其后部呈圆头，稍短，称为“尾”。器腹的左右壁对称地琢有一对突起的圆头，名为“柱”。器腹右壁之外琢有把手，名称“鋬”。器身下有三腿，名为“足”。此爵基本形制前承古制，流、尾、柱、鋬、足俱备，其装饰图案极为精妙。特别是爵鋬的设计制作，匠心独运，可谓构思不凡。爵鋬的造型是一条龙。龙的前爪在上，攀住爵沿，头部上伸，口贴爵柱根部，好像嗅到了香味，也想品尝一下爵中的玉液琼浆。龙的后爪在下，左右分开，紧抓爵壁，龙尾上卷，似乎在维系身体的平衡。龙的腹部则呈弓起之形，又呈蓄势跃起之态。这样的设计，不仅使玉龙活灵活现，极为生动，也使龙腹与爵壁之间有了一个可容一指插入的空隙。持爵人将食指插入其间，端爵而起，便可开怀畅饮了。爵的“流”“尾”外壁的雕饰也很别致。其图案各为一条正面龙。两龙的前爪上面分别琢有“万”字和“寿”字，周围还雕饰朵朵祥云，使这一高仅 11.5 厘米的小玉爵充满了宫廷的庄严祥瑞之气。玉爵之下是配套的圆形金托盘。其中部有一遍刻山纹的圆墩，上设三孔以安插爵的三足。周围则有浮雕效果的二龙戏珠图案，并且镶嵌有 26 块红蓝宝石，金宝生辉，愈显玉爵的素雅与华贵。（图 1.10.51）

### （二）特制丧葬仪物

定陵出土文物除前述宫廷实用物外，还有不少专为帝后丧葬而制作的一些仪物。其中主要的有如下一些：

**谥册、谥宝** 谥，是古代贵族在人死后，按其生前事迹评定褒贬给予的一定称号。早在周朝时即已实行。汉朝时，帝王大丧已有谥册之制。唐朝时又行谥册入陵之制。谥册时为玉制，谥册内容一般是所上谥号的相关内容。唐武则天时，又行谥宝入陵之制。明朝时，帝后去世均有“上尊谥”之礼。其礼仪极为繁复：嗣皇帝先要敕谕文武群臣议上尊谥。接着文武大臣集议，草拟出“上尊谥议文”。然后嗣皇帝具衮服亲御宣治门审定，并命翰林院官撰写出正式的谥册文，谥册文撰好后随即将谥册和谥宝制出。先安奉于几筵殿（停放帝后棺椁处），举行祭礼，最后随帝后梓宫奉安于玄宫之内。定陵计出土谥册 7 副、谥宝 4 件，均出自随葬器物箱内。谥册有檀香木和锡制两种。册版均为长方形。木制的每副各 10 块组成，文字为阴刻。锡制的保存较完整的每副计有 8 块，均为朱砂格和朱砂字。谥册中，属于神宗皇帝的有一副木制的。系嗣皇帝光宗朱常洛所上。因皇帝的地位在人间至高无上，而谥法之礼又应以上谥下，故皇帝的谥文必须打出“天锡”的旗号，即皇帝的谥号是上天赐给的。神宗的册文中除了大量的溢美之辞外，即有“请命于天，敬奉册宝”之句。属于孝端皇后的有三副。其中，木制的为二副，一副为神宗所赠，一副为其孙熹宗朱由校所上。锡制的一副，神宗所赠。属于孝靖皇后的二副，一为木制，一为锡制，均为朱由校所上。另外，有一副锡谥册因残坏严重，已分辨不出谥册所属何人。谥宝，皇帝皇后各一件。均梨木制成，宝上分别篆刻帝后谥号，并有龙钮。此外还有一件已残，所属何人不可辨。

大明溫肅端靜純懿皇貴妃王氏壙誌
妃姓王氏宣府都司左衛籍父朝寀原任錦衣衛百戶贈明威將軍指揮僉事母葛
氏封太恭人生妃於嘉靖四十四年正月二十七日寅時於萬曆六年二月初二
日選進
内庭萬曆十年六月十六日
冊封為恭妃八月十一日誕生
皇太子
上大悅
詔告天下播聞四夷萬曆三十三年十一月十四日
皇元孫生
上益大悅仍
詔告天下播聞四夷萬曆三十四年四月二十日
進封為皇貴妃萬曆三十九年九月十三日丑時薨逝距所生四十有七妃性
妃毓秀德門早膺國選式備柔嘉之德久端宮壼之儀首誕
元良克贊内治
聖明眷注卓越等夷其薨也
上甚哀悼輟朝賜謚諭祭以
慈聖皇太后以下咸致祭焉以四十年七月十七日卜葬于東井左吉之原夫生死有
常修短在數惟淑德芳聲則歷世不朽所謂不待生而存不隨死而亡者也
妃賢著椒塗譽流蘭掖寔作于
聖主誕毓手震英聲啟多祿用延繁祉懿謚既彰于玉冊休嘉永庇乎金枝然則為妃
也者其亦無愧於穹壤矣乎儀臣奉
命作誌納之玄扃俾千萬禩尚亦有徵哉

图 1.10.52 定陵出土孝靖皇后圹志拓文

圹志　一件，系孝靖皇后故去后以皇贵妃礼葬东井左侧坟园时的圹志。孝靖皇后迁葬定陵，随之迁奉于定陵地宫。圹志由志石、志盖两块方形石刻合成。志盖刻篆文“大明温肃端静纯懿皇贵妃王氏圹志”。志石楷书阴刻正文。志文记述了孝靖皇后的生、卒、封妃、安葬日期，可借以印证文献，具有颇高的史料价值。（图 1.10.52）

冥器　又作“明器”，定陵出土有铜、锡两种。是帝后故去后按照生前所用卤簿器物缩小制作的模型，供帝后的灵魂在阴间享用。其中铜冥器 60 件，全部为素面鎏金。品种有水罐、水桶、水勺、水盆、唾盂、唾壶、盘、勺、漏勺、笊篱、箸、香盒、香炉、香靠、香匙、烛台、油灯、剪刀、火炉、交椅、脚踏等。器物上分别贴有墨书纸标签，标明器物的名称和数量。锡冥器数量较多，共 370 件。其品种有酒注、爵、花瓶、看瓶、柱瓶、酒瓶、水瓶、茶瓶、油瓶、冰浆瓶、茶壶、唾壶、酒缸、酒瓮、水罐、盖罐、酒盂、漱盂、唾盂、水桶、水盆、茶钟、碗、盘、盏、托子、香盒、印池、宝池、宝匣、香炉、灯台、烛台、交椅、莲蓬、荷叶、海棠、花等。这些冥器对研究明代宫廷用具的形制有重要的参考价值。

木俑　俑，是墓葬中陪葬的偶人。有木、陶、石等不同制品。也指陪葬用的甲马、家畜等模仿制品。盛行于东周、汉、唐时期。宋朝以后，由于纸制冥器的流行，数量渐少。定陵出土的俑有人、马两种。均木制。计 300 余件。出自随葬器物箱内。其中，人俑数量最多，多为宫廷内侍形象。马俑，鞍辔齐备，备有铜制的马镫、铃铛等物。这些木俑反映了明代宫廷服饰的部分情况。

此外，还有铭旌、龙幢、玄武幢、幡、车模型、轿模型、黄色纸钱，以及铸有“吉祥如意”或“消灾延寿”文字的金钱。这些出土文物反映了明代宫廷的一些丧葬礼俗。

### （三）帝后尸骨与棺椁

帝后棺椁，每人各有一套。古称其为梓宫。现在地宫后殿内陈设的是用玻璃钢制作的仿制品。原物均以木料制成，油朱漆。其安置情况为棺在内，椁在外，棺置于椁内。棺椁均前大后小。椁的底部左右各安有两个铜环，以备穿绳抬举。棺椁用材不尽相同：万历帝、孝端后的棺木系楠木制成，孝靖后的棺及帝后之椁均用松木制成。地宫打开时，只有万历帝、孝端后的棺木残坏尚不甚严重，孝靖后的棺木腐朽严重，且已坍塌。椁的损坏情况尤其严重。三椁之中，仅万历帝的结构、尺寸尚较清楚，二后之椁则均腐朽尺寸难辨。

棺内，帝后尸体的肌肉已经腐烂，但骨架完好。骨架上着有袍服，且仍保持着死者入殓时的原有姿势。其中，万历帝骨架两脚不齐，右腿骨微内缩。这可能是因为万历帝生前右足有疾所致。据《明神宗实录》卷五五四记载，万历二十四年（1596）七月，仁圣皇太后陈氏病故，万历帝因受惊吓，又“恭趋奔赴行礼”，遂致“劳烦动火”。诊治期间，万历帝又“服清眩之药过多，致痰流注于右足”，落下了右足之疾。以后，因“动履艰难，起拜不便”，万历帝每当拜见母亲慈圣皇太后时，慈圣皇太后都命人搀扶他行礼。直到慈圣皇太后去世三周年祭礼行礼时，万历帝仍是由人“扶掖行礼”。玄宫出土的万历帝骨架证实文献记载是正确的，并且说明万历帝的足疾乃是终身残疾。

在发掘工作结束后，中科院古脊椎动物与古人类研究所的工作人员，曾用近一年的时间将帝后骨架分别用铁丝穿连，组成完整骨架。可惜的是，1966 年 8 月 27 日，定陵博物馆的红卫兵于当天下午 5 点 25 分，将帝后骨架由文物库运至定陵门前广场上，召开批斗会，并在“打倒当权派”“打倒保皇派”“横扫一切牛鬼蛇神”“打倒地主阶级头子万历”的口号声雷响之后，将骨架全部砸碎焚毁了。这的确是特定历史环境下出现的一个历史性的悲剧！

# 第十一章
# 庆陵

庆陵位于黄山寺二岭南麓，是明十三陵中的第十一座陵。安葬着明朝第十四位皇帝光宗朱常洛和皇后郭氏、王氏、刘氏。

## 第一节 墓主生平

### 一、只当了一月皇帝的明光宗朱常洛

明光宗朱常洛，神宗长子，万历十年（1582）八月十一日生，二十九年（1601）十月十五日立为皇太子，四十八年（1620）八月初一日即皇帝位，九月初一日逝于乾清宫，年 39 岁，谥“崇天契道英睿恭纯宪文景武渊仁懿孝贞皇帝”，天启元年（1621）九月四日葬庆陵。（图 1.11.1）熹宗即位，改万历四十八年八月以后为泰昌元年。

图 1.11.1 明光宗朱常洛画像

朱常洛在位时间极短，仅为一月，是明代享国最短的皇帝。

他一生经历十分坎坷。首先是神宗有意立郑贵妃所生的皇三子朱常洵为皇太子，所以他虽是神宗的长子，但却迟迟不能被立为皇太子，直到后来孝定后亲自出面干预，他的皇太子身份才被确定下来。

其次是郑贵妃一直恃宠在暗中策划谋取皇太子之位，甚至不择手段对朱常洛进行谋害。

光宗在当太子的时候，侍卫不过数人，且常托疾不去。所以，万历四十三年（1615）五月四日，光宗居住的慈庆宫发生了一起惊人的事件。那天傍晚，有个手持枣木棍的男子，居然打倒守卫宫门的内臣，一直闯到前殿檐下，才被内官捉住。后经法司会审，案情大体清楚，原来这个案子与郑贵妃的内臣有关。此案由于神宗的干预，没有彻底查清就草草了结。《明史》称此案为“梃击案”。

在朱常洛当了皇帝后，又有一件案子与郑贵妃有关。朱常洛刚刚登极十天，就身染重病。这时，有郑贵妃的心腹内医崔文升给光宗看病。他故意让光宗服下了含有大黄成分的凉药，致使光宗腹泻不止，病势更加沉重。接着，又有鸿胪寺丞李可灼自称有“仙丹”可治皇上之病。光宗初服一丸，觉暖润舒畅，思进饮食，再服一丸，竟在当天夜里死去。《明史》称此案为“红丸案”。

光宗的短短的帝王生涯中，虽然在朝政上没有什么大的更新举措，且大部分时间是在病榻上度过的，但也做了两件于朝有益的事。一是遵奉遗诏，罢除派往各地的矿监税使，起用万历年间因建言而获罪的大臣。这一举措无疑对减轻人民的负担、维护朝政的稳定，具有一定的积极作用。二是起用刘一燝、韩爌等东林党人入阁参预机务，并召还曾经翼护过自己的致仕内阁大学士叶向高，使以方从哲为首的浙党势力有所削弱，为东林党人在天启初年的参政活动奠定了基础。

另外，就个人爱好而言，光宗不仅爱好书法，“讲学之暇，好挥洒大字匾额、对联，以赐青宫左右”，还“喜射，又乐观戏”。但均无深厚造诣。

## 二、孝元贞皇后郭氏

孝元贞皇后郭氏，顺天府人，博平侯郭维城女，万历二十九年（1601）册立为皇太子妃，四十一年（1613）十二月二十四日去世，谥“恭靖端毅温惠皇太子妃”，在宫中停尸二年，犹未择墓地。直到万历四十三年（1615）六月，始命司礼监官梁栋与工部官员择地于天寿山陵区内泰陵园后长岭之前。七月二十八日兴工建圹，十二月十二日入葬。熹宗即位，上尊谥为“孝元昭懿哲惠庄仁合天弼圣贞皇后”，迁葬庆陵。（图 1.11.2）

图 1.11.2 孝元贞皇后郭氏画像

## 三、孝和皇后王氏

孝和后王氏，熹宗生母，顺天府人，新城伯王钺女，初为光宗东宫时选侍，因生熹宗，于万历三十二年（1604）三月封为才人。王氏虽生熹宗，但很受歧视，熹宗即位时曾有“选侍（指西李）凌殴圣母，因致崩逝”的诏旨，足见王氏生前的凄苦境地。王氏于万历四十七年（1619）三月廿三日去世，谥“昭肃恭和章懿才人”。四十八年（1620）七月初--日，神宗始降旨内阁，提出祔葬郭妃坟园之侧的意见。后经工部实地察看，郭妃坟园规制狭小，未能入葬。直到熹宗即位，才与光宗一起葬入庆陵。并上尊谥“孝和恭献温穆徽慈谐天鞠圣皇太后”。（图 1.11.3）

图 1.11.3 孝和皇后王氏画像

## 四、孝纯皇后刘氏

孝纯皇后刘氏，崇祯帝生母，宛平（今属北京市）人，追封瀛国公刘应元女，母徐氏。刘氏入宫，初为淑女，万历三十八年（1610）十二月生崇祯帝，后因失光宗意，被打入冷宫，不久病死。光宗恐被神宗知道，命人秘葬京西金山。光宗即位后，追封刘氏为贤妃。

崇祯帝在信王府时，非常想念母亲。曾经问服侍他的内侍：“西山有申懿王坟吗？”内侍告诉他有。他又问：“旁边有刘娘娘坟吗？”内侍说：“有。”崇祯帝就付给内侍钱，让他代替自己到坟地去祭奠。

崇祯帝即位后，追尊母亲为“孝纯恭懿淑穆庄静毗天毓圣皇太后”，迁葬庆陵。

崇祯帝 5 岁时母亲去世。他记不清母亲的容貌，宫里面又没有遗像保存。他想为母亲画个像。当时有个傅懿妃，曾经与刘太后同为淑女，所居住的宫殿彼此相邻，自称熟悉太后的相貌，又指示某某宫人与刘太后相貌相近。崇祯帝命画工按照傅懿妃所指示的宫人照实画下来，又命刘太后的母亲瀛国太夫人指示画工修改。画像完成后，由正阳门迎进皇宫。崇祯帝跪于午门迎接，悬挂宫中。又命年老宫婢前去观看。结果，有人说像，有人说不像。崇祯帝不禁泪如雨下。现在人们看到的孝纯皇后画像应该就是那时所绘。（图 1.11.4）

图 1.11.4 孝纯皇后刘氏画像

# 第二节 选址与陵制

## 一、陵地何名“景泰洼”？

庆陵的营建在光宗皇帝逝世之后，其所在地有“景泰洼”之称。这个名称的由来，是因为这里曾修建过景泰皇帝的寿陵。《明英宗实录·废帝郕戾王附录》记载，景泰七年（1456）二月二十一日，景泰帝朱祁钰的皇后杭氏病故。二十五日，景泰帝命太监曹吉祥、保定侯梁瑶、工部右侍郎赵荣督工建造寿陵。地宫建成后于六月十七日，葬杭氏于陵内。

后来明英宗复辟，天顺元年（1457）正月十七日，景泰帝被废为郕王。二月十九日朱祁钰（即郕王）病重去世（也有文献记载被太监蒋安用帛勒死）。从此这位曾为明代社稷江山立过功勋的帝王，以王礼葬于京西金山。后来，宪宗皇帝以叔父“戡难保邦，奠安宗社”有功，为他追尊了帝号，又将王坟改建为帝陵，世称“景泰帝陵”。（图 1.11.5）而天寿山陵域内的景泰帝寿陵，则被英宗捣毁。其被毁的导火线，是襄王朱瞻墡谒陵后所上的一道奏章。

图 1.11.5 京西金山景泰陵碑亭

襄王朱瞻墡，仁宗第五子，英宗朱祁镇的亲叔父。永乐二十二年（1424）受封，宣德四年（1429）就藩长沙，正统元年（1436）徙襄阳。正统十四年（1449）八月，英宗被俘，朱瞻墡曾上书皇太后，请皇长子朱见深居摄大位，郕王朱祁钰监国，并“急发府库，募勇敢之士，务图迎复”。可是，书至京师时，朱祁钰已称帝八日。景泰元年（1450）八月，英宗被放还，幽居南宫。襄王又上书景泰帝，让他“旦夕遣使视膳，朔望率群臣问安，以不失恭顺之意”。

英宗复辟后，徐有贞、石亨等想借机杀害兵部尚书于谦和大学士王文。就对英宗说，于谦、王文等人想盗出襄王金符，迎立襄王世子为帝。后来，英宗在宫中见到了襄王所上的二书，并得知襄王的金符仍封于太后阁中，才解除了对襄王的怀疑，并为襄王的忠心所感动。为此，他特于天顺元年（1457）三月赐书召襄王入京。

襄王入京朝见英宗后，奉命前往天寿山祭谒长、献、景三陵。为了进一步表达他对英宗皇帝的拥戴，回京后又上章一道说：“郕王葬杭氏，明楼高耸，僭拟与长陵、献陵相等。况景陵明楼未建，其越礼犯分乃如是，臣不胜愤悼。伏睹皇太后制谕，废之如昌邑王。臣阅《汉书》，霍光因昭帝无后，援立昌邑以承汉祀，而无篡夺之非。后因过恶荒淫，数其罪而废之，复其原爵。其郕王祁钰承皇上寄托之权，而乃乘危篡位，改易储君，背恩乱伦，荒淫无度，几危社稷，岂特昌邑之比乎？幸遇皇上豁达大度，宽仁厚德，友爱之笃，待之如初。又存其所葬杭氏，僭逆之迹而不废，惟圣德之可容，奈礼律之难恕。伏望夷其坟垣，毁其楼寝，则礼法昭明，天下幸甚。”[1]

英宗看罢章奏，正中心怀，遂于五月十一日命工部尚书赵荣率领长、献、景三陵陵卫官军5000余人，将景泰帝寿陵拆毁。杭氏是改葬金山，还是弃尸于外，文献没有记载。但从此这座陵园，瓦砾满地，草木丛生，一片荒凉景象。明朝人边贡有《过寿宫故址》诗云：

玉体今何在？遗墟夕霭凝。
宝衣销野磷，碧瓦蔓沟藤。
成戾崩年谥，恭仁葬后称。
千秋同一毁，不独汉唐陵。

有关庆陵建于“景泰洼”的原因，古人曾做过分析，《钦定日下旧闻考》引《芹城小志》：“光宗贞皇帝陵曰庆陵，在裕陵西南，俗称为景泰洼是也。先是景泰中建为寿宫，英宗复辟，景皇帝葬西山之麓，陵基遂虚。光宗上宾既速，仓卒不能择地，乃用此为陵。”似乎光宗死得突然，来不及卜选陵地，便改景泰帝寿宫为庆陵，埋葬了光宗。

但事实并不是这样。首先，景泰帝的寿宫早已被毁，已无现成玄宫可利用。其次，庆陵的位置虽系原景泰帝陵的故址，但却经过了一番慎重的选择，并经反复斟酌，才确定了陵寝建筑的格局。

## 二、庆陵的卜选与营建

光宗皇帝是泰昌元年（1620）九月初一日病故于乾清宫的。他在那年八月二十九日那天，预感到自己时日不多了，特意召见辅臣方从哲等13名大臣，嘱咐大家要把皇长子朱由校辅佐成为尧舜之君。又谈到寿宫事，方从哲等说皇考陵寝陵工正在按部就班进行。光宗手指自己说：“是朕寿宫。”大臣们安慰光宗说：皇上圣寿无疆，怎么说起这事呢！光宗去世后，熹宗皇帝对父亲的陵寝事也很关注，还没来得及即位，就在当天以皇长子的身份传旨：“大行皇帝崩逝，未造陵寝。着司礼监同礼部会同钦天监前去天寿山相择以闻。”[2]初九日，又再次谕礼部：“山陵事重，礼工二部堂上官率钦天监，并访举精通地理人员一同前往相择。”[3]

据《李文庄公全集》所载李腾芳的《相择山陵疏》中记载，时任礼部右侍郎的李腾

1《明英宗实录》卷二七八。

2《明熹宗实录》卷一。

3《明熹宗实录》卷一。

芳和工部侍郎王永光，随即在十二日那天，率钦天监官及“颇知地理”的护印官戴圆，赴天寿山陵区卜择陵地。

当时，与李腾芳、王永光一同前往的还有礼部祠祭司主事周尔发，以及钦天监的监正杨汝常所率领的八人，工部则有马谏等属员随从。

钦天监监正杨汝常告诉李腾芳，他们已经选出六处美地，作为备选吉地。

在李、王二人看来，天寿山“乃成祖文皇帝龙升之地，万年王气所钟，专在长陵”，所以他们首先对长陵的行龙落脉及结穴等情况进行了考察，以便“取以为法”。他们不仅看了天寿山的前面和左右的山势，还看了天寿山后面的情况，并且攀登到了山顶。在他们看来，这次陵地卜选，必须“将长陵后山跌脉三断三起之式，奉为榜样”。紧接着，开始察看钦天监所选六处吉地。

他们先经景陵、永陵，看了潭峪岭。认为该地“视其右，为永陵来山；视其左，青龙逆上。关内堂水、外案、外堂，皆可取用。但主山金星峻猛，未开水阳，恐其煞重”。转而至东井左侧的平冈地，那里曾有孝靖皇太后的葬地，“群臣喜其局势宽展”，但李腾芳细细察看后认为，“左山东井势重，右臂空缺无护脉。从东井尽头一山落下，一片平毡，既无跌起，又无束隘。脉之右乃长山岭，此岭与东井两山之中裂成深涧一道，阴风鼓橐，令人不敢久立”。接着，往东南看了双泉峪，觉得那里“水逐砂飞，无情甚矣”。再往南，又看行龙山（即形龙山），钦天监监正杨汝常手指神宗选陵址时竖旗子的地方，让李腾芳看。李腾芳觉得那座小山，“盖一小金星也。虽头面圆净，而体势卑微，似非可以藏弓剑者。其上仅一草坪，不成星局。而主山则旧名蟒山，群峰相牵，山头皆斜，胸腹剖破，泻水成槽，尤为不祥”。

第二天早晨，他们转而西行，过昭陵、定陵，来到墙子岭（即祥子岭）。却看见那里“山行未住，中无落脉，左右无城郭，但拖一长脚，斜走向下”，因此，也不理想。于是，他们经康陵、泰陵、茂陵、裕陵，来到皇山岭（即皇山二岭或称皇山寺西岭）。见“其外，高阜四周，松楸映翳。入其内，地势窝坦，似另是一境。登高视之，见左右诸山，皆列峙其前。而外洋明堂周正，前朝拱揖”。王永光说：“此必吉地。”他们步行来到山巅，再往后看，见“后山列帐，有十二峰。头峰有垂丝，而中峰一带下垂，起小星数点，跌断作势。其星则逐节变换，其行则随步转折，高下顿挫，东西蜿蜒，穿峡结咽，各有其趣。重山环拱，两兽低眠。水流石窦，屈曲回顾”。大家交口称赞，李腾芳遂命钦天监官“依山画图，以俟参酌。不得增损毫末，致失真形”。图的内容自然应有定穴的位置。

随后，又看了宝山和果山二处地方。“宝山在茂陵右，是一水洼；而果山极西南隅，不过一孤露顽金耳！”

因此，李腾芳、王永光还是认为黄山岭最吉。

但是，二人认为自己都是书生，并不是风水专业人员，所以，他们二人建议由礼部推举“旁通形家说者，同科道三四员专主其事，听阁臣裁定”。

十月十日，熹宗就派遣大学士刘一燝和礼部尚书孙如游前往天寿山卜选陵地。经反复察看，同意李腾芳和王永光所选的黄山岭吉地。他们上奏熹宗说："皇山二岭最吉，癸山丁向，至尊至贵，所有潭峪、祥子诸岭俱不能及。盖百灵呵护，众议佥同，谨具图说以进。"[1]熹宗看了图说，觉得很满意，随即命择日兴工。

但是，在随后的山陵开穴时，却出了问题，挖出了巨石。所以，天启元年（1621）正月十六日，熹宗又派大学士韩爌等人来到黄山岭复勘山陵开穴情况。韩爌为此还特意带上了"颇习形家言"的制敕房办事中书舍人陈明晰。韩爌来到黄山岭后，才最终把陵园金井位置确定下来。

《明熹宗实录》卷八详细记载了整个过程："天启元年三月……戊辰……初，新陵业有定卜。既而开穴得石，御史傅宗龙等言不可用。礼部会诸臣往视之，众议未决。通政使王舜鼎等言，穴宜稍右，或云宜再前移，礼部以闻。上命辅臣韩爌复视，毕，回言：'臣恭诣庆陵，参酌群言，偏右近唇，兼虞气脱。周视星峦形势，穴情仍在原处无疑。因于所拟移前处开穴，取土五色光润。中书陈明晰言此正真气融结。给事中程注指视右壁石形尽处，为宜穴之验。随即定穴置标，坐向俱仍前拟。大小内外诸臣欣欣相贺，以为此光宗皇帝之灵，而我皇上孝思诚信必如是而后即安也。'"

韩爌的奏章还说："玄宫既定门殿规制，俱照前题营建，已稽月余，亟宜上紧加工。"据此可知，庆陵最后的"定穴置标"时间，应该在天启元年正月韩爌奉命复视庆陵开穴时间不久。

但是，《李文庄公全集》中《相择山陵疏》后面所附《周念昔阁老书》，则有不同说法。《周念昔阁老书》即礼部左侍郎周道登给李腾芳的一封书信。这封书信中讲到了礼部左侍郎周道登随从韩爌来到黄山岭定穴的经过：周道登跟随大学士韩爌来到黄山岭进行复勘。随后开始定穴，也就是开挖地宫金井。钦天监的官员拿着罗盘走在上面的位置，说穴定在这里。李腾芳带领的护印官戴圆，走到下面的位置，说穴应该在这里。正在两种意见不能统一时，工部官员宋清宇给出了折中的意见。他在上下两者之间选了位置，说这才是"真穴"。大学士韩爌听从了他的意见。但是在开穴过程中却挖出了大块石头。这才决定将开穴地点前移三丈多的地方，开穴时果然有"五色土之见"。而这个开穴地点正是李腾芳所主张的戴圆所定之地。

很显然，这个记载与《明熹宗实录》的记载是对不上的。因为，按《明熹宗实录》的记载，是开穴挖到石头后，熹宗才命韩爌复视，并不是韩爌复视后才开始开穴，并挖到石头。因此，合理的解释应该是：李腾芳、王永光选好黄山岭吉地后，大学士刘一燝和礼部尚书孙如游亲赴该地复视，确定了开穴地点，并拟定了癸山丁向的陵园方位。但在随后开穴中却挖到了石头，由于大家对如何调整开穴地点，意见不统一，所以熹宗才

1《明熹宗实录》卷二。

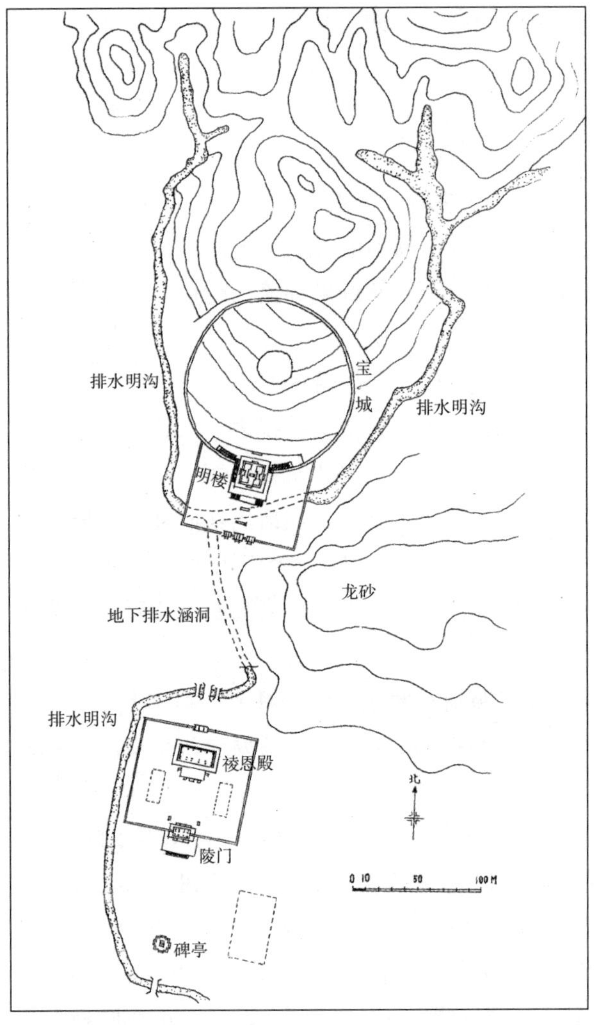


图 1.11.6 庆陵平面图

图 1.11.7 庆陵陵后龙脉

派韩爌复视，并最终在前移后的开穴位置挖到了光润的五色土，并最终“定穴置标”，建造庆陵地宫。（图 1.11.6—1.11.7）

## 三、庆陵的陵制特点

庆陵地下玄宫，自天启元年（1621）正月定穴营建，历时九个月，至七月二十九日玄宫合龙门，九月四日葬光宗及孝元、孝和两位皇后。以往各陵玄宫均砖石并用，而庆陵则全用石料，且“后、中、前殿，重门相隔”，工程质量颇为精细。陵园从开始营建到玄宫落成，共耗帑银 150 万两。[1]

玄宫内和定陵一样，也在后殿设有安放帝后棺椁的棺床（宝座）。据明·刘若愚《酌中志》记载，天启元年（1621），修建庆陵玄宫时，棺床的设计正好容纳光宗皇帝和孝元、孝和两位皇后的棺椁。于是，负责陵园营建的内官监管理王敬、翟应奎创议于设计尺寸之外，加尺若干。结果，到了天启七年（1627）十二月迁葬孝纯皇后刘氏（崇祯帝生母）时，棺床恰好容纳一帝三后的棺椁。护送圣灵的刘镇、郭志义、李志锜等内外官员，亲入恭阅，无不赞叹。如果当时不暗将棺床尺寸加大，入葬时时日所限，天寒日短，

1《明熹宗实录》卷二七：“天启二年十月……戊寅……工部尚书姚思仁言：……臣部万分节约，请帑金一百五十万两，及玄宫告成，而帑金匮矣。”

图 1.11.8 庆陵祾恩门遗址

图 1.11.10 庆陵前院后门及照壁

图 1.11.9 庆陵祾恩殿遗址

图 1.11.11 庆陵后院三座门

既不敢停灵增修，也不敢将堂堂圣母安厝不当，岂不是一个绝大的难题！

庆陵的地上建筑从天启元年（1621）正月动工，直到天启六年六月，工程才全部结束。其整个工程用银，文献没有记载。但截至天启三年（1623）正月，庆陵地面工程用银已达 70 万两。[1]

陵园规制初拟按照昭陵规制建造，后来大学士刘一燝复视庆陵工程，认为："新陵营造规制，原题比照昭陵。今相度形势，似又宜参酌献陵。盖龙砂蜿蜒，环抱在前，形家以为至尊至贵之砂，不可剥削尺寸。献陵亦以龙砂前绕，建享殿、祾恩门于龙砂之前，正与此合。"[2] 于是，庆陵仿照献陵的布局方式，建成了中隔小山，前有享殿，后有明楼、宝城，两处院落分开的格局。

---

1《明熹宗实录》卷三十："天启三年正月……庚子……工部尚书姚思仁疏陈六事。一曰山陵，庆陵规制同于昭陵。昭陵当嘉靖年间创建，几成后复费至一百五十万。今庆陵帑银仅七十万耳……"

2《明熹宗实录》卷七。

图 1.11.12 庆陵二柱牌楼门

图 1.11.15 庆陵宝城墙小门

图 1.11.13 庆陵明楼及宝城内哑巴院

图 1.11.16 庆陵宝顶

图 1.11.14 庆陵宝城内琉璃照壁

图 1.11.17 庆陵宝城内石刻排水嘴

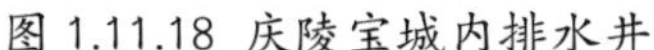

图 1.11.18 庆陵宝城内排水井

图 1.11.19 庆陵后院陵墙下排水涵洞洞口

庆陵的陵园格局，虽基本仿照明献陵，但建筑的设计却显得更为精巧，装饰也显得更为华丽。祾恩殿的御路石雕雕刻着“龙凤呈祥”图案，明显是仿自永、定二陵。前院后门的琉璃花门两侧建有精美的琉璃照壁，二柱牌楼门的石柱顶部雕刻蹲龙，而不是麒麟，也与以前所建各陵不同。这些特点与献陵的俭朴制度形成了鲜明的对比。陵园后面的明楼宝城等建筑，则明显仿照昭陵修建。不仅“哑巴院”的月牙墙的高度接近宝城墙，而且，宝城内的封土也填得非常满，中间的圆柱形宝顶非常高大。(图 1.11.8—1.11.19)

庆陵的排水系统设计尤独具一格。宝城两侧山壑间的水流，其他陵园都是用明沟排水的方式从陵前绕道排出。而庆陵则在明楼前修建平面为“T”形的地下排水涵洞。涵洞修建十分考究，全为大块条石起券，券顶高 3 米，券宽 3.5 米，总长 200 余米。宝城两侧的水流从宝城前方院左右宫墙下的地下涵洞流入，在明楼前的地下汇为一流向前排出，从地下躲过环抱于前的龙砂，然后注入砂前的排水明沟，经祾恩殿后的三座石桥，从前院的右侧绕过陵前注入河漕。这种考虑精到的排水方法，不仅适应了风水之说的“水绕山缠”和“龙砂不可损伤”的要求，而且使陵园景观更加幽美。

# 第十二章
# 德陵

明德陵，位于潭峪岭西麓，是明十三陵中的第十二座陵，也是明朝营建的最后一座皇帝陵。陵内安葬着明朝第十五位皇帝熹宗朱由校和皇后张氏。

## 第一节 墓主生平

### 一、木匠皇帝——明熹宗朱由校

熹宗朱由校，光宗长子。（图 1.12.1）万历三十三年（1605）十一月十四日生，泰昌元年（1620）九月六日即皇帝位，次年改元天启。天启七年（1627）八月二十二日去世，年 23 岁，谥“达天阐道敦孝笃友章文襄武靖穆庄勤悊皇帝”。崇祯元年（1628）三月八日葬德陵。

图 1.12.1 明熹宗朱由校画像

熹宗是个昏聩不务正业的皇帝。他在位期间，一些地方已爆发了农民起义，后金（清）又攻取了辽阳、沈阳，进逼锦州，但他对这些却并不放在心上。

文献记载，熹宗“性至巧，多艺能，尤喜营造”。他曾操斧斤锯凿，自制小楼阁，“雕镂精绝，即巧工亦莫能及”。干得高兴时，甚至不顾皇上的尊严，解衣裸体，随地盘坐。他“不爱成器，不惜天物”，随意拆改，以供片时之乐。

熹宗把全部心思用在营造游戏和玩乐之中，遂无暇顾及朝事。宫廷中他最宠信两个人，一个是他的乳母客氏，另一个是司礼监秉笔太监魏忠贤。这两个人恃宠妄为，成为左右宫廷内外大事的显赫人物。

据谷应泰《明史纪事本末》记载，魏忠贤进入皇宫后，有位道士在街道上高声歌唱："委鬼当朝立，茄花遍地红。"《明史·五行志》也记载："万历末年，有道士歌于市曰：'委鬼当头坐，茄花遍地生。'"这两种记载，文字上稍有差异，但是其实，都是人们为了表达对这两个人的不满，特意编出的歌谣，用来影射他们两个人。其中，"委""鬼"两字相合，是个"魏"字，影射的是魏忠贤。而"茄"字则是影射的是客氏。因为"客"字作为姓氏，在北方习惯读成"且"音。例如，谁家来了客人，不说来客人了，而说来客（且）了。因为客氏的"客"字读作"且"，与"茄"字谐音，所以，"茄花"的"茄"影射的自然是客氏了。

客氏，原系河北定兴县民侯二（或作"侯巴儿"）之妻，18岁时被选为熹宗乳母，不久，她的丈夫死去，泰昌元年冬，熹宗封她为"奉圣夫人"。她侍奉熹宗十六载。熹宗认为她"业业兢兢，节宣周慎，艰险备尝"，对她十分感恩。她倚恃熹宗的恩宠，遂致"供帐侈丽，威行宫掖"。

司礼监秉笔太监魏忠贤，原是河北肃宁的一个无赖，通过客氏，被熹宗任命为司礼监秉笔太监，很得熹宗信任。他利用替皇帝处理奏章的权力，在朝内培植党羽，形成了一个政治上极为腐朽的官僚集团，历史上称为"阉党"。魏忠贤内有客氏支持，外有"阉党"策应，遂擅作威福。

魏忠贤非常有心计，记忆力好，且心狠手辣。为了取得熹宗信任，他总是表现出对熹宗特别忠心的样子。每当熹宗干木匠活儿高兴的时候，他就抱着一堆奏章向熹宗请示。熹宗对政事厌烦，就对他说："朕已经知道了，你们好好去办吧，不要烦我。"这样，自天启中期以后，魏忠贤便大权独揽。

客氏、魏忠贤二人在宫内外横行霸道，对反对他（她）们的大臣则罗织罪名，残酷迫害。

例如，天启四年（1624）六月，左副都御史杨涟曾上疏弹劾魏忠贤的二十四大罪状。说魏忠贤本是个市井无赖，开始时靠小忠小信以市恩，继则以大奸大恶乱政。并且举出实例，说按照祖宗的惯例，票拟本应该由内阁大臣负责，而魏忠贤竟然自己直接批阅，还罗织罪名将刘一燝、周嘉谟等顾命大臣逐出朝堂。魏忠贤为自己营建墓地，竟然模仿帝陵。去涿州进香，竟然是"警跸传呼，清尘垫道"，回来时，则是"改驾四马，羽幢青盖，夹护环遮"，俨然似皇帝的乘舆。大臣们的奏折，要星夜送到魏忠贤那里，等魏忠贤回来，诏旨才下来。当时，大家只知道有魏忠贤，不知有陛下。

杨涟的奏折，义正词严，对朝廷上下震动极大。但是，熹宗经不住魏忠贤的泣诉哀求，对魏忠贤产生了怜悯之情。再加上奏章转到熹宗那里，熹宗让王体乾念奏章。王体乾是魏忠贤的爪牙，凡遇重要的地方，都故意不念，客氏则在旁边乱加分析。于是，熹宗被蒙住了，下旨切责杨涟。

见熹宗忠奸不辨、邪正不分，大臣们心急如焚。于是，给事中魏大中、御史袁化中、抚宁侯朱国弼、兵部尚书赵彦等七十余名官员一齐上章揭发魏忠贤的不法罪行，但熹宗仍是不予理睬。后来，工部郎中万爆又上疏弹劾魏忠贤。魏忠贤见反对他的大臣太多，势力也很大，就想借廷杖威胁外廷大臣。于是，他派小宦官们到万爆家将万爆廷杖一百，痛打一顿，然后拉到皇宫，当时已经气息奄奄。结果，过了四天就去世了。大臣们上章为万爆申辩，魏忠贤则诬陷他贪赃受贿三百两银子。万爆一生为官清廉，死后又落得个全家破产的凄惨下场。

为了进一步对反对派实施血腥镇压，天启五年（1625）三月，魏忠贤又再兴大狱，制造冤案，将杨涟、魏大中、袁化中以及佥都御史左光斗、太仆寺少卿周朝瑞、陕西副使顾大章逮捕，投入镇抚司牢狱。为使杀之有名，魏忠贤的爪牙诬陷他们过去接受过被逮捕入狱的前辽东经略熊廷弼的贿赂。其中，杨涟被诬受贿二万两白银，死时“土囊压身，铁钉贯耳”，左光斗、魏大中也被施以酷刑，死时体无完肤。接着，又牵连出东林党人吏部尚书赵南星等十五人，将他们削职为民，并提问追赃。

甚至连皇帝的后、妃他们也敢不择手段地加以陷害。裕妃张氏是熹宗的妃子，为人正直刚烈。客氏、魏忠贤二人把她视为异己，关了起来，不给吃的。张裕妃饥渴难忍，下雨天时，爬到屋檐下，接屋檐滴下的水喝，最后被活活饿死。慧妃范氏失宠被关起来。李成妃向熹宗为慧妃求情，被客氏、魏忠贤知道，结果也被关了起来。幸亏，李成妃事先在殿里准备了吃的，过了半个月没有死，被降为宫人。到了崇祯初年才恢复妃子的身份。

光宗有个选侍姓赵，客氏和魏忠贤看着她不顺眼，就假传圣旨，命她自尽。赵选侍只得把光宗赏赐给她的东西陈列在桌案上，然后，面朝西对佛礼拜，痛哭之后上吊而死。

而熹宗却始终把客、魏二人当作心腹看待，恩宠备至。明朝皇宫太监刘若愚在《酌中志》中记载，熹宗曾赐给魏忠贤和客氏金印各一颗。印“方二寸余，四爪龙钮，玉筋篆文印。九字三行。曰：钦赐顾命元臣忠贤印。曰：钦赐奉圣夫人客氏印。每颗金重凡二百两”。在明代，只有皇后能赐予金宝（印），贵妃以下均不赐宝（印），而魏忠贤不过是个太监，客氏不过是个乳母，熹宗竟对其如此倚重礼遇。可见，清乾隆皇帝称之“童呆”，嘉庆皇帝称之“愚呆”，确非夸大之词。

天启五年（1625）五月十八日，熹宗祭方泽坛（地坛）回来，接着到西苑游玩。熹宗与两个十七八岁的小内侍在桥北深水处，划着小船荡漾在绿波之中。玩得正高兴，突然一阵大风把小船刮翻，三人全部落入水中。熹宗受此一惊，染病在身。天启七年（1627），熹宗病情越来越重，因屡治无效，死于懋勤殿。临死之前，他还召集阁、部、科、道官员，说魏忠贤和他的爪牙王体乾“忠贞，可计大事”。真是至死执迷不悟，愚呆至极。

### 二、懿安皇后张氏

懿安皇后张氏，熹宗元配，河南祥符人，太康侯张国纪女，天启元年（1621）四月被册立为后。

张皇后性格耿直刚毅，颇有胆识。她多次在熹宗面前揭露客、魏二人的罪行。还曾召客氏要绳之以法。客、魏二人遂对张皇后怀恨在心。他（她）们买通一死囚，谎称张皇后是自己的女儿，以图因此而废掉张后。但终因手法拙劣，熹宗置而不问，没有得逞。其后，魏又多次陷害张皇后和张国纪，但都未能得逞。过了三年，张皇后怀孕了。客氏和魏忠贤把侍候张皇后的人全部换成自己的人，因为不好好照看，导致张皇后流产，熹宗失去了一个儿子。

张皇后面对客氏、魏忠贤横行宫内的情况非常担忧。有一次，熹宗来到后宫，张皇后正在看书。熹宗问："你看什么书哪？"张皇后想借此机会提醒熹宗。就回答说："是《赵高传》。"赵高是秦代的一个大奸臣。秦始皇死的时候，他和丞相李斯伪造秦始皇遗诏，逼迫秦始皇的长子扶苏自杀，立胡亥为二世皇帝。后来，赵高又把李斯杀了，并且杀掉秦二世，立子婴为秦王。张皇后说这话的意思是，现在的魏忠贤就是秦代的赵高，应该认清他的面目。但熹宗却默默无语，没有反应。

天启七年（1627）八月，熹宗病重，弥留之际，于十一日召信王朱由检入宫，嘱咐他继承皇位，做尧舜之君。魏忠贤虽又设法阻止，但又未能得逞，只好按照熹宗的遗诏，由信王继位，即崇祯皇帝。崇祯帝特下旨尊张皇后为"懿安皇后"。

崇祯十七年（1644），李自成领导的农民起义军攻入北京，有人说张皇后自缢未死，被李自成的部将李岩所获。李岩知是张皇后，想送她回太康侯家。结果，她再缢身死。也有人说，崇祯帝派人劝懿安后自缢，"仓促不得达"。懿安后青衣蒙头，徒步入朱纯臣家，然后自杀而死。文献记载不同，莫得其详。

懿安后死后，南明弘光朝，为她上尊谥为"孝哀悊皇后"。顺治元年（1644），清王朝将她葬入德陵。

## 第二节　陵园营建与陵制

### 一、"水限山"的陵园山水环境

《崇祯长编》卷二记载，天启七年（1627）九月五日，大学士施凤来会同司礼监、礼部、工部、科道官、钦天监官为熹宗皇帝卜选陵地，选得了潭峪岭吉地。相择官杨邦庆在卜选时认为，德陵"龙脉巳丙方入首……峡脉中抽，二水分流，形势周全"[1]，于是定陵址于此。

1《李文庄公全集》卷一《相视德陵宝城崖土疏》。

德陵的山川地理形势很特殊。其他各陵陵后的宝城都是直接与陵后的山脉相连，陵后的山与陵园宝城之间有隐隐的地脉相接，没有河流隔断。这是因为，在古人看来，“玄武出水”是不吉利的。所以，陵园宝城按照一般的规划原则，本应建在陵后主山之前，左、右两侧水流交汇的范围以内。但由于德陵主山两侧的左、右水流是紧贴山脚而行的，两水交汇的范围内太小，不足以营建玄宫、宝城，所以，德陵的玄宫、宝城只好建在了左侧的水流之前，并以主山左前方龙砂山的脉止处营建宝城。而且，德陵左侧的龙砂山脚处，还特意用砖垒砌了护坡墙。

德陵这种陵园规划方式，是古人称为“水限山”的形局。所谓“水限山”，就是指“穴”前左、右两水相交汇的范围小，“大水直探穴场”，中难立“穴”，因此，必须“以左右为区穴”，将“穴”点于旁山的脉止之处。这种山川形局虽非理想的上吉之地，倒也可用，也是符合“聚气藏风”的要求的。（图 1.12.2）

德陵的这种特殊的山水形局，反映了明朝末年天寿山陵区已经很难找到合乎风水理论的“上吉”之地这一史实。

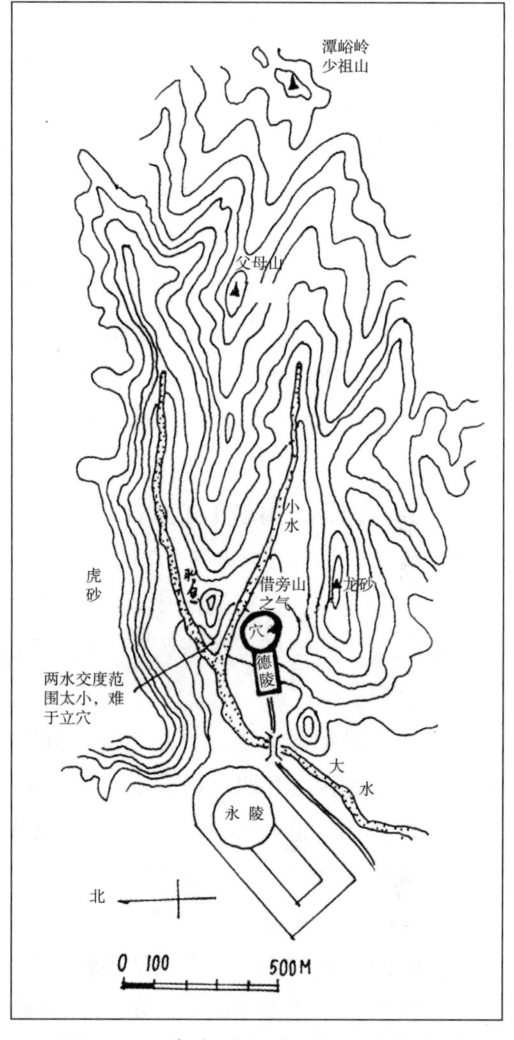


图 1.12.2 德陵“水限山”山水格局图

## 二、末世建陵，惨淡经营

德陵，是明代营建的最后一座帝陵。该陵始建于天启七年（1627）九月。那时，熹宗朱由校过世不久，崇祯皇帝刚刚御极，明王朝面临着严重的政治危机和经济危机。所以，德陵的营建，遇到了不少难题。

首先，是财政匮乏，资金短缺。工部为营建德陵曾向崇祯皇帝请示：“各陵，长陵、永陵、定陵为壮丽，而皆费至八百余万。今议照庆陵规制，可省钱粮数百万。查庆陵曾发内帑百万，谨援例以请。”[1] 但崇祯皇帝经过一番筹措，却只能拨给 50 万两白银，还反复

1《崇祯长编》卷二。

“叮咛告诫，以期速成”。按照管工官员和大臣们的估算，德陵的营建需用白银 200 万两（《崇祯长编》作 300 余万两，此处从《明□宗□皇帝实录》）。50 万两白银要建起一座帝陵是绝对不够的。为此，工部只好向崇祯皇帝提出几点建议：一、现有钱粮先用于玄宫、宝城、明楼的修建。二、命内外大小官员捐助工银（按修建三大殿例捐俸）。三、向各州县加派，“大者派二百二十两，中者派一百□十两，小者派一百两”。四、继续开纳事例银。后来，工部又会同户部题请按天启六年（1626）殿工例，加各运司盐课银。

这些建议，很快得到崇祯皇帝同意。于是，在朝大臣开始解囊捐助，大学士黄立极等人带头，每人率先捐银 200 两。各州县的加派银两也通过各省陆续解来。陵区所在的昌平州，历来供应繁多，山陵工程才开工，就循例拿出 7000 两。开纳事例银，早在修建永陵时，已经开始采用，但修建德陵时开纳事例的条款多达 26 项。甚至连各府、州、县的佐贰官因政绩不佳、办事疲软被察处的，都可以纳银官复原职。崇祯元年（1628）各运司所加盐课，连同本年正常课银，总计 14 万余两，全部输入山陵。二年，又加龙江、芜湖、清江厂等六处官办贸易市场税银 1.4 万两，解往工部，以济陵工急需。

明代营陵经费，初时取于国库，中叶出现了事例银，时有“卖官营陵”的讥讽，到了营建德陵，则捐助、加派无所不用其极。明代营陵费用的三部曲，是明朝经济由盛到衰的一个缩影。

其次，是物料不凑。天启七年（1627）十月，工部上奏，新陵规制取法庆陵，但新陵石料与庆陵相比有四点不同：一是庆陵所用青白石料，因该地原有园陵（指景泰帝陵）旧石可以凑用；德陵则无别石可用，只能取之于房山大石窝。二是庆陵取石大石窝时，适逢塘水撤干之时，而今塘满撤水不易。（据康熙《房山县志》载，明朝大工所用汉白玉石，取自大石窝水塘中，清朝时为避免耗费帑金，改取陆地塘内）三是庆陵限期十月完工，新陵限三月，工匠夜作之费不敷。四是重修三大殿时，工匠报酬优厚，今一旦核省，恐难以济事。崇祯帝见疏没有办法，只好让内外经管官员再献良策。十二月，巡视厂库工科都给事中郭兴治，为陵工费用繁浩，又提议：拆变魏忠贤生祠，可省数十万金；郭、王二后陵园所遗砖石及皇城内外大工所余石料、台基厂余剩木料，可命工部查明报数，运往陵地，又可省银万两。这些建议虽然得到崇祯皇帝的同意，但终因魏忠贤名声太坏，没有把他的石料用于修建德陵。

再次，是募夫困难。以往诸陵营建惯例，往往由兵部拨派营军 15000 名，由司官一员，督发到山，与所募民夫相兼供役。为使营军不以从役为苦，朝廷对营军按每人每天三分银两的数额进行盐粮补助。在营建庆陵时，管工官员认为，三分银两已够雇佣一名民夫，民夫比营军便于约束。所以当时所需夫役“多从雇觅”。可是，营建德陵时，情况却发生了变化。势豪大户营造占役极多，他们为了争夺劳动力，竞相给予优厚的食宿条件。所以，强壮的劳力都不愿去参加山陵营建，只有老弱劳力为了糊口，才肯应募从役。管工官员觉得“陵工重大，分力合作非万数人不可。若必从雇觅，京民虽多，恐应募者不能如数”。如果“强壮者招之不来，老弱者挥之不去”，贻误工程，责任难当。于是，不得不请示崇祯帝，仍拨营军供役，盐粮补助如数发给。

## 三、陵园建筑

德陵的营建，用了近五年的时间，于崇祯五年（1632）二月竣工。建成后的德陵，总体布局仿照昭陵，但宝城内的琉璃照壁和牌楼门前的三座门却都仿照庆陵建造。照壁的壁身和门楼的门垛，不仅有华丽的琉璃岔脚，中间还有雕饰精美的琉璃盒子。盒子的图案取材宝相花、牡丹花、月季花、菊花等花卉品种，花黄叶绿，衬以朱红色的墙面，光彩照人，十分醒目。祾恩殿月台前的御路石雕也和庆陵一样，作龙凤戏珠图案。（图 1.12.3—1.12.8）

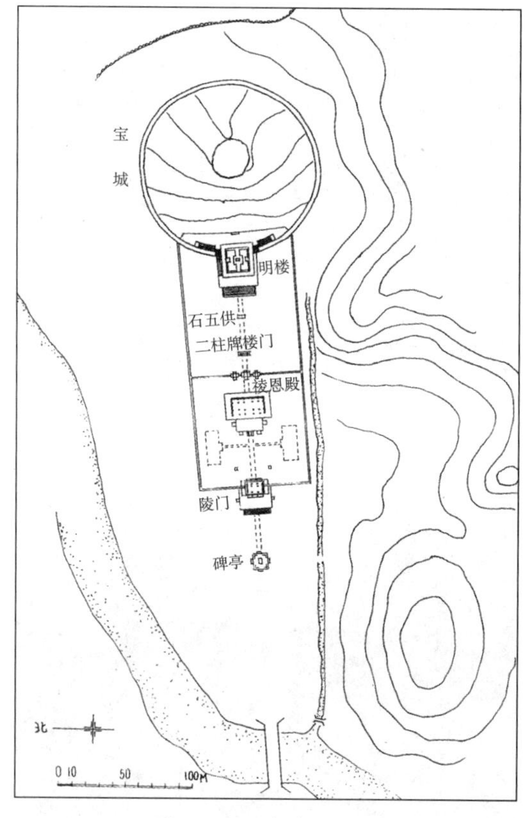

图 1.12.3 德陵平面图

德陵陵园建筑与众不同之处，是明楼内圣号碑碑趺的图案。其他各陵圣号碑碑

图 1.12.4 德陵远景

图 1.12.5 德陵祾恩殿御路石雕

图 1.12.8 德陵二柱牌楼门石柱

图 1.12.6 德陵三座门中门

图 1.12.7 德陵三座门中门琉璃盒子

图 1.12.9 德陵圣号碑

趺所饰图案一般以云龙为主，德陵则上枋雕二龙戏珠，下枋雕饰佛、道两家的吉祥宝物。下枋的前面和左右两侧面，雕刻的是道教的“八宝”（或称杂宝）图案，有三套环、宝珠、画、犀角、珊瑚、方胜、祥云等；背面雕刻的是佛教的“八吉祥”图案，有法螺、法轮、宝伞、白盖、莲花、宝瓶、金鱼、盘长等八种法物。据北京雍和宫《法物说明册》记载，八种法物，各表示一定的含义：法螺，表示具菩萨意，妙音吉祥；法轮，表示大法圆转，万劫不息；宝伞，表示张弛自如，曲复众生；白盖，表示遍复三千，净一切药；莲花，表示出五浊世，无所染着；宝瓶，表示福智圆满，具完无漏；金鱼，表示坚固活泼，解脱坏劫；盘长，表示回环贯彻，一切通明。（图 1.12.9）

然而，德陵建成后又曾遭到清兵的破坏。崇祯九年（1536）五月，清太宗皇太极派遣武英郡王阿济格、饶余贝勒阿巴泰率领八旗劲旅向明朝大举进犯。他们分兵三路，很快打到了北京北面的延庆州。在那一带，他们先后七次打败明朝军队，攻取城池两座，还俘获上万的百姓和牲畜。七月七日，又从陵区北面的灰岭、贤庄、锥石等口进至昌平，城内有诈降的 2000 名清兵做内应，昌平城很快被攻破。总兵官巢丕昌投降，户部主事王桂、提督太监王希忠等被清兵杀死。紧接着，清兵焚毁了德陵。

同年，清兵北撤，崇祯帝下令对德陵重新修葺。竣工时间文献没有明确记载。但《国榷》卷九六记，崇祯十年（1637）闰四月，礼部请定谒陵大典，崇祯帝降旨“俟十三年行之”；卷九七记有，崇祯十二年九月丙子“叙陵殿功”。按文献记载，崇祯八年、九年发生过两起明陵被焚事件。第一起即崇祯八年正月，农民起义军攻占凤阳，将朱元璋父母的皇陵楼殿和 30 万株松树全部烧毁。第二起就是崇祯九年德陵被焚事件。由于两次被焚时间相隔不远，又都进行了修葺，所以《国榷》记载崇祯十二年九月的“叙陵殿功”，既有指皇、德二陵的可能，也有独指德陵的可能。又因为，“叙陵殿功”的时间恰在崇祯帝所定谒陵大典时间的前不久，而当时，农民起义此起彼伏，对明王朝威胁极大，崇祯帝是不可能远离都城拜谒皇陵的。所以，所行谒陵大典，当即是德陵无疑。德陵修葺的竣工时间也应在崇祯十二年（1639）九月，或稍后一段时间。

修葺的质量，按《帝陵图说》所记德陵的情况，是比较低劣的。该书记载，到了清朝康熙年间，德陵的祾恩门，檩椽几乎就要折断，祾恩殿，“不崇高，不坚致，湫隘狭小，效献陵而过之”。

到了乾隆年间，德陵的建筑已是残破不堪。乾隆五十至五十二年（1785—1787）清廷曾对德陵进行修缮，但却只修葺了中轴线上的明楼、二柱牌楼门、三座门、祾恩殿和祾恩门等建筑，其他建筑并未修葺。

德陵的祾恩门、祾恩殿两座建筑在修缮时，因原建筑毁坏较严重，所以进行了重建。从遗存的柱础石分布情况看，重建时都缩小了尺度。其中，祾恩殿明代时面阔五间（通阔 30.1 米），进深四间（通深 16.34 米）。乾隆时通阔缩建为 23.26 米，尽管间数（五间）没变，但总尺度却缩小了 6 米多；进深改为三间，通深缩建为 11.65 米，比明代也缩小了

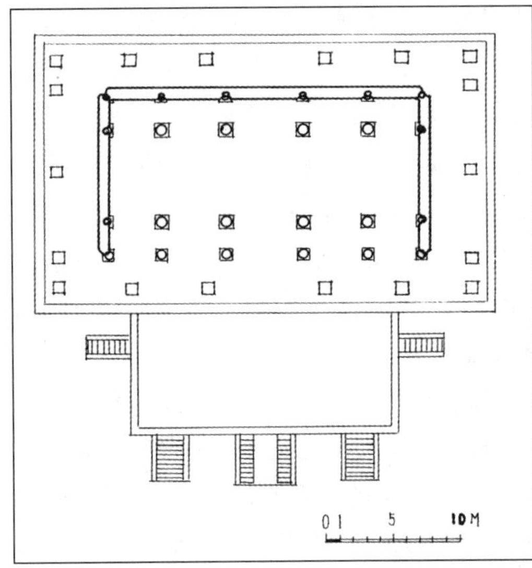


图 1.12.10 德陵祾恩殿平面图

图 1.12.12 修缮后的德陵明楼

图 1.12.11 按乾隆改建遗址复建的德陵陵门

近 4 米。祾恩门，明代所建为面阔三间（通阔 18.1 米），进深二间（通深 9 米）。而乾隆时重建，通阔却只有 12.6 米，比明代缩小 5.5 米；通深只有 6.2 米，比明代缩小 2.8 米。明楼在修葺时，增构了条石券顶。下檐斗拱及琉璃额枋、琉璃柱头、琉璃霸王拳装饰均为明朝原物，但上檐的间数则由三间并成了一间，额枋改为砖砌，外施彩画，霸王拳改为石刻，与明朝原制相比较已发生较大变化。（图 1.12.10—1.12.12）

民国九年（1920）二月十一日，乾隆时改建的祾恩门被当地村民烧毁，祾恩殿亦在之后的战乱中被拆毁。2002 年，十三陵特区办事处对德陵残坏的建筑进行修缮，祾恩门则按清代的遗迹进行了复原。

# 第十三章
# 思陵

思陵，位于陵区西南隅的鹿马山（又名锦屏山或锦壁山）南麓，是明朝最后一帝崇祯帝朱由检及皇后周氏、皇贵妃田氏的合葬陵墓，也是十三陵中最后一陵。

---

## 第一节 墓主生平

### 一、亡国之君——崇祯帝朱由检

崇祯皇帝朱由检，光宗第五子，万历三十八年（1610）十二月二十四日生，天启二年（1622）九月二十二日封信王，天启七年（1627）八月二十四日即皇位于中极殿。次年改元崇祯，崇祯十七年（1644）三月十九日自缢身亡。同年四月四日入葬陵中。（图 1.13.1）

图 1.13.1 崇祯皇帝书法

崇祯帝临国之初，以魏忠贤为首的阉党还把持着朝政。朝廷上下，吏治腐败，贪污成风，政治十分黑暗。崇祯帝初入皇宫，保持了较为清醒的头脑。他先剪除擅权乱政的太监魏忠贤的羽翼，最后惩治魏忠贤。紧接着，崇祯帝又调整了内阁班底。他先后罢免了依附魏忠贤的黄立极、施凤来、张瑞图、李国楷四名内阁成员。同时，“大计天下吏”，痛扫阉党余孽。崇祯帝还根据翰林院编修倪元璐的建议，为遭迫害的东林党人平反翻案，下令尽撤各处镇守内臣，改由督抚专理边政。崇祯帝的这些政治措施，使阉党势力受到了沉重打击，“朝端渐见清明”，对巩固崇祯初期的政治统治起了很大作用。

崇祯皇帝在明代诸帝中是个比较注意恭俭和颇为勤政的皇帝。文献记载，他即位后，就以封疆多事，下令“罢苏杭织造”，又“禁衣饰侈僭及妇女金冠袍带等”，自己的御用之物，也用铜锡或木制品。他还经常召对群臣，“非盛暑祁寒，日御文华殿与辅臣议政”，批阅章奏，议论时政常至深夜。

由于崇祯帝比较勤政，而其他各代亡国之君，多荒淫无道或不理朝政，故历史上有不少人认为，崇祯皇帝的亡国是“有君无臣，祸贻邦国”所致。崇祯皇帝自己也认为，自己不是“亡国之君”，而大臣们都是“亡国之臣”。

甚至连李自成的农民起义军将领们，也认为崇祯皇帝还不算昏暗，大臣则都是贪官污吏一类人。如明计六奇《明季北略》就记载，李自成的大顺军攻下太原后，在城里张贴檄文。檄文中就说：“君非甚暗，孤立而炀蔽恒多；臣尽行私，比党而公忠绝少。”当然，檄文中也批评崇祯皇帝没有知人之明，导致社会动乱：“公侯皆食肉纨袴，而恃为心腹；宦官悉龁糠犬豚，而借其耳目。狱囚累累，士无报礼之恩；征敛重重，民有偕亡之恨。”

其实通观崇祯帝理政的情况，其亡国的原因是多方面的。

首先是崇祯帝即位时，内忧外患严重，使他遇到了前所未有的困境。东北地区，后金势力日益强大，辽东军事重镇已经失陷，明朝军队的战斗力与后金军队相比，已经明显处于下风。西北地区，更是连年干旱，蝗虫遍地，颗粒无收。老百姓不得不吃蓬草，剥树皮，甚至以泥土、石粉充饥，出现了“炊人骨以为薪，煮人肉以为食”的情况，各地农民起义此起彼伏。特别是王嘉胤、高迎祥领导的农民起义军，攻城陷地，声势越来越大。而这种罕见的自然灾害，几乎蔓延到了整个中原大地，所以，当时的明朝的中央政权，不仅要面对后金咄咄逼人的军事压力，还要同时镇压来自明朝内部的农民起义。这就需要越来越多的军费开支。为了解决军费开支问题，朝廷必须增加百姓的赋税。百姓本来就处在水深火热的灾情之中，再给他们增加赋税，其结果，必然是官逼民反，农民起义如星火燎原，越剿越多。而朝廷上下，又吏治腐败，贪官污吏横行，这又进一步加剧了阶级矛盾，使形势不断恶化，更加动荡不安。

其次，从崇祯皇帝的主观原因看，崇祯帝为扭转危局过于急躁，对吏治的整治不当，特别是他性格暴躁、心胸狭窄，喜奉迎，恶直言和多猜疑、重诛杀等缺点，最后导致他励精图治、中兴明室的愿望彻底破灭。风雨飘摇的明朝政权，也被农民起义推翻。

表面上看，崇祯皇帝似乎也是求贤若渴，但他却缺乏对人才的调查了解，不能真正做到选贤任能。例如，内阁是朝廷处理政务的核心机构，但是，据谈迁《枣林杂俎》记载，崇祯元年确定内阁人选时，崇祯皇帝竟然仿照嘉靖时金瓯卜选的方式，将若干大臣的名字写在纸条上，放在金瓯之中，然后把手伸进金瓯中，用抓阄的方法，确定人选。

正是由于崇祯皇帝不能做到知人善任，所以，当时大臣中贪官污吏很多，吏治腐败，贿赂盛行。崇祯十二、十三年间（1639—1640），竟然有人在长安门张贴这样的文字：“督抚连车载，京堂上斗量；好官昏夜考，美缺袖中商。”[1]

其实，崇祯朝的大臣中并不乏忧国忧民、有胆有识的忠臣良将。如大学士钱龙锡、刘鸿训均是勇于任事的阁臣，袁崇焕、孙承宗、洪承畴、孙传庭、卢象升亦皆有勇有谋、精通军事，但他们却得不到崇祯帝的鼎力支持，有的受掣肘而难以施展抱负，有的甚至被冤杀。

例如，袁崇焕是一位优秀的军事指挥官，在天启年间，就曾率领明军，抗击后金军，取得过宁（远）锦（州）大捷。后因魏忠贤阉党的构陷，被迫辞官回家。崇祯帝即位后，袁崇焕于崇祯元年（1628）四月，被任命为兵部尚书督师蓟辽。他整饬军备，使关宁铁骑成为一支抗击后金的强大军事力量，并且在崇祯二年（1629）十一月，皇太极率后金军绕过袁崇焕防区，围困北京城时，袁崇焕率军回援，击败了后金军，使明朝的京师北京城得以转危为安。但崇祯帝却因为皇太极的离间计，以及袁崇焕擅杀镇守皮岛的东江镇总兵毛文龙等原因，残忍地下令将袁崇焕凌迟处死。

再如，崇祯十四年（1641），明清的松锦会战，蓟辽总督洪承畴采取且战且守、稳步推进的战略，使明军稍有小胜。但崇祯帝却草率地听从兵部的意见，下令洪承畴速战速决。结果导致明军八镇兵马 13 万人，被清军打得溃不成军，5.3 万余人被歼灭。第二年，宁远以东的松山、锦州、塔山、杏山四城相继陷落，洪承畴被俘降清。辽东形势越发不可收拾。

反之，那些奸佞平庸之辈，如被列入《明史・奸臣传》的温体仁，在内阁却久任达八年之久；周延儒也前后两任，颇受崇祯帝的宠信。此外，曾任兵部尚书肩负剿“贼”重任的杨嗣昌，才能平庸，嫉贤妒能，却也最受崇祯帝的眷注。可见，崇祯朝并非无人，而是崇祯帝不知人，不善于用人。这是导致崇祯帝御敌无术、剿“贼”无方的重要原因。

崇祯帝死后，南明弘光政权（福王），为他定庙号为“思宗”，谥“烈皇帝”。后以“思”非美谥，改庙号为“毅宗”。隆武（唐王）时，又定庙号为“威宗”。清军入关，初定崇祯帝庙号为“怀宗”，谥“端皇帝”。后以“兴朝谥前代之君，礼不称宗”，于顺治十六年（1659）十一月，去其庙号，改谥为“庄烈愍皇帝”。

## 二、皇后周氏

皇后周氏，崇祯帝元配，北京大兴县人，嘉定伯周奎女。万历三十七年（1609）三月二十八日子时生。天启七年（1627）二月初三日卯时迎娶，被册立为信王妃。崇祯帝即位，册立为皇后。崇祯十七年（1644）三月，李自成农民起义军攻入北京城，周氏遵旨自缢身亡。南明弘光朝曾为她上尊谥为“孝节烈皇后”。清朝入定中原后，为她上谥号为“大明孝敬贞烈慈惠庄敏承元配圣端皇后”，顺治十六年（1659）十一月改谥为“庄烈愍皇后”。

---

1 谈迁《枣林杂俎》智集《逸典》。

### 三、皇贵妃田氏

皇贵妃田氏，陕西人，左都督田弘遇女儿。崇祯元年（1628）封礼妃，进皇贵妃。田氏“生而纤妍，性寡言，多才艺”，尤善抚琴，生皇子四人。崇祯十三年（1640），所生皇五子病逝，田妃从此忧郁患病。崇祯十五年（1642）七月去世，谥“恭淑端惠静怀皇贵妃”，崇祯十七年（1644）正月二十三日葬入坟园内。

## 第二节 崇祯帝后葬妃园

### 一、赵一桂筹资葬帝后

思陵，名虽为帝陵，但这却是清朝时的事。明朝时它只是一座妃子坟——皇贵妃田氏之墓。一座皇贵妃墓是怎样升格为帝陵的呢？这还要从崇祯帝自缢身亡那段史实谈起。

图 1.13.2 景山公园内崇祯皇帝自缢处

崇祯十七年（1644）三月，李自成领导的农民起义军攻到北京城。十八日，太监曹化淳开彰义门投降。当天夜里，崇祯帝登万岁山（即今景山）四望，见大势已去，易服带佩刀，欲夺正阳门而出。守门军不明情况，以为皇宫内变，遂返炮拒击，崇祯帝未能出城，返回皇宫，对皇后周氏说：“大事去矣，尔为天下母，宜死！”皇后也相对恸哭说：“妾事陛下十八年，卒不听一语，今日同死社稷，亦复何所恨。”皇后周氏遂自缢而死。崇祯帝自知日暮途穷，连喝数杯酒，下令两宫及懿安皇后自尽，传太子及二王改装出走，又入寿宁宫，剑砍长平公主左臂，杀昭仁公主于昭仁殿。天将曙明，崇祯帝御前殿鸣钟集百官，想孤注一掷，做最后挣扎，但大臣们一个也没到。崇祯帝走投无路，只好登上万岁山，在寿皇亭旁的一棵树上自缢而死。（图 1.13.2）

死时“披发跣左足，右朱履，衣前书曰：‘朕自登极十七年，逆贼直逼京师，虽朕薄德匪躬，上干天怒，然皆诸臣之误朕也。朕无面目见祖宗于地下，去朕冠冕，以发覆面，任贼分裂朕尸，勿伤百姓一人。’”太监王承恩随崇祯帝一同上山，遂再拜恸哭，在崇祯帝前跪缢而死。

十九日中午，李自成农民军攻入皇宫，在清宫过程中，没有找到崇祯帝。李自成下令“献帝者，赏万金，封伯爵；匿者，灭族”。二十日中午，才发现崇祯帝已自缢身亡。李自成命人用两扇门板将帝后尸体停在东华门侧，装入柳木棺内，搭盖了临时灵棚。二十三日重新改殡，以红漆棺殡帝，黝漆棺殡周后。入殓时，崇祯帝头戴翼善冠，身着衮玉渗金袍，周后亦依制加袍带。

清谷应泰《明史纪事本末》记载，崇祯帝后棺椁在东华门所设灵棚连停数日，明朝的官员都不敢去看。只有襄城伯李国桢“泥首去帻，踉跄奔赴，跪梓宫前大哭”。农民军将他抓住见李自成。他“以头触阶，血流被面”。李自成劝李国桢投降。李国桢说：让我投降必须答应三件事：一是明代帝王陵寝不能发掘破坏；二是用天子礼葬崇祯皇帝；三是不能加害太子及二王。李自成一一答应。但难办的是崇祯帝生前并没有预建陵寝。其原因按清查继佐《罪惟录》记载是这样的：“崇祯初年，遍求天寿，无吉壤。至十三年，始召刘诚意孔昭（诚意伯刘孔昭）及张真人甲（真人张甲），协视地，得蓟州凤台山（清代又作“昌瑞山”或“丰台岭”，即今河北遵化清东陵所在地）。云地善而难得治陵起工之吉，吉在甲申（崇祯十七年）以后，不及事。”于是李自成农民军只好决定将崇祯帝、周皇后葬入田贵妃的墓中。

田贵妃，即前述的皇贵妃田氏，其坟园建筑由工部侍郎陈必谦负责营建。但地面建筑未成，而明朝已经灭亡。

三月二十五日，大顺政权顺天府官李票（或作李纸票，文献记不一）为开田贵妃墓室一事，责令昌平州官吏“即动官银催夫速开田妃圹，合葬崇祯先帝及周皇后梓宫。四月初三日发引，初四日下葬，毋违时刻”。可是，因为当时昌平州“钞库如洗”，而葬期又十分紧迫，时任署昌平州吏目的赵一桂，只好与监葬官礼部主事许作梅商议，带上工房人员冯朝锦入京禀报顺天府。经再三请示，府官始朱批：“着该州各铺户捐挪应用，事完再议。”

据清康熙《昌平州志》记载，赵一桂回州后，随即组织募捐。先后有十人捐钱共350千文。其中，刘汝朴60千文，王汝朴50千文，白绅30千文，邓科50千文，徐魁30千文，李某（佚名）50千文，赵永健20千文，刘应元20千文，杨道20千文，王政行20千文。

但是，赵一桂在《呈开圹捐葬事》的公文中却说他实际得到的是340千文。当时是1500文的铜钱相当于一两银子，所以这340千文折合白银为226两多。不管赵一桂得到的到底是340千文，还是350千文，反正他们用这些钱，完成了崇祯帝后的整个葬仪。其中见于记载的开销有：雇夫头杨文包揽开挖、掩埋隧道，用银200两；搭盖薄棚三间、小棚两间，用银四两五钱；从纸铺买纸用银一两八钱；从猪户买猪用银四两五钱；从羊户买汤羊二只，用银一两六钱；从攒盒铺买素供两桌，用银一两；从饭铺买面及大米饭，用银一两；犒赏夫役，用银二两四钱；打造开启玄宫石门用的拐钉钥匙及石匠开门，用银五钱；伺候送柩员役酒饭等，用银五两五钱；买细连绳用银四钱；木匠工价用银四钱；

打扫灵棚人夫用银二钱五分；顺天府来人饭钱用银一两一钱。

田妃墓隧道长十三丈五尺，宽一丈，深三丈五尺，督修四昼夜至初四日寅时始见地宫石门。用拐钉钥匙推开头层石门，里面是三开间的香殿，中间悬挂两盏万年灯，内灯油仅二三寸深，缸底都是水。陈设的祭品，前有石香案，两边列五彩绸缎侍从宫人。田妃生前所用器物衣服盛储在大红箱内。东间石寝床上铺栽羢毡，上面叠放着被、褥、龙枕等物。由于地宫内潮湿，衣、被等物多浸泡黰黑，被褥仅一面用锦绣，其余都用布缝合，金、银器皿也都是用铅铜冒充。打开第二层石门，里面是通长大殿九间，石床长如前式，高一尺五寸，阔一丈，上面停放着田妃棺椁。

初四日申时，帝后棺木送到，停放祭棚内，棺木前陈设猪羊金银纸劄等祭品，众人举哀祭奠。祭毕，将田妃椁（棺外木套）打开，先将田妃棺移于石床右侧，次安周后棺于石床左侧，最后将崇祯帝的棺木放入田妃椁中，停放在石床正中位置。棺椁之前各设香案祭器，点起万年灯，遂将两座石门关闭，将隧道填平。

初六日，赵一桂率捐葬乡耆人等再赴葬所祭奠。祭毕，于附近西山口等三村拨夫百名，各备锨筐，舁土为崇祯帝堆起了坟冢。赵一桂、孙繁祉又捐银五两，买砖在冢周修筑了五尺高的围墙。

崇祯帝后，在大顺农民军政权的命令下就这样葬入了田妃墓中。

## 二、清朝下令再改葬

清朝入主中原后，为收买人心，笼络汉族士人为清廷效力，始将这座葬有崇祯帝后的妃子坟命名为“思陵”，并改葬崇祯帝后，营建了地上园寝建筑。

按《清世祖实录》记载，清廷下令以礼改葬崇祯帝后，并营建思陵建筑，时在顺治元年（1644）五月。（图 1.13.3—1.13.4）

然而，由于种种原因，思陵的改葬开隧和营建却是举步维艰。首先是工程组织不能迅速落实。该工程本应由工部及内官监负责，但工部却因缺员而不能分任。内官监虽已责成总理冉维肇，管理高推、王应聘三员内官专司督理，但大概是由于“故君之事，既无赏可冀，又无罚可畏”，所以，虽经原任明朝司礼监掌印太监曹化淳屡次劝勉，三人却总是置若罔闻，三秋已过，冬至将临，开工仍杳无日期。为此曹化淳不得不在顺治元年（1644）十一月上奏说：“礼，为旧君有服，不知诸臣何以置念？且时虽寒冱，地气尚暖，及今犹可开挖隧道，先妥梓宫，其立碑建亭，姑俟来春举行，倘再悠忽，是迟一日之工作，即虚一日之旷典，如作速报竣之明纶何？伏乞天语严饬该监刻期赴陵，先开隧道，来春亟建亭碑，万勿藉词缓诿沉阁（搁）……庶恩旨信而大义昭，垂芳万世而无斁矣。”顺治皇帝览奏朱批：“思陵作速经营，已奉有旨，该监何得玩泄？冉维肇等姑且不究，著即刻期赴工，先开隧道，其余俟来春报竣。如再延诿，定行重治。”

其次是工程所需银两不能及时到位。在顺治帝的严旨切责下，负责思陵营建的冉维

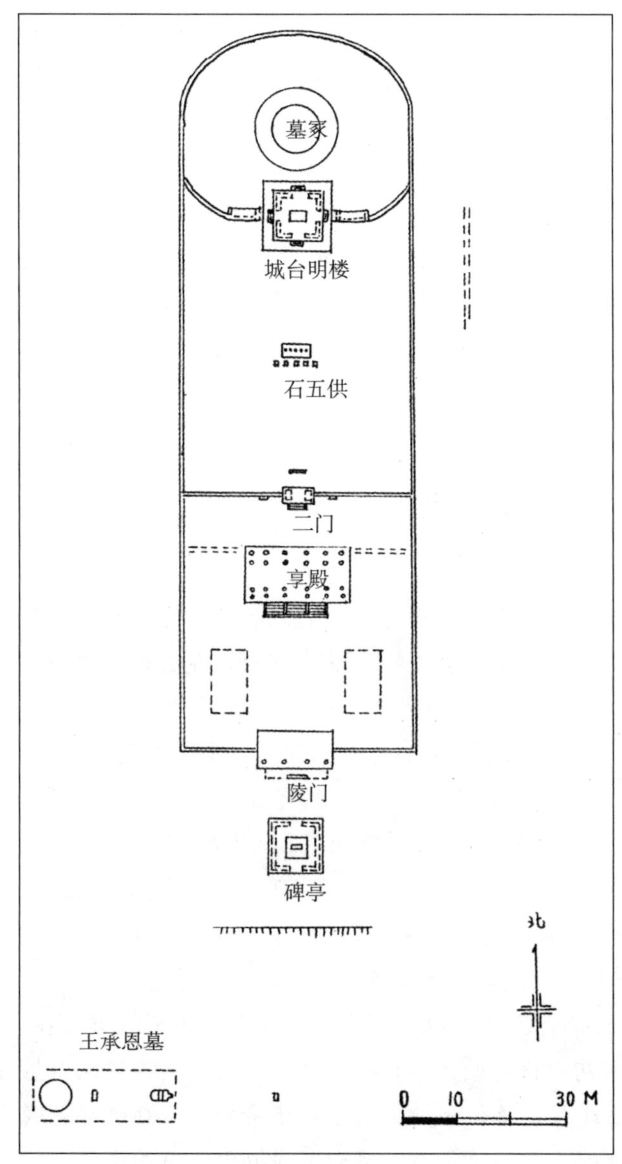


图 1.13.3 思陵平面图

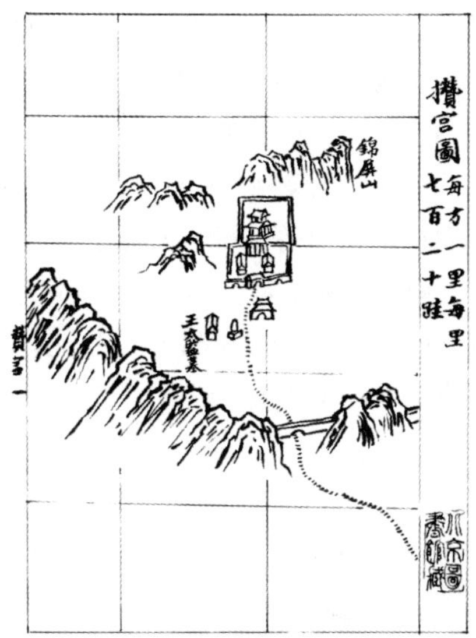


图 1.13.4 清代梁份《帝陵图说》中的《攒宫图》

肇等人只得尽快趋赴工所，并于十一月二十九日兴工开挖隧道，思陵采石等工也正式开始。十二月初，思陵营建所需石碑、石座，均运至北京城北安门外西步梁桥东，并号有“锦壁山（鹿马山别名）工用”字样。当时，本应同时并举的工程计有三项：一是思陵营建，二是葬张皇后于德陵，三是葬万历妃刘氏于银钱山。三项工程估价为3000两白银。银两的来源，原奉旨赐陵地租银1500两，文武百官及内臣捐助1500两。但事实上，直到该年十二月，陵租虽已征收，但工程所需银两却不知从何处关领。多方劝捐的650两虽早在九月初四日汇交给工部营缮司，但文武大臣捐助之银却差一半有余。所以，工程开始时，工部所掌握的银两只有1000两，而开工时督送至工所的银两又只有110两。

为此，曹化淳以及原任秉笔太监车应魁、王德化，随堂太监王之俊、卢维宁等人只得于该年十二月移文内院，催办银两解送事宜。他们在移内院文中说：“工饭乃日用必需，似此零星接续不及，何以措用？乞为总解，方能克济。今值暮冬，时日有限，倘工饭银迟滞，束手停工，无米难炊，必致稽误。……所有石碑、石座……趁此地气坚固，必需车价觅运到工，不误明春建立之用。……人匠毕集，工饭诸费，每日必需，势难停手，矧起运碑石，值兹地坚，正可拉运，所欠捐数仍望内院一为传谕。至于此工所注赖者尤在一千五百之陵租……伏乞垂念急需，万难少缓。”

在曹化淳等人的催促下，顺治二年（1645）九月，思陵改葬等工终于完成。十日，工部尚书兴能上奏，请示以余剩银两，建造香殿。十二日，顺治皇帝批示：“知道了，余银修造事宜，工部看议具奏，钦此。”十月二十七日，平西王吴三桂又捐银千两，助建思陵，思陵的工程才暂告一段落。

## 第三节 陵寝建筑

### 一、顺治年间初建规制

顺治十一年（1654）八月，清代著名学者谈迁曾赴思陵拜谒，他在《北游录》一书中记述了当时思陵的建筑规制：“周垣之南垣博六十步。中门丈有二尺，左右各户而钥其右。……垣以内左右庑三楹，崇不三丈。几案供奉明怀宗端皇帝神位（此处当指享殿内）。循壁而北，又垣。其门、左右庑如前。中为碑亭，云‘怀宗端皇帝陵’，篆首‘大明’。……进此垣，除地五丈则石坎，浅五寸、方数尺，焚帛处。坎北炉瓶五事，并琢以石。稍进五尺，横石几，盘果五之，俱石也。蜕龙之藏，涌土曰三四尺，茅塞榛荒，酸枣数本。”同书《纪文·思陵记》又谓，思陵享殿为“三楹”（三间），“奉先帝木主”；碑亭（文中称“内殿”）有额，有金书“思陵”二字。亭内石碑“大明”亦为金字。碑刻“怀宗端皇帝陵”。

那么，清朝是在什么情况下为崇祯皇帝定的怀宗端皇帝的庙号和谥号呢？

原来，顺治元年（1644）五月三日，率领清兵入关的清摄政王多尔衮为了收买人心，刚刚进入北京城就传令要明朝的臣民自初六日开始，为崇祯帝哭临三天。哭临的地点是帝王庙，因此帝王庙内自然要设牌位。于是，牌位上如何写崇祯皇帝的庙号和谥号就成了必须解决的问题。据计六奇《明季北略》卷二十记载，当时奉命办理此事的清礼部侍郎杨汝成觉得“典礼浩繁，不能独任”。多尔衮问明朝官员中谁最贤？于是，明朝故官们推举了曾经主张南迁都城的左中允李明睿，多尔衮马上任命他为礼部左侍郎。李明睿推辞有病。多尔衮说：“尔朝皇帝尚未收敛，明日即欲令京城官民人等哭临。无神主何以哭临？无谥号何以题神主？”李明睿听了，伤心恸哭。多尔衮认为他很忠心，让他在朝房和明朝故臣们议定谥号。所以，李明睿等人便在朝房议定崇祯帝的庙号为“怀宗”，谥号为“端”皇帝；周皇后为烈皇后。

顺治十六年（1659），思陵的建筑又稍有变化。该年三月，陵前增碑亭一座。十一月，顺治皇帝下令，去除崇祯皇帝“怀宗”庙号和“端”皇帝的谥号，重新改谥为“庄烈愍皇帝”。这是因为，自古以来，后来兴起的朝廷，对于前代的君王，按照礼仪是不能称为“宗”的。因为“宗”是带有宗族性质的概念，清朝的皇帝与明朝皇帝没有宗族的血统关系，所以称宗是不符合礼制要求的。陵内石碑、神牌字迹因此随之而改。十二月，顺治皇帝下《谕修明崇祯帝陵诏》，其具体修建项目不详于文。但从康熙年间谭吉璁《肃松录》所记思陵制度看，思陵虽经顺治十六年（1659）的修建，但并无大的变化。该书所记思陵的建筑情况是：

碑亭南北四丈八尺，东西如之。宫门三，距亭十一步，阶三，惟中门有栋宇，广二丈四尺，修三丈。享殿，距门十三步，阶三，无台，殿三楹，广七丈二尺，修四丈二尺，内香案一，青琉璃五，器全设。一神牌，高二尺五寸，石青地，雕龙边，以金泥之，题曰“大明钦天守道敏毅敦俭宏文襄武体仁致孝庄烈愍皇帝”。中楹为暖阁，长槅六扇，中供木主三，中则庄烈愍皇帝，左则周后，右则田妃，外俱用椟冒之。周后神主题曰“大明孝敬贞烈慈惠庄敏承天配圣端皇后”，田妃神主仅存“恭懿”二字，余被人磨去矣。配殿三楹，俱黑瓦。殿前大杏树一株。陵寝门三，距殿址四步，穴墙为门，中广二丈四尺，修一丈二尺，傍则户矣。明楼距门十一步，不起楼，阶四，中开一门，左右夹窗二。碑石广一丈六尺，修六尺，雕龙，方座，高丈许，题曰“庄烈愍皇帝之陵”。石几距楼十步，长五尺，博二尺。几前石器五，俱高八尺，方式雕龙。中一方鼎，与诸陵异，皆列于地。宝城距几甚近，无城，周围用墙，高六尺。中以石灰起冢，高四尺，缭以短垣，左松八株，右松七株。

## 二、乾隆年间修缮改制

清乾隆年间，思陵先后两次修缮，陵园建筑规制又发生了新的变化。

乾隆十年（1745）九月，刑部左侍郎钱陈群奉命祭祀思陵，发现思陵因长期失修，风雨剥落，殿庑倾圮严重，遂奏请修葺，并提出：遵世祖章皇帝奢靡不尚之谕旨办理。乾隆帝从其所请，下诏修缮思陵。直隶总督那苏图奉命督办该项工程。昌平州知州胡大化估报，修缮享殿三间，建造配殿六间，加上大门、二门、碑亭、甬路等工程共需工料银及烧造琉璃瓦银13900余两。后又经保定府同知永寿实地复核，认为“享殿三间虽久已倒塌，旧存木植砖块尚敷凑用，似应添补修葺，其余墙垣等项酌量粘补。其配殿六间久经倾圮，且地基窄狭，毋庸重修，以省靡费”。此议于乾隆十一年（1746）十一月经那苏图奏请乾隆皇帝同意后遂只将思陵亭殿、垣墙修好，配殿废而未修。

乾隆五十年（1785）三月，修葺十三陵时，思陵是其中之一。因“顺治年间改建思陵，而一切明楼、享殿之制未大备”，特命“重为修葺，悉如别陵。并普立神牌木主供奉，以妥享祀”。

修陵大臣工部尚书金简等人经实地勘察提出，思陵“仅有享殿三间、碑亭一座，规制颇觉狭小。伏思我世祖章皇帝定鼎之初即命以帝礼改葬，兹复仰奉谕旨，不惜帑金修葺诸明陵寝，似应就现在地势加筑月台，将旧碑亭移建月台之上，后墙略为加高，宝顶随墙添土，并将原建享殿三间改造五间，宫门一间改造三间。用彰恩施优渥”。于是，思陵的陵门改建成了硬山顶式的三间门楼，享殿建成了面阔五间（通阔 17. 3 米）、进深三间（通深 8.5 米）的单檐歇山顶式建筑。石雕五供之后也建起了无马道、无宇墙的单面墙式的宝城墙和城台及重檐歇山顶式的明楼。

在陵园的管理上，思陵和其他明陵一样，在清代设置有司香内使（守陵太监）二名、陵夫八名，照役给予香火地亩。每年春、秋二季，分由太常寺差官至陵致祭。清廷每年还委派工部堂官一员，赴陵检查陵园建筑，时加修葺。

## 三、思陵为何又有“攒宫”之称？

思陵，虽然终清之世一直是崇祯皇帝的陵名，但在顺治、康熙年间，一些知识分子却不称其为思陵而称之为“攒宫”。

如顾炎武在《昌平山水记》中就直称思陵为“攒宫”，并加以解释说：“昔宋之南渡，会稽诸陵皆曰攒宫，实陵而名不以陵。《春秋》之法，‘君杀，贼不讨不书葬’，实葬而名未葬。今之言陵者，名也。未葬者，实也。实未葬而名葬，臣子之义所不敢出也。”

《帝陵图说》的作者梁份亦云：“烈皇帝殡于田妃墓，国耻未雪，不谓之攒宫不可也！以陵称不可也！以思称尤不可也！”

显然，他们是站在明王朝的立场上，认为明朝的国耻未雪、君父之仇未报，因此，崇祯帝虽葬于田妃墓中，但却不能称“葬”，思陵也不能称“陵”。他们拒不接受清朝为崇祯帝陵所定的陵名，反映了他们对清朝统治者的不满和对明朝的怀念。

清朝灭亡后，军阀连年混战，日本侵略者的铁蹄又蹂躏了祖国大好河山，思陵屡逢劫难，残毁十分严重。地下墓室曾先后两次被当地土匪盗发。1947 年，国民党军队为修炮楼，又大规模地拆毁陵园地面建筑。至新中国建立前夕，思陵已是满目凄凉，只有坟冢、楼殿遗址、石雕五供、碑石作为珍贵文物保存下来。（图 1.13.5）

图 1.13.5 思陵方城明楼（民国二十四年情况）

中华人民共和国成立后，国家十分重视文物保护工作，思陵的珍贵文物得到应有保护。

现在的明思陵，虽然没有金碧辉煌的殿宇楼台，但古陵残碑，松涛阵阵，仍别有一番意境。特别是

图 1.13.6 思陵圣号碑

图 1.13.7 思陵院落内景

图 1.13.8 思陵石五供

残存下来的石雕艺术品，构思奇妙，雕工精细，颇引人入胜。（图 1.13.6—1.13.7）

石五供，分为前后两套。前一套，是五个相互独立的供器，正中为香炉，雕为四足两耳的方鼎形，上面浮雕饕餮纹；左右为烛台，台腹四面雕刻人物故事；最两边的是花瓶，瓶腹、瓶项略呈圆形，亦浮雕饕餮纹。五供器各施以石座，与明代其他各陵共用一祭台不同。后面的一套，祭案的案端作翘头式，案面浮雕绳纹，下作闷户橱形状，四腿因项部内收而随势弯曲，足部外翻，还保留着明式家具线脚优美、雄浑大方的特色。案上放有石雕供果五盘，一盘为橘，一盘为柿，一盘为石榴，另外两盘分别为寿桃和佛手，形象十分逼真。（图 1.13.8—1.13.12）

碑石雕刻也别有风趣。碑首作“四螭下垂”式，碑身左右雕升龙，碑座前雕五龙，后雕五麒麟，左右雕母狮背负小狮图案，母狮前还有小狮或做戏球状，或伏于母狮身下作哺乳状，形态极为生动，据说，这是象征古代官爵中“太师、少师”的一种吉祥图案。明楼内的圣号碑碑阳篆额“大明”二字，下刻“庄烈愍皇帝之陵”七个大字。前面的神道碑（图 1.13.13）碑阳篆额“敕建”，下刻清顺治年间大学士金之俊奉敕撰写的碑文：

图 1.13.9 思陵石五供——香炉

图 1.13.11 思陵后套石五供

图 1.13.10 思陵石五供——烛台细部

图 1.13.12 思陵后套石五供背面

皇清敕建明崇祯帝碑记：光禄大夫太保兼太子太师吏部尚书中和殿大学士臣金之俊奉敕恭撰。臣尝观古今治乱之迹，邦国兴替之由，使后之人得而考焉，以为法戒者，其义莫详于史。大约国之兴也，创业开基之君，莫不有应天顺人之举，积功种德，为累叶之所凭藉。其亡也，必末季之主或天资刻薄，残民以逞，或黯弱昏庸，太阿旁落，或甚而纵欲败度，灭裂纲常，种种失德，难以枚举，皆有自取灭亡之道。即国祚之修短不同，而覆败相寻，异世一辙。《书》曰：与治同道，罔不兴；与乱同事，罔不亡。非虚语也。我皇上聪明睿智，典学惟勤。涵泳六经之暇，尤研精史书。举前代之是非，往事之成败，靡不溯原穷委，一一究其指归。而于明朝兴亡本末，更了如指掌。于是，深晰崇祯帝之所以失天下者，厥咎有在，非末世亡国之君可同年而语也。但当时既无《实录》，日后虑多传疑，每厪睿怀之悯恻，于顺治十四年二月内爰谕工部立碑表章。恭绎天语一则曰：明崇祯帝尚为孜孜求治之主，只以任用非人，卒致寇乱，身殉社稷。再则曰：若不亟为阐扬，恐千载之下，竟与失德亡国者同类并观。呜呼！宸鉴及此，不能不令人低徊叹息，颂我皇上之明并日月，发幽光于几沉，德迈兴王，昭公评于隔代，真前此纪载中未有之盛事也。兹工部遵谕，砻石成，皇上特命臣之俊为文，以勒之碑。臣系故明累臣，矢殉沟壑，幸遘永清之会，再续余生。既捧徽纶而感涕，益惊专命而彷徨。以谫陋昏髦如臣，何能追阐遗爔，仰副皇上表章之盛心？然不敢不就见闻所及，谬述其概，以窃附史官之职也。当即位之始，正孽珰煽乱之余，中外危疑，独能不动声色，芟夷大憝，如秋风振槁。因目击人心蛊坏，尽属如醉如梦之流；法纪废弛，酿成不痛不痒之习。锐意更弦，猛图法祖，恤民隐，畏天灾，尝蔬食布衣，痛自贬损。讲幄之咨询不辍，平台之召对屡勤。一段宵旰，靡宁想望太平之意。诚有如上谕所云，孜孜求治者。假令当日有先忧后乐之臣，同心一德，匡济时艰，小康犹可坐致。即或中材之佐，警戒绸缪，尚得弥缝岁月。其如怙婾积玩，贪黩成风。下吏之精神，专用以钻营结纳；大僚之好尚，唯在乎位高多金。以致民穷盗起。然发难之初，不过西陲一隅，亦何难以国家全力制之？而上下相蒙，以贼为讳，啸聚之势日炽月盛。攻城掠邑，有同破竹。然后举国张皇，纷纷议选将，议抽兵，议加派，议设总理、总督重臣。临渴掘井，毫无成算。以言剿，则挫衄屡闻。以言抚，则招徕无术。至于骄兵悍将，及借贼势披猖为护身符，来不能御，去不肯追，遂蔓延流毒。秦、晋、楚、豫、巴、蜀暨大江以北，所在骚然。而朝端之上，方争洛蜀之党，日构玄黄之战，厝火怡堂，独以贼遗君父忧。间有一二耿介特立之士，以公忠体国为念，又往往不安于其位。一时内外文武事权在握者，无一实心办贼之人矣。致令仁明锐治之主不幸而丁中叶陵替之后，起弊扶衰，万难措手。兼之孑然孤立于上，四顾盈庭茫无可倚。譬如尩羸之夫，病之初中尚在肤膜腠理之间，中医犹能按脉而治。及耽延日久，深入膏肓，虽有卢扁救疗安施，岂非天之所废莫能兴之，而人谋不臧，适任其咎者耶！考史传所载，凡末季亡国之君，覆车之辙，崇祯帝并无一蹈焉。乃身殉宗社，不引天亡之言，亦綦烈矣。嗟乎伤哉！有君无臣，祸贻邦国，竟若斯哉！此明代往事之可为痛哭流涕者也。我皇上深用悯恻，而欲亟为之阐扬，是即孔子当年作《春秋》之心。褒贬出乎至公，瑕瑜毋令相掩，俾天下后世读明史者，咸知崇

图 1.13.13 思陵陵前石碑

祯帝之失天下也，非失德之故，总由人臣谋国不忠所致。庶后之为人臣者悚然知所戒，为后之为人君者亦知慎于用人也已。然则煌煌睿谕，明乎制治，保邦勿玩小寇，而弭寇必以安民为本，安民则又以知人为本。此匪直昭一时之信史，实著万世之常经，盖永为君若臣民宝镜哉！

顺治十有六年，岁次己亥，春三月壬辰朔十五日丙午建。

碑文全系楷书，残坏极少。

# 第二篇 天寿山陵区内的皇妃、太子、太监陪葬墓

# 第一章
# 皇妃、太子陪葬墓

从明永乐中叶至清顺治初年，天寿山陵区内先后建造过皇妃、太子、太子妃和太监坟墓 11 座。其中，神宗皇贵妃王氏（孝靖皇后）墓，位于东井的左侧，因王氏迁葬定陵而废；光宗为皇太子时，其妃郭氏病故，万历四十三年（1615）十二月葬于长岭之南（今泰陵园村北），后郭氏迁葬庆陵，原太子妃墓因之而废；崇祯帝皇贵妃田氏墓，位于鹿马山南，崇祯帝入葬后升格为帝陵。此外，世宗沈、文、卢三妃之墓原为世宗孝洁陈皇后陵墓，因陈皇后迁葬永陵而降格为妃坟。所以，时至清初，十三陵陵区内的明代皇妃、太子和太监坟墓共有 8 座，其状况分别如下。

---

## 第一节 长陵陪葬皇妃墓——东、西二井

### 一、东、西二井为何称“井”？

东、西二井系明成祖的两座皇妃墓。其中，东井（图 2.1.1）位于德陵左馒头山西麓，西井位于定陵右大峪山东麓。这两座坟墓既然是成祖皇妃墓，为什么称其为“井”呢？这是个古来就有争议的问题。

明末清初时，有人认为，这是因为东汉袁康所著《越绝书》上记有“禹井”，“井者，法也，禹葬以法度”，故推而论之，皇妃之坟亦名“井”。对这种解释，清初学者顾炎武表示反对。他在《昌平山水记》中说：“不烦人众，当日命名之意，岂有取于此与？！”他认为，东西二井“其曰井者，盖不由隧道而直下，故谓之井尔”。《帝陵图说·长陵》也说：“东井、西井当天寿山正东、正西之地。永乐间所置，取金井之义，下窆穿圹，不隧。”其实，顾炎武和梁份的解释也是凭空推测，而且推测得并不正确。因为，1996 年曾有盗墓者，将东井墓室顶部挖开一些，笔者事后曾亲临现场，发现东井墓室的顶部由斜面形的蓑衣砖封顶，呈庑殿顶形制，正脊部位有断面呈三角形的砖眉子砌成正脊，其前部设有砖券及类似定陵地宫金刚墙式的砖堵墙。（图 2.1.2）这种殿宇式的砖墓室，在墓主棺椁入葬时，只能从墓室前的砖券门进入，不会是采用竖穴埋葬方式的“直下”入棺法。

那么，成祖的这两座妃子坟究竟为什么被名为“井”呢？

笔者认为，这是因为古人有以“金井”代指墓室的说法。如，《明实录》关于裕、茂

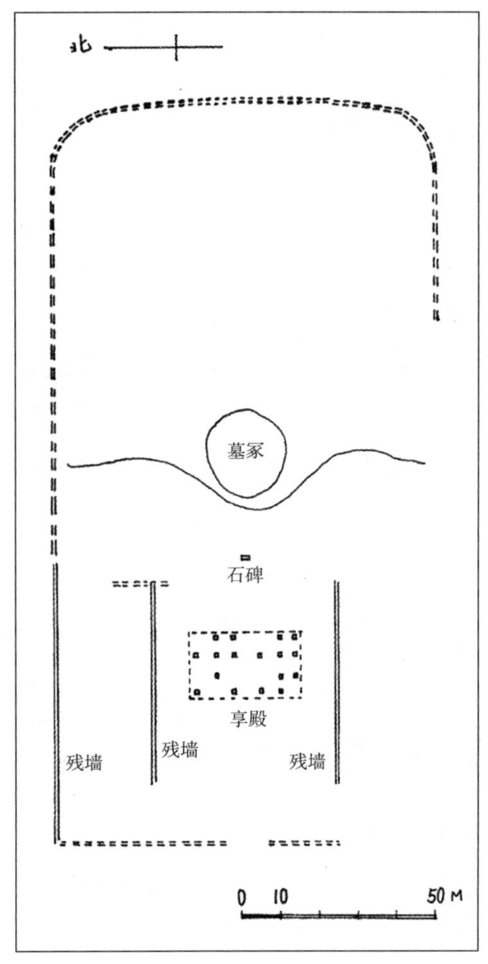


图 2.1.1 东井平面图

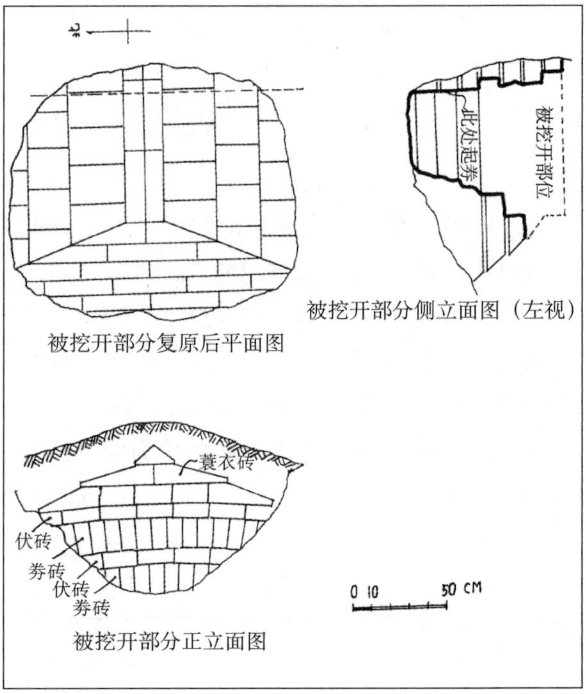

被挖开部分复原后平面图
此处起券
被挖开部位
被挖开部分侧立面图（左视）
蓑衣砖
伏砖
券砖
伏砖
券砖
0 10 50 CM
被挖开部分正立面图

图 2.1.2 东井墓室顶部图

二陵陵寝制度，就有“金井宝山城池”或“金井宝山城”的说法，这里所记述的“金井”即指陵园的整个玄宫。按照这样的说法，则东井、西井，实际上就是长陵东面“金井”和长陵西面“金井”的简称。它们代指长陵东西两座妃坟的墓室，也进而指代了这两座妃坟的整座建筑。

## 二、东、西二井到底安葬的是谁？

此外，二井的墓主究竟为谁也是多年来人们一直在讨论的问题。顾炎武《昌平山水记》和梁份《帝陵图说》均记载二井所葬之人系成祖死后殉葬的十六名妃子。《昌平山水记》记载 :“宫人从葬之令，至英宗始除。故长陵有东西二井。”《帝陵图说 · 长陵》也说，东、西二井“为成祖十六妃殉葬之所”。但此说疑点颇多。

首先，按照我国古代丧葬习俗，从殉者一般应与墓主在同一墓穴。其次，如果长陵殉葬诸妃葬于东、西二井，何以献、景二陵也有殉葬之妃，却无二井之设呢？又《大明会典》记："孝陵四十妃嫔，惟二妃葬陵之东西，余俱从葬。"何以孝陵陵之东西不葬殉葬诸妃呢？再次，据采访献陵等村村民，均言西井在 20 世纪 30 年代被土匪盗掘。所见墓室约与定陵地宫隧道券大小相当，其内除木俑外，别无他物。又，东井墓室顶前部于 1996 年曾被人局部挖破，顶部形制已见。依地望观察判断，该墓室面宽不超 10 米，进深不超 15 米范围，的确较小。由此可见，二井墓主系十数名殉葬妃子的可能性不大。

又，隆庆《昌平州志》还有"贤妃二井"之说，但两座妃坟怎么可能只葬一个妃子呢？可见，此说亦难成立。

综合各种资料，我们认为，二井墓主很可能分别是永乐十八年（1420）七月去世的成祖昭献贵妃王氏及永乐十九年（1421）三月去世的昭顺贤妃喻氏。

关于王氏的丧葬，《明太宗实录》卷二二七记"悉如洪武中成穆贵妃故事云"。按《历代陵寝备考》记，成穆贵妃孙氏，洪武七年（1374）九月薨，原营葬于朝阳门外褚冈之原，后祔孝陵。又，《万历野获编》记："太祖孝陵，凡妃嫔四十人，俱身殉从葬；仅二人葬陵之东西，盖洪武中先后殁者。"据此，则成穆贵妃的葬处应在孝陵之侧。王氏丧葬既如成穆贵妃故事，则其葬所自应是处于长陵两侧的东、西二井之一。且《大明会典》卷九八记王氏丧礼，有"开茔域，遣官祀后土"之说，也证明王氏是自有一坟的。

关于喻氏的丧葬，《明太宗实录》卷二三五记为"视昭献贵妃云"。如此，则喻氏亦应是二井墓主之一。朝鲜《李朝实录·世宗庄宪大王实录一》曾记有宫人鱼氏，因私通宦者为成祖所觉，惧而自缢。成祖曾对与此事有关的人大肆屠杀，"然思鱼氏（当即喻氏）不置，令藏于寿宫之侧，及仁宗即位，掘弃之"。此事亦宫禁秘闻，国内文献失载，说明仁宗对此事的处理是秘密进行的（掘弃皇庶母之坟，不符合封建伦理纲常）。那么，此事为外庭礼官所不知，且如墓主被掘弃，而墓室封掩如故，则后世在不知实情的情况下继续以祖先妃坟对待，便不是奇怪的事了。而如果前述口碑资料准确无误，则西井墓主当为喻氏，东井墓主当为王氏。

## 三、东、西二井的园寝规制

二井的地面园寝建筑，按《昌平山水记》所记，"并重门，门三道，殿三间（按：实为五间），两庑各三间，绿瓦周垣"。此外，还有嘉靖年间增建的石碣各一座。明朝灭亡后，二井的建筑一直未经修葺，时至清朝康熙年间，东井门、庑、殿尚存，但西井则周垣虽在，门、庑、殿俱毁。

目前，二井均只有局部残墙、石碣及柱础石保存。园寝基址已不清晰。其具体情况分别如下：

东井，朝向正西。冢后与山坡连成一体。冢顶因农民耕种而被铲平，底呈圆形，径约 24 米，残高 8 米。冢前 12.5 米处，存石碣一座。露地部分高 2.225 米。其形制，碣首，顶平，作方头式，前后各雕升降凤及云纹，有额无字；碣身，素面、无字；碣座作须弥座式，上枋雕盒子，上枭雕仰莲，束腰素面，下枭以下部分埋于地中。碣前 22.2 米处为享殿殿基，柱础石已不全，见存计 17 块，均为鼓镜式。柱网分布显面阔五间（通阔 25.15 米），进深显三间（通深 13.85 米）。殿左右各存一段园寝内墙，墙厚 0.85 米，残高 1.15—2 米不等，砖砌，墙身涂红。殿址前 38.5 米处存园寝内前墙墙基一道，残高为 0.5 米。园寝右侧内墙之右 24.8 米处存园寝外墙一段，残高 2.7 米，厚 1.1 米，形制同内墙。墓冢后及左右两侧有园寝外墙残墙保存，其墙体亦系砖砌，残高 1—2.4 米不等，后部走向略呈弧形，且位处半山腰。山腰外墙附近有残坏的绿色瓦件。（图 2.1.3）

图 2.1.3 东井远景

西井，朝向为南偏东 40°。地面园寝建筑中，仅石碣完好保存，其形制同东井。碣后 49.8 米为墓冢，其残高约 10 米，底部直径约 25 米。碣前 21 米处有享殿基址，面宽方向长约 28.3 米，进深方向长约 16.9 米，上为残碎砖瓦所覆盖。仅有前檐柱柱础石五块外露。柱础石位置显示，该殿面阔为五间（通阔约 24.9 米）。殿址左、右各有内墙遗迹，或露于外，或为残碎砖瓦所埋。其左侧外露部分仅存砖墙心，残高约 2 米，残厚约 0.5 米。园寝外墙，仅右部分有墙埋于碎砖瓦中，后部处于山腰地段有残墙保存，亦均砖砌，形制同东井，墙基厚 1.12 米，顶部已塌，残高 2.65 米左右。遗址周围散落有部分绿琉璃构件。其中，垂

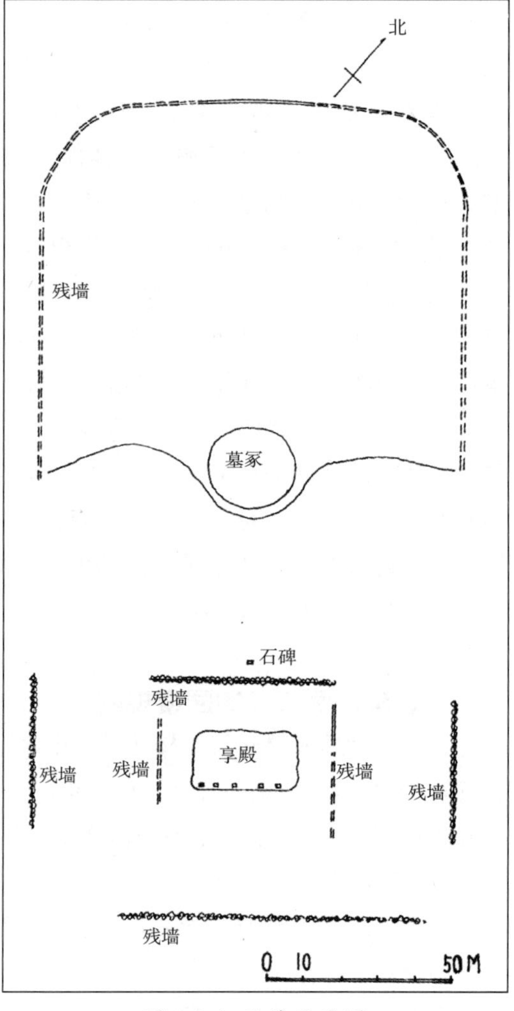


图 2.1.4 西井平面图

兽1件，宽22厘米，厚10厘米，后有盖瓦雄头，系典型明代琉璃构件。周垣瓦当较小，直径仅11厘米，雕刻花卉图案。（图2.1.4）

## 第二节 茂陵的皇妃陪葬墓——皇贵妃万氏坟

### 一、皇贵妃万氏生平

明宪宗皇贵妃万氏坟位于昭陵之南苏山东麓，当地人俗称之为“万娘娘坟”。

万氏，山东诸城人，其父万贵，初为该县掾吏，后犯法谪霸州。万氏4岁入宫，为宣宗孙皇后宫女，后侍宪宗于东宫。

但是，万氏究竟是何时开始去东宫侍奉皇太子的，文献记载却不尽相同。

《明宪宗实录》卷二八六记载：“妃，青州诸城县人。父贵，为县吏，谪居霸州。妃生宣德庚戌（即宣德五年），4岁选入掖庭，侍圣烈慈寿皇太后（即宣宗皇后孙氏）。及笄，命侍上于青宫。上即位，遂专宠。”笄，就是簪子。“及笄”，就是结发上簪。对于女人而言，古代15岁即将出嫁时，始结发上簪；未许嫁则20岁结发上簪。万氏大宪宗17岁，宪宗于正统十四年（1449）被立为皇太子，虚岁3岁。则万氏正好为虚岁20岁。所以，万氏应该是宪宗正统十四年被立为皇太子时，就被安排在东宫，侍奉宪宗。

但是，清查继佐《罪惟录》却记载：“宪庙在东宫，多宠。英庙闻而戒之，更侍以老成者。万贵妃长于上十有五，与褚五儿同预召，又皆被宠滥。英庙召各杖百。褚死，万绝而甦。初，宪庙欲幸万，万要上：‘能以我为妃始奉命。’宪庙辄与誓。后御极，遂有偶尊之惑。”按照这一说法，万贵妃是在宪宗发育成熟之后，也就是十四五岁以后，才被安排在东宫侍奉宪宗。这显然与《明实录》的记载不符。《明实录》是官方文献，对于这种事的记载应该是可信的。

成化二年（1466）正月，万氏生皇第一子，晋封为贵妃。不久，皇子病死，万氏不再生育。成化十二年（1476）十月，又晋为皇贵妃。万贵妃虽然宠冠后宫，但其实论相貌却称不上绝代佳人。有文献记载她“貌雄声巨，类男子”，还有的文献记载她“丰艳有肌”，说明她还有些发胖。但她却机警过人，非常会讨成化皇帝的欢心。成化皇帝每次出行，她都身穿铠甲，像个女将军一样，走在前面。成化皇帝每看到她这样子，就高兴得眉飞色舞。

由于成化皇帝只钟情于万贵妃，因此对皇后吴氏，以及其他妃子都比较冷漠。用文献记载的话说，就是“六宫希得进御”。有这样一位宠妃在成化皇帝身边，吴皇后心情自然不愉快。所以，她找机会把万贵妃痛打了一顿。成化皇帝知道后大怒，为了给万贵妃出气，竟然下令把皇后吴氏废掉了。

由于宪宗非常宠爱万贵妃，所以万贵妃在宫内也是横行无忌。宫里许多人都说，凡是有宫人怀孕，万贵妃都想方设法，让她堕胎。还说柏贤妃生的儿子朱祐极，都立为皇太子了，竟然被万贵妃害死。孝宗头顶上有一块没有头发，就是因为纪氏怀孕时，万贵妃让她吃药堕胎所致。甚至说，孝宗的母亲纪淑妃纪氏的死与她有关。所以，孝宗被立为皇太子后，周太后恐自己的孙子再遭陷害，特征得宪宗同意，把孝宗养育在自己居住的仁寿宫中。还嘱咐他到万贵妃那里千万别吃东西。万贵妃给他拿吃的，他说“已经吃饱”，给他盛汤来，他说“怕有毒”。万贵妃听了非常害怕。说：“这孩子将来长大了，还不把我当鱼肉吃了啊！”从此，大病一场。

成化二十三年（1487）正月十日，万贵妃突然去世，死因不明。

《朝鲜李朝实录》记载，朝鲜的进香使李封回到朝鲜，曾经在弘治元年（1488）闰正月的时候，对朝鲜国王说：弘治皇帝在当东宫太子时，万氏害怕将来弘治皇帝报复自己，特地养了一只老鹦鹉，教它说：“皇太子享千万岁。”训练好后，送给太子。不料太子一听鹦鹉这样叫，知道万贵妃是想在自己面前邀宠，于是拿起刀就要砍鹦鹉的脖子。万氏一看，自己在皇太子那里讨不到便宜，将来太子当了皇帝还有自己的好吗？因此害怕，自缢而死。

而明朝人沈德符《万历野获编》则记载，万氏殴打一名宫女时，因为发怒一口痰上来，被痰活活憋死了。甚至还有人推测，是“左右缢之”而死。所以，《明史》对她的死，只简略地记载为“暴疾薨”。

万氏去世后，成化皇帝十分悲痛，长叹说：“万侍长去了，我亦将去矣。”因为过度悲伤，成化皇帝在同年八月病故。万贵妃去世后，被谥为“恭肃端慎荣靖皇贵妃”。宪宗还下令在天寿山陵区的苏山脚下为她营建坟园，同年三月六日葬入坟园。

孝宗即位后，御史曹璘等曾请孝宗皇帝，削万氏封号，毁其园寝。鱼台县丞徐顼，也请速治曾为纪太后诊视病状的御医及出入宫禁的万氏眷属，究问纪太后死因。据《罪惟录》记载，曹璘、徐顼的奏章送上之后，依制当由内阁拟旨。当时，大学士万安、刘吉、尹直与曹璘、徐顼的意见相左，所以一连三天都没有拟旨。这时尹直说，照这样推迟下去，奏章必然会积压在内阁，我们怎能推卸责任呢？于是，万安拟旨：“法司看了来说。”刘吉有些担心，说：“法司要拿人，不便。姑着礼部。”礼部提出要拘拿曾经出入宫闱的万贵妃家亲戚。由于万安、刘吉平时都总在万贵妃那里献媚，担心牵连自己，非常害怕。尹直宽慰他俩说：“此事只宜宽处。”刘吉这才以手加额说：“此盛德言也。”一会儿，太监覃安过来取旨。刘吉拟旨：“先帝存日……”覃安摇头说不好。尹直改拟：“宫闱往事，朕承皇太后洎母，宣慰明白。恁说的都是外面浮说，难凭访究。姑从轻处。”估计是孝宗恐怕株连大狱，违背先帝意愿，所以同意了内阁的意见。曹璘、徐顼的奏章因此也没有了下文。

## 二、万贵妃坟园寝规制

坟园建筑始建于成化二十三年（1487）初，先后由工部左侍郎贾俊及右侍郎陈政主持建造。工成后，嘉靖十七年（1538）九月，又增建石碣一座。

园寝规制如东西二井。其墓室曾于1937年左右被当地土匪程颜斌等人盗发。墓室内凤冠、金银器物等被洗劫一空。地上建筑中，殿庑等单体建筑至迟在民国建元前已毁，清朝时有农户住入，园寝之内成为自然村落。（图 2.1.5）

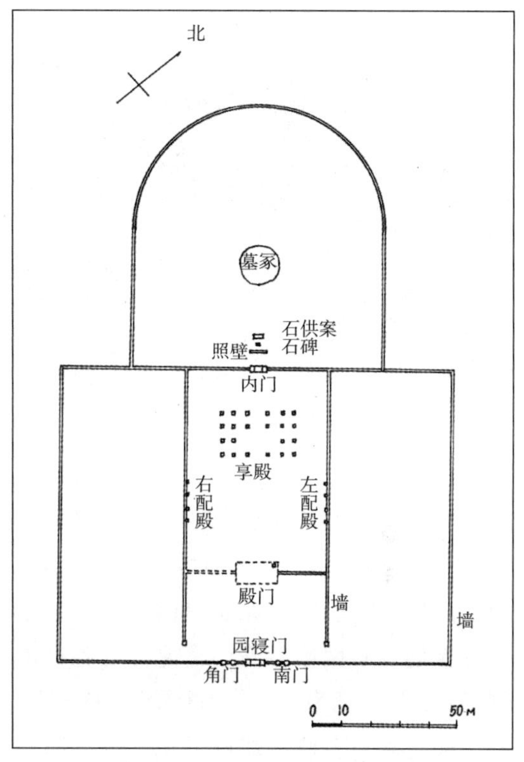

图 2.1.5 万贵妃坟平面图

园寝建筑朝向为南偏东 46°，现存遗物如下：

园寝墙，其平面布局分前方后圆两部分。

前面的方形院落，面宽 197.8 米，进深方向左右两墙各长 138.5 米。墙体除瓦饰残坏外基本完整。高 4.3 米，厚 1.15 米。下碱部分用城砖干摆砌成；上身部分用山石及河卵石垒砌，外抹灰涂红；墙檐作砖冰盘檐式，自下而上由出檐砖、混砖、枭砖和盖板砖组成。墙帽作大式琉璃瓦顶，绿色琉璃筒瓦、黄色琉璃滴水。

图 2.1.6 万贵妃坟园寝门

前墙的正中位置存有园寝门。为安砌有琉璃构件的、讲究的、硬山顶五脊门形制，残高约 5.3 米。门顶作硬山式，顶部瓦件全部不存，两山各存三层黄色琉璃砖。檐部前、后及两山面均作冰盘檐式，其出檐、圆珠混、半混、枭、盖板等由黄绿两色琉璃件相间垒砌，下为绿色琉璃挂落。门垛为砖砌，门基作陡板式，四角用石。再下台基部分已残坏，其面宽为 6.2 米，进深 2.2 米。门垛内，门扇已不存，上有门簪四枚。园寝门左、右各 3.5 米处原各有随墙式角门一座，均已封塞。其面宽含门垛各为 4.2 米（其中，门洞宽 2 米），门垛厚尺度大于墙体，前后各出 0.26 米。其上部存木过梁，檐部作砖雕鸡嗉檐，两山面各置博缝头。（图 2.1.6—2.1.7）

图 2.1.7 万贵妃坟园寝墙黄琉璃瓦滴水

图 2.1.8 万贵妃坟内砖照壁

图 2.1.9 万贵妃坟石碑

院内左右各存有内墙，其制同外墙。高 4.3 米、厚 1 米，顶部残坏严重，其前段均已倒塌。内墙之内原制呈两进院落。第一进院落左右两墙各设门一座，现各存内侧门垛，其面宽为 1.1 米，进深为 1.615 米。第二进院落，右侧前墙已倒塌，中部原设殿门，现仅存柱础石 1 块。院内享殿存柱础石 22 块，均为鼓镜形制。柱础石分布所显面宽为五间（通阔 25.23 米），进深三间（通深 13.8 米）。两配殿各以园寝内墙为后檐墙，后檐柱柱础石仍砌于墙内，其面阔各显三间（通阔 13.73 米）。院落后墙原设有硬山顶五脊门一道，制如园寝门，现存两门垛。两垛面宽各 1.27 米，进深各 1.99 米，两垛间距（门宽）2.87 米。其台基条石已局部塌落。

方院后的院落，后半部平面作半圆形，其面宽为 89 米，进深 90.8 米，墙体现状除顶部抹灰外，制如方院墙体。院内沿中轴部位，由前而后依次设照壁、石碣、石供案及墓冢。

照壁，存阑额以下壁身及壁座两部分。其露于地面部分高 2.1 米。其座宽 5.45 米，厚 0.63 米。壁身部分，四角黄琉璃柱已无，山面壁心亦残。前后两面则保存较好。上为绿色素面琉璃阑额，下嵌黄色琉璃线砖，再下壁心部分以三层边宽为 0.47 米的方砖垒砌。砖壁心下为黄色琉璃线砖，其四角各保存有黄色琉璃马蹄磉。壁座部分仅束腰以上部分露于地面。上枋、上枭、上混均为素面绿色琉璃构件，束腰部位亦为绿色琉璃构件，上有双胜及椀花结带图案。（图 2.1.8）

石碣，制略同二井，碣首雕双凤，碑身无字；碣座取须弥座形，其上下枭雕仰覆莲，上枋、下枋及束腰则分别雕双凤及“卐”字云。石碣自下枋以上总高 2.9 米。（图 2.1.9）

石供案，作须弥座形，仅束腰以上部位露出地面，案面长 2.03 米，宽 1.06 米，上枋及束腰均素面，上枭刻仰莲。

坟冢，作圆形土堆，残高约 2.5 米，底部直径约 14 米。

## 第三节 明世宗沈、文、卢三妃坟——悼陵

### 一、“悼陵”的由来

悼陵位于天寿山西南隅袄儿峪东麓，是明世宗朱厚熜元配皇后陈氏未迁葬永陵之前的葬地。因陈氏死后，世宗给她的谥号是“悼灵”，所以人们习称她的陵地为“悼陵”。

陵址系嘉靖七年（1528）十月，大学士张璁，尚书方献夫、刘麟，都给事中王汝梅，御史赵兑，兵部员外郎骆用卿及钦天监监副李鉴等人卜选。世宗同意以袄儿峪作为建陵地点，并命“先建香殿一所，备迎梓宫”。负责督理陵工的是工部侍郎何绍，拨有三大营官军 5000 人从役，由保定侯梁永福督率。同年闰十月，因太监傅平称官军数少，请增至万人，世宗又下令暂拨团营官军 8000 人助役。嘉靖八年（1529）三月初一日陈皇后入葬，九月十四日陵工告成。

### 二、皇后陵是怎么变成妃子坟的

隆庆元年（1567）三月，陈氏迁祔永陵，悼陵陵寝玄宫遂虚。万历九年（1581）十月，世宗皇贵妃沈氏去世，神宗下旨将沈氏葬入悼陵玄宫。此后，又有世宗文、卢二妃（文氏为贵妃，卢氏为靖妃）葬入。从此，皇后的陵园降格成为三妃坟园，但陵名仍被人们沿用。

### 三、悼陵的陵寝建筑

园寝建筑朝向为南偏东 35° 。总平面呈纵向长方形，面宽为 86.3 米、进深为 169 米。（图 2.1.10）

其单体建筑的设置，前垣间设殿门，院内设享殿、配殿、石供案（上置石供器）及墓冢等。其中享殿为五间，嘉靖四十五年（1566）七月，恭淑安僖荣妃杨氏神主祔于殿内后，该殿内后妃的神主安置情况为：中间一间奉安孝洁陈皇后神主，东一室祔荣安惠顺端僖皇贵妃阎氏及哀冲太子神主，西一室祔端和恭顺温僖皇贵妃王氏及庄敬太子神主，东二室祔怀荣贤妃郑氏及恭淑安僖荣妃杨氏神主，西二祔荣安贞妃马氏神主。隆庆元年（1567），孝洁皇后迁祔永陵，其神主遂享于太庙。此后，因年久失修，殿庑先后毁坏。

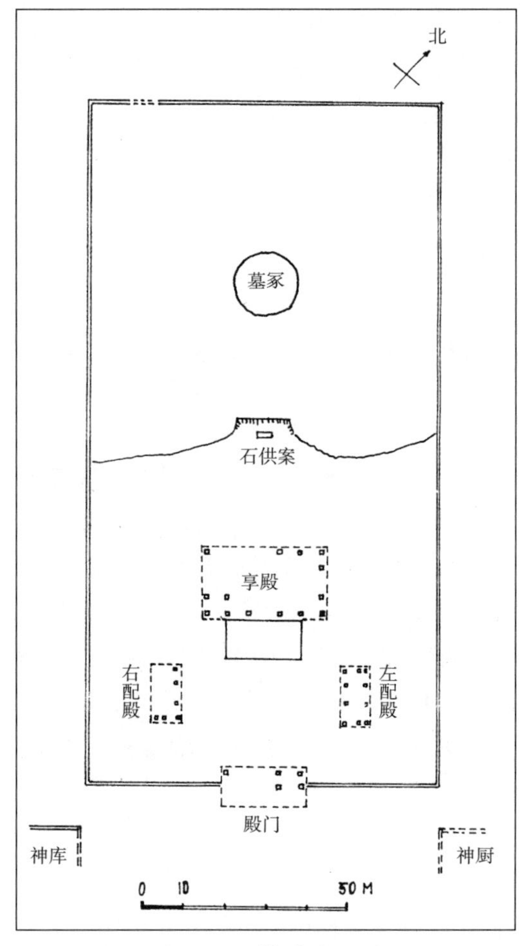


图 2.1.10 悼陵平面图

图 2.1.11 悼陵陵门遗址

现在，殿门仅存鼓镜式柱础石 5 块、门砧石 2 块。柱础石分布显示该殿门面阔三间（通阔 17.6 米），进深二间（通深 7.4 米）。门两侧及左、右、后部院墙局部有倒塌。其保存稍好处，高约 3.7 米，墙基厚 1.07 米。其下碱部分均用城砖砌成；檐部由出檐砖、混砖、枭砖、盖板砖组成冰盘檐，墙帽原覆黄色琉璃瓦，现全部不存；上身，前墙用砖砌，左、右及后墙均用山石或河卵石砌成，外抹灰涂红。（图 2.1.11）

院内，享殿仅存残基及鼓镜式柱础石 14 块。柱础石分布显示，该殿面阔五间（通阔 28.5 米），进深三间（通深 15.2 米）。殿基前月台，面宽 18.05 米，进深 8.17 米，周遭条石大部失散，踏跺则遗迹全无。左配殿，存柱础石 10 块，显面阔三间（通阔 13.1 米），进深二间（通深 5 米），后廊式，内减廊柱。右配殿存柱础石 6 块，制同左配殿。

享殿遗址之后有左右走向的土堆，其下是否有建筑遗址情况不详。土堆左侧前后有三道砖石垒砌的拦土墙基。土堆之后为石供案，保存较好。其长 2.51 米，宽 1.235 米，高 1.03 米，作须弥座形，其上下枋、上下枭及束腰等各部位雕饰同泰、康等陵。案旁散落石供器，有香炉、烛台、花瓶各一件。香炉，亦作三足鼎式，但炉盖仅雕宝山图案，且与炉身整石雕成，高 0.7 米，腹径 0.6 米，两耳及足部稍残。烛台，顶残，中部束腰，下部形如覆钟，其高 0.565 米，底径 0.42 米。花瓶，制如长、献等陵，底稍残，高 0.6 米，腹径 0.42 米。（图 2.1.12—2.1.15）

石供案之后为墓冢，其形制同万贵妃坟，底部直径 15 米，残高 4.4 米。冢前环石供案左右及后部有石砌护坡。

园寝内松柏苍郁茂盛，门外左右两侧各有遗址一区（可能是宰牲亭、神厨、神库遗址），现右侧遗址存后部院墙一段，长约 5 米，高 2.2 米，厚 0.6 米。全为河卵石垒砌，内外两面抹灰涂红。

此外，文献记载，悼陵还曾设置有神宫监及果园、菜园房屋等附属建筑。其中，果园、菜园房屋的形制、位置均不可考。神宫监遗址位于园寝建筑的右前方（今悼陵监村）。朝向为北偏东 48° 。其布局同泰、康等陵神宫监。现仅有右侧及北侧小段残墙保存。墙体均为河卵石及山石砌成，残高 2.5 米左右，墙身厚 1 米。

图 2.1.12 悼陵石五供

图 2.1.14 悼陵石烛台

图 2.1.13 悼陵石香炉

图 2.1.15 悼陵石花瓶

# 第四节“悼陵”陪葬墓

## 一、明世宗四妃、二太子坟

位于悼陵左面，相距 51.5 米，朝向同沈、文、卢三妃坟。

坟园墓主为世宗皇贵妃阎氏、王氏和贞妃马氏、荣妃杨氏，以及哀冲、庄敬二太子。

其中，皇贵妃阎氏，原为贵妃，嘉靖十九年（1540）正月初二日去世。世宗以其生皇第一子哀冲太子，追封皇贵妃，赐谥“荣安惠顺端僖”。同年九月二十六日入葬。

皇贵妃王氏，庄敬太子生母。嘉靖三十年（1551）正月二十九日去世，世宗命其“同阎氏墓葬”，并命将葬于金山的哀冲太子和庄敬太子迁来，祔葬母亲墓葬之旁，以从“冲幼儿从母”之义。

其中，哀冲太子朱载基，嘉靖十二年（1533）八月生。落生仅两月即夭亡。

庄敬太子朱载壡，嘉靖十五年（1536）十月生。《明世宗实录》记载，这位太子出生前，她的母亲梦见有神人送给她一个婴儿。嘉靖十八年（1539），世宗南巡前立他为皇太子，还命他监国。后来随着年龄的增长，应该出阁读书了，世宗打算让他先行冠礼。可是，才过两天，他突然在早晨时生病，且医治无效。去世那天，他突然向北跪拜说：“儿去矣。”然后正坐而薨，年仅 14 岁。

由于这两位皇太子都没有活到成年，所以，以方术见宠的陶仲文就向世宗提出了“二龙不相见”之说。意思是，皇帝是大龙，皇太子是小龙。大小龙相见不吉利。世宗信以为真，从此再也不敢提立皇太子的事了。在两个哥哥去世后，穆宗朱载垕本应被立为皇太子，却始终没有被立。

贞妃马氏、荣妃杨氏分别于嘉靖四十四年（1565）七月和嘉靖四十五年（1566）六月去世，并先后葬入园寝之内。

园寝建筑有围墙一周，园寝门一座，照壁一座，石供案、石供器一套，以及坟冢五座。由于所葬皇妃及太子均系“祔葬孝洁皇后陵次”，神主因之祔享于悼陵殿内，故此坟园并无享殿之设。

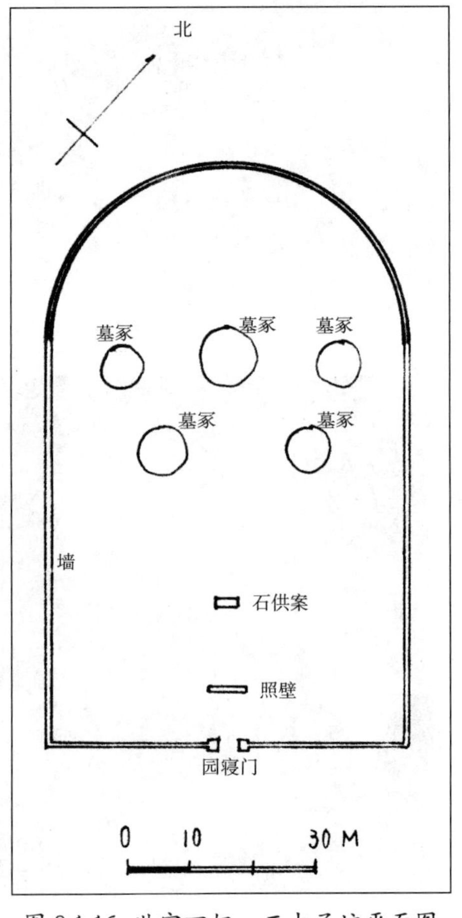


图 2.1.16 世宗四妃、二太子坟平面图

院落布局，平面呈前方后圆形状。含园寝门在内面宽 57.4 米，纵深最大尺度 93.6 米。墙体为城砖垒砌，残高 3.3 米，厚 0.92 米，上身抹灰涂红，墙帽全无，檐部仅存混砖和出檐砖各一层。（图 2.1.16）

园寝门，原制为硬山顶五脊门形制，仅存左右门垛。其面宽各 1.275 米，进深各 2.16 米，城砖垒砌，下碱部分有青石角柱石及压面石。两门垛之间为门洞，宽 2.81 米。（图 2.1.17）

图 2.1.17 世宗四妃、二太子坟园寝门

照壁，位于园寝门内 7.3 米处，全部为砖结构。其面宽约 4.6 米，厚约 0.64 米，高约 2.88 米。壁顶为硬山式，瓦件已无。两山面各存有博缝砖。檐部为冰盘檐式，自下而上存有出檐砖、混砖、枭砖各一层。壁身四角各存圆砖柱，柱间上端有素面砖额枋。其内四框施线砖，线砖之内壁心部分由 12 层城砖砌成，外抹成红墙。壁座作须弥座式，由上枋、上枭、上混、束腰、下混、下枭、下枋及圭角组成。其两端已毁，仅存中间一段。（图 2.1.18）

图 2.1.18 世宗四妃、二太子坟照壁

石供案，长 2.22 米，宽 1.085 米，下枋及其以上部位露于地面，高 0.985 米。各部位除束腰刻玛瑙柱、三连胜及椀花结带图案外，上下枋、上下枭均素面。石供器已全部散失。（图 2.1.19）

图 2.1.19 世宗四妃、二太子坟石供案

墓冢五座，均高不足 2 米，按前、后两排分布。前排两座，分别为马、杨二妃之冢；后排三座，中为阎、王二妃之冢，左为哀冲太子之冢，右为庄敬太子之冢。

## 二、明世宗郑贤妃坟

贤妃坟位于四妃、二太子坟北约 0.5 华里。《昌平山水记》中此坟漏记，其他文

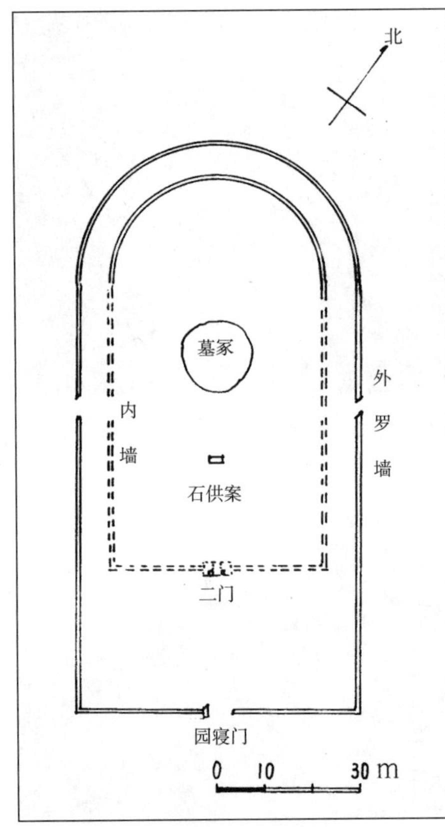


图 2.1.20 世宗贤妃坟平面图

献也不见记载。《明世宗实录》卷一八五记："嘉靖十五年三月……己未，贤嫔郑氏薨，……追封为贤妃，谥怀荣，祔葬于悼灵皇后陵侧。"以此坟位置及现存遗物分析，当即是贤妃之坟。根据有二：

其一，此坟与悼陵相距不远，与《实录》记载位置相符；

其二，从园寝规制方面分析，此坟与悼陵、四妃二太子坟均有共同之处。

首先，这三座园寝都没有树立石碣。天寿山妃坟树立石碣，出自世宗主张。东西二井和万贵妃坟均按世宗意图树立了石碣。但这三座园寝都没有设立。究其原因，是世宗的谕旨中没有下令为自己后妃的坟园树立石碣。这种做法在推崇封建伦理观念的时代，是很正常的。

其次，此坟与四妃、二太子坟规制相同，都没有享殿及两庑建筑之设。（此坟重门与供案相距仅 20 米左右，其间还应有照壁，根本没有修建殿庑的余地）而这一特点恰恰符合当时的历史背景。因为，这些妃坟虽各成一墓，但对孝洁皇后陵（悼陵）来说，却均属祔葬性质。贤妃及四妃、二太子的神主既然已经祔享于悼陵享殿之内，则贤妃坟及四妃、二太子坟自然没有必要再建造享殿。这一点正如当时礼部议荣妃杨氏神主祔享时所说的话："既祔葬孝洁皇后陵次，即当祔享（指神主）……若别为营建（指享殿），则与祔享之义不协。"

图 2.1.21 世宗贤妃坟残墙

另外，此坟外罗墙体的砖铭有"嘉靖十五年"字样，与郑氏去世年代相合，也是一个证明。

园寝建筑朝向为南偏东 35° 。有内外园寝墙两重，平面布局均作前方后圆之形。其中，外墙纵深约 120 米，面宽约 58 米，全部为山石垒砌，厚 0.88 米，残高 2.55—2.95 米不等。其前墙间原设有园寝门，其台基面宽 5.6 米，前部已残坏。右山墙仅存中间一段，残长 1.1 米，厚 1 米，高 2.9 米。左山墙及上顶部分全部无存。内墙仅存残基，城砖垒砌，残厚 0.4 米，残高不足 1 米，其前段遗址较模糊，原设有园寝门，现仅存两门垛内侧角柱石，据门垛角柱石位置可知，该门原制系硬山顶五脊门形制，门洞宽 2.1 米。（图 2.1.20—2.1.21）

内墙之内，现存石供案一座，系由三块石料拼合而成的须弥座形制。其长 2.2 米，宽 1.07 米，高 0.76 米。上枋、下枋、上枭、下枭均素面，无雕饰，束腰部分左、右两端已残坏，见存部分刻有椀花结带图案。（图 2.1.22）

图 2.1.22 世宗贤妃坟石供案

石供案之前，原制应有照壁之设，现无遗物保存。石供案后为坟冢，残高 3.3 米，底部直径 16 米。园寝内堆积有绿色琉璃瓦残件。

## 第五节 定陵陪葬墓——明神宗五妃坟

郑贵妃与二李、刘、周四妃坟，位于银钱山（或作银雀山或银泉山）东麓，万贵妃坟园之右，是陵区内占地面积最大的一座妃子坟。制略如东西二井、万贵妃坟，而外多一道外罗墙。

此坟建于万历二十五年（1597）三月，初葬敬妃李氏。敬妃李氏，万历十年（1582）入选为嫔，生惠王常润、桂王常瀛。去世后，追封为皇贵妃，谥“恭顺荣庄端靖”，命葬定陵玄宫右穴。后根据内阁大臣建议，营葬于此。

第二位入葬的是顺妃李氏。顺妃李氏，万历十年（1582）入选为嫔，天启三年（1623）闰十月去世。熹宗下旨“神庙清惠顺妃坟地不必另择，著祔葬于银钱山恭顺荣庄端靖皇贵妃坟内”。

此后，又相继葬神宗皇贵妃郑氏、昭妃刘氏及端妃周氏。

皇贵妃郑氏，顺天府大兴县（今属北京大兴区）人，福王朱常洵生母，是神宗生前最宠爱的妃子。明末清初人谈迁《枣林杂俎》曾经记载她的身世：

她的父亲名叫郑承宪，家里非常贫穷。为此，父亲将女儿许配给了某位孝廉做小妾。父女临别时，郑氏痛哭不已。孝廉对她产生了怜悯之情，派人把她送回了家，并且不再追要聘礼。郑氏对孝廉非常感恩，脱下自己的一只鞋，送给孝廉，答应将来一定报答这份恩情。后来，郑氏进宫，成了皇帝的宠妃。感念前事，却忘了那位孝廉的姓名。就把自己的另一只鞋拿出来，让小内官到市场去卖。因为标价很高，一直没人问津。那位孝廉听说了这件事，拿着郑氏留给自己的那只鞋去了，一对比，两只鞋完全一样。郑氏由此找到了那位孝廉。郑氏含泪将这事告诉了万历皇帝。说："如果不是那位孝廉，我恐怕是不能在这里侍候您了。"那位孝廉因此走上了仕途，当上了盐运使。

万历十年（1582）三月，神宗册立九嫔，郑氏被册为淑嫔，十一年八月进为德妃，十二年七月进为贵妃，越二年生福王常洵，又进封皇贵妃，地位仅次于皇后。

郑氏倚恃神宗的宠幸，想让神宗立自己所生的皇三子常洵为皇太子，以便有朝一日当上皇太后。她曾约神宗到大高玄殿，拜谒真武神。行香之后，神宗对神发誓，许立朱常洵为皇太子。又"御书一纸，封缄玉盒中，储贵妃处为信"。后因群臣一再敦请立储，孝定后也坚持立长，神宗才不得不割爱立朱常洛为太子，而将朱常洵封为福王。但神宗给福王的待遇却格外优惠。福王的封国在洛阳，仅王府的修建就用去了 28 万两白银，王庄面积也多达 1900 余顷。

郑贵妃还在宫内培植亲信，派人监视恭妃（即孝靖皇太后）母子，对恭妃百般凌虐。熹宗登极后，御史温皋谟曾上疏揭发郑贵妃的罪行，说她"摧残孝靖皇后，至饮恨而不得一诀"。孝靖后的亲侄儿永宁伯王天瑞也上奏指责郑氏迫害孝靖后的行为。然而，郑贵妃在光宗、熹宗二朝并没有受到任何打击。光宗皇帝在郑贵妃所赠的美姬和珠玉面前，竟要遵奉神宗遗诏，册封郑氏为皇太后。由于礼部侍郎孙如游极力反对，才没有成为事实。崇祯三年（1630）五月二十五日酉时，郑氏去世，崇祯皇帝下旨，丧葬事宜"照神庙恭顺荣庄端靖皇贵妃李氏例行，即葬李氏园内，并择吉开隧兴工"。同年十一月二十七日，郑氏下葬。

昭妃刘氏，万历六年（1578）册封，在妃嫔中颇有贤名。崇祯改元时，居慈宁宫，掌太后印，时称"太妃"。崇祯帝周皇后之选，即系刘氏赞成。崇祯十五年（1642），刘氏去世，年 86 岁，谥"宣懿康昭"。清顺治元年（1644）五月，葬坟内。

端妃周氏，万历十年（1582）册立为端嫔，二十二年十一月封端妃，卒年不详，葬坟内。

清顺治三年（1646）三月，昌平县（今属北京昌平区）民王科等七人（悼陵一带村民）曾盗发此墓，事发后被捕弃市。清初吴伟业有《银泉山》诗咏其事。诗云：

> 银泉山下行人稀，青枫月落鱼灯微。
> 道旁翁仲忽闻语，火入空坟烧宝衣。
> 五陵小儿若狐兔，夜穴红墙县官捕。
> 玉碗珠襦散草间，云是先朝郑妃墓。

清初时谈迁在他写的《北游录·纪邮上》也记载，他曾在顺治十一年（1654）时亲至思陵一带，问思陵的守陵太监许氏是否有陵园被发掘的情况。许氏对他说："各陵无恙。

独银泉山去此尚三里，四妃园（可能当时端妃周氏尚未葬入）盗掘，捕诛之，枭于昌平之谯楼，脑传红门。”

现在，这座坟园已成一片残址，其朝向为南偏东 35° 。外罗城残墙，平面呈前方后圆状分布，残高不足 2 米，全系河卵石及山石垒砌，基厚 1.6 米，前面的园寝门已不存任何痕迹。内墙布局略同万贵妃坟，墙体多处残坏倒塌。其稍好处残高 4.1 米，厚 1 米，其下碱部分以城砖垒砌；墙身用河卵石及山石垒砌，但上下之间被两道水平垒砌的城砖隔成三截，外部抹灰涂红，灰皮脱落殆尽；墙檐以上部分仅存出檐砖一层。方院前墙正中存园寝门石台基，其面宽为 6.7 米，进深 2.3 米。上存门砧石 2 块，两石中隔 3 米为门宽。（图 2.1.23—2.1.24）

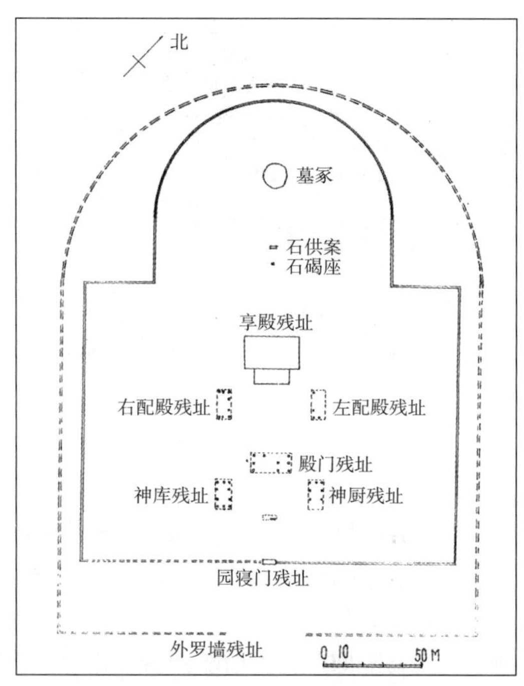

图 2.1.23 神宗五妃坟平面图

门内 22.4 米处又有门基石遗存物，门基石左右应有墙，但墙基因园寝内被垦为农田已不可见。门基石往里约 25 米为殿门遗址，上存鼓镜式柱础石 9 块。柱础石分布显示，该殿门为面阔三间（通阔 17.8 米），进深二间（通深 8.6 米）。殿门左右亦应有墙。但墙基亦为土及残砖所埋。殿门前左右两侧各有殿址，当分别为神厨、神库遗址。其中，左侧神厨遗址存柱础石 7 块，柱础石分布显该殿面宽为三间（通阔 13.18 米），进深二间（通深 6.6 米）；右侧神库存柱础石 10 块，显示面阔、进深情况同神厨。

图 2.1.24 神宗五妃坟园寝墙

殿门遗址以里 42 米处为享殿台基残址，残址范围，面宽约 30 米，进深约 17.5 米，残址之上满堆残砖断瓦。残址前月台亦堆满砖瓦灰渣，其面宽约 18 米，进深约 8 米。其前左右配殿亦各存遗址。左配殿遗址存柱础石 4 块，右配殿存柱础石 8 块。柱础石分布显示，两配殿面阔各三间（通阔 14.6 米），进深各二间（通深各 5.45 米）。

享殿之后应有院墙一道、园寝门一座，左右两侧亦应建有内墙各一道，现均不存。

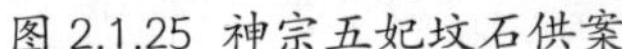

图 2.1.25 神宗五妃坟石供案

图 2.1.26 神宗五妃坟石碣座

但享殿遗址之后，半圆形的院落内坟冢、石供案及石碣座仍然保存。

坟冢，残高约 3 米，底部直径约 11 米。

石供案，位于冢前，应为须弥座形，地面上只见有束腰以上部分。上枋雕刻串枝莲图案，上枭雕仰莲，案面雕刻卷草花边。案面长为 2.59 米，宽为 1.26 米。案上供器全部失散。（图 2.1.25）

石碣座，位于石供案前，方形，其长 1.6 米，宽 0.72 米，高 0.91 米。前后两面各雕海水江牙、云及龙凤戏珠（左升龙，右降凤）图案，左侧面雕龙纹，右侧面雕凤纹。石碣碣身、碣首俱失散不存。（图 2.1.26）

园寝遗址之内有零散的绿色、黑色破碎琉璃瓦件。墙体砖面上发现有“壬辰年窑户□□造”“万历十□年□□□□造”“杜万造”“一作砖匠张忠”等铭文。

# 第二章
# 思陵陪葬墓—— 太监王承恩墓

图 2.2.1 王承恩墓远景

思陵的右前方，有一座陪葬的太监坟墓，这就是明崇祯年间的司礼监秉笔太监王承恩的坟墓。

王承恩，顺天府人，大同被农民起义军攻占后，奉命“提督京营内外军务，居督府之上”。崇祯十七年（1644）三月十八日夜，崇祯皇帝在李自成农民军攻入北京外城的紧急形势下，想夺门出走，王承恩执枪随驾，后因出城未果，崇祯皇帝和王承恩均在煤山（今景山，明代又称“万岁山”）自缢而死。

顺治元年（1644），清廷以帝礼改葬崇祯帝后，为了旌表王承恩“殉难从死”的忠君行为，于顺治二年（1645）四月，将王承恩的尸体葬于思陵之旁，并给香火地 60 亩，培冢立碑。清世祖顺治皇帝还亲自为其撰写了两碑碑文。今王承思墓前，保存有三通石碑。

第一通碑，紧挨着坟冢树立。（图 2.2.1）碑式为螭首（四螭下垂式）方趺（碑座），高 2.18 米，碑的正面篆额“御制旌忠”四字，下刻顺治二年四月清世祖的御制碑文：

朕闻烈士殉名，贲志而殁。贞臣卫主，捐躯以从。自有明失驭，寇陷都城，怀宗皇帝敦国君死社稷之义，崩于石室。时有司礼监秉笔太监王承恩者，攀龙髯而矢志甘雉颈以从君，陪缢于旁，殁而犹跽。呜呼！若承恩可谓事君有礼，不忘其忠者矣。夫人臣事主无二厥心，为其易事，与为其难者，途径若分，理道则一。人臣之怀有二心者，幸图苟免，甘心事仇。迺在平日侈读诗书，高拥爵位之人，无论生无以为人，死无以为鬼，对若人其亦何地置足耶！朕歼除巨憝，用彰民彝。既礼葬怀宗皇帝于思陵，因赐承恩茔域一区，俾葬兆外，以从厥志。仍锡之香火田地，竖之穹石，使后世知艰危之际，内员中乃尚有忠烈而死如承恩者。

大清顺治二年四月

碑的背面刻：

原任总督天下各镇援兵督察京营戎政勇卫军门，掌御马监、司设监、巾帽局、宝和等店大庖厨印务、司礼监秉笔太监王承恩之墓。

第二通碑在第一通碑前，碑制螭首龟趺，高 4.5 米，碑阳篆额“敕建”二字，下刻顺治十七年（1660）五月清世祖御制文：

御制明司礼监太监王承恩碑

朕尝考诸史册，见夫忠臣烈士，身殉国难，名炳千载，未尝不掩卷三叹也。虽忠义之性命之于天，人人可以自尽，然当变乱之际，利害动于中，祸患怵于外，依违瞻顾，多不能引决。求夫风雨不渝其常，霜雪不易其操者，盖难之矣。若夫掖庭之中，貂珥之列，或恪共著美，或勤慎流徽，若汉之吕强，唐之张承业，亦可谓贤矣。至于国家多难，秉志不移，忠诚贯于金石，气节昭于日星，尤足以激末流而挽颓俗也。如明司礼监太监王承恩者，有可纪焉。当明季寇讧，海内鼎沸，庄烈愍皇帝励精图治，宵旰焦心，原非失德之主，良由有君无臣，孤立于上。将帅拥兵而不战，文吏噂沓而营私。以致群盗纵横，不能奏绩。逮逆渠犯阙，国势莫支，帝遂捐生以殉社稷。而一时戴缨垂缨之士，在平时则背公树党，遇难则苟且偷生，言之可为太息。唯有范景文等十九人无愧臣节，业赐谥致祭以旌其忠。然多士盈廷，能赴义捐躯者，概不多见。独承恩目击艰危，从容就义，从死愍帝之旁。其岳岳之风节，即古之忠臣烈士何以加焉！既乃托体山阿，瘗骸林麓，永近园陵，常依隧道。可谓式慰幽灵，用绥贞魄者矣。朕自践祚以来，斟酌前代之典章，洎夫有明，恒深嘉叹。其列代山陵，近在畿辅，向令永禁樵采，守护维严。于顺治十六年因冬狩驻跸昌平，睹胜国之松楸，感废丘之霜露，诸陵周览，心恻久之。爰至思陵，念愍皇帝精勤遘乱，亡国非辜，躬奠椒浆，尤增悯泣。顾见陵侧，有土一坏[1]，即承恩墓也。特命从臣酹酒焉。迩者当省敛之时，展轸宵驾，载履明诸陵，拜陈酹醴。复徘徊于思陵之所，抚荒墟而洒涕，沥旨酒而痛心。念兹从死之臣，弥兴节义之感，手一卮，命大臣拜奠其墓，以劝忠也。谥义：危身奉上，险不辞难，曰忠。故忠君爱国，庸人每未之逮。贞烈之士，毅然行之。使百世之下，闻而兴起者，慕谊无穷也。矧承恩趋侍宫掖，出入禁闱，其责任不系乎封疆，名位不同乎公辅，而独能视死如归，岂非较然不欺其志者哉！以视世之读书明大义负重名者，变故当前，依阿澳涊，幸免旦夕。其为人贤不肖又何如也。用是勒之贞珉，使尽忠者以为劝，不忠者以为戒，且以告夫天下万世之为人臣者。

顺治十七年五月初八日立

另据《清世祖实录》记载，顺治十七年（1660）七月辛巳，大学士李霨也曾奉命为王承恩墓撰写碑文，内容大致与顺治帝所撰相同，文虽成，却未镌刻碑上。

第三通碑，即坟墓最前面的一通碑。碑高 2.19 米，阳刻“王承恩墓”四字，右下有“吴下倪钦题”字样，均为行书字体。倪钦，民国元年（1912）曾担任昌平州知州。他所立的这通碑为青石雕成，无首，方趺。因非朝廷官立，碑趺浮雕图案不用云龙，而取材于古代的神话传说或其他传统图案。如碑趺正面雕刻波浪之中，一马（头上长角）驮着一捆书向前奔跑，是取材于古代“龙马负图”的传说。其余三面则雕刻鹿、麒麟、“犀牛望月”等传统图案。

当然，王承恩墓中安葬的到底是不是王承恩本人，后人是有疑虑的。

例如，清麻兆庆《昌平外志·墓冢记校勘》就说：“按吴楚材《明鉴易知录》：‘李闯之葬庄烈也，惟襄城伯李国桢一人斩衰徒步送至陵。襄事毕，恸哭作诗数章，遂于帝后寝前缢死。’则思陵西，乃李国桢墓。”但是他也不确定王承恩墓内安葬的就是李国桢。所以又说：“《李浚传》云，自成‘勒国桢降……责贿不足，被拷折踝，自缢死’。互异，俟考。”

他还引《日下旧闻考》朱彝尊“原按”的话说：“‘思陵从死内臣，有云王之臣者……有云王之俊者……有云王之心者……有云王承恩者’，传闻各异。”

总之，在他看来，王承恩墓内所葬不一定真的就是王承恩本人。

他在“眉注”还记载了这样一件事：有一位叫王叔梓字琴轩的廪膳生（享受朝廷生活补贴的秀才），是永平府迁安县（今属河北迁安市）人。乾隆时迁家到东北吉林。光绪十九年（1893）参加秋季举行的乡试。在住地的宾馆中，他遇到了一位叫张仙舫的人。他们谈起了《昌平外志》对王承恩墓的考证。王叔梓说：“此梓远祖也。当殉节后，葬归迁

1 碑文“坏”字，当系“抔”字之误。

安祖茔。国朝赐祭田六十亩。梓每来京都，过必祭扫焉。”在他看来，王承恩应该是归葬在迁安县的祖坟了。

麻兆庆的考据分析，并没有做出肯定的结论。但清王朝出于政治目的，也不排除有以他人尸体替代王承恩尸体的可能性。因为当时形势混乱，王承恩的尸体能否找到，确实是个谜。

# 第三篇
# 天寿山陵区的附属建筑

天寿山陵区内除了皇帝陵寝以及皇妃陪葬墓等墓葬性质的建筑外，在明朝，还建有若干为帝后谒陵驻跸、临幸的附属性建筑。除此之外，还有一些与葬礼或营建相关的古迹。特别是由于陵区距离边关较近，为使陵区安全，还建有若干城堡、山口墙垣等军事防御建筑。

# 第一章
# 行宫、园林及其他相关古迹

明朝时，皇帝时有春秋谒陵之举。届时后妃随行，千军万马扈从，声势极为浩大。为此，陵区内还建有为帝后居住、临幸的行宫，以及亭台等园林建筑。这些建筑虽然已经为历史所湮灭，但大多仍有遗迹可寻。

---

## 第一节 行宫、园林

### 一、旧行宫

位于龙凤门西北芦殿坡附近（今十三陵镇政府所在地东侧）。约成于宣德元年至五年间（1426—1430），嘉靖十七年（1538）新行宫建成后废弃。清顺治、康熙年间存土垣一周，此后被辟为农田，现无遗迹可寻。

### 二、新行宫

位于永陵监南，今北新村西。嘉靖十六年（1537）正月建，嘉靖十七年（1538）二月建成。其建筑朝向为南偏西 50°，有重门及正寝二殿，围房 500 余间。正殿名为感思殿，门名感思门。均毁于清代初年。现遗址位于一高起的土台上，其内已辟为农田，有柱础石、条石、碎砖瓦（黄、绿、青不同颜色的琉璃构件）等堆放于田埂间。遗

图 3.1.1 明人绘《出警图》中的新行宫

址的范围，面宽、进深各约250米。（图3.1.1—3.1.2）

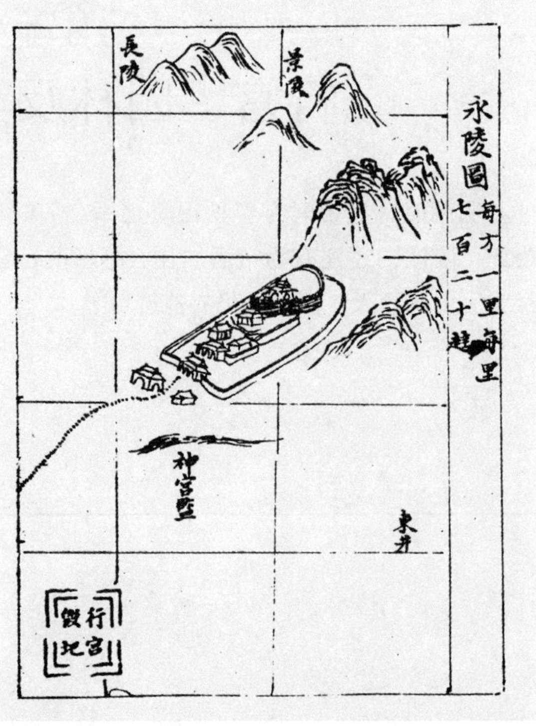


图 3.1.2《帝陵图说·永陵图》中的新行宫遗址

图 3.1.3 明人绘《出警图》中的时陟殿

## 三、时陟殿

位于大红门内东侧，俗称“拂尘殿”或“弹尘殿”。为帝后谒陵更衣之所。其建筑亦有正寝二殿，正殿名“时陟殿”，门名“时陟门”，有围房60余间，二殿及围房周植槐树各500余棵。所有建筑均毁于清代初年。现除数块条石散置田边外，原建筑的墙基范围、殿宇位置均因被辟为果园而无迹可寻。（图3.1.3）

## 四、巩华城行宫

位于今沙河镇。永乐七年（1409）因该地“为圣驾展祀陵寝之路，南北道里适均”，曾于该地建行宫以备圣驾谒陵驻跸，正统年间被水冲毁。嘉靖十六年（1537）三月，世宗下令重建，次年五月兴工，嘉靖十九年（1540）十二月竣工。其建筑规制略似大内，中路建有龙跸门（南门）、龙跸殿、广载宫，东侧建有凝禧殿、华鸾宫、集祥宫，西侧建有景惠殿、翠凤宫、会祉宫。东、西、北三面亦各设门。东门为丽春门、步和门，西门为延秋门、宣泽门，北门为宁远门。该建筑清初时尚存，现已全部不存。

## 五、九龙池

位于昭陵右翠屏山下。始建于永乐七年（1409）之后，成化十四年（1478）之前。为帝后谒陵事毕临幸之所。清孙承泽《天府广记》记载当时的情况：

> 未至池，石濑溅溅，北流入沟塍，稍宽处辄有蒲芷丛翳，鹅鹂泳游其下。自朱门入，池方广逾十丈，重垣护之，覆以黄甓。石琢九龙首，嵌西垣下，呀然张颊，喷泉沫入池有声，冷然相应。池上石壁千仞，巉削如斧凿痕，泉脉出其中。山脚为小石方井，识泉源。松竹桃柳，夹池东西……门稍东为月关泄水，水淙出关。东为小渠，过石梁乃萦回西入山下田。

另外，嘉靖十五年（1536），明世宗谒陵，又下令建一亭一台于池北，亭名“粹泽”。其制“中一间，旁各三间”。九龙池池水甘甜，具有“熟之速，凉之迟”的特点，加上景致幽雅，明清文人多有题咏。

清初时，该组建筑尚存水池及周垣墙壁。新中国成立后，垣墙基址尚较清晰，水池也较完整。20 世纪 70 年代，昭陵村为兴修水利，在池内建水泵房一座，水池因之而被破坏，周垣遗址则因修筑公路及多年的水流冲刷而泯灭。现该池仅存龙头两个及局部残壁，旁有粹泽亭鼓镜式柱础石 1 块，已错位。

### 六、长春亭

位于老君堂东北。原有正房三间，东西厢各三间，为帝后“游憩”之所。其始建时间不详，建筑早毁，遗址位置不可考。

此外，明朝时陵区内还有松露殿、肃敬殿、修仪馆、饰容馆、长生迹、长生亭等宫苑性质的建筑，其位置、形制均不可考。

## 第二节 其他相关古迹

### 一、香帛亭

为祭祀陵寝而设。位于昌平城内州署之西，城隍庙之东，是陵祭前安放神帛及相关仪物之处。弘治十三年（1500）由太常寺卿崔志端购地，工部奉命营建。其建筑除亭本身外，还有殿六楹，前门、中门各四楹，左、右厢各八楹，后厢六楹，东西有屋数区（为太常寺官及庖役斋息之所）。今俱无遗迹保存。

### 二、馆

嘉靖年间为陪祀官员住宿而建。计 14 处：新都察院馆位于昌平城内西南，都察院馆位于昌平城内大街西，东察院馆位于州学西，西察院馆位于州治西，翰林院馆位于儒学内刘谏议祠后，六科馆在谯楼西北，十三道馆在文庙南，顺天府馆位于北城下，太仆寺、通政司馆在十三道馆西，刑部馆在六科馆东，户部馆在南大街，光禄寺馆在谯楼南街东

第二卷，吏部四司馆在东察院西。

明亡后，各馆或废或改作他用，现均无遗迹保存。

## 三、工部厂及内监公署

位于七空桥东3华里河北岸（今十三陵乡北新村南），分别为陵区内的施工基地和内官监掌外厂衙署。明朝时，厂内有碑两通，其一刻崇祯帝命太监魏国征掌宣府军务敕谕，一刻翰林韩四维所撰碑记。清初时厂署俱废，清末衍为自然村落。新中国成立后，存署前上下马石各一块，槐树两株。1958年修建十三陵水库，村址北迁，此后该地被垦为农田，马石随之被毁，槐树亦不存。石碑则早已散失。

## 四、龙王庙

为陵区内水神庙，建于明代。坐落在工部厂西，有庙碑三通。分别为弘治、嘉靖、万历年间担任工部厂员，兼掌镇兵的王定、张保三、潘朝用三太监所立。新中国成立后，该庙存有正殿及左右配殿各三间，围墙一周，门楼一座，正殿内有壁画。庙宇建筑被用作学校教室。1958年修建十三陵水库时，庙宇被拆，石碑散失。

## 五、圣迹亭

为陵区纪念性建筑，建于东山口内平台山上（今九龙游乐园所在地）。该亭系嘉靖十五年（1536）四月，世宗为更正亭址所在山名而下令建造的。当时，不仅长陵后的主山叫“天寿山”，这座平台山也叫“天寿山”。据说是因为当年卜选长陵时，成祖经过此山，曾经在此山休息。时值成祖万寿圣节（生日），大臣们因此进山名为“天寿山”。明世宗认为，天寿山是长陵的主山山名，因此将此山改名为平台山。并下令在山上修建一亭以正其讹。次年正月正式动工，十七年（1538）四月，世宗躬视新亭，并于亭内躬祭成祖皇帝。亭制为圆形，以白玉石为栏，有台阶盘旋数十级而上。亭榜额有世宗御题“圣迹”二字。明朝时，曾以“天峰拔萃”景名列入“燕平八景”，清康熙年间，因亭毁景观不存，改以“陵阙晴霞”景名代替。20世纪80年代末，山上建九龙游乐园，旧迹因之不存。

## 六、老君堂

为陵区内道教建筑。位于景陵北1公里处（今老君堂村）。明朝时有殿3间，清光绪年间已废，现无遗迹保存。

## 七、神仙洞

位于中山口北蒋山东麓，洞口朝东南方向。“从石梯而下，石皆倒垂奇怪，下为平地。

洞内西北有一门，皆石槎牙而成。近门上有一大石钟，下悬，长数尺。门之内，少入转而南，见有石罅如夹道。中深黑不敢入。”[1] 洞门有石梁，刻“神仙洞”三字，两侧刻楹联：“蜿蜒龙脊山吞月，磊砢云根洞有天。”此洞为天然岩洞，嘉靖三十三年（1554）修理七空桥时，管工官员为此洞增加了门券，遂成一处美景。山顶原建有三清殿，山下松涛飒飒，明朝时，曾以“石洞仙踪”作为景名，列入“燕平八景”。清康熙《昌平州志》记载，因“仙踪”二字无所指，且洞前左右有明朝遗存下来的松树，“每微风鼓击，涛声飒至，不啻悠然天籁也”，所以更景名为“石洞松涛”。现在石洞虽毁，石刻楹联仍保存完好。（图 3.1.4）

图 3.1.4 神仙洞石额、对联

图 3.1.5 天寿灵山出土的雕刻龙纹的山简石匣

## 八、天寿灵山

位于今十三陵水库南岸，为长陵案山。明代称“天寿灵山”。是为已故帝后投放山简，升度亡魂的地方。我国古代的帝王多信奉佛、道二教。投放山简是道教的做法。《太平御览》引《黄箓简文经》:“投金龙一枚，丹书玉札，青丝缠之，以关灵山，五帝升度之信封于绝岩之中”，就是指的这种宗教仪式。此外，在古代还有水简、土简等不同的仪式。明朝帝后去世，例在“七七”之日，作“荐扬好事”，投放山简是其中的一种仪式。

据当地老人回忆，1926 年和 1948 年，山顶上先后两次出土明代山简，据说都是国民党军队修炮楼时挖出。数量说法不一，有说十几匣，也有说一两箱的。石匣均为汉白玉石雕刻而成，长方形，子母口。内放长方形涂朱石简和长约 10 厘米左右的金龙。龙颈上套有金环，下铺红棉

上清三洞五雷經籙清微通元使臣喻道純欽奉
旨伏為
孝莊獻穆弘惠顯仁恭天欽聖睿皇后尊靈崩逝上升條
臨七七之辰爲揚特命道衆於
朝天宮自八月十三日爲始脩建
三籙爲揚大齋三晝夜祗設醮禮一千二百分位升度
之進登天府以今法事云周齋壇解散投簡靈山恭願
二籙度命登真上仙承元始之真符禮
玉皇而受道超凌三界逍遙上清祈五行順軌七政循躔繼
聖敬信合龍驛傳一如告命
成化四年歲次戊子八月戊子朔十五日壬寅簡文告於
天壽靈山
上清三洞五雷經籙清微通元使臣喻道純[illegible]

图 3.1.6 天寿灵山出土的山简刻文拓片

1 清顾炎武《昌平山水记》。

纸。匣内还有铜钱数枚。（图 3.1.5—3.1.6）

现在定陵博物馆的收藏只有石匣两个（石匣盖已散失），石简一枚。石匣高 36 厘米，宽 64 厘米，一个四外壁雕饰精美的云龙图案，另一个雕刻云纹。石简为汉白玉石雕成，长 38 厘米，宽 22.3 厘米，厚 4.7 厘米，四角略有倒角。石简的正面阴刻楷书简文十三行：

> 上清三洞五雷经箓：清微通元使臣喻道纯钦奉圣旨，伏为皇妣孝庄献穆弘惠显仁恭天钦圣睿皇后尊灵崩逝，上升倏□□临七七，爰启荐扬，特命道众于朝天宫自八月十三日为始，修建□箓荐扬大斋三昼夜。祗设醮礼一千二百分位升度，□进登天府。以今法事云，周斋坛解散，投简灵山。恭愿□箓度命，登真上仙，承元始之真符，礼□皇而受道，超凌三界，逍遥上清，祈五行顺轨，七政循躔，缯璧效信，金龙驿传，一如告命。成化四年岁次戊子八月戊子朔，十五日壬寅，简文告于天寿灵山。上清三洞五雷经箓清微通元使臣喻道纯承诰奉行。

石简的背面阴刻“云篆”[1]字体的八字符文，是用来“遣神役鬼”“镇魔压邪”的。根据石简文字可知，此石简系道士喻道纯在成化四年（1468）时奉旨为去世的英宗皇后钱氏投放的。

## 九、松园

位于原昌平州（今北京昌平区）城东门外，为明代陵寝所需松柏树的苗圃地。明朝时，曾以“松盖长青”的景名，列入“燕平八景”。顾炎武《昌平山水记》记载：“松园，方广数里，皆松桧，无一杂木。”康熙年间，因松园松柏已经早被伐尽，所以以阳坊西神岭山的景观“神岭千峰”代替。

## 十、果园与窦槐

明朝时，天寿山各陵都设有果园（或称瓜园），归各陵神宫监太监管理。其位置有的在陵区之内，有的在陵区之外。清朱孔阳《历代陵寝备考》等文献记载，长陵园在神仙洞北（今长陵园村），献陵园在昌平州城南门外稍西处，景陵园在山（蒋山）北，裕陵园在景陵园西，茂陵园在松园西，泰陵园在大红门西北（今泰陵园村），康陵园亦在大红门西北（今康陵园村），永陵园在神仙洞前（今山人洞村），昭陵园在西山口（今西山口村），定陵园在昌平州城西门外御路西，庆陵园在白浮村，德陵园在昌平州西门南。

上述各陵果园或瓜园，基本没有历史遗物保存。只有景陵园，历史上曾有窦燕山所

1　云篆：道教使用的一种文字。字体似篆而笔画多曲叠，谓由天空云气转化而成，故名。常用于书写符箓，谓可遣神役鬼，除治疾病。

植槐树，被伐于清初，现有石碑保存在昌平区博物馆中。

窦燕山，名窦禹钧，又称窦十郎。五代后周时期大臣，蓟州渔阳（今天津蓟州区）人。因蓟州处燕山范围，所以人们称他窦燕山。《三字经》里“窦燕山，有义方，教五子，名俱扬”，讲的就是窦燕山教子有方，五个儿子都成为国家有用之材的故事。另有冯道曾赠禹钧诗：“燕山窦十郎，教子有义方。灵椿一株老，丹桂五枝芳。”讲的也是这件事。

《历代陵寝备考》引黄百家《北游纪方》说：“窦氏植槐，在景陵瓜园中，顺治四年伐去。”《昌平山水记》也记载：“东山口内二里，景陵果园之旁，有古槐一株。其大数十围，中空，可容十人坐。相传为燕山窦氏庄。自陵木尽，而槐亦伐矣。”

1958年修建十三陵水库时，裕陵园、景陵园、龙母庄村及东山口村均迁建新村，故址淹没在水库中。但当时有明代石碑一通遗留下来，为昌平区博物馆征集保管。碑文为：“窦槐，传系禹钧家旧物。先是萧然偃卧，提督申公敏华暨十二陵诸公，恢其南垣，扶□委干，于是翠影高飞，苍颜益健。相期雨后聚首其下，就壁漫书：山色何峥嵘，浓绿摩苍舞。霏微堕宿云，精神畅新雨。肯同腐花，不为人黄，风但清环堵。蔚蔚蟠龙岬，圣迹相千古。崇祯辛巳仲夏之杪，滨宛刘馀祐。”

# 第二章
# 军事防御建筑

明朝时，天寿山陵区的地理位置十分特殊，它虽位处京郊，距离都城不远，但又切近边关，恰处京北居庸关与古北口两大军事要塞之间，北距长城不过六七十里，军事防御实为第一要务。为确保陵园的安全，陵区不仅周围沿山设险，修筑有可资派军防守的十口城垣、敌台、拦马墙等军事防御工事，还在陵区之南修筑了可以屯驻重兵的昌平和巩华二城，以屏卫陵区。

---

## 第一节 十口城垣

明朝时，天寿山陵区的周围，共有灰岭口、贤庄口、锥石口、雁子口、德胜口、西山口、榨子口、中山口、东山口、老君堂口十个天然的山口，与陵区之外相通。为使陵区的安全得到保障，朝廷先后在这十个山口修筑了相关的军事防御建筑。

### 一、灰岭口

位于泰陵北约 4 公里处（今上口村北），山口内外宽漫，西北与永宁相通，东北与黄花镇相通。永乐年间曾建有旧城一道、敌楼一间。嘉靖十六年（1537）因旧城城楼、城墙及水门卑隘损坏，又进行了改建。其中，敌楼改建为 3 间，“东西长六丈，南北阔四丈，中以灰石，外俱包砖”，楼顶改制为歇山转角两滴水形制。旧城一道，原“长四十丈，高一丈二尺”，增高为二丈；城墙根脚原厚一丈五尺，亦增为二丈；“结顶一丈，上加女墙高六尺，厚二尺”，均用砖灰垒砌；“门用铁裹，墙下水门一座高八尺、阔一丈，扇亦用铁裹”。此外，还增筑了东西敌台各一座，以便瞭望；增置官厅一座（3 间）、门楼 3 间、营房 60 间，作为官军憩息之地。清朝时，上述建筑逐渐颓坏。1971 年时，口内已残坏的城楼台基仍保存，现仅存两侧残墙。其中，西侧残长约 175 米，近口处残高 6.2 米，顶宽 7.3 米，基宽 8.7 米；东侧残长约 136 米。建筑材料以条石、山石和河卵石为主，灌以灰浆。高度均随山势增高而降低，并随山脊走向修筑。另外，1990 年 6 月，于上口村内发

图 3.2.1 灰岭口残存城垣

图 3.2.2 灰岭口石匾额

图 3.2.3 贤庄口残存城垣

图 3.2.4 锥石口残址

现该口石刻匾额，宽 0.935 米，高 0.48 米，厚 0.14 米，刻有“灰岭口”三个大字，旁刻“大明嘉靖十六年八月二十日立”题款。（图 3.2.1—3.2.2）

## 二、贤庄口

又作贤张口，位于泰陵北 2.7 公里处（今下口村西）。口内道路狭窄，西北通永宁南山及白龙潭。嘉靖十五年（1536）建有正城一道、水门一空、西山墩一座。入清以后逐渐颓坏，现仅存北侧墙体。其残长约 140 米，近沟口处残高约 4.8 米、顶宽 7 米，底宽 8.4 米，山上部分逐渐低矮。墙体外皮均用条石包砌。（图 3.2.3）

## 三、锥石口

位于泰陵西北 0.75 公里处，沟口较宽，西北通延庆区。嘉靖十年（1531）建有正城一道、水门一空、西山墩一座。入清以后，逐渐残坏。现口内墙体已毁，但有墙基条石遗存。口北侧则存有墙体断断续续至山腰，总长约 130 米，墙体建造方式同灰岭、贤庄二口，近口处宽 6.6 米，高 4.7 米。（图 3.2.4）

## 四、雁子口

又作雁门口，位于康陵西南约 1.1 公里处，沟口狭窄。嘉靖十五年（1536）建有正城一道、水门一空、东山墩一座。现存口内两侧残墙。其中，东北侧墙长约 15.4 米，墙基宽 5.7 米，上宽 3.8 米，残高 46 米；西南侧墙长 18 米，墙基宽 8.3 米，上宽 8.1 米，残高亦 4.6 米。附近村庄为开展旅游，在山口处修建了一个城门墩，不合原有建筑形制。

## 五、德胜口

又名得胜口，金大定二十五年（1185）五月曾更名翠平口，明代仍用旧名。其口宽约 25 米，两侧山势高险，中有河流，西通大小红门、柳沟等处。口位昭陵西 2.6 公里处（今德胜口水库大坝稍东）。嘉靖十五年（1536）建有正城一道、水门一空、拦马墙一道，东、西山墩各一座。明亡后逐渐颓坏。1959 年修建德胜口水库，口内垣墙被拆除。现仅南侧山崖下存一段残墙。其长约 3 米，高约 2 米，墙顶厚约 6 米，外侧墙皮已不存，但下层存有花岗岩条石基础，墙心为碎山石灌浆砌成。北侧墙体因修筑公路仅存山石基础。（图 3.2.5）

图 3.2.5 德胜口残存城垣

## 六、老君堂口

位于长陵东北 2 公里及其稍北一段地方（今老君堂村北至沙岭一带地方），北通黄花城。原有私开路径。嘉靖十六年（1537）二月，明世宗谒陵事毕，北阅山场，见地形险要，命堵塞以防蒙古诸部南犯。经裕陵卫指挥周锦、昌平州判官孙莒等赴口丈勘，由七陵巡逻下班官军修筑了拦墙五道：关口拦墙一道，“东西长一十三丈，高一丈二尺，阔厚根址二丈，收顶一丈五尺”；大沙岭口拦墙一道，“东西长三丈，沟深七尺，长一丈五尺，横阔填平二丈五尺，上墙长三丈，高一丈五尺，根址阔厚二丈，收顶一丈五尺”；西偏坡拦墙一道，“长二十丈，高六尺，阔厚一丈，收顶七尺”；小沙岭口两处，各有拦墙一道，“共长一十二丈，俱高一丈，阔厚一丈，收顶六尺”。明亡后逐渐颓坏，现大多仅有残迹留存。其中，沙岭村南公路西侧现存拦墙稍好。该处拦墙属小沙岭口拦墙，残长约 30 米。东段 7 米，西段 11 米，保存较完整。均为山石垒砌的虎皮墙，内勾抹灰浆，其底部厚 2.7 米，顶厚 1.5 米，高 2 米。（图 3.2.6）

图 3.2.6 老君堂口沙岭拦马墙

另据《四镇三关志·昌镇经略》“杂防”条记，自嘉靖四十五年（1566）始，根据兵部侍郎刘焘、巡抚副都御史耿随卿的提议，昌镇还在前述沙岭、灰岭、贤庄、锥石、德胜五口添设了鹿角榨木、拗马品字浮石等堵塞隘口的设施。其中，沙岭口外设鹿角榨木 3 层，灰岭口外设鹿角榨木 5 层，猱头榨木南北 1 丈五尺，拗马品字浮石南北 100 丈，水口顺河荆囤 10 层；贤庄口外设鹿角榨木 5 层，猱头榨木南北 14 丈，荆囤 5 层，拗马品字浮石南北 14 丈；锥石口外设鹿角榨木 5 层，水口外鹿角榨木 4 层，猱头榨木南北 20 丈，荆囤 5 层，拗马品字浮石南北 20 丈；德胜口外设鹿角榨木 10 层，猱头榨木南北 12 丈，荆囤 5 层，拗马品字浮石南北 12 丈。此外，各口墙外，还采取了种植榆柳杂树，以及在山坡平漫、难于守御之处铲削偏坡、劘成壕堑等诸多与城垣建筑相配套的固险措施。

## 七、西山、东山、中山、榨子四山口

为陵区南面的山口。西山口，位于思陵南，今小宫门村北；东山口，约当今十三陵水库拦洪坝位置；中山口，又作伽蓝口，位于昌平城北龙山与汗包山之间；榨子口，位于西山口与大红门之间，西距西山口约 1 千米。

嘉靖三十年（1551）以前，四口之中，仅西山口筑有墙垣，并于口内设小红门作为陵区侧翼门户。其余三山口，隆庆五年（1571）前仅有块石堆垛而成的简易式石墙。隆庆五年（1571）二月，根据提督昌平都御史栗永禄的建议，又由天寿山守备官督率八陵陵卫掌印官，“东自蟒山头起，西至西小红门西场头止，沿山内外，逐一踏看，栽松柏、梓栳、榆、柳等”[1]。东山口，则明神宗初意欲仿德胜口修建墙垣，后因考虑到陵区内水流均经此口而出，“一遇春夏水发，冲沙滚石、漂木浮薪，势甚迅激，筑墙建桥难成易坏，非数十万钱粮不可”[2]，所以，万历十一年（1583）只于口内两端建敌台两座，敌台设楼三层。两台靠近山脚的一面各建有城墙。天启三年（1623）四月，根据大学士孙承宗的建议，天寿山一带又“厚筑城垣”，陵区前四口城垣建置始臻完备。（图 3.2.7）

图 3.2.7　东山口北侧残垣

除此之外，在昌平城的后山上，明朝末年时还曾经建有一座用于戍守的定远楼。清潘问奇有《九日诸同志招登定远楼剧饮放歌怅然有作》诗二首，清曹天锡也有《九日偕潘雪帆、杨谦六、翁子述、王寅公登定远楼》诗，二人之诗均记载于光绪《昌平州志·丽

1《四镇三关志》卷八。

2《明神宗实录》卷一四一。

藻录》中。其中，曹诗标题下有注云："楼在城后山，为明末戍楼。"诗中则有"但使高歌穷鸟障，何须落帽数龙山"之句。龙山在昌平后山之西，两山实际是连在一起的。所以，定远楼的位置应该是能够远眺龙山的。

明朝灭亡后，四口城垣等建筑逐渐颓坏。榨子、中山两口均在清代时被拆通，以便人行；东山口，西南侧敌台及东北侧敌台外侧大段的墙垣，于1958年修建十三陵水库时被拆除；西山口墙垣于1961年时被拆。

现在，东山口东北侧敌台下层台基仍保存较好，其平面作正方形，底部四面边宽各16米，高6.4米，全部为厚0.4米的花岗岩条石垒砌。台基内侧相距2.5米处，存有当年为上登敌台放置的吊板，并可从左右两侧上登的石砌踏跺。台基之上现建为十三陵水库陈列室。其东北侧蟒山的山脚处存有残坏的垣墙，残长约120米，厚2.5—2.75米不等，残高0.5—1.6米，全部以山石垒砌，白灰浆灌缝。

中山口，两侧亦存残墙。其东侧墙体至东山口总长约2880米，墙体由山石、城砖、条石等砌成，白灰浆或掺灰泥灌缝。其厚2.38—3.4米，残高0.5—2.46米。其中，近口第一、二两山峰上的墙体因有条石包砌，保存稍好。口西侧垣墙沿山脊通至龙山西侧断崖处（其下原为大红门东侧红墙，今红墙不存），总长约2050米，墙体厚1.2—1.5米不等，残高0.8—2米不等，均山石垒砌，掺灰泥灌缝。（图3.2.8）

图 3.2.8 中山口残存城垣

西山口，口内墙体全部不存，且基址处东半段已成民宅区，西半段被垦为农田，仅西半段，民宅区与农田相接处存水关一座，其高为1.9米，宽2.35米，下有石结构拱券式排水孔一道，排水孔为南北走向。其上部原为山口墙体，现仅存拱券石上的条石墙基。口两侧山上存部分残墙。东侧沿山脊达于榨子口，长约1150米，西侧从小虎峪山脚至山腰，长约890米，均为山石垒砌，白灰浆或掺灰泥灌缝。

图 3.2.9 西山口水关

图 3.2.10 榨子口残墙

墙基宽 1—1.25 米，上宽 0.7 米，残高 0.4—2.8 米。（图 3.2.9）

榨子口，口内及两侧山上均有残墙保存，东侧山上墙体沿山脊至大红门西侧虎山东麓，长约 1860 米，墙体形制同西山口。但口内墙体稍厚，也较高大。其基宽约 2.25—2.8 米，残高约 3 米。（图 3.2.10）

## 第二节 永安、巩华二城

### 一、昌平城

原名永安城，城址即今昌平城区所在地。始建于景泰元年（1450）正月，营建的目的为驻扎陵卫官军，并迁县治于城内。次年五月建成，十月迁县治、儒学、仓库等衙门于城内。此后续添裕、茂、泰、康、永五陵卫，遂于城南接建一新城，各卫营房均建于城内。不久，旧城的土墙也甃砌了砖石。（图 3.2.11）崇祯九年（1636），兵部侍郎张元佐

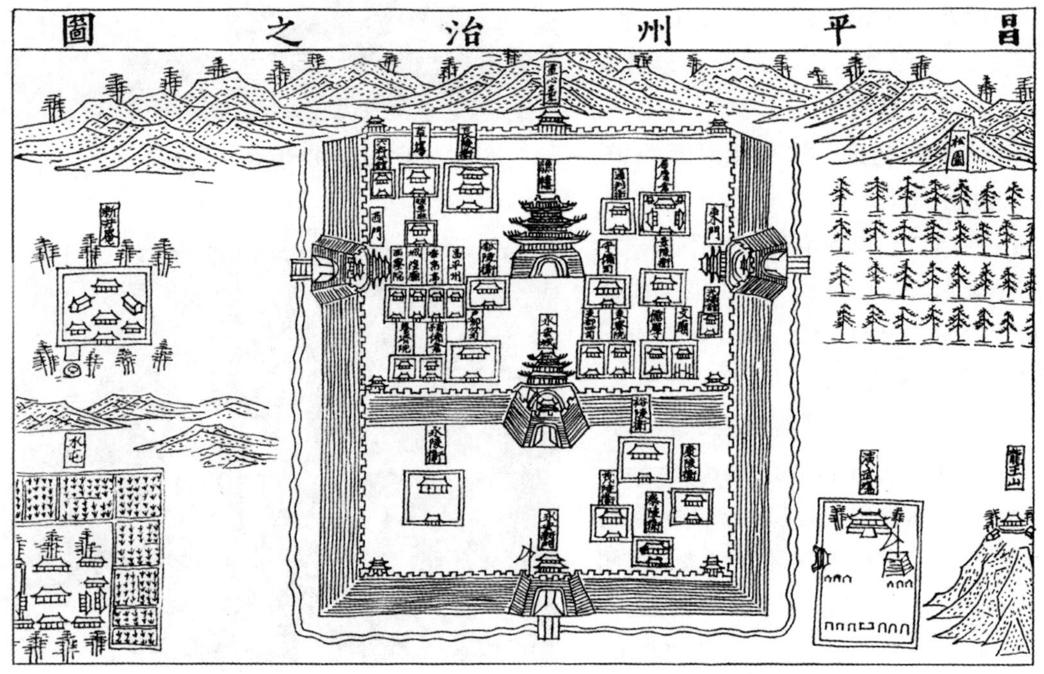


图 3.2.11 隆庆《昌平州志》中的《昌平州志之图》（摹绘）

拆旧城南面砖石修补东城门楼，两城遂合为一体。其城周十里零二十四步，池深广各约二丈，东、西、南三面各有城门，设瓮城，瓮城内外各有层楼。东门名“奠安燕蓟”，西门名“节控雄关”，南门名“畿辅重镇”。清康熙十四年（1675）重筑新旧两城，城垣均高三丈，池深八尺，宽三丈。新中国成立后，随着城市建设的发展，城垣等建筑相继被拆除。现仅存北墙土坯心一段。

## 二、巩华城

位于今北京市昌平区沙河镇。嘉靖十六年（1537）三月命建，嘉靖十八年（1539）五月又命兴工筑建，嘉靖十九年（1540）十二月建成。四面各有城门：南名扶京，北名展思，东名镇辽，西名威漠。其中南门制如午门。城体平面作正方形，东、南、西、北四面各二华里。城外六丈五尺为护城河。河宽二丈、深一丈。城中为行宫。现该城仅存城门台座。其中，南、北两面城台均设有三个门洞，南面城台外侧有石匾额，刻“巩华城”三字，北面城台无匾额。南、北两门的外面各设有券城，并设有前、左、右三面券门，现除北门券城西券门已不存外，其余各门虽有残坏但仍保存。南北券门外侧各有石匾额，南券门匾额刻“扶京门”三字，北券门匾额刻“展思门”三字。西面的威漠门和东面的镇辽门，均设有一个门洞。城台外侧有石匾额，东门刻“镇辽门”，西门刻“威漠门”。两门亦各设券城，券城城门均开在南面。（图 3.2.12—3.2.13）

图 3.2.12 巩华城南门

图 3.2.13 巩华城南门上的石匾额

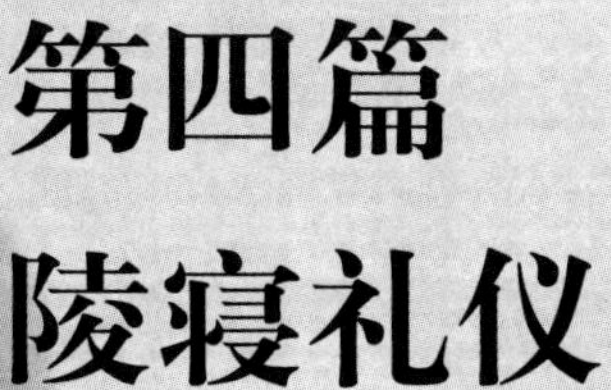

# 第四篇
# 陵寝礼仪

与陵寝相关的礼制内容，有帝后丧葬礼仪和陵寝祭祀礼仪。

# 第一章 帝后丧葬礼仪

帝后死后归葬山陵，古称“大行帝后丧礼”。明代的丧礼，君臣上下各有等差，帝后的丧礼最为隆重。

---

明朝皇帝丧礼的制定，首先要根据其遗诏，由礼部会同内阁或翰林院官集议，向嗣皇帝进“大行皇帝丧礼仪注”，嗣皇帝审定后依礼施行。皇后的丧礼略有简化，仅由礼部议定，皇帝或嗣皇帝同意后即可施行。

明代列朝帝后的丧礼大同小异，一般分如下几个仪程：

小殓：为已故帝（或后）沐浴容颜、括发（头发梳理后绾成髻）、更换寿衣，并在尸前陈设祭奠物。停尸之所，皇帝在乾清宫（皇帝生前的住处），皇后在坤宁宫（皇后生前的住处），这叫“寿终正寝”。

大殓：即将死者装入棺内。棺前设“几筵”（摆有酒馔等祭奠物的供案）、安神帛（一种丝织物）、立铭旌（状如旗幡，上书“大行皇帝梓宫”或“大行皇后某氏梓宫”字样）。明代皇宫西南部有仁智殿（俗名“白虎殿”，位于武英殿之后），曾是停放帝后棺椁的地方。大殓的时间一般安排在小殓的第二天。这一天，嗣皇帝及已故帝王的妃、嫔等宫眷要身着素服前往致奠。在京的文武官员及文武官员三品以上命妇，要连续几天（三天或三天以上），早晨或早晚两次，身着丧衣（成服之前，文武官员服素服，冠乌纱，腰系黑色犀角带，成服后服“斩缞服”，即一种粗麻布做成而不缉边的孝服），由西华门入宫到思善门（仁智殿院落的门）外哭临。

闻丧：时间一般在大殓或小殓之前。从这一天开始，京城内的寺观各要击钟三万杵，代死去的帝后“造福冥中”。京城内禁屠宰 13 至 49 日不等。分封在外地的亲王、郡王、王妃、郡王妃、郡主及文武官员均于本地面向宫阙哭临致哀。

上尊谥：大殓之后，如果死去的是皇帝，嗣皇帝就可以在群臣的劝进之下择日登极了。新皇帝即位后，除了颁布即位诏书，即应着手为已故帝、后上尊谥。由于已故皇帝生前为一国之主，地位至高无上，故上谥时必须打出“天锡”的旗号，即由上天赐给，这叫“称天而谥”。上尊谥的礼仪也极为繁复，先要由文武群臣集议，草拟“上尊谥议文”，嗣皇帝亲御宣治门审定后，由翰林院官写出正式的谥册文。然后，由嗣皇帝亲行祭礼将册宝安放于几筵殿。

梓宫发引[1]：民间俗称“出殡”，即将帝、后的棺椁由皇宫安葬到陵园之内。古代帝王葬期，有“天子七日而殡，七月而葬”之说。而明代帝后葬期均未行此说，仅皇后有梓宫发引“例不出百日”的记载，皇帝只择吉而葬，或长或短没有定制。如太祖朱元璋死后七天即葬孝陵，而光宗死后竟停灵一年才葬入庆陵。

帝后梓宫发引仪式在丧仪中最为隆重，文武官员要先期三天进行斋戒，在葬仪结束之前，京城内外禁止屠宰，神主祔庙之前禁音乐，并提前三天以葬期告天地、宗庙、社稷。皇帝亲至梓宫前祭告行礼。又需提前两天祭告皇宫内的乾清宫门、隆宗门、思善门、思善门前的小桥、归极门、午门、端门、承天门、御桥、大明门以及由皇宫至陵区的玉河桥、德胜门、德胜门外石桥、清河桥、沙河安济桥、朝宗桥、关王庙、天将庙、灵济宫、城隍庙、东岳庙、真武庙等桥梁庙宇。另外，还要对梓宫抬送提前预演，古代称之为“演杠”[2]。

梓宫发引这一天，在几筵殿内先要举行启奠礼。嗣皇帝、皇后、皇子及宫眷各服缞服在殿内行礼。接着举行祖奠礼。导引官引导皇帝至几筵殿稍东处，面西而立，执事官撤去梓宫周围的帷幕，擦拭梓宫，把龙輴（一种轻便的灵车）放在几筵殿之前，真亭、神帛舆、谥册宝舆放在殿前丹陛上，内侍官撤去行启奠礼时陈设的祭品，重新陈设酒馔、拜位，嗣皇帝、皇后、皇子及宫眷各就拜位行祖奠礼。礼毕，内侍官奏请灵驾进发。内侍官捧谥册宝、神帛出殿置于舆内，执事官指挥众人抬起梓宫，内执事执翼（形如大扇，有杆）左右障护。然后将梓宫置于龙輴上，用彩色帷幕罩饰，灵驾正式启行。灵驾启行时，死去帝、后生前所用仪仗排在最前面，后面依次为谥册宝舆、神帛舆、真亭、铭旌，接着是梓宫。梓宫两侧执翣人左右分列，内侍手执繖扇侍卫。行至午门内，改用大升舆抬行。大升舆的后部用一根大绳索捆住，“新皇帝哀号攀挽以行”。内官砍断绳索，扶止新皇帝不再前行。皇后、皇子及宫眷均哭送灵驾至此为止，接行遣奠礼。梓官至端门外稍停，护丧大臣捧神帛至太庙代死去的帝后向祖先谒辞，然后由承天门、大明门出，经德胜门土城送往陵园。

梓宫出大明门后，文武百官要身着缞服，从大明门步送至德胜门土城外，执事官和护丧官骑马送至陵区大红门，下马步行送至陵园。沿途在清河、沙河、凉水河、陵区等处搭盖有用于停灵和祭奠用的席殿及储放仪仗、住宿执事人员的席围房。护丧官每天早晚都要在席殿内向灵驾祭奠行礼。每行一程，都有祭奠活动。一路上，军民人等遇梓宫都要下跪举哀，待梓宫走过，才能起来。

梓宫的扛抬人员一般用官军，数量在数千名以上。仁宗皇帝梓宫发引，包括执事在内，供役官军达 2 万余人。

1 梓宫：帝后棺椁。

2《明熹宗实录》卷一三。

皇帝梓宫由皇宫至陵园，一般要三四天时间。到了陵园，安放于祾恩殿内，在殿内行“安神礼”，内侍官陈设酒馔和护丧官拜位，经过奠帛、献爵、读祝、俯伏跪拜、举哀等一系列繁琐礼仪之后，焚烧祝文和神帛。

行过安神礼后，紧接着是梓宫入葬玄宫。明代帝后入葬，由钦天监事先选定吉日吉时。在时辰未到之前，梓宫仍在祾恩殿内每天早晚接受祭奠，每次上食馔五样，蔬菜、酒膳俱全。教坊司用乐承应，设而不作。到了入葬时刻，在殿内先要举行“迁奠礼”，由护丧官跪请灵驾赴玄宫。梓宫被安放在玄宫皇堂（地下宫殿的主室，即后殿）之后，内执事把谥册宝陈设其前，放好随葬的“明器”等物，紧接着行“赠礼”，由护丧官向死去的帝后赠献玉、帛。赠礼行过，关闭玄宫大门，再于玄宫大门之外行“享礼”。享礼行毕，遂题去世帝后神主。内侍官在玄宫门外陈设香案、酒馔，准备好题主案，内侍官洗过手后，将神主放在题主案上，题主官洗手题写神主。神主题写完毕，还要安放在祾恩殿灵座之上，再次举行“安神礼”。礼毕，仪仗、侍卫护随“神主”还京。

神主在还京的路上，以及到京以后，还要接受一系列的礼拜仪式，古称“虞礼”。虞礼共有九次，一至七次在路途上举行，八虞礼在京城之外举行，都由护丧官员主持行礼。九虞礼在皇宫内的“几筵殿”举行，嗣皇帝缞服躬亲行礼。九虞礼行过之后，神主仍奉安于几筵殿（原停灵殿宇），至此，丧礼结束。至大祥（两周年）日，始正式将神主祔享于太庙中。

# 第二章
# 陵寝祭祀礼仪

封建统治阶级认为："治人之道，莫急于礼。礼有五经，莫重于祭。"[1]为此，中国历史上各个朝代都制定各种祭祀礼制，用以巩固皇权，维护封建的统治秩序。

明代的祭祀活动分为三等。"大祀曰天地、宗庙、社稷、陵寝；中祀曰朝日、夕月、太岁、帝王、先师、先农、旗纛；小祀曰后、妃、嫔、太子、王妃、公主及夫人，曰三皇，曰先医，曰五祀，曰司火，曰都城隍，曰东岳，曰京仓，曰启圣公，曰汉寿亭侯，曰文丞相，曰姚少师……"[2]陵寝祭祀属于大祀的活动内容，故极受朝廷重视。

---

## 第一节 遣祭

明代的陵寝祭祀有两种形式。一种是皇帝在礼制规定的时间遣官到陵园祭祀，另一种是皇帝亲自到山陵行祭。明代在总结、继承东汉以来上陵祭祀礼制的基础上，对祭祀时间和礼仪又不断加以变革，形成了本朝制度。

### 一、祭祀节序与祭祀等级

洪武初年定皇陵祭仪为：每岁元旦、清明、七月望（十五日）、十日朔（初一日）、冬至，俱太牢，遣官致祭。洪武八年（1375），改为每岁元旦、清明、七月望、十月朔、冬至、夏至日，用太牢；伏（三伏中的祭日）、腊（十二月八日）、社（立春、立秋后的第五个戊日）、每月朔望日，则用特羊祭祀，由祠祭署官行礼。

建文初，定孝陵祭祀制度为：每岁正旦、孟冬（十月）、忌辰（已故帝后的死日）、圣节（又称圣旦，即在位帝王的生日）行香；清明、中元（七月十五日）、冬至祭祀，由勋旧大臣行礼，文武官陪祀。天寿山诸陵的祭祀，基本沿用建文初年所定孝陵祭祀制度。《大明会典·礼部·陵坟等祀》载："凡清明、中元、冬至太牢致祭，遣官行礼，文武衙

---

1（西汉）戴圣编《礼记·祭统》。

2 佚名《太常续考》卷一《大祀源流事宜》。

门堂上官各一员、属官各一员，分诣陪祭；忌辰及圣旦、正旦、孟冬亦遣官行礼，止用香、烛、酒、果，无帛，各衙门官不陪祭。”此外，国有大事，如修建陵寝、帝王登极等均有遣祭之举。

嘉靖年间，明世宗对陵庙祭祀制度改革，天寿山诸陵祭祀的节序又发生了变化。《明世宗实录》卷一七二记，嘉靖十四年（1535）二月，明世宗朱厚熜召礼部尚书夏言于文华殿，提出“清明节既遣官上陵行礼，内殿复有祭祀，似涉烦复”，命从礼制的角度加以解释说明。数日后，夏言回奏说：“祭祀之典有礼有义。祭不欲疏，疏则怠；祭不欲数，数则烦。不疏不烦，协礼与义，事神之道尽矣。我朝祀典之在宗庙，为有司所掌者如特享、时享、祫祭、禘祭，俱经皇上稽古定制，足应经义，可为世法。惟是上陵礼仪及奉先殿一应祭祀，多沿前代故事，况掌在内庭，容有礼官所未及知者。比蒙圣谕所及，臣窃加讨论，于陵祀一节诚有可议。国家上陵之祀，每岁凡三，清明、中元、冬至是也。夫中元系是俗节，事本不经；往因郊祀在正首，故冬至有上陵之礼，盖重一气之始，用伸报本之义云耳。今皇上光复郊典，于冬至即行大报配天之礼，则追报本始于郊禋为重，而陵祀为轻；况有事南郊之日，乃辍陪祀臣僚远去山陵，恐于尊祖配天之诚若有所分。臣愚以为，冬至上陵时可罢免，而中元陵祀遣官之礼可移于霜降之日举行，惟是清明节上陵如旧。盖清明礼行于春，即《礼经》所谓‘雨露既濡，君子履之有怵惕之心’者也；霜降礼行于秋节，所谓‘霜露既降，君子履之有悽怆之心’者也。夫雨露之濡，霜露之降，草木实先被之，于是有陵墓之思，义斯切耳。”于是，世宗命天寿山的上陵祭祀，春以清明、秋以霜降遣官行礼，各衙门官陪祭；中元、冬至二节仍遣官行礼，但各衙门官不陪祭。从此，天寿山陵园的大祭每年有四次之多。

嘉靖十五年（1536）九月，因“孟冬庙享移于立冬”，于是，世宗又认为“孟冬朔之陵祭未免烦渎”，命“其已之，著为令”。

此后，天寿山陵园每年的小祭由四次减为三次。每年的陵祭合称为“四大祭三小祭”。

在上述各节中，正旦为一年之首，也是极为重要的节日，但却没有列入大祭之典，考其原因当如万历十四年（1586）七月礼部在题复太常卿裴应章时所解释的那样：“元旦即岁除之次日也。先是九陵帝后已祫祭于庙矣，旬日且复有孟春之享，故元旦之祭在陵殿止用果酒者，非俭也，礼也。”

## 二、祭前准备及陵殿陈设

遣官祭祀正式行礼之前，要做好相应的准备。

祭前十日，由太常寺题本请旨遣官行礼。

祭前五日，太常寺委派协律郎提调乐舞生，于神乐署太和殿内演习陵坟祭祀礼仪。由于明朝时陵寝祭祀并不奏乐，所以，乐舞生在陵寝祭祀活动中，事实上只是充当执事、赞礼等角色。所遣乐舞生的数量，据《太常续考》卷四记，崇祯年间天寿山十二陵共为

128名。

祭前三日，太常寺委牲所千户一员，领旗军九名，将陵祭所用香、祝、牲、帛等物送至昌平州。昌平州官吏以鼓乐迎于州南门外，行一拜三叩头礼。然后奉安于州署西香帛亭内。（香帛亭建造之前，陵祭所用香帛等物或寄放馆舍，或暂安于长陵卫卫厅之中）

祭前二日，将香、祝、牲、帛等祭祀用物送至各陵。昌平州官吏在州西门外恭送，行礼如迎时。然后，由各陵供祀厨役（崇祯年间十二陵厨役人数达137名）将应制祭品制作出来。宰杀三牲的地方是宰牲亭，加工祭品的地方在神厨，临时储放祭品的地方在神库。宰杀三牲时须按照一定的方式进行。《历代陵寝备考》卷四十五引明人张岱《陶庵梦忆》，曾经这样记载崇祯十六年（1643）中元节南京孝陵祭祀时宰杀三牲的场面："太常官属开牺牲所中门，导以鼓乐旗帜。牛羊出，龙袱盖之。至宰割所，以四索缚牛蹄。太常官属至，牛正面立。太常官属朝牲揖。揖未起而牛头已入燖所。燖已，舁至享殿。"明天寿山各陵宰杀三牲时虽未必全同孝陵，但在明朝，天寿山陵寝与孝陵祭祀制度基本相同，故天寿山诸陵祭祀在宰杀三牲时很可能采用与孝陵相似的方式。

祭前一日，依制在各陵祾恩殿内陈设好各陵的祭案、祭品。祭案分为正案、从案两种。

正案为帝后祭案，按陵园所葬帝后每人各设一案。崇祯时，各陵正案的设置情况是：长陵二案、献陵二案、景陵二案、裕陵三案、茂陵四案、泰陵二案、康陵二案、永陵四案、昭陵四案、定陵三案、庆陵四案、德陵一案。

从案为皇妃祭案。按《大明会典》卷九十《陵坟等祀》记，嘉靖年间以前，天寿山诸陵仅从葬（殉葬）诸妃岁时享于陵园享殿内；其别葬他处者，均遣内官赴坟所祭以牲醴。至嘉靖十七年（1538），始命一概并入各陵从祭，"祾恩殿之两旁，以红纸牌书曰'大明某宗皇帝第几妃之位'，祭毕焚之。隆庆六年，改造木位，刻列名号，置各陵永远从祀。其世庙诸妃，并迁祔永陵，各置木位配享"。因此，包括永陵在内一些陵园又陈设有皇妃从案。

据《太常续考》卷四记，各陵从案的设置情况是：长陵十六案（诸妃只以数目为次，并无谥号姓氏）、献陵七案（分别为恭静贤妃李氏、恭懿惠妃赵氏、贞静敬妃张氏及未标谥号姓氏四妃、五妃、六妃、七妃之案）、景陵八案（分别为荣思贤妃吴氏及未标谥号姓氏的二妃、三妃、四妃、五妃、六妃、七妃、八妃之案）、裕陵十八案（分别为靖庄安穆宸妃万氏、恭庄端惠德妃魏氏、昭肃靖端贤妃王氏、端靖安和惠妃王氏、庄和安靖顺妃樊氏、庄僖端肃安妃杨氏、端庄昭妃武氏、恭安和妃宫氏、端和懿妃黄氏、庄靖安荣淑妃高氏、安和荣靖丽妃刘氏、恭僖成妃张氏、昭靖恭妃刘氏、僖恪充妃余氏、惠和丽妃陈氏、荣靖贞妃王氏、恭靖庄妃赵氏及贞顺懿恭惠妃刘氏十八妃之案）、茂陵十四案（分别为端荣昭妃王氏、端顺贤妃柏氏、端僖安妃姚氏、康顺端妃潘氏、静僖荣妃康氏、和惠静妃乐氏、恭惠和妃梁氏、庄懿德妃张氏、恭懿敬妃王氏、靖顺惠妃郭氏、庄静顺妃王氏、荣惠恭妃杨氏、昭顺丽妃章氏、恭肃端顺荣靖皇贵妃万氏十四妃之案）、康陵二案

（分别为荣淑贤妃沈氏、淑惠德妃吴氏二妃之案）、永陵三十三案（分别为悼隐恭妃文氏、荣安惠顺端僖皇贵妃阎氏、庄顺安荣贞靖皇贵妃沈氏、恭僖贞靖贵妃文氏、恭顺端和温靖皇贵妃王氏、怀荣贤妃郑氏、荣安贞妃马氏、恭淑安僖荣妃杨氏、宜妃包氏、静妃陈氏、睦妃何氏、丽妃王氏、晏妃褚氏、常妃张氏、庄妃王氏、和妃高氏、安妃彭氏、平妃耿氏、定妃吴氏、顺妃李氏、怀妃王氏、安妃张氏、宣妃于氏、宜妃宋氏、静妃朱氏、和妃张氏、安妃高氏、庄妃杜氏、康妃王氏、温靖懿妃赵氏、德妃张氏、徽妃王氏、常妃陈氏三十三妃之案），而昭、定、庆、德等陵皇妃因仍于坟所祭祀，故无从案之设。

各案之上祭品的陈设均有定式。

皇帝正案之上分别陈设有爵三、茶一、汤二、饭二、菜四、炙肉一、炙肝一、肉骨一、油饼一、角儿一、栗一、枣一、圆眼一、荔枝一、胡桃一、馒头二、羊肉一、豕肉二、汁壶一、酒壶一。皇后正案上陈设的祭品除不置酒壶置茶壶外，余同皇帝案。此外，帝后正案之前还共设黝牛（犊）一、羊一、豕一，再前置帝后奉先制帛各一段，帛前设香一、烛二。（图 4.2.1）左侧设司樽桌放酒樽，右侧设祝桌放祝版。祝版上书写祝文。祝文由起首及正文两部分组成。起首部分均须备书该陵帝后的庙谥号及嗣帝称谓。如万历年间神宗遣官冬至祭长陵，其祝文的起首为“维万历　年岁次　十一月　朔　日　孝玄孙嗣皇帝（御名）谨遣　昭告于成祖启天弘道高明肇运圣武神功纯仁至孝文皇帝、仁孝慈懿诚明庄献配天齐圣文皇后曰”。祭茂陵则为“维万历　年岁次　十一月　朔　日　孝玄孙嗣皇帝（御名）谨遣　昭告于皇高祖考宪宗继天凝道诚明仁敬崇文肃武宏德圣孝纯皇帝、皇高祖妣孝贞庄懿恭靖仁慈钦天辅圣纯皇后、皇高祖妣孝穆慈慧恭恪庄僖崇天承圣皇后、皇高祖妣孝惠康肃温仁懿顺协天佑圣皇后曰”。崇祯年间遣官祭德陵祝文起首则为“维崇祯　年岁次　十一月　朔　日　孝弟嗣皇帝（御名）谨遣　昭告于皇兄熹宗达天阐道敦孝笃友章文襄武靖穆庄勤悊皇帝曰”。各陵祝文的正文部分则取较为固定的文式。其中，长、献、景、裕、茂、泰、康七陵各节祝文分别如下：

清明节为：“时维仲春，雨露既濡，追念深恩，不胜怵惕，谨用祭告，伏惟尚享。”

霜降节为：“时维季秋，霜露既降，追念深恩，不胜悽怆，谨用祭告，伏惟尚享。”

中元节为：“气序流迈，时维中元，追念深恩，伏增哀感，谨用祭告，伏惟尚享。”

冬至节为：“气序流迈，时维冬至，追念深恩，伏增哀感，谨用祭告，伏惟尚享。”

永、昭、定、庆四陵基本同前述各陵，唯结尾作“伏惟鉴歆”。中元、冬至二节的开头则作“岁序流迈”。德陵祝文则全文作：“时序迁流，某节届，仰念宏德，追感倍增，谨用祭告，伏惟鉴歆。”

皇妃从案之上每案所设祭品有爵三、汤三、茶一、饭一、菜四、炙肉一、炙肝一、油饼一、角儿一、肉骨一、栗一、枣一、圆眼一、荔枝一、胡桃一、馒头二、羊肉一、豕肉二、汁壶二、茶壶一、酒壶一。前置素帛一段，再前为香一、烛二。无牲。（图 4.2.2）

裕陵丽妃刘氏等八妃则用素馐。每案所设祭品为爵三、汤三、茶一、饭一、菜四、

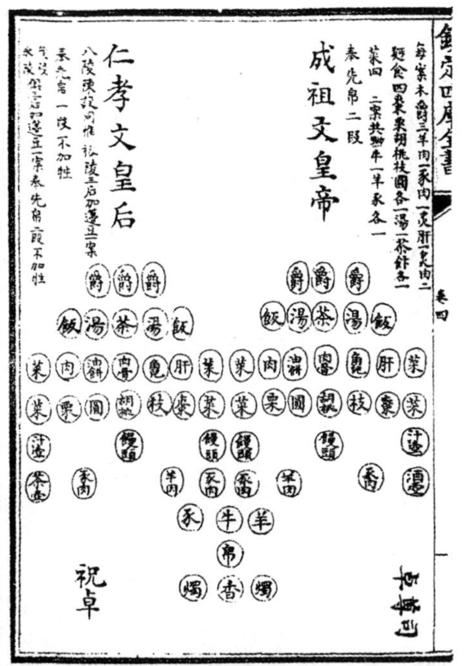

图 4.2.1《太常续考》长陵大祭帝后正案供品陈设图

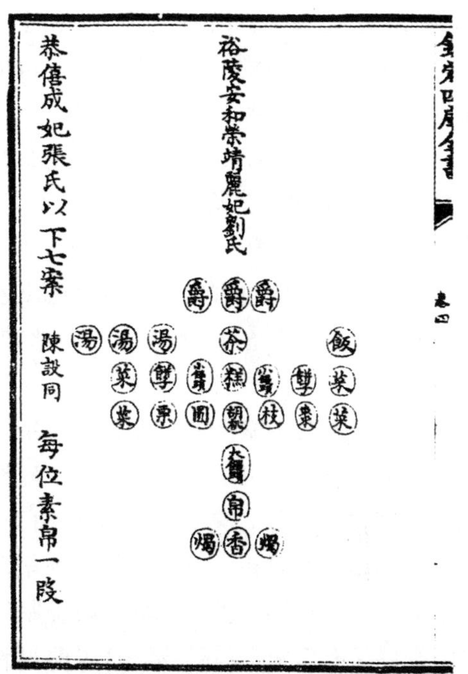

图 4.2.3《太常续考》中裕陵大祭丽妃刘氏及成妃张氏以下七案供品陈设图

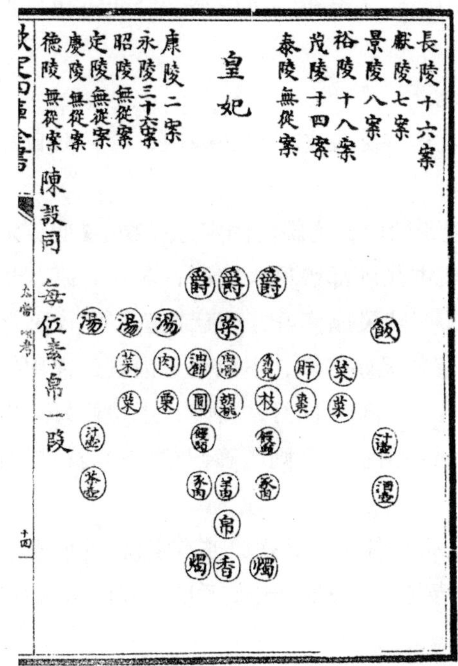

图 4.2.2《太常续考》长陵等陵大祭皇妃从案供品陈设图

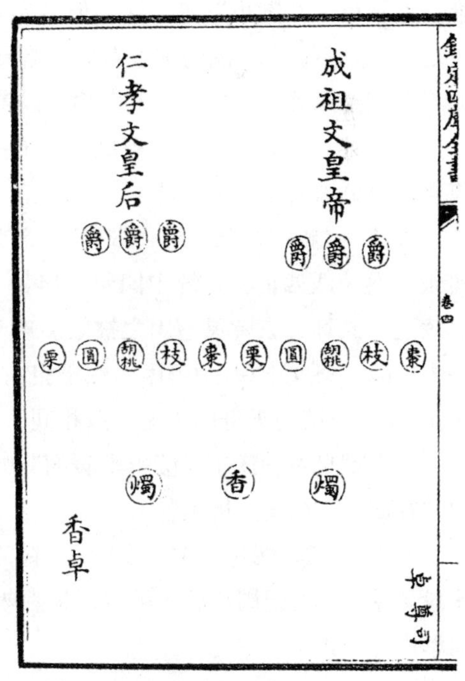

图 4.2.4《太常续考》中长陵小祭帝后正案供品陈设图

饼子二、小馒头二、糕一、栗子一、枣一、圆眼一、荔枝一、胡桃一、大馒头一。再前亦置素帛一段、香一、烛二。(图 4.2.3)

以上为大祭的祭品陈设情况，小祭则祭品十分简单，每案均只设爵三、果五(胡桃一、荔枝一、圆眼一、枣一、栗一)，前置香一、烛二。帝后正案之前左右还分设有司樽桌及香桌等。但万寿圣节(圣旦)则不祭从位诸妃。(图 4.2.4—4.2.5)

用以盛放各种祭品的祭器，在嘉靖年间以前，有朱红三牲案匣、戗金龙壶，及硃红漆戗金、素红漆、金漆、朱红油、矾红油、明油、铜、铁、锡等不同装饰或质地的各种祭器。嘉靖十七年(1538)由饶州府解到新烧制的长陵等陵祭器又有白瓷盘爵等物。这说明尽管明人对陵祭场面的描述有“列鼎俎与簠豆兮，献桂酒以陈辞”，以及“以衰绖之哀惨，行俎豆之雍容，尤不可之甚者也”等说法，但事实上明天寿山诸陵的祭祀，所用祭器已非古笾豆簋簠之属，只不过在祭品的陈设布局上略具其意而已。

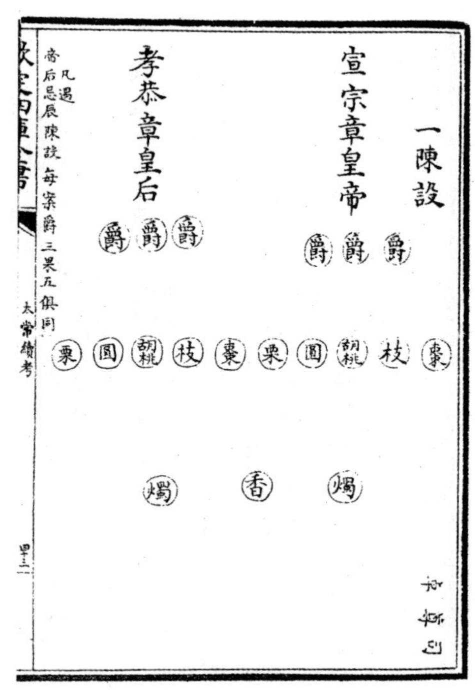


图 4.2.5《太常续考》景陵帝后忌辰正案供品陈设图

各案祭品陈设完毕后，上面均罩以黄色的纱幔。

除上述祭品外，各陵祾恩殿内还有一些陈设。这些陈设平时也在殿内，陵祭时自然应整理得更为洁净。主要是：

*灵座* 又称“神床”或“御榻”。帝后入葬时置于殿内，为殿内固定陈设物。《明英宗实录》卷一八四记，正统十四年(1449)十月，蒙古瓦剌部曾进入陵区，对长、献、景三陵进行破坏，三陵灵座因之被毁。次年十二月，三陵灵座修好，朝廷特遣宁阳侯陈懋祭告三陵。祭文中说：“曩因虏贼干犯山陵，兹以修复灵座一新，卜以今日铺设，谨用祭告。”又，显陵与天寿山诸陵制度相同，嘉靖十一年(1532)四月，显陵祾恩殿修好，也有“奉安献皇帝神床于显陵香殿暖阁”的记载。《昌平山水记》则明确记载，泰陵祾恩殿内“存御座、御案、御榻各一”。

*神座* 又称“御座”或“黼座”。陵殿中所置为帝后各一，其摆放亦有定位。《明孝宗实录》卷二〇九记周皇后葬裕陵，陵殿神座的奉移情况为“英庙居中，孝庄(钱氏)居左，而孝肃(周氏)居右”。

*帝后神位* 又称“牌位”或“神牌”，上书帝后庙谥号。其题写多在奉天门，奉安之处为奉先殿或其他祭祀处。帝后神位奉安陵殿在明代初无固定制度。根据文献记载，仅

长陵于永乐十四年（1416）三月陵殿落成时，奉安过徐皇后的神位。此后，献、景、裕、茂、泰、康六陵均未在殿内奉安帝后神位。所以，当嘉靖十七年（1538）世宗诏列圣诸妃从祀陵园议设木位时，礼部大臣遂上言："诸陵享殿，帝后皆不设位，则妃祔享宜以纸牌标设，祭毕焚之。"直到嘉靖二十二年（1543）二月，修葺长陵等七陵完工，世宗始命于各陵祾恩殿内奉安帝后神位。此后，帝后归葬山陵，陵殿设神位遂成定制。

帝及正后册宝、衣冠　明李应征《谒长陵》诗有"乾坤留剑舄，伏腊拜衣冠"句，可知陵殿内的奉安物是应有帝后衣冠等物的。且既有衣冠，必有册宝，因为明朝祭祀制度，册宝、衣冠均一体放置。又，《明世宗实录》卷十二记，明显陵陵中即曾奉安兴献帝的册宝。显陵陵制同天寿山诸陵，故天寿山诸陵殿内自应陈设帝及正后册宝。

继称后、追谥后的神主、衣冠、册宝　明朝的皇帝，有的系皇帝正后，即元配皇后所生，但也有的是皇妃之子或皇妃之孙。这些庶出的皇子登极后，就要尊其母或祖母为皇太后或太皇太后。还有的皇帝在位时，皇后先死，皇帝又继立新皇后。于是，明代的皇后中除了正后外又有了继称后和追谥后。这些皇后虽然也和正后一样葬入了帝陵，但其神主（栗木所制，形式与神位相似，上面书写帝后谥号）、衣冠、册宝等，却因宗庙所行为一帝一后制而不能奉安太庙之中。于是，其神主享于何处便成了问题。

明孝宗时，曾仿宋朝制度在皇宫内建奉慈殿，以奉安迁葬茂陵的母妃（追谥为孝穆皇太后）的神主、册宝、衣冠等物。后宪宗生母周氏（谥孝肃皇太后）、世宗生祖母邵氏（谥孝惠太皇太后）入葬裕茂二陵后，神主、册宝、衣冠等物也奉安该殿中。但此制度在嘉靖时又有改变。《明世宗实录》卷一八九记，嘉靖十五年（1536）七月，世宗谕礼官夏言等："庙中一帝一后，陵则二三后配葬。今别建奉慈殿，不若奉主于陵殿为宜。又，梓宫既配葬于帝，主无祔庙之礼，宜在陵殿。今别置之，近于黜者，非亲之也。"下廷臣议，夏言等上奏说："自古天子唯一帝一后配享于庙，所生大母，别荐于寝，身没而已。……我孝宗皇帝于奉先殿侧特建奉慈殿，别祭孝穆皇太后。后祔孝肃太皇太后，近复祔孝惠太皇太后，盖子祀生母以尽终身之孝焉尔。然礼于妾母不世祭……于孙则止……今陛下于孝肃，曾孙也；孝穆，孙属也；孝惠，孙也。礼不世祭，义当祧……今圣谕迁主陵庙，岁时祔享陵庙，尤为曲尽。"

于是，嘉靖十五年（1536）十月十六日，三后神主正式迁于裕、茂二陵祾恩殿内，"孝肃皇后神主奉安于英宗睿皇帝神寝之左室，孝穆皇后神主奉安于宪宗纯皇帝神寝之左室，孝惠皇后神主奉安于右室。册宝、衣冠俱各奉安于室"。此后，凡被嗣帝推尊或追谥为后，以及先帝继后，入葬山陵之后，因不能祔庙，均有神主、册宝、衣冠奉安陵殿之内。这些皇后分别是世宗孝烈方皇后、孝恪杜皇后，穆宗孝安陈皇后、孝定李皇后，神宗孝靖王皇后，及光宗孝和王皇后和孝纯刘皇后。

乐器　明代陵祭虽然不奏乐，但却有乐器陈设于各陵祾恩殿中。明计六奇《明季北略》卷十九，记称自己参加祭祀定陵时，见"殿内祭品丰洁，乐器饬备，俱笼以黄纱幔"。另外，

《昌平山水记》记清初时茂陵殿内“簨虡之属犹有存者”。明朝陵殿之内所以会陈设乐器，原因之一是帝后入葬玄宫前，其梓宫须停于祾恩殿内，每日依礼朝夕上食，教坊司以乐承应，设而不作。明制，“乐器不徙”，故乐器得以保留殿中。

除了上述陈设外，裕、茂二陵祾恩殿内还陈设有从奉先殿内祧迁而来的孝肃周皇后、孝穆纪皇后、孝惠邵皇后的神位。这是因为，神宗、光宗去世后，其神主礼应入太庙，奉先殿内亦应设其神位。可是，当时太庙、奉先殿均九室已满，必须祧迁祀于太庙和奉先殿中英、宪二宗及其皇后的神主、神位，神、光二宗及其皇后的神主、神位才能进入太庙和奉先殿。所以，泰昌元年（1620）十月，英宗及钱皇后的神主由太庙迁祔祧庙，孝肃周皇后的神位则由奉先殿祧迁至裕陵祾恩殿。次年八月，宪宗及孝贞王皇后的神主由太庙迁至祧庙，孝穆纪皇后和孝惠邵皇后的神位也由奉先殿迁至茂陵祾恩殿。

## 三、祭祀仪程与礼制要求

到了陵祭日的子时（夜11—1点），开始举行陵祭仪式。各陵遣官（主祭官）在赞礼官的引导下，由各陵祾恩殿右门入。典仪唱：“执事官各司其事。”遣官随即在赞礼官的引导下就拜位，同时赞礼官亦就位。执事官捧香盒至香案，遣官随即在赞礼官的引导下至香案前。赞礼官跪，上香，遣官随之三上香。上香完毕，赞礼官及遣官复原位，行四拜礼，众官随之四拜。拜毕，行初献、亚献、终献三礼。

初献礼的行礼顺序是：典仪唱：“奠帛，行初献礼。”执事官捧帛、爵各献于御案，然后下跪，赞礼官跪读祝文，众官均跪。读毕，赞礼官俯、伏、兴、平身，众官随之亦俯、伏、兴、平身。

亚献礼、终献礼仪同初献礼，但不奠帛、不读祝。 三献礼完毕，赞礼官及众官四拜。拜毕，典仪唱：“读祝官捧祝，进帛官捧帛，各诣燎位。”于是，读祝官捧祝，进帛官捧帛，从殿中门出，至燎位（神帛炉）焚烧。至此，祭仪完毕。

上述大祭礼仪中，清明节还另有“上土仪”。《清朝文献通考》卷一五四《王礼》三十：“乾隆……三年二月戊戌……更定清明上土仪。礼臣议言：清明节山陵增土，因沿前明旧制，但负土十三担，往来二十余次，似觉烦数……”明计六奇《明季北略》卷十九亦记，崇祯年间，“十二陵每陵遣三品官主祭。陪祭则六品以下二人。又，勋戚一人为担土加坟事”。均指此仪。

小祭时的礼仪基本同大祭，不同的是行初献礼时不奠帛、不读祝。

明朝的遣官祭陵，不论是大祭还是小祭，朝廷都有许多礼制方面的要求，需要奉命谒陵行礼及陪祀官员严格遵守，否则就要受到相应的惩处。

首先，对陪祀官员的官职有一定要求。主祭官员由朝廷派遣，一般由公、侯、伯、驸马充任，而陪祭官员则由各文武衙门分别派遣。按《大明会典·礼部·陵坟等祀·陵寝》记，嘉靖年间题准，“凡分官陪祭……除掌印正官及宿卫、守卫差占外，俱要以次长官；

如无次长官，许佐贰官；如无佐贰官者，方许首领官前去”。其次，对祭陵官员的服饰也有一定要求。明代的陵寝祭祀，皇陵、祖陵均要求祭陵官员具祭服（其制为梁冠、上衣下裳）行礼。但天寿山诸陵的祭祀，则要求祭陵官员像祭明孝陵那样具浅淡常服行礼。《明英宗实录》卷十九记：“正统元年……闰六月……壬午，上谕行在礼部臣曰：‘山陵祭祀，哀戚存焉，服饰华丽，岂礼所宜！朕自今后每遇孝陵、长陵、献陵、景陵行礼之日，与百官俱浅色衣服如洪武、永乐制。’”又，同书卷一〇六记，正统八年（1443）七月，驸马都尉赵辉上言，“中都皇陵、祖陵朔望有祭，行礼者具祭服”，请求孝陵祭祀如皇祖二陵之制。礼部尚书胡濙在上言议论此事时则发表了不同意见：“陵祭止具浅淡常服，盖洪武中及永乐初年之旧，况系元年诏旨所定，而辉固欲纷纭，难再更改。”而后直至嘉靖十八年（1539）四月，世宗亲谒长陵，分命大臣祭谒六陵，始有吉服行礼的情况。

再次，对陵祭官员的其他行为（如出入陵区、上陵行礼等）也有一定要求。祭陵官员须在陵祭日之前二日至昌平，分宿昌平城内各馆。各馆设立之前，官员则依类借宿于昌平州公署等处。如兵部官员宿于卫所，户部官员宿于仓司，给事中宿于刘蕡祠，翰林官宿于儒学，御史宿于察院……

祭陵官员们进入大红门后仍可乘马，但不得在御路上行走。在朝房歇息等候夜半祀陵时，不得饮酒，举行祭祀礼仪时，尤须态度恭谨，不得失仪放荡、哗笑言语。当时《大明律》规定：“凡祭祀及谒拜园陵若朝会，行礼差错及失仪者罚钱半月。其纠仪官应纠举而不纠举者罪同。”所以，凡当时有违上述礼仪的都要受到参劾处罚。例如：

天顺三年（1459）二月，武安侯郑宏清明节谒陵时，带鹰犬，沿途纵猎，陵祭完毕后驰神道以归，被六科十三道官员参劾，投进了监狱。

天顺四年（1460）六月，留守右卫指挥佥事陶清因清明谒陵，“陛辞即潜归家”，龙骧卫指挥使李璟留宿新城，羽林前卫指挥使马清扶醉至陵下，三人被校尉察觉上奏后，枷于长安门三月，然后调于他处。

成化四年（1468）三月，吏部左侍郎崔恭清明节陪祀献陵、裕陵，不于纠仪官处报名，礼科给事中张宾劾其不敬，因此被如例处罚。

弘治十五年（1502）二月，会昌侯孙铭、建平伯高露、给事中张弘至三人，因陪祀献陵后至，被纠仪御史所劾，关入锦衣卫狱，并各罚俸一月。

朝廷对于如上礼仪则是一再申饬强调。如，正统十二年（1447）九月，河南道监察御史万节上奏：“国家以祭祀为重，祭祀以诚敬为先。皇上比年以来，每遇清明躬谒陵寝，中元、冬至等节特遣勋戚行礼，各官陪祭。奈各衙门官罔体皇上之心，不以祀神为重。有无故而不分官陪祭者，有托故而令他官代之者，有至彼报名而复出山口宿歇者，有在彼宿歇而高卧斋房不起者，有邀集同行伴侣在斋房酣饮者，有不用本等衣冠而在班列嬉笑者。今冬至在迩，乞敕礼部移文各衙门，严加戒饬，如有仍前怠忽者，听监察御史及礼部、鸿胪寺官指实劾奏拿问治罪。”万节的意见得到了英宗的采纳。

景泰四年（1453）七月，礼部又奏："近该给事中孙琨言：古君子之于祭祀，外则尽物，内则尽志。……为臣子者，正当斋明盛服以奉祭祀可也，奈何近来陪祀官多不敬谨。或止于附近寺观而不赴斋宿者有之，或名虽号斋宿而又肆行酣饮者有之，或未祭而遽然先回者有之，或正祭而公然高睡者有之；其武职之中或就携坐卧之物而行礼，或就著两截之衣而与祭，或笑哗全无忌惮，或跪拜略不加心，威仪放荡，殊无可观，诚敬废弛，莫此为甚。……乞敕该部严加禁约，仍先令给事中、御史各二员纠察，敢有仍前故违者，指陈奏闻。其各该衙门陪祀官员亦须各具姓名报闻给事中、御史点闸查纠。"礼部的奏章得到了景泰帝的批准。

## 第二节 躬祭

相对于前述遣官祭陵而言，皇帝躬亲赴陵祭祀则是等级更高的祭祀活动。明朝时皇帝躬亲赴陵祭祀行礼并无固定制度。明英宗虽曾于正统十年（1445）定制："每岁三月谒拜，以为常。"明世宗也曾于嘉靖十六年（1537）谕以"每岁间修拜谒之祀"。但事实上都没能真正坚持下来。明宪宗、孝宗等皇帝甚至在位期间从没到过陵区。

皇帝躬亲祭陵与朝廷遣官祭祀相比较有如下特点：

一是排场大，兴师动众。以万历八年（1580）三月，神宗奉两宫皇太后，率后妃谒祭长、永、昭三陵为例，礼部所呈仪注中有关陵祭前的相关事宜就有 16 项之多。《明神宗实录》卷九六对该次谒陵活动有"六军万乘，车徒众盛"的记载。（图 4.2.6—4.2.7）

其实，不仅这次谒陵活动场面大，其他任何一次皇帝躬亲谒陵，场面之盛大，均不同寻常。嘉靖年间，礼部尚书夏言曾作《陵祀扈跸录》诗，形容世宗的谒陵场面："百年

图 4.2.6　明人绘《出警图》中神宗万历十一年闰二月戎装赴天寿山谒陵情景

图 4.2.7《出警图》中的神宗扈从队伍

不睹朝陵驾，父老欢呼识汉仪。春日沙河河上水，千村花柳映龙旗。”明沈榜《宛署杂记》记万历十六年（1588），神宗率后妃谒陵时，仅宛平、大兴二县所出女轿夫就有1600名。此外，还有膳房甜水车、随驾钱粮大骡车等供使用。

二是礼仪更为繁琐。《太常续考》卷四记万历八年（1580）清明节神宗及皇太后、后妃的陵祭礼仪是：

> 十四日……质明，行春祭礼。上具青袍奉两宫皇太后，率后妃乘舆至长陵门外东降舆，两宫皇太后、后妃于陵殿左右设障屏少待。导驾官导上至殿左门外。典仪唱：“执事官各司其事。”内赞对引官，导上至拜位。奏就位，奏诣前，内赞导上至香案前。奏上香，上三上香。跪讫，奏复位，奏四拜（传赞百官同）。典仪唱：“奠帛，行初献礼。”内赞导上至御案前。奏献帛，讫，导上至成祖文皇帝御座前。奏献爵，讫，导上至仁孝文皇后御座前。奏献爵，讫，奏复位，奏跪（传赞众官皆跪）。赞读祝，讫，奏复位，奏跪（传赞众官皆跪）。赞读祝，讫，奏俯、伏、兴、平身（传赞百官同）。典仪唱亚献礼、终献礼，执爵者代献。讫，内赞奏四拜（传赞百官同）。典仪唱：“读祝官捧祝，进帛官捧帛，各诣燎位。”上退拜位之东，捧祝帛官出殿门。内赞奏礼毕（传赞百官同）。祭毕，百官先诣永陵候驾，执事官撤牲设酒果脯醢。上奉两宫皇太后率后妃入。女官奏就位，行四拜礼，奏上香，女官捧香，皇太后三上香。讫，奏复位，跪，皇太后跪，后妃皆跪，上跪于皇太后之左。读辞，跪于上后，读讫，奏兴，四拜，礼毕，出，次诣永陵、昭陵行礼俱如长陵仪，皇太后率后妃行礼亦如长陵仪。

另据《明神宗实录》卷一三三记，嘉靖十五年（1536）世宗谒陵，长陵特上香八拜；万历十一年（1583）二月神宗亲诣天寿山九陵行礼，也遵世宗更定礼仪，长、永、昭三陵上香八拜，并且在行初献礼时亲自奠帛，其余六陵虽由执事官代献帛爵，但仍躬亲上香四拜。总之，皇亲躬亲谒陵行礼的礼仪要比遣官行礼繁琐得多。

三是祭品的丰盛程度大大超过了遣官祭陵。仍以万历八年（1580）三月神宗躬亲谒陵为例，太常寺出库的祭祀物品情况是：“香，除正祭外，备大山降香八斤八炷、速香八斤八炷，小山降香二斤二炷、速香二斤二炷；烛，除正祭外，备大山八两烛十六支、四两烛三十四支、一两烛五十支，小山备八两烛八支、四两烛十支、二两烛二十支、一两烛（数量缺）；帛，除正祭外，备大山奉先帛十六段、礼神帛八段、素帛十段，小山奉先帛四段、礼神帛二段、素帛四段；牲，除正祭外，备大山牛三只、猪五口、北羊五只、兔六只，小山备牛二只、猪五口、北羊二只、鹿一只、兔二只；果，除正祭外，备大山粗果八坛、细果四坛，小山备粗果二坛、细果三坛；酒，除正祭外，备大山八瓶、小山备六瓶。”

四是祝文的写法也与遣祭时有所不同。例如，崇祯皇帝躬祭长陵时，其祝文的写法是："维崇祯 年岁次 月 日，孝玄孙嗣皇帝（御名）谨昭告于成祖启天弘道高明肇运圣武神功纯仁至孝文皇帝、仁孝慈懿诚明庄献配天齐圣文皇后曰：玄孙仰荷天眷祖德，承嗣丕基，兹届清明，谨以牲帛醴齐躬叩陵下，用伸追感之诚。伏惟圣慈俯垂，昭鉴尚享。"

## 第三节 四时供献与朔望朝陵

明朝时，除了遣祭、躬祭外，还有由守陵内臣负责举行的，未列入朝廷祀典的"陵祭"活动。这些"陵祭"活动的具体礼仪虽不能详知，但其祭享的大致内容仍可凭借文献记载得到了解。

《明世宗实录》卷十五记："嘉靖元年六月……庚子，康陵神宫监太监刘杲奏讨天寿山空地并九龙池菜园，栽种果菜，以备四时供献，命户部给之。"又，《钦定日下旧闻考》卷一百三十七《京畿》载有明朱国祚的《恭谒庆陵》诗，诗中也有"白浮村下园宫近，未夏雕盘已荐瓜"的说法。另外，张伟仁主编的《明清档案》中辑有顺治元年（1644）八月二十七日户部尚书英古代的奏章，在讲到明陵土地时也说："照得明朝长陵等卫陵寝暨各王坟共贰拾肆处，拨给地土扈从，征收钱粮，以备香火蒸尝之需，均属神宫监敛收支销。"由此可见，明朝时天寿山各陵是存在着一种与皇宫内奉先殿中"四序荐新"相类似的祭享礼仪的。

又，《明世宗实录》卷三六九记，嘉靖三十年（1551）正月，户科给事中何光裕奉诏清理陵卫军士，曾条上《护卫陵寝事宜》，其中有"祛积弊"一条。谓"神宫监以司香而设，八卫官军以卫护而设，非以官军属该监，充内臣役使也。乃今自占役外，复令以纳月钱及巧立抬灯、进果等项名色，多方科派，少有龃龉，即于朝陵朔望日点卯捆打，或诬以失误。朝陵参奏直行禁革，自后朔望朝陵，止令参将官纠饬怠肆，内臣毋得干预，假借凌虐"。据此可知，明朝时天寿山各陵还有内臣主持的"朔望朝陵"之举。

# 第五篇
# 明清时期天寿山陵寝的保护管理

# 第一章
# 明朝对天寿山陵寝的保护和管理

明朝时，天寿山诸陵寝作为王朝的象征、已故帝王安葬的幽宫，其管理一直受到朝廷的高度重视。不仅有陵卫、神宫监、祠祭署三套并行的管理机构，而且还有严苛的律法及管理制度。

## 第一节 天寿山陵区的保护管理机构

明朝时，天寿山陵区的保卫管理机构由内官和外官组成三套机构。

### 一、陵卫

陵卫，为陵寝军事保卫组织，各陵均有设置。明朝的军制实行卫所制度，所以，天寿山各陵的守卫军队也是以卫所为军事单位的。各陵卫依制设有卫指挥使（正三品）、指挥同知（从三品）、指挥佥事（正四品）、镇抚司镇抚（从五品）、经历司经历（从七品）、正千户（正五品）、副千户（从五品）、百户（正六品）、总旗、小旗等武职官员。

各陵卫的设置，都是由其他卫所改设而来。其中：长陵卫，旧为南京羽林右卫，永乐二十二年（1424）改；献陵卫，旧为武成左卫，正统元年（1436）七月改；景陵卫，旧为武成右卫，正统元年七月改；裕陵卫，旧为武成前卫，天顺八年（1464）二月改；茂陵卫，旧为武成后卫，成化二十三年（1487）十月改；泰陵卫，旧为忠义左卫，弘治十八年（1505）七月改；康陵卫，旧为义勇中卫，正德十六年（1521）六月改；永陵卫，旧为义勇左卫，嘉靖二十七年（1548）五月改；昭陵卫，旧为神武后卫，隆庆六年（1572）七月改；定、庆、德三陵卫，确切的设立时间不详。各陵卫，仅长陵卫领七千户所，其余均领五千户所。

为了统辖各陵卫的军事，朝廷专门设置了天寿山守备。天寿山守备，又称昌平守备，按隆庆《昌平州志》记载，始设于天顺三年（1459），是负责陵区守卫的最高军事指挥官。其职责是“奉敕协同内守备（守备太监）专保守陵寝”。其所属有城操把总三员。嘉靖二十九年（1550），蒙古鞑靼部南下，直薄北京城，陵区内康陵园、工部厂等处均遭到抢掠。事平后，长、献、景、裕、茂、泰、康、永八陵陵卫官军被统一编为永安、巩华二营。永安营军士4000人，驻昌平，设副总兵一员统领；巩华营3000人，驻巩华城，设分守参将一员统领。同时每陵各留军士50名，负责打扫陵园香殿、红门及把守东、西山口和松园三处地方。其巡逻及把守城门等项也各有额派之数。

嘉靖三十九年（1560），鉴于昌平一带地区的重要军事地位，朝廷决定设立昌平镇，于是，原设于昌平的提督都督改为昌平镇的镇守总兵官，并裁永安营副总兵。西自镇边城，东至渤海所，其天寿山、巩华城、黄花镇、居庸关一带的参将、游击、守备等官均归昌平镇守总兵官统辖。此后天寿山守备成为昌平总兵的属下，但职责仍是负责陵区的守卫以及各陵陵卫的军政事宜。陵军则大部分被编入昌平镇营路。

## 二、神宫监

守陵太监属内官系统，每陵各设一监，称为“神宫监”。每监分设掌印太监（正四品）一员，佥书、管理、司香以及长随内使等若干员。初时各陵内官人员设置较少，正统时各陵所设不过二三员，成化时则增至十二员。其职责包括司香火、供洒扫、掌管陵园锁钥、维护陵园安全，以及管理各陵皇庄（香火地）、果园（或菜园）、榛厂、晾果厂、回料厂、神马厂等。明朝的这一以内官为主管理陵园的做法，打破了“汉唐以来，诸帝升遐，宫人无子者悉遣诣山陵，朝夕具盥栉、治衾枕，事死如生”的传统。所以，顾炎武《日知录》中说：“若明代之制，无车马、无宫人、不起居、不进奉，亦庶几得礼之中者与。”

统管各陵神宫监，负责陵区守卫的内官，景泰年间为天寿山镇守左监丞，至迟在天顺六年（1462）始，天寿山设内守备太监一员，“专一提督各陵内外官员，守护陵寝山场”[1]。各陵神宫监掌印、佥书及工部厂掌司等官均属其统辖。每年清明，天寿山内守备太监都要亲率各陵掌印太监入京，奏添土木，并为皇宫办进松花、黄连、茶、核桃、榛、栗等果。崇祯年间，天寿山内守备太监又兼昌（昌平）、宣（宣府）等处察饬军务及昌、宣二镇军门（总督）等职。

## 三、祠祭署

祠祭署，为明朝中央文职衙门之一太常寺的派出机构。各陵均有设置，常驻陵下，负责陵寝祭祀及陵寝物品的管理。各署官员的配备有奉祀一人（从七品）、祀丞一人（从八品）、牺牲所吏目一人（从九品）。长陵还设有供祀左司乐一名、右司乐三名、俳长四名、

1 明隆庆《昌平州志》卷二《重本志》。

色长十四名、教师十六名。

各陵祠祭署下辖陵户。其中，昭陵最多，为45名，其余各陵均为40名。但是，长陵的陵户一度达到140余家，数量在天寿山各陵中最多。陵户均由顺天府各州县农户佥充，而以昌平最多。陵户的职责除一般陵务劳作外，也担负陵园看守任务。陵户劳作任务并不大，但在当时却亭受着优免部分差役的待遇。

由于陵户供役轻省，更有刁顽者千方百计躲避差役，而州县官吏又不敢深究，所以当时的“富厚之丁，半充陵户”[1]，陵户成了富民巨室竞相投充的“肥缺”。

## 第二节 天寿山陵寝禁山及陵区的管理

明朝时，陵区是陵寝保卫的核心地带，禁山是陵寝保护的辐射范围。陵区以十口为界，方圆八十余平方公里，禁山以陵寝风水堂局相关的山脉边缘为界，面积近千平方公里。为了维护陵区的安全，规范陵区内的秩序，保护龙脉的山体和植被不受破坏，以利于王朝的长久统治，朝廷对陵区和禁山范围分别制定了极为严格的律例及管理制度。

### 一、禁山和陵区范围

明正统二年（1437）英宗曾命工部与钦天监环山立界，作为禁山范围。嘉靖二十七年（1548）九月，鉴于禁山“山界不明，而罪例失当”的情况，明世宗又根据刑部尚书喻茂坚等人的陈言，下令“于天寿山前后龙脉相当处所大书禁地界石”，加以明确。此后终明之世，天寿山龙脉的禁限地带遂一直界定在“北至黄花镇，南至凤凰山，西至居庸关，东至苏家口”的范围。而陵区的范围则指的是天寿山十口范围，实际上陵区是处在禁山范围之中的。

### 二、禁山及陵区的律例条款

《大明会典·刑部·律例》“贼盗”条规定，凡谋反或谋大逆者，其“祖父、父、子、孙、兄、弟及同居之人，不分异姓及伯叔父、兄弟之子，不限籍之同异，年十六以上，不论笃疾、废疾皆斩”。该条还规定：“凡凤阳皇陵、泗州祖陵、南京孝陵、天寿山列圣陵寝、承天府显陵，山前山后各有禁限。若有砍伐树株者，验实真正桩楂，比照盗大祀神御物斩罪奏请定夺；为从者发边卫充军。取土取石、开窑烧造、放火烧山者，俱照前拟断。”

1 光绪《昌平州志·祠庙记第十·曹公祠》引明赵廷瑛《曹公生祠碑记》。又，明隆庆《昌平州志》卷三《建置志》“陵户”：“先年陵园二户，各州县皆有之，唯在本州更多。富民巨室乐为投充而佥派者也。一入陵园，则全户差徭躲避恃顽，莫敢谁何。……仰惟我世宗轸念黎庶，禁缉豪强，一旦改正。自后陵园之户，每户止免三丁，其余尽出当差。”

同书“杂犯”条又定：“若于山陵兆域内失火者，杖八十、徒二年；延烧林木者杖一百，流二千里。”

同书《礼部·陵坟等祀·陵寝》“陵寝禁例”条还记载，正统二年（1437）英宗谕令：“天寿山，祖宗陵寝所在，敢有剪伐树木者治以重罪，家属发边远充军。”嘉靖二十七年（1548），世宗进一步明确禁山范围后又做出规定：“有违禁偷砍树木者，照例问拟斩绞等罪；若止是潜行拾柴拔草，比照家属事例问发辽东地方充军；巡山官军妄拿平人、扰告居民者，事发一体治罪。”

《大明律·兵律·宫卫》规定：“凡擅入太庙门及山陵兆域门者杖一百……未过门限者各减一等。守卫官放纵者，各与犯人同罪，失察觉者减三等。”

《大明律·刑律·贼盗、谋反大逆》规定：“凡盗园陵树木者杖一百、徒三年。”又定：“凡谋反（谓谋危社稷）及大逆（谓谋毁宗庙、山陵及宫阙），但共谋者，不分首从，皆凌迟处死。”

总之，陵区的一砖一瓦都体现着帝王的尊严，禁山之内的一草一木都关涉着陵地的风水和王朝的盛衰，人们必须无条件地遵守朝廷的各项规定，否则就会受到处罚。

为了使上述律例得以施行，并备御非常情况的发生，明朝时陵区周围的山口都有官军把守或巡视，禁山范围也有官军专门负责巡山。

其中，陵区的东西山口、大小红门，在景泰初有长、献、景三陵陵卫官军屯驻把守（其屯驻地点为中、东、西三山口及东西二营地方），嘉靖二十九年（1550）设立永安、巩华二营后，有陵卫官军 50 名把守。

陵区西北的灰岭口，原有居庸关守将统领的官兵 10 人把守，嘉靖年间增至 139 人，并设有把总官 1 名驻守。隆庆元年（1567）根据给事中吴时来的提议，令天寿山守备移驻该口，该口原设把总移驻德胜口。后因蓟辽总督刘应节勘报提督昌平都御史栗永禄所陈二事，认为天寿山守备移驻灰岭口后，“昌平城中一应事体改行总兵官中军坐营代摄，遇春秋大祀及忌辰，特命迎接香帛之类，守备官又应下口恭候陪祀行礼。守备一行，军丁尽散，边口反致虚空”，且“坐营指挥一遇边警，即随总兵驰赴各路战守”，不得不将城门锁钥暂付长陵掌印指挥掌管。所以，为兼顾昌平城及该口守御，隆庆五年（1571）二月又令天寿山守备回驻昌平城，并改德胜口把总官为灰岭口守备，令其统管灰岭、锥石、贤庄、雁门、德胜五口官兵，听居庸关分守参将节制。出入该口则自嘉靖十六年（1537）始即有明确规定：“除天寿山官军往来巡逻及黄花镇传报声息，一应公差等项，听其验实出入，再不许纵容一人私窃往来。”

陵区西部其余四口驻守官军人数不等，按明王士翘《西关志》卷二所记，德胜口为 24 名，雁门口为 4 名，锥石口为 14 名，贤庄口为 31 名。

陵区东北的老君堂口，自嘉靖十六年（1537）修筑拦墙，山口堵塞后，严禁私开行走。该口虽无官军驻守，但有陵军往来巡视。

此外，昌镇自万历元年（1573）始，还设有左、右车营，“以扼东西山口之隘”。其车制如原蓟辽总督谭纶“初造之式，足以冲锋”，并配有合用火器。

负责禁山巡逻的主要是陵卫官军。当时为官军巡视歇息，还环绕禁山周围，用山内枯树修盖有堡舍。除此而外，朝廷还派有锦衣卫官校进行巡视。计有百户1名、校尉20名，每三年更换一次。

# 第二章
# 清朝对明十三陵的保护和管理

清朝时，明十三陵是按照古帝王陵寝进行管理的。出于政治上的需要，清政府对明十三陵的管理，虽不能与明代同日而语，但较之对唐宋等历代帝王陵寝的管理则又要重视得多。

---

## 第一节 司香内使、陵户及明裔一等侯的设置

清朝时，为加强明十三陵管理，曾先后设置如下管理人员。

**司香内使** 即守陵太监。始设于顺治元年（1644）七月，长陵而下每陵设有4人。同年十一月始，命除定陵不设外，每陵改设为2人。顺治八年（1651）五月，根据清世祖谕旨，设定陵太监，员额同其他十二陵。顺治十七年（1660）因停定陵祭祀，故太监亦裁撤。康熙年间，定陵以外十二陵计设太监22名。乾隆二十二年（1757）全部裁汰。

**陵户** 负责看守陵园建筑及近陵树木。始设于顺治元年（1644）八月，每陵设24名，给田22顷。同年十一月改令，除定陵不设外，每陵各设8名，照役给田。顺治六年（1649）又定，每陵酌留6名，共给地200亩。顺治八年（1651）五月，设定陵陵户，员额同其他十二陵，顺治十七年（1660）裁撤。康熙年间，除定陵不设，思陵设4名外，每陵设陵户3名，每户给地35亩。乾隆年间，每陵设陵户4名，仍各给地35亩，每年交租银150两，作为陵祭费用，下余各户分用。清康熙《昌平州志》卷十七《陵墓》记：“明朝旧额，每一陵拨派五十名……自我朝定鼎以来，悉投入内工部充灰柴炭炸牲五行军。皇清特设每陵拨派三名，看守陵监及巡逻樵采。每军给地三十五亩，除定陵不设外，共军若干户，共地若干亩。”则各陵陵户在清朝时属于军户。

**明裔一等侯** 始设于雍正二年（1724）十月。但选明朝皇室后裔，封以官职，使之世奉明祀的主张，则创议于康熙年间。据《清朝通典》卷四九记，康熙三十八年（1699）四月，

清圣祖南巡至江宁，曾亲往朱元璋孝陵奠酒。事毕，对从行的大学士说："朕今日往明太祖陵寝致奠，见其圮毁已甚，皆由专司无人。朕意欲访察明代后裔，授以职衔，俾其世守祀事。古者，夏殷之后，周封之于杞宋。即今本朝四十八旗蒙古，亦皆元之子孙，朕仍沛恩施，依然抚育。明之后世，应酌授一官，俾司陵寝。俟回京日，尔等与九卿会议具奏。"但圣祖回京后，此事竟搁置未办。其所拟谕旨也置于笥中，未得颁发。谕旨全文为：

朕于宫中，详览前史，每见开国之君，必英姿伟略，才识过人，始能创肇丕基，奄有天下。其谟谋经画间虽详略不同，未有不期其子孙善克负荷，以传久远。迨其嗣君习于晏安，隳堕先业，或纵恣嗜欲，或委任非人，遂致纲纪废弛、灭绝宗祀，良可悼叹！明太祖天授智勇，崛起布衣，纬武经文，统一方夏。凡其制度，准今酌古，咸极周详。非独后代莫能越其范围，即汉、唐、宋诸君，诚有所未及也。乃至末叶，衰颓灾荒叠见，臣工则门户纷然，盗贼则西北蜂起，京师失守，社稷颠覆。考其嗣主实未有如前代荒淫暴虐亡国之迹，盖亦历数使然耶！我朝歼逐逆寇，入关定鼎。明代诸陵特设人员守护，使不湮于荒烟蔓草者，亦已逾于旧典矣。朕三经南巡，皆诣明太祖陵园亲行奠酹，更令严禁樵牧，岁加葺治。缅惟明太祖旷世英雄，超轶往昔，规模典章，我朝尚多征据，岂可使其宗祀沦绝、承守无人！今宜大廓成例，访其支派一人，量授爵秩，以奉春秋陈荐，仍世袭之，庶可慰明太祖英灵于九原，亦以昭朕仁厚矜恤之怀，使天下后世咸其晓焉。尔内阁大学士即会同吏礼二部确议以闻。

雍正元年（1723）九月，清世宗于圣祖所遗书笥中发现了这道未颁发的谕旨，遂下令颁发，并命访求明太祖支派后裔。

次年二月，访得阿思哈尼哈番[1]朱廷椒为明太祖第十三子代简王朱桂后裔，谱牒明确，遂于该年十月封其嫡孙，见任直隶正定府知府朱之琏为一等侯，世袭，列五等之班，世世代代负责明陵的祭祀及管理事宜。其族内人丁也由镶白旗全部转入正白旗。

朱之琏封爵后，随即遣往江宁祭明太祖孝陵一次。祭毕回京，又奉命祭天寿山十二陵（定陵祭祀尚未恢复）一次。此后，每遇春秋祭陵，均于该旗都统处呈明，然后前往昌平致祭。遇有应祭太祖孝陵时，则由礼部请旨获准后前往。

雍正八年（1730）朱之琏去世，乾隆十四年（1749）赠其为一等延恩侯，世袭。朱之琏之后承袭侯爵的又有十一代：

朱震，朱之琏之子，雍正八年（1730）十一月袭一等侯。

朱绍美，朱震子，乾隆十一年（1746）二月袭一等侯，十四年（1749）八月改袭一

1 清代爵位名，满语。为清初所定世爵八等中的第五等。乾隆元年（1736）奏定"阿思哈尼哈番"为汉文中的"男"爵。

等延恩侯（此后各代袭侯均袭此爵）。

朱仪凤，朱绍美之侄，乾隆四十年（1775）十二月袭。

朱毓瑞，朱仪凤子，嘉庆二年（1797）袭。

朱秀吉，朱毓瑞子，袭年不详。

朱秀祥，朱秀吉之弟，道光八年（1828）袭。

朱贻坦，朱秀祥族祖，道光九年（1829）袭。

书桂，朱贻坦族叔，道光十六年（1836）袭。

鹤龄，书桂继子，袭年不详。

诚端，鹤龄族孙，同治八年（1869）袭。

朱煜勋，诚端子，光绪十七年（1891）袭。

各代袭侯每年支俸银 610 两，俸米 305 石。

其中最后一代延恩侯朱煜勋民国年间居住在北平（今北京）东城羊管胡同，仍负责明十三陵的管理。陵区内的原有陵户也仍受其管辖。

民国十四年（1925），河北省政府鉴于延恩侯朱煜勋曾擅自盗伐明滕怀王墓的柏树，下令由昌平县派人接管了十三陵。嗣后又有明陵警察所之设。陵户也因此而裁革。据《河北民政汇刊》第四编《法规·礼俗》所记，民国十八年（1929）一月三十日，河北省委员会第六十一次会议通过的《河北省昌平县明陵保护办法》，决定在长陵设立护陵警察分驻所，由县政府委派警官一名，以原有各陵陵户 44 人作为护陵警察。但事实上该所警员所设，在民国二十二年（1933）时只有所长 1 名，长警 6 名，经费由省府拨发（以原祭陵费用改充），每月 57 元。

民国十八年初，延恩侯朱煜勋在停职以后曾以“生计奇窘，无法维持”为由，呈请国民政府“格外抚恤，委以末职，俾维生活”。

内政部经研究认为，“国民政府成立，于三民主义之下，方厉行民族平等政策，该项侯爵封号系属封建遗制，当然在铲除之列，不能使其复活。而原呈亦仅请委末职，并未言及爵位，尚属深识大体。故爵位一节自可毋庸置议，至原有俸糈，乃根据爵位而来，若爵位不存，亦应连带取消”。但考虑到“明太祖驱逐异虏，光复汉族，屡为先总理所称道，厥功既伟，崇报宜优”，因此于该年五月八日，建议委任朱煜勋以明陵保管委员的职务，以解决其个人生计问题，同时又可使其在与民国法令不相抵触的情况下，维护其先人陵寝。此建议经行政院第二十四次会议通过，并决定由内政部委派。内政部于该年七月发给朱煜勋以总字第九零号委任令，每月薪水洋定为 50 元，财政部列入预算。

但由于朱煜勋自任明陵保管委员以来，只是白拿薪水，形同尸位素餐，并未到明陵一次，并且又曾有张彦清控告其盗卖银雀山妃坟墓地及匪人发掘妃坟等事，该事虽未能证实，但内政部认为，朱煜勋伐卖明陵树木（指滕怀王墓柏树）一事，确在昌平县有案，以该事而论，朱煜勋不仅有旷职守，且有监守自盗之嫌。因此内政部于民国二十二年

（1933）十月，下令撤销了朱煜勋的职务，并咨准河北省政府转饬昌平县政府负责十三陵的管理。从此末代延恩侯才彻底退出明十三陵管理的历史舞台。

## 第二节 陵园树木及建筑的保护

进入清朝以后，明朝时所制定的有关陵寝龙脉的各项禁令，以及陵寝兆域内不准随便出入等制度一概被废除。陵区内的果园、陵监因此而衍成为自然村落，陵区外的农户也不断迁居陵区之内，形成新的村落。据光绪《昌平州志》记载，光绪年间陵区内的自然村落已有仙人洞、长陵园、龙母庄、裕陵园、大红门、万娘坟、瓜园、工部厂、悼陵监、思陵园、泰陵园、德陵监、康陵园、景陵监、昭陵监、献陵监、老君堂、永陵监、裕陵监、长陵监、庆陵监、茂陵监、康陵监、定陵监、泰陵监、东山口、西山口、小红门、贤庄口（今称下口）、锥石口、灰岭口（今称上口）、石头园、德胜口等33个之多。

陵区内的土地也大量被垦为民田。康熙、乾隆、嘉庆、道光年间，经准许被当地村民辟为果园、农田的陵宫外土地，均有红契存于农户，且契上标有四至，载明位于某陵某处，或至甬路，或至大墙等内容。咸丰十一年（1861），钦奉特派大臣宝鋆等督饬司员会同昌平州查办黑地，议粮升科，经户部核准，又再次颁发给准垦农户一些土地执照，上面亦注有坐落某陵等字样。

清朝时，陵禁的废弛标志着十三陵管理制度已经放宽，但陵区内的陵坟建筑及近陵树木则仍在保护之列。顺治、康熙、雍正、乾隆等皇帝还亲降谕旨责令地方官员勤加稽查，申饬守陵人员敬谨防护。顺治十六年（1659）十一月十七日颁发的保护明十三陵的谕旨又由朝廷镌刻在长陵宫内的龙趺碑上。

对破坏明陵的案件，清王朝也依律严加惩处，并采取相应的保护措施。如，顺治三年（1646）三月，本县农民王科等七人盗发郑贵妃墓，事发后，官府将他们斩首弃市。光绪七年（1881）陵区内的土地除历年准许耕种的部分外，私垦情况又渐严重，有的甚至垦至大红门正道及长陵碑亭石柱根处。延恩侯诚端自光绪二年（1876）始私招陵户垦种妃坟墙内土地多处，东井一处竟已种至冢前，为此，户部于光绪八年（1882）议定："将妃冢围墙内私行招垦之地立即封禁。其各陵酌中定界，概以宝城宫墙外三丈为度，饬州明立界石。……凡墙外三丈以内垦种之地，无论系延恩侯诚端招垦或系民间旧有，一律封禁。……妃冢亦于围墙外三丈为限，庶禁令归于一律，腾地不至过多。间有侵占明堂正路及大红门正道，并总碑楼石柱根者，并即封禁。……至封禁界内原契照之民地，另觅他地拨补。其延恩侯诚端私租，及民间侵占明堂正路之地，应不准拨补。"此议经大学士李鸿章及直隶总督张树声等核定，认为"……明代原设保护陵基之群墙，相距宝城、宫墙不过一丈五六尺，现改定三丈，较原数增至一倍，足资保护，自应照此定案，饬州明立界石，永远封禁”。他们还提议，“责成霸昌道督同该州，随时认真察查防护，不准稍有越垦，以副国家隆礼胜朝至意。其界外无碍之地，照旧听民承种，庶免失所”。此奏呈上后，光绪皇帝谕令：“著直隶总督、顺天府尹责成霸昌道督饬昌平州知州，按照户部此次议定界限章程办理。界限以内垦种之地，一律腾出封禁，以资保护。如再有越垦情事，即将该知州严行参处。”延恩侯诚端因“屡向州民勒交私租，任意讹索，并自行革充陵户，收地取租”，被交部议处。

由于终清之世，朝廷一直对明十三陵采取保护的政策，并有相应的措施，因此，清朝时十三陵没有受到过大的人为破坏。

# 主要参考文献


《大明会典》(明)申时行、赵用贤等修 1936年商务印书馆铅印本

《万历起居注》十三陵特区文物科存抄本

《明实录·太祖实录》(明)姚广孝等修

《明实录·太宗实录》(明)张辅、杨士奇等修

《明实录·仁宗实录》(明)张辅、夏原吉等修

《明实录·宣宗实录》(明)杨士奇等修

《明实录·英宗实录》(明)孙继宗等修

《明实录·宪宗实录》(明)刘吉等修

《明实录·孝宗实录》(明)李东阳等修

《明实录·武宗实录》(明)费宏等修

《明实录·世宗实录》(明)徐阶等修

《明实录·穆宗实录》(明)张居正等修

《明实录·神宗实录》(明)顾秉谦等修

《明实录·熹宗实录》(明)温体仁等修

《明实录·崇祯长编》

《明实录·崇祯实录》

《明实录·大明□宗□皇帝实录》

(以上《明实录》为台湾"中央研究院"历史语言研究所校印本)

《永乐大典》(明)解缙、姚广孝等辑 1986年中华书局影印本

《朝鲜李朝实录中的中国史料》吴晗辑 1980年中华书局出版

《清实录·世祖章皇帝实录》(清)巴泰、图海等修 1986年中华书局影印本

《清实录·世宗宪皇帝实录》(清)鄂尔泰、张廷玉等修 1986年中华书局影印本

《清实录·高宗纯皇帝实录》(清)庆桂、董诰等修 1986年中华书局影印本

《清史稿》(民国)赵尔巽、柯绍忞、王树枬等纂 上海古籍出版社出版

《清朝通典》(清)曹仁虎、蔡廷衡等纂修 1988年浙江古籍出版社影印本

《清朝文献通考》(清)曹仁虎、蔡廷衡等纂修 1988年浙江古籍出版社影印本

隆庆《昌平州志》(明)崔学履修 1568年刻本

康熙《昌平州志》(清)吴都梁修　1672年澹然堂刻本

光绪《昌平州志》(清)缪荃孙、刘万源等修　1989年北京古籍出版社铅印本

《昌平外志》(清)麻兆庆修　1892年榆荫堂刊本

《赣州府志》(清)魏瀛等修　1873年刻本

同治《南丰县志》(清)柏春总辑 鲁琪光总纂　1871年刻本

天启《衢州府志》(明)林应翔等修 叶秉敬等纂　1983年台北成文出版社有限公司出版

同治《迁安县志》(清)韩耀光修 史梦兰纂　1873年文峰书院刻本

万历《顺天府志》(明)沈应文等纂修 张元芳汇编　中国书店1959年据万历二十一年刻本复制

《太常续考》1983年台湾商务印书馆影印文渊阁《四库全书》本

《西关志》(明)王士翘撰　1548年序刻本

《四镇三关志》(明)刘效祖纂修　1576年抄本

《工部厂库须知》(明)何士晋撰　明万历刻本

康熙《房山县志》(清)佟有年等修　1664年刻本

《宫中档案・朱批奏折・工程类》中国第一历史档案馆藏(未出版)

《内务府来文・陵寝事务》中国第一历史档案馆藏(未出版)

《保护明陵有关文书》中国第二历史档案馆藏(未出版)

《明史》(清)张廷玉等修 商务印书馆缩印百衲本《二十四史》

《武城曾氏重修族谱》1755年重镌(曾新长家藏本)

《兴邑衣锦三僚廖氏族谱》1901年重修(廖焕仕家藏本)

《纂图互注礼记》(汉)郑玄注　北京图书馆善本部藏宋刻本

《四库全书・数术类》(清)纪昀、陆锡熊等纂　1983年台湾商务印书馆影印文渊阁本

《古今图书集成・艺术典・堪舆部》(清)陈梦雷原编，蒋廷锡等奉敕校勘重编　1964年台北文星书店影印本

《青岩丛录》(明)王祎撰　1554年郑梓辑《明世学山》刻本

《长安客话》(明)蒋一葵撰　1960年北京出版社铅印本

《宛署杂记》(明)沈榜撰　1980年北京古籍出版社铅印本

《三才图会》(明)王圻、王思义编集　1985年上海古籍出版社影印本

《酌中志》(明)刘若愚撰 商务印书馆辑《丛书集成初编・史地类》铅印本

《帝京景物略》(明)刘侗、于奕正著　1980年北京古籍出版社点校本

《万历野获编》(明)沈德符撰　1959年中华书局铅印本

《烈皇小识》(明)文秉撰　1952年神州国光社铅印本

《先拨志始》(明)文秉撰　商务印书馆辑《丛书集成初编・史地类》铅印本

《野记》（明）祝允明撰 商务印书馆辑《丛书集成初编·文学类》铅印本

《地理古镜歌》（明）蒋平阶撰,（清）吴省兰辑于《艺海珠尘》嘉庆听彝堂刊本

《明太常考》十三陵特区存抄本（据北京大学图书馆藏明蓝格抄本抄录）

《历代陵寝备考》（清）朱孔阳撰 1879年《申报丛书》铅印本

《昌平山水记》（清）顾炎武撰 1982年北京古籍出版社铅印本

《帝陵图说》（清）梁份撰 十三陵特区文物科存抄本（此本有说无图，系抄自汪鱼亭传抄本）

《帝陵图说》（清）梁份撰 北京图书馆藏图说俱全本

《天府广记》（清）孙承泽撰 1962年北京出版社铅印本

《日下旧闻考》（清）于敏中等编纂 1981年北京古籍出版社铅印本

《北游录》（清）谈迁著 1960年中华书局点校本

《明史纪事本末》（清）谷应泰撰 商务印书馆辑《丛书集成初编·史地类》铅印本

《明会要》（清）龙文彬撰 1956年中华书局铅印本

《国榷》（清）谈迁撰 1958年中华书局铅印本

《春明梦余录》（清）孙承泽撰 清光绪《占香斋袖珍十种》本

《枣林杂俎》（清）谈迁撰 1911年上海国学扶轮社印本

《思陵勤政纪》（清）孙承泽撰 商务印书馆辑《丛书集成初编·史地类》补印本

《绥寇纪略补遗》（清）吴伟业辑 商务印书馆辑《丛书集成初编·史地类》铅印本

《罪惟录》（清）查继佐撰 1986年浙江古籍出版社铅印本

《明堂大道录》（清）惠栋撰 商务印书馆辑《丛书集成初编》铅印本

《大戴礼记补注》（北周）卢辩注（清）孔广森补 商务印书馆辑《丛书集成初编·社会科学类》铅印本

《查勘明陵记》（清）乌珍著 十三陵特区存抄本

《前明十三陵始末记》刘仁甫撰 1915年铅印本

《中国营造学社汇刊·哲匠录》单士元撰 1932年中国营造学社铅印本

《明长陵修缮工程纪要》北平市政府工务局编 1936年怀英制版局铅印本

《明清史讲义》孟森撰 1981年中华书局铅印本

《明清档案》张伟仁主编 1989年台湾“中央研究院”历史语言研究所据清内阁大库藏明清档案影印

《明清史料》乙、丙编 台湾“中央研究院”历史语言研究所编铅印本

《定陵》中国社会科学院考古研究所、定陵博物馆、北京市文物工作队编写（赵其昌、王岩执笔）1990年文物出版社出版

**图书在版编目（CIP）数据**

明十三陵史话 / 北京市昌平区明十三陵管理中心主编 ；胡汉生执笔 . — 北京 ：学苑出版社，2023.7
ISBN 978-7-5077-6543-4

Ⅰ . ①明… Ⅱ . ①北… ②胡… Ⅲ . ①十三陵－史料
Ⅳ . ① K878.8

中国版本图书馆 CIP 数据核字 (2022) 第 202896 号

**出 版 人**：洪文雄
**责任编辑**：潘占伟
**出版发行**：学苑出版社
**社　　址**：北京市丰台区南方庄 2 号院 1 号楼
**邮政编码**：100079
**网　　址**：www.book001.com
**电子邮箱**：xueyuanpress@163.com
**联系电话**：010-67601101（销售部） 010-67603091（总编室）
**印 刷 厂**：北京久佳印刷有限责任公司
**开本尺寸**：787mm×1092mm　1/16
**印　　张**：22.25
**字　　数**：473 千字
**版　　次**：2023 年 7 月第 1 版
**印　　次**：2023 年 7 月第 1 次印刷
**定　　价**：118.00 元